유병진 법률논집

재판관의 고민

신 동 운 편저

法 文 社

유병진 (1914~1966)

편저자의 말

Ⅰ.

유병진柳秉震(1914. 4. 12.~1966. 10. 4.) 판사는 항간에 조봉암 사건과 관련하여 알려져 있다. 그는 자유당 정권이 영구집권을 획책하던 1958년, 간첩죄와 국가보안법위반죄 등으로 기소된 조봉암曺奉岩 피고인에 대해 제1심 재판장으로서 5년형을 선고하면서 간첩죄 부분에 대하여는 무죄를 선고하였다. 이후 조봉암은 항소심에서 간첩죄로 사형을 선고받은 후 상고하였으나 대법원 또한 그에게 사형을 선고하였다. 그는 재심을 청구하였으나 대법원에서 재심청구가 기각된 바로 다음날인 1959년 7월 31일 처형되고 말았다.

조봉암 사건은 우리나라 사법사司法史에 있어서 지울 수 없는 의혹 가운데 하나로 남아 있다. 두 번에 걸친 대통령 선거에 출마하여 연속 차점자로서 수백만 표를 얻었던 정치인을 형사재판의 이름으로 사형에 처한 것이 조봉암 사건의 실체이다. 사법사에 있어 줄곧 진상규명의 대상으로 지목되어 왔으며, 2007년 9월 18일 「진실·화해를 위한 과거사 정리 위원회」가 재심을 권고하기에까지 이른 이 사건이 세간의 주목을 끌 때마다 빠짐없이 등장하는 대목이 제1심 재판장 유병진 판사의 무죄판결 부분이다.

Ⅱ.

본서는 조봉암 사건을 조명하기 위한 책자가 아니다. 본서는 법실무가였으며 동시에 법철학적 사상가였던 유병진을 그 인물 자체로 자리매김하기 위한 시도라고 할 수 있다. 그러나 본서가 간접적으로 조봉암 사건과도 어느 정도 연결되어 있음을 부인할 수는 없다. 조봉암 사건에서 유병진 판사가 간첩죄와 관련하여 무죄판결에 이를 수밖에 없었던 그의 법철학적 사상체계를 그 자신의 필치로 미리 적어둔 기록이 본서라고 할 수 있기 때문이다.

본서 가운데 가장 핵심적인 부분은 제1부에 수록한 『재판관의 고민』이다. 이 『재판관의 고민』에서 그는 다음과 같은 자기결단을 고백을 하고 있다.

> (전략) 아니다. 우리는 사회적 부정의不正義에 대하여 의분義憤의 눈물을 흘려야 할 것이요, 사회악社會惡에 대하여 광정匡正의 정열을 기울여야 할 것이다. 그 의분이나 정열의 앞에 무슨 안주지安住地가 있을 것이며 무슨 책임전가가 있을 것인가. 거기에는 오직 결단과 용기로써 진리의 옹호에로의 과감한 돌진이 있을 따름이다. 이러한 돌진만이 도리어 법을 살리는 소이所以인 것이요, 국가 · 사회에의 최대 봉공奉公일 것이다.

『재판관의 고민』은 유병진 판사가 1952년 1월에 탈고하여 같은 해 3월에 초판이 발행된 단행본이다. '신한문화사 간'으로 출간된 이 책의 서문에서 유병진 판사는 "나는 본 책자에서 9·28 이후 서울 재후퇴시까지의 사이에 서울지방법원에서 취급한 부역자처단에 관하여 고뇌의 과정을 회고하여 보려는 것이다."라고 적고 있다.

『재판관의 고민』은 6·25 전쟁의 발발과 9·28 서울 수복을 거쳐 중공군의 개입에 이은 1·4 후퇴 직후까지의 시점을 집필의 배경으로 하고 있다. 이 수기手記 형식의 글에서 유병진 판사는 자신이 체험하였던 부역자 처벌의 재판현장을 남다른 법철학적 성찰과 함께 다큐멘터리 필름과도 같은 치밀한 묘사로 전해주고 있다. 그런데 『재판관의 고민』은 단순히 6·25 당시의 재판상황을 알려주는 것을 넘어서 이후 조봉암 사건에서 무죄판결의 근저를 이루게 되는 그의 법철학적 사고형성 과정을 소묘하고 있다는 점에서 의미가 크다. 광기에 가까운 여론의 압력 속에서도 법적 정의의 핵심에 다가가려고 하였던 그의 치열한 문제의식을 기록한 것이 『재판관의 고민』이기 때문이다.

Ⅲ.

본서의 편저자는 해방 후 60여년을 넘어선 우리 형사법학의 역사를 더듬어 후학들이 다시 읽었으면 하는 좋은 글들을 발굴하고, 이를 우리 시대의 법학 고전으로 재탄생시켰으면 하는 바람을 가지고 있다. 그 시도의 일환으로 편저자는 효당曉堂 엄상섭嚴詳燮 선생의 형사법 논문들을 『효당 엄상섭 형법논집』(서울대학교출판부, 신동운·허일태 편저), 『효당 엄상섭 형사소송법논집』(서울대학교출판부, 신동운 편저)으로 묶어서 출간하였고, 그의 정치평론집 『권력과 자유』(동아대학교출판부, 허일태 · 신동운 편)를 복간復刊한 바가 있다. 애당초 이러한 책들이 과연 독자의 반응을 얻을 수 있을까 하는 의문도 없지 않았으나 뜻밖에도 편저자와 뜻을 같이하는 독자들이 많이 있음을 알게 되어 이 작업을 계속해서 추진해 보려는 생각을 가지게 되었다.

효당 엄상섭 선생이 실무가에서부터 출발하여 입법자로서 우리나라 형법과 형사소송법의 제정에 기념비적 역할을 수행하였다면, 유병진 판사는 6 · 25 전쟁이라는 미증유의 참화를 배경으로 진행된 부역자재판을 직접 처리하였던 실무가이다. 그는 단심제單審制로 사형, 무기 또는 10년 이상의 중형을 선고하던 부역자 재판과정에서 재판관으로서 겪어야만 했던 고민과 성찰을 현장의 상황묘사와 함께 『재판관의 고민』에서 진솔하고도 생생하게 전달하고 있다. 편저자는 바로 이와 같은 현장성과 직접성 때문에 『재판관의 고민』으로 제목을 붙여서 복간復刊되는 본서가 우리나라 형사법학의 고전 가운데 하나로 자리매김될 수 있을 것이라고 생각하고 또한 이를 기대하고 있다.

Ⅳ.

본서는 제1부, 제2부, 부록의 세 부분으로 구성되어 있다. 제1부는 『재판관의 고민』(1952. 3. 발표)을 현대의 독자를 위하여 복간한 것이다. 제2부는 유병진 판사가 집필한 일련의 글들을 발표순서에 따라 모아놓은 것이다. 제2부를 마련한 것은 『재판관의 고민』을 집필하는 데에 밑바탕이 되었던 그의 법철학적 사상을 보다 구체적으로 전달하는 한편 유병진 판사에 대한 후학들의 연구에 다소라도 도움이 되었으면 하는 바람 때문이다.

제2부에는 유병진 판사가 집필한 9편의 법률논문·논설과 2편의 수상隨想을 모아두었다. 이 가운데 『재판관의 고민』과 직접 관련되는 법률논문으로 "비상조치령에 있어서의 몇 가지의 과제"(1951. 9. 발표)와 "법과 현실"(1952. 2. 발표), "법학의 연구과정"(1952. 6. 발표)이 주목된다. 이 글들은 수기手記 형식으로 집필된 『재판관의 고민』을 보완하는 논문論文으로서의 성격을 갖는다. 한편 넓은 의미에서 『재판관의 고민』과 관련하여 의미를 가지는 것으로 "정의와 법강제의 한계"(1952. 6. 발표)가 있다. 이 글은 장후영張厚永 변호사가 전개하였던 현실주의법학現實主義法學에 대해 문제점을 비판하고 자신의 법철학적 사고를 피력한 것이다. 이 네 편의 글을 통하여 유병진 판사는 한국의 법현실을 깊이 성찰한 그 자신의 현실주의법학을 역동적으로 전개하는 한편 형사재판의 영역에서는 기대가능성이론期待可能性理論을 통한 인도주의적 형법이론을 모색하고 있다. (유병진 판사는 1957년에 『신태양新太陽』 7월호에 "재판관의 고민, 부역범 처벌에 관하여"를 발표하였으나 이 글은 『재판관의 고민』을 일부 발췌·전재轉載한 것으로 내용이 중복되어 본서에는 수록하지 않았다.)

1951년 8월에 행정소송법이 공포되어 시행에 들어가게 되었다. 이 행정소송법을 통하여 국민이 국가기관의 처분에 불복하여 법원에 소송을 제기할 수 있는 길이 비로소 열리게 되었다. 이 뜻 깊은 행정소송법의 시행과 관련하여 유병진 판사는 "행정소송사항에 대한 하나의 고찰"(1952. 7. 발표)과 "징계처분에 대한 행정판례와 그 비평론을 보고"(1953. 1·2. 발표)를 발표하였는데, 특히 후자는 그의 민본주의적民本主義的 법사상을 잘 보여주고 있다.

그 밖에도 유병진 판사는 중요한 사회적 이슈가 있을 때마다 자신의 입장을 글로써 발표하였는데 1952년의 부산정치파동과 관련한 "파동에서 본 심판의 독립성"(1952. 9. 발표), 1953년에 제정된 형법과 관련한 "신형법에 나타난 현대윤리관"(1954. 2. 발표)과 "신형법의 '불능범'의 개념"(1954. 11. 발표)이 여기에 해당한다. 나아가 1954년의 형사소송법 제정을 계기로 적은 "동정"(1954. 5. 발표)과 1961년의 "4·19 1주년을 맞는 소회"(1961. 4. 발표)도 같은 계열의 짤막한 글이다.

위에서 언급한 각 글의 내용을 여기에서 소개할 여유는 없으나 마지막의 "4·19 1주년을 맞는 소회"에 대해서는 간단히 언급하고자 한다. 이승만 대통령의 자유당 정권은 1950년대 말 영구집권을 꾀하기 위하여 여러 가지 무리수를 감행하게 된다. 조봉암에 대한 사형선고, 법관 연임의 거부, 국가보안법의 개정(소위 2·4파동), 경향신문 폐간 등이 그 예이다. 이때 조봉암 사건의 제1심에서 간첩죄에 대해 무죄를 선고하였던 유병진 판사는 1952년 서민호 사건에서 서민호 의원에 대한 구류집행정지결정에 서명하였던 안윤출安潤出 판사와 함께 법관 연임에서 탈락하게 된다. 4·19 혁명에 의하여 자유당정권이 붕괴된 후 1주년을 맞이할 때 이 독재정권에 맞

서서 항거한 상징적 인물로 유병진 판사가 떠오르는 것은 당연한 일일 것이다. 그리하여 조선일보가 유병진 판사에게 의뢰하여 집필된 시론時論이 바로 "4 · 19 1주년을 맞는 소회"라는 짧은 글이다.

부록에서는 제2부에 실린 유병진 판사의 글들을 읽기 위하여 필요한 자료들을 모아두었다. 먼저, 유병진 판사의 지인知人으로서 그의 약전略傳을 기록한 김이조金利祚 변호사의 글을 실어두었다. 이 글을 통하여 독자들은 당시 세간에 알려졌던 유병진 판사의 면모를 확인할 수 있을 것이다.

두 번째로, 유병진 판사의 법철학적 사상체계를 이해하기 위하여 필요한 글로서 장후영 변호사의 두 편의 논설을 수록하였다. 유병진 판사의 법사상은 그 자신의 현실주의법학과 기대가능성이론으로 요약할 수 있다. 그의 법철학적 사상은 특히 "법과 현실"(1952. 2. 발표), "정의와 법강제의 한계"(1952. 6. 발표), "법학의 연구과정"(1952. 6. 발표)에 잘 드러나고 있다. 그런데 이 가운데 "정의와 법강제의 한계"를 읽어내려면 먼저 이 글의 집필 계기가 되었던 장후영 변호사의 "현실주의법학에 대하여"(1951. 12. 발표)와 "법률가의 에스프리"(1952. 2. 발표)를 일독하지 않으면 안 된다.

세 번째로, 행정소송법의 시행범위를 둘러싸고 대법원이 취하였던 보수적 입장을 비판한 판례비평 "징계처분에 대한 행정판례와 그 비평론을 보고"(1953. 1 · 2. 발표)를 이해할 수 있도록 하기 위하여 이 글의 집필계기가 되었던 1952년 9월 23일자 4285행상3 대법원판결의 원문을 입수하여 정리 · 수록해 두었다.

끝으로, 당시와 관련된 법령을 정리·발췌하여 수록하였다. 특히 『재판관의 고민』은 단심제單審制로 부역범附逆犯을 사형, 무기 또는 10년 이상의 징역에 처할 수 있도록 한 「비상사태하의 범죄처벌에 관한 특별조치령」을 토대로 하고 있다. 50여 년이 지난 지금의 시점에서 유병진 판사의 글들을 이해하려면 당시의 법령상황을 정확하게 이해할 필요가 있다. 이를 위하여 한글세대의 독자들이 이해하기 쉽도록 관련 법령들을 한글화하여 수록하였다.

V.

유병진 판사의 『재판관의 고민』은 1952년에 초판이 나온 이래 이후 약간의 수정을 거치면서 몇 번의 재판再版이 발행되었다. 2008년에 복간되는 본 책자는 1952년 3월에 출간된 초판본을 대본으로 삼고 있다. 6·25 전쟁이 한창 진행중일 때 출간된 초판본이 전란의 와중에서 진행된 부역자재판의 상황을 보다 생생하게 전달해준다고 보았기 때문이다.

그런데 『재판관의 고민』과 유병진 판사의 기타 논문·논설들을 보면 그 문장구성이 요즈음의 맞춤법과는 상당한 거리가 있음을 알 수 있다. 문장은 소리 나는 대로 적혀 있어서 현대의 독자들에게 어리둥절할 뿐만 아니라 읽기도 매우 어렵다. 때로는 일본식 판결문의 용어와 표현도 등장한다. 그 이유는 유병진 판사의 교육배경과 무관하지 않다고 생각된다. 그가 일제의 제도권 교육을 받던 시기는 일제 강점기 가운데에서도 특히 한글 말살 정책이 시도되던 1930년대와 40

년대 초반이었다. 이 때문에 우리말 맞춤법을 익힐 기회가 없었던 그로서는 일본어 판결문식의 문투에 따르거나 소리 나는 대로 문장을 적을 수밖에 없었고, 그것이 『재판관의 고민』 초판본과 그 밖의 글들에서 특이한 문장형태로 나타나고 있다.

이러한 연유로 유병진 판사의 글을 50여 년의 세월이 지난 현재의 독자들이 읽기란 쉽지가 않다. 특히 한글세대로서 6·25 전쟁의 참혹상에 대하여 이해가 많지 않은 독자들이 유병진 판사의 글을 읽을 수 있도록 하려면 많은 수정·보완과 각주脚註가 필요하였다. 이 문제를 해결하기 위하여 편저자는 서울대학교 대학원에서 형사법을 전공하는 대학원생들과 함께 유병진 독회讀會를 진행하였다. 이 독회과정에서 유병진 판사의 법철학적 사고를 조망하는 한편, 유병진 판사의 원문을 오늘날의 맞춤법에 따라 고쳐 적고 필요한 부분에 한자를 병기倂記하거나 각주脚註를 붙이는 작업을 수행하였다.

본서의 편저자는 유병진 판사의 원문을 현대어로 고치는 데에 있어서 몇 가지 기준을 설정하였다. 우선, 예컨대 '여사如斯한'이나 '여하如何히' 등과 같은 일본어 판결문식 표현은 일본어로 읽을 경우 음독音讀이 아니라 훈독訓讀이 된다는 점을 고려하여 '이러한'이나 '어떻게' 등으로 한글화를 하였다. 훈독으로 읽게 되는 경우에는 [ ] 속에 원문표현을 병기해 두었다. 다음으로, 당시의 외래어 표기를 지금의 맞춤법 표기 방식에 맞추어 고쳐 적었다. 그 밖에 동음이의어同音異議語나 잘 쓰이지 않는 한자어에 대해서는 한자를 병기倂記하거나 각주脚註에 그 뜻을 밝혀두었다. 나아가, 『재판관의 고민』을 제외한 다른 글들에 대해서는 독자의 이해를 돕기 위하여 필요하다고 판단되는 경우 편저자가 나름대로 문단 나누기를 하였다. 끝으로, 수기手記 형식으로 기록된 『재판관의 고민』의 경우에는 체제를 최대한 원문 가깝게 유지하되 문장부호는 편저자가 적절하다고 생각되는 것으로 골라서 붙이거나 또는 삭제하였다.

Ⅵ.

이제 본서의 출간에 임하여 도움을 받은 여러 분들께 감사를 표하고자 한다. 우선, 유병진 판사의 유족으로 본서의 복간復刊에 동의해 주신 유규만柳圭萬 선생님과 『한국법조인 비전秘傳』(1999년, 법률출판사)에 수록된 유병진 판사의 약전略傳 부분을 본서에 전재轉載할 수 있도록 허락해 주신 김이조金利祚 변호사님께 감사를 표한다. 편저자는 특별히 김 변호사님의 약전略傳에 의미를 부여하고 싶다. 그 이유는 이 글이 유병진 판사와 가까웠던 지인知人이 그의 인품과 행적을 직접 보고 들어서 적어둔 기록이기 때문이다.

다음으로, 필자는 유병진 독회에 참석한 서울대학교 대학원생 제군들에게 감사를 전하고자 한다. 이 독회에는 여러 학생들이 참여하여 수고하였으나 그 가운데 자료수집과 컴퓨터 입력작업에 수고를 아끼지 아니한 대학원 박사과정의 김현숙 서울대학교 법과대학 조교와 정민진 법학석사만을 대표로 적어두기로 한다. 그러나 본서의 최종적인 원문대조, 교정 및 각주 작업은 편저자가 단독으로 직접 수행하였다. 본서에 오류가 발견된다면 그것은 어디까지나 본 편저자의 책임으로 돌아가게 될 것이다.

끝으로, 교과서나 수험용 서적 이외에는 좀처럼 출간요청에 응할 여력이 없는 것이 법률서적 출판계의 현실임에도 불구하고 법률문화 발전의 일념으로 본서의 출간을 수락해 주신 법문사의 배효선 사장님께 감사의 인사를 표하고자 한다. 아울러 본서의 편집을 정성스럽게 진행해 주신 김용석 과장님과 조판작업을 맡아주신 이은혜 님께 감사를 전하는 바이다.

2008년 3월

관악산 연구실에서

편저자 씀

차 례

부 록

제1부

재 판 관 의 고 민

柳秉震 著

裁判官의 苦悶

(一名 附逆者處斷을맞치고)

新韓文化社 刊

이 작은 책을 내놓으면서

민족이란 어떠한 것인가?

법이 현실을 무시하였을 때 우리는 과연 어떻게 할 것인가?

여론에는 반드시 따라야만 할 것인가?

나는 이것을 현미경으로써 자세히 분석하여 본다. 다음에 나는 망원경으로써 그것을 둥그다랗게 종합하여 본다. 그리하여 하나의 결론을 얻고자 한다.

재판 그것은, 더욱이 형사재판은 인간으로서의 인간의 생명도태, 인간으로서의 인간의 자유박탈 혹은 인간의 자유에의 해방과 같은 중요한 부면部面의 처리인 것이다. 그런 만큼 그것은 인사人事의 갈등을 정확히 파악한 사회적 근저 위에 있지 않으면 안 된다. 사회적 근저를 파악하기 위하여서는 모든 사회적 사실에 대한 정확한 인식이 필요하다. 그리하여 하나의 재판을 하려 할 때 우리는 이에 필요한 사회적 사실을 수집하고 그 하나하나에 대한 인식·검토를 한 후 이것을 다시 종합하여서 결론을 얻는 것이며 그 결론을 토대로 판결이라는 열매를 맺는다.

민족의 정체正體, 법과 현실, 여론 등등. 이것은 모두 사회적 사실인 것이다. 지금 나는 이 수집된 사실을 분석하고 종합한다. 그것은 두말 할 것도 없이 재판의 토대가 될 사회적 근저를 파악하기 위함이다. 그 분석·종합을 그르칠 때 그것은 도저히 정확한 사회적 근저가 될 수 없는 것이다. 그리하여 우리는 그 분석·종합의 정확을 기하려 한다.

그러나 재판의 과정은 그러한 분석·종합이라는 토대의 발견만으로써 쉽사리 되는 것은 아니다. 그 발견된 결론을 토대로 판결이라는 종말을 맺는 과정에는 수많은 장애가 가로놓이는 것이다. 유혹, 협박 등등. 그러나 그 중 가장 큰 장애는 사회적 심리강제心理强制의 현상일 것이다. 나는 장애배제에 노력한다. 거기에서는 용기의 결단이 이것을 결정한다.

그리하여 재판과정은 사색으로부터 용기와 결단에의 단계에로 전이轉移되며 이로써 종말을 맺는다.

나는 본 책자에서 9·28 이후 서울 재再후퇴시까지의 사이에 서울지방법원에서 취급한 부역범附逆犯처단에 관하여 고민의 과정을 회고하여 보려는 것이다. 그 고민은 통상적인 것은 아니었다. 그것은 부역범을 처리하는 기본법인 「비상사태하의 범죄처벌에 관한 특별조치령」(이하 비상조치령이라고 약칭함)이 너무도 어마어마한 법이었기 때문에 일어난 심각한 고민이었던 것이다. 다시 그 고민의 내용을 들여다볼 때 사회적 사실에 대한 분석·종합에 관한 그것도 그러려니와 더욱이 그 실행단계에 있어서의 고민이 가장 심하였던 것이다. 다시 말하면 그 고민은 사색의 단계보다도 용기와 결단의 과정에서 심하였던 것이다. 당시를 회고할 때 그 결단의 심각성은 나 스스로도 몸서리 치는 것이다.

과혹過酷한 법에 비등沸騰된 여론. 그 법은 가차없는 극형 아니 중형을 요구하였고, 여론 그것은 부역자는 종자種子를 말려 버린다고 외쳤다. 그 어마어마한 법과 여론. 그러한 험악한 분위기 속에서 나의 부역자재판은 시작되었던 것이다.

그러나 위의 사색의 결론은 나로 하여금 그 환경에 휩쓸리지 못하게 하였던 것이다. 즉 그 법은 현실을 무시한 것이요, 그런 까닭에 어떠한 부면部面에 있어서는 본 법이 도리어 민족을 해친다고 보았으며, 그 여론조차 흥분에 싸인 과혹한 부르짖음이라고 결론함과 동시에 나아가서 나는 이것을 광정匡正[1] 하여야 한다고 단정하였던 것이다. 이에 나는 재판관의 정의감을 살리기 위하여, 민족의 정당한 부르짖음을 대변하기 위하여, 나아가서 민국民國[2]의 앞날을 위하여 이슥고 이를 악물고 감연敢然히 나섰다. 나의 눈은 빛나고 나의 눈초리는 날카로웠다. 그러나 노도怒濤와 같은 여론의 흐름은 나를 삼킬 듯하였다. 나는 죽음을 각오하고 이에 뛰어들었다. 그리하여 나는 기어코 이것을 막아내었던 것이다. 멎은 물은 맑고 깨끗한 아름다운 것이었다.

이러한 고민은 나로 하여금 밥맛도 없게 하였다. 잠도 못 자게 하였다. 어느 한 때에는 연 3일간 밤잠조차 못 자게 하였던 것이다. 나의 눈으로 볼 때 당시의 이러한 광경은 극도의 흥분에서 냉정에의 추이과정이었으며 이에 시달리던 나의 과거야말로 심혹甚酷[3]한 고민의 과정이었다.

과연 나의 사색이 알맞았을까? 그 사색의 방법이나 결론이 타당하였을까? 과연 용기와 결단의 보람이 있었을 것인가? 고민의 성과가 나타났다고 볼 수 있을 것인가? 이에 대하여 나 자신이 대답할 수는 없는 것이다. 그러나 다만 한 가지 이

1 바로잡아 고침.
2 '대한민국(大韓民國)'의 약칭.
3 심히 가혹함.

러한 자부만은 할 수가 있지 않을 것인가. 그것은 저 12월 중순경이었다고 기억된다. 종래 밀봉되어 있었던 부역자 처단에 관한 관계 수뇌자들의 견해가 그때 비로소 통첩通牒의 형식으로서 표면화되었던 때였다. 당시 나는 퇴청退廳시에 나와 그 태도를 같이하여 오던 동료 한 사람과 이러한 이야기를 주고 받았던 것이다.

"과연 부역자 처단에 관한 우리의 태도가 정당하였다. 그것은 그 통첩으로써 실증되었다. 그렇다. 우리는 승리자의 감상感想을 맛보았다. 마치 저 개선장군 같은데. 우리에게서 재판을 받은 사람은 그다지 억울하지는 않았을 것이다. 그리고 우리의 재판은 처음이나 나중이나 동일한 표준으로서 종시일관終始一貫하였다는 것이 하나의 자랑인 것이다."라고.

민족통일이라는 지상의 과제를 앞에 한 국민으로서 민족에 관한 이러한 문제를 등한시할 수는 없는 것이다. 이에 국민 각자에 대하여 본 문제에 대한 진지한 검토가 있기를 기대하는 바이며 아울러 나에 대한 기탄忌憚없는 비판과 편달鞭撻이 있기를 원하여 마지아니한다.

1952년 1월 3일
대구 객사客舍에서
유병진

차 례

1. 환영幻影

검은 그림자가 움직이고 있다.

복수와 감회, 분노와 서글픔에서 피비린내가 아직도 완전히 씻어지지 않은 착잡한 환경 속에서 검은 무리가 웅실웅실 움직이고 있다.

쑥 들어간 눈, 흩어진 머리, 꺼멓고 길어진 수염, 할큼한 얼굴, 어지러운 의복, 한 사람 한 사람씩 묶인 손목, 그리고 그 사이로 앞뒤를 연결시킨 툭하고 튼튼한 농밧줄[1]…….

그들의 대오는 2열로 되어 있었다. 그들 사이에는 부녀들도 10여 명씩 섞여 있었으며 간혹은 어린아이를 업은 여자도 있었다.

그들은 18세로부터 60세에 가까운 남녀의 무리이며 어느 한 사람도 활기를 잃고 기진맥진한 거동으로서 고개를 푹 수그린 채 묵묵히 걸음에 분주할 따름이었다.

이들의 대열은 3, 40명으로부터 6, 70명씩 한 떼를 만들었으며 그 대열의 전후 또는 중간에는 무장한 형무관刑務官이 노기만만怒氣滿滿하게 이들을 감시하고 있는 것이었다.

[1] 노끈으로 만든 밧줄을 말함. '농'은 노끈의 함경도, 황해도 방언.

이들 대열로부터는 고약한 냄새가 났다. 지나가는 사람들은 모두 상을 찡그리고 이구동성으로 욕설을 퍼붓는다.

"저놈들의 꼴 좀 보아라. 그놈들이 갖은 아첨을 다하더니 신세가 잘 되었구나……."

이같이 비웃는 사람도 있었으며 그 중에는

"저놈들은 모두 죽여야 해……."

하며 중얼거리는 사람도 있었다.

늦은 가을 그리고 서울의 하늘은 맑고 청명하였다. 하늘에 뜬 몇 장의 흰 구름은 청명한 가을 날씨를 장식하였고 아름답게 쪼이는 햇빛은 돌아온 주인네를 환영하는 듯 주인 잃은 지난 서울의 여름 날씨를 추억케 하여 주는 것이었다.

멀리 동쪽으로 종로 중심지 일대에서 남대문통에 이르는 일련의 빌딩은 백화점의 왕자 화신和信을 비롯하여 한국은행 앞까지 검버섯이 돋은 얼굴과도 같이 몇 달 동안의 시달려 쓰라리던 변모變貌를 보이고 있고 폭탄과 포탄으로 내장을 잃은 껍질만이 허수아비와도 같이 우뚝하니 서 있는 것이었다.

북쪽을 돌아다보니 웅장하던 수도의 대전당 우리의 중앙청은 6·25 사변의 피해의 전 면모를 묘사하는 듯 연기에 그슬린 창구는 마치 벌집과도 같이 유달리 눈에 띄고 광화문통 근변近邊의 폐허화된 참혹상은 증오심과 비통감을 북돋아 주는 것이었다.

바로 앞을 내려다보니 이조 5백년의 역사를 세계만방에 자랑하였고 앞날의 민국民國의 발전에 있어 토대이며 빛이었던 덕수궁의 석조전石造殿조차 꺼멓게 그슬려서 3개월 전의 호화상豪華相은 어느 한 곳에도 찾아볼 수가 없었다.

눈에 보이는 이 골목 저 골목에는 가옥의 유해와 더불어 포탄의 세례를 받은 곰보딱지 집들이 수두룩하였다.

지금도 수많은 폭격기와 제트기는 요란한 폭음과 부서지는 소리를 내면서 멀리 북쪽 하늘로 날아가는 것이었다. 또 다른 그림자가 움직이고 있다. 서대문 쪽으로부터 정동 골목을 거쳐서. 역시 파리하고 남루한 자태로서 묵묵히 걸어오는 것이었다.

웅실웅실 움직이는 수백 수천의 검은 그림자. 파괴된 서울의 거리……. 집 잃고 헐벗은 거지의 떼. 불타버린 자리에서 풀썩풀썩 나는 먼지를 입어가면서 이를 정리하고 있는 겨레의 모습. 그러나 그뿐만 아니라 부모형제를 잃고 슬피 울고 있는 가엾은 아이들. 보배 같은 아들이, 태산 같은 남편이 죽었다고 애곡哀哭하고 있는 노부모나 처.

아아噫[1], 이 무슨 악마의 장난일꼬…….

나는 이제 내가 취급한 부역범附逆犯 처리에 관한 그 가지가지의 고민의 과정을 회고하려는 것이다. 그 고민은 통상적인 것은 아니었다. 그것은 그 부역범을 처단하는 기본법인 비상조치령非常措置令이 너무도 어마어마한 법률이었기 때문에 일어나는 심각한 고민이었던 것이다. 그러면 어떠한 점이 어마어마하다는 말인가. 본서本書 내용의 이해를 돕기 위하여 이제 그 골자만을 간단히 적기로 한다. (말미에 첨부한 본 법령을 참고하시오.)[2]

[1] 원문에는 '희(噫)'라고 표기되어 있는데, 이는 '아아(ああ)'로 훈독(訓讀)되는 일본어 표현임. 본문에서는 '아아'로 표기함.

[2] 후술 443면 이하 참조.

1. 동同 법령은 역도逆徒들에게 대한 모든 협력행위를 부역죄附逆罪라는 범죄행위로 규정하였다는 것이다. 거기에는 협력의 대소경중大小輕重이 문제가 안 되었다. 동 법령 제4조 제5호에 의하면 자진방조自進幇助라 하여서 자진하여 한 자만에 한한 것같이 보이나, 이것도 동 제5조와 관련시킬 때에는 아무 의미도 없는 것이다. 그런데 소위 일제시대日帝時代의 부역附逆을 처벌하는 우리나라 과거의 반민법反民法[1]도 고등관高等官 삼등三等 이상의 자라는 등 거기에는 부역범의 표준을 대단히 높였던 것이며, 일개 면서기라 하여 혹은 관청 급사라 하여 부역범으로 만들지는 않았던 것이다. 그런데 그것은 시간의 장단長短은 있을지언정 그 근본이념의 차이는 없었던 것이다.

2. 그 소정형所定刑이 엄청나게 중하다는 것이다. 동 법령에 의하면 두 가지의 종류로 나뉘어 있다. 즉 사형만인 것과 사형, 무기 또는 10년 이상의 유기징역과의 그것이다. 이것을 일반 형법[2]의 그것에 비교한다면,

사형만에 해당되는 방화放火를 보더라도 형법에서는 사형, 무기 또는 5년 이상의 징역으로 되어 있고,[3] 또는 강간强姦을 보더라도 형법에서는 2년 이상의 유기징역으로 되어 있으며,[4]

사형, 무기, 또는 10년 이상의 유기징역에 해당되는 절도竊

[1] 1948년 9월 22일에 제정된 「반민족행위처벌법」을 가리킴. 관련조문의 내용은, 후술 461면 이하 참조.

[2] 당시에는 일본형법이 의용(依用)되고 있었다. 이를 의용형법(依用刑法)이라고 한다. 의용형법의 관련조문은, 475면 이하 참조.

[3] 의용형법 제108조.

[4] 의용형법 제177조.

盜를 보더라도 형법에서는 10년 이하의 징역이므로 최하 1개월의 징역도 보낼 수 있는 것이다.[1]

그런데 본령本令 최하의 형인 10년 징역조차 강산江山이 변할 만한 장기간인 것이다.

3. 부역죄에 대하여서는 기소 후 20일 이내에 공판을 열어야 하며 40일 이내에 판결을 언도言渡[2]하여야 한다는 것이다. 이것은 인권옹호상 좋은 규정이기는 하나 수많은 사건을 한정된 인원으로써 그 단시일 내에 처리한다는 것은 우리가 상상조차 못할 만큼 지난至難한 일인 것이다.

[1] 의용형법 제235조.

[2] 의용형사소송(依用刑事訴訟法)하의 용어로 현행 형사소송법상 '선고(宣告)'에 해당함.

2. 민족의 '피'

멀리 이역異域에서 외로운 그림자를 짝하여 달빛 아래 초연히 걸어보라. 가지가지의 향수가 그대의 머리를 스치리라. 삼각산이 눈에 아롱거리고 한강물 소리가 귀에 쟁쟁하리라. 멀리 이역에서 고국 친우를 만나 도라지타령이나 아리랑타령 한 곡조를 들어보라. 그대의 눈에 까닭 모를 뜨거운 눈물이 주르르 흐르리라. 대한大韓 사람과 다른 나라 사람과의 다툼을 가만히 들어보라. 그 사유의 여하를 불문하고 대한 사람에게 편偏하고 싶은 감정의 흐름을 깨달으리라.

나는 지금 민족적 비애로 말미암아 일어난 가지가지의 참상을 눈앞에 보고 한없는 울분을 억제하면서 닥쳐오는 부역자 처리라는 중대한 책무를 생각할 때 민족에 관한, 아니 민족주의에 관한 모든 관념이 새삼스럽게도 나의 머리를 스쳤다. 과연 민족애란 무엇일까. 공산주의자에게는 민족의 '피'가 흐르지 않을 것인가. 우리는 민족에 대하여 어떠한 태도를 취할 것인가.

아득하고 오래기 반만년 전에 백두산 아래 성스러운 땅에서 번어진 한줄기의 '피'. 이 '피'는 3천만 겨레가 3억만이 되고 3억만 민족이 6억 창생이 되는 때까지 한줄기요, 두 줄기일 수는 없는 것이다. '한줄기' 그것은 조상을 같이한다. 맥박에 뛰노는 핏줄이 본능으로 엉키니 단일체다. 단일체는 공동운명체다. 대한민족은 너 나 할 것 없이 운명을 같이할 약속을 가진다. 민족을 떠나서 내가 없고 나를 떠나서 민족이 없다. 민족은 곧 나의 모체母體요, 나는 곧 민족의 한 분자分子이다. 한번 나라가 거꾸러지매 그 민족의 고단한 신세가 어떠했더냐. 고려高麗의 운수가 불길하여 몽고 홀필열忽必烈[1]의 침략을 받았을 때 대한민족은 옷까지 바꾸고 이름까지 갈지 않았던가! 을사乙巳년간에 왜놈에게 외교권을 빼앗긴 대한민족은 절름발이에 꼽추 병신이 되었고, 경술합방庚戌合邦은 하늘이 무너지고 오장육부五臟六腑가 다 쏟아지는 듯한 민족의 설움과 통곡이 아니었던가! 그리고 서른여섯 해 동안 그 잔인한 압박과 구속 밑에서 우리는 기름과 피를 빼앗겼을 뿐만 아니라 강제로 동조동근同祖同根[2]의 굴레까지 뒤집어씌우고 창씨創氏와 개명改名까지 당하지 않았던가! 나라가 일어나매 그 민족의 빛나는 영광이 어떠했더냐. 삼한三韓이 통합되자 경주慶州 서울은 17만여 호가 바둑판 같이 벌어지고 주위는 고래등 같은 용마름[3]과 화초 같은 아름다운 단壇이 비늘처럼

1 칭기즈칸의 아우 쿠빌라이를 말함. 송나라를 침입하여 헌종의 뒤를 이어 세조로 즉위한 후 북경에 도읍하여 국호를 원(元)으로 개칭하였고, 1279년 남송(南宋)을 없애 중국을 통일함.

2 조상이 같고 근본이 같음. 1937년 일제(日帝)가 전쟁협력 강요를 위해 조선통치정책의 기치로 내세운 내선일체(內鮮一體)의 바탕이 된 이론인 동조동근설(同祖同根說)을 말함.

3 지붕마루에 덮는 'ㅅ'자형으로 엮은 이엉.

연連하였고 백성의 집은 초가 한 채도 없었다 하지 않던가!

'피'. 그것은 응결성을 가진다. 한군데에 뭉치려는 뭉침의 본능과 자타自他를 구별하는 분별성을 가진다. 뭉침의 본능은 너와 내가 따로 없다는 것을 말한다. 내가 바로 네요, 네가 바로 나인 것이다. 뭉침의 본능은 나아가서는 민족의 분자적 고립을 부인한다. 뭉치면 살고 흩어지면 죽는다. 멀리 한漢나라 무제 유철劉徹[1]이 위만衛滿을 쫓느라고 별안간 대한大韓을 침략하였을 때 평안도, 황해도 그리고 함경도는 놈들 수중에 들어섰다. 이로 인하여 민족의 연결은 끊어지고, 이로 인하여 경제적 파탄이 일어났고, 이로 인하여 민족 자주사회自主社會는 파괴되었다. 그러나 얼마 안 되어 본토의 민족들은 힘을 다하여 한 뭉치가 되어 한민족漢民族을 몰아내고야 말지 않았던가! 다 같은 깃발 아래 한마음 한뜻으로 대동단결하고야 말지 않았던가! '피'의 분별성은 민족의 고유성을 외친다. 가까이 서른여섯 해 동안 왜놈들은 대한민족을 자기 민족에 동화시켜버리려고 우리에게 동조동족同祖同族의 굴레를 뒤집어 씌우고 창씨와 개명까지 강요하지 않았던가! 그러나 그들은 기름과 물조차 헤아리지 못하는 어리석음만을 남기고 말지 않았던가! 그렇다 하여 '피'의 응결성이 절대로 배타주의를 의미하는 것은 아니다. 다만 살기 위한 자립을 위할 따름이다.

민족의 '피'에 숨어 있는 이러한 생리적 본능. 이것이 바로 조국애요 민족애인 것이다. 그런데 민족이란 사회적 집단을 구성하기 때문에 거기에는 필연적으로 정치적 결합이 요청되

[1] 중국 전한(前漢) 제7대 황제(BC 141~87). BC 119년 서쪽의 흉노를 토벌하고, BC 108년에는 동으로 고조선을 공격하여 한사군을 설치함.

는 것이며 이를 움직이고 있는 것은 민족의 공통된 정치적 감정인 것이다. 이러한 방면으로 바라다볼 때 우리는 민족의 '피'라든가 민족의 공통된 정치적 감정이라든가 모두 필경은 동일한 의의意義에 귀착된다는 것을 알 수 있다. 이러한 '피', 아니 공통된 정치적 감정은 그 자체의 자연적 환경과 제도, 풍습 및 문화의 공통성만으로써 이를 유지시키고 발전시키고 고무시킨다. 그런데 제도, 풍습 및 문화는 '피'의 본능으로부터의 자연적 귀결로서 공통성을 가질 운명에 있다 할 것이다. 그러나 이것은 오로지 민족 자체의 자연적 환경 즉 지역에 의존하지 않으면 안 된다. 사실에 있어서 땅 없는 저 유태민족에게 공통된 제도나 풍습 혹은 문화가 있을 수 있으랴! 민족에 있어서 그 국토가 절실히 필요한 소이所以[1]는 실로 여기에 있을 것이요, 민족애를 향토애 또는 조국애라 이르는 까닭도 이러한 점에서만이 찾아볼 수가 있는 것이다. 멀리 이역에서 삼각산이 보이고 한강물이 그리워짐도 까닭 없는 일은 아니다. 그리하여 이 '피'와 국토는 바로 민족주의에 있어서의 불가피적인 일일 것이며 이에 대한 인간의 확신이야말로 민족의 본능일 것이다. 본능은 본능인 까닭에 정正일 것이며, 그러한 의미에 있어서 이러한 확신이야말로 민족의 지상명령이요 인류의 지상명령일 것이다. 또 본능은 본능인 까닭에 설령 이에서 이탈되었다 하더라도 조만간 이에 복귀하고야 만다는 필연적인 운명을 지니고 있다 할 것이다.

나는 이제 민족을 저버렸던 공산주의자들의 발자취를 살펴보기로 한다. 저 겨레 아닌 트로츠키, 스탈린 등 공산주의자

[1] 까닭.

들은 원래 민족에게 하등의 본질적인 가치를 인정하지 않았던 것이다. 그들의 눈으로 볼 때 민족주의는 한 가지의 강국적強國的 배타주의에 불과하였다. 그들은 소비에트 연방헌법에 있어서 '러시아'라는 말을 말살하여 버렸으며 '러시아'라고 기재된 봉투는 통용조차 못하게 하였다. 그러면 그들은 과연 '러시아'라는 민족을 영원히 저버릴 수 있었을 것인가?

그러나 일개의 주의主義나 규약規約으로써 인간의 생리적 본능을 무시하여 버릴 수는 없는 것이다. 민족말살의 외침도 들은체만체 각 민족의 노동자들은 전全 소비에트 노동자 간의 연대성을 망각하고 도리어 타민족의 동지에 대한 의혹감만을 심각히 하였다. 반反아르메니아, 반反러시아 등등의 민족적 표현은 그칠 줄을 몰랐다. 뿐만 아니라 소비에트 연방 내에 분리되어 있는 모든 민족은 각기 자체의 민족문화발전에 노력할 뿐 사회주의적 프롤레타리아 문화의 창조에는 그다지 협력하지 않았다. 다시 문화문제에 있어서의 모스크바 당국의 지도와 방향에도 불구하고 우크라이나인은 유럽적 방면에로, 아시아적 민족은 보다 더 동양에로 향하였다. 이러한 경향은 스탈린으로 하여금 "사회주의로부터의 탈락과 부르주아적 민족주의에의 복귀"라는 탄식의 판결을 내리지 않을 수 없게 하였던 것이다. 그 후 세계혁명의 좌절에 더하매 독일에 있어서의 히틀러의 정권장악과 일본의 아시아 대륙에의 진출은 소련으로 하여금 가장 큰 위협에 떨게 하지 않을 수 없었다. 이리하여 본능의 가면은 벗어버리지 않을 수 없는 필연적인 도정道程에로 이끌어지고 말았다. 과연 위급은 본능을 발휘한다. 이때까지 대중의 민족적 감정을 탄식하고 책責하여만

오던 크레믈린 자신도 이제는 뻔뻔스럽게도 인민의 정신적, 도덕적 재무장을 민족의식에 호소하기 시작하였다. 이윽고 "위대한 러시아 민족이여 조국애에 총궐기하라!"고 외치어 새삼스럽게 민족을 찾기 시작하였다. 신문지는 장기간 멸시되어 있었던 애국심, 조국 등등의 반혁명적 언사로써 충만充滿되었다. 지난날의 민족적 영웅은 혁명적 사회주의 지도자와 그 명예를 나눌 수 있게 되었다. 우리는 우리들의 국토를 사랑하기 때문에 그 훌륭한 과거의 민족역사를 알지 않으면 안 된다고 외쳤으며, 또 그들은 『대大러시아 민족』이라는 소책자에서 "대大러시아 민족의 역사는 수다數多한 적, 정복자, 침입자 및 튜튼[1]적 요소에 대한 자유와 독립을 위한 영웅적 투쟁의 역사다."라고 극구 찬양하였다. 그리고 지난번 나치스 독일의 육박이 바야흐로 위급했을 때 스탈린은 "만국의 노동계급의 해방을 위하여!"라는 맹세 대신에 "최후의 목숨이 붙어 있을 때가지 이 몸을 동포와 조국과 노동자·농부의 정부를 위하여 바친다!"라고 부르짖지 않았던가! 그리하여 그들의 핏줄에서도 민족의 '피'가 용솟았다.

그뿐이랴. 제3 인터내셔널 즉 코민테른[2]에서 각국 노동자

[1] 원문에는 '쮸-돈'으로 표기되어 있음. 튜튼(Teuton). 인도유럽 인종 게르만의 하나. 영국 남부의 주민, 네델란드인, 독일인, 스웨덴인, 덴마크인, 노르웨이인 등을 가리킴. 좁은 의미로는 독일인과 같은 의미임.

[2] 인터내셔널은 사회주의계 근로자 및 사회주의 단체의 국제적 조직을 말함.

제1 인터내셔널은 1864년 런던에서 창립된 노동자들의 최초의 국제적 조직인 국제노동자협회(International Working Men's Association)로서 마르크스와 엥겔스가 이를 이론적으로 뒷받침하였고, 이 협회의 활동을 통하여 마르크스주의가 각국에 보급됨.

제2 인터내셔널은 마르크스 사후 20세기에 이르러 독점자본주의시대

들은 제2 인터내셔널의 회색주의를 통매痛罵[1]하고 "만국의 프롤레타리아여 한군데 뭉치라!"고 외치며 전쟁에 반대하였던 것이다. 그리고 그들 각국 노동자들은 모두 레닌[2], 트로츠키[3] 혹은 스탈린[4]의 사진을 들어 걸고 "우리의 조국은 ○○

가 도래하자 개량주의적 경향을 띠며 오히려 자국 정부의 시책에 협력하게 됨. 제1차 세계대전이 일어났을 때에는 러시아의 볼셰비키당을 제외한 제2 인터내셔널의 여러 당은 각자 자국의 전쟁 수행에 협력하게 되어 이 기구는 와해되었음. 그 후 1920년대에 옛 조직을 부활시켜 사회주의 노동자 인터내셔널(Labor and Socialist International)로 부활함.

제3 인터내셔널은 공산주의 인터내셔널(Communist International)을 지칭하며 코민테른이라고도 함. 러시아의 레닌 지도하에 각국 노동운동 내의 좌파가 모여 1919년 모스크바에서 창립된 것으로 마르크스-레닌주의를 사상적 기초로 중앙집권적 조직을 가지고 각국 공산당에 그 지부를 두어 프롤레타리아 독재를 통한 사회주의의 달성이라는 노선에 입각하였음.

제4 인터내셔널은 토로츠키즘에 의한 국제공산주의운동 추진을 위한 국제조직으로서 코민테른에 대항하기 위하여 1938년 트로츠키가 미국, 영국, 독일, 프랑스, 이탈리아 등의 트로츠키스트를 결집하여 창립함.

1 몹시 꾸짖음.

2 레닌(1870~1924). 1917년 러시아 10월 혁명의 중심인물로 마르크스주의를 러시아에 적용시킨 혁명이론가이자 사상가. 1917년 11월 무장봉기로 과도정부를 전복하고 이른바 프롤레타리아 독재를 표방하는 혁명정권을 수립한 다음 러시아의 공산정권을 지키기 위하여 1919년 코민테른을 결성하였음.

3 트로츠키(1879~1940). 초기에 레닌에 협력하였으나 독일과의 강화 문제로 레닌과 대립하고, 레닌 사후 당의 노선을 놓고 스탈린과 대립하여 국외로 추방당함. 스탈린이 러시아만으로 사회주의 건설이 가능하다고 주장한 데 대해 프롤레타리아 독재의 유지를 위해서는 세계혁명, 적어도 유럽 여러 국가의 프롤레타리아 혁명의 지원이 필요하다는 '영구혁명론(Permanent Revolution)'을 주장함. 이 이론을 토대로 국외추방 후 소련 주도의 코민테른에 대항하여 제4 인터내셔널을 조직함.

4 스탈린(1879~1953). 레닌의 후계자로서 소련공산당 서기장. 1919~1922년 국가통제위원에 이어 당서기장이 되어 반세기 동안 독재적으로 소련을 통치하였으며, 1936년에는 소련에서 사회주의의 승리를 법적으로 확인한 '스탈린 헌법'을 제정함. 1939년 사회주의에서 공산주의로의 이행 문제를 제기하여 '일국 사회주의론'을 전개하고 1945년 대원수가 되어 그 명성은 레닌을 능가하게 되었고, 동구 제국에 대해 헤게모니를 잡고

가 아니고 러시아다. 우리의 수도는 ○○가 아니고 모스크바다!"라고 외쳤던 것이다. 그러나 한번 구주대전歐洲大戰이 발발되자 그들 노동자들은 과연 어떠했더냐. 그 몇 번이나 반복하여 오던 반전결의를 완전히 박차버리고 산업휴전을 선언한 후 자신 민족의 씩씩한 전사戰士가 되지 않았던가. 프랑스의 노동자는 "침략에 대한 조국의 방위다!"라고 외치며 일어났고, 독일의 노동자는 "독일이 도리어 전쟁을 부득이 한 것이며 이것이 방위인 것이다!"라고 총을 메었으며, 영국의 노동자는 "산업휴전이다. 모든 것은 전쟁이 끝난 후에!"라 하며 의용병이 되었다. 한편 공산혁명운동의 소굴이었던 이탈리아 밀라노 시에 있어서도 무솔리니[1]의 참전자단參戰者團의 결성을 보게 되자 종래 그 파업과 그 폭행과 능욕과 그 일규一揆[2]와 그 공장점령으로써 적색혁명赤色革命은 문제없다고 하였던 예기豫期에도 반하여 전 노동자들은 그 적기赤旗를 소각하고 파시즘 깃발 아래 흔연히 돌아오지 않았던가. 그리하여 그들은 모두 그 사진을 떼고 계급의식을 버리고 민족의식에로 돌아왔던 것이다.

미국과 대항함으로써 냉전의 중심인물이 됨.

1 무솔리니(1883~1945). 히틀러와 함께 파시즘적 독재자의 대표적 인물. 1914년 7월 제1차 세계대전이 일어나자 참전을 위한 파쇼(fascio : 결속의 뜻)를 조직하였고, 대전 후인 1919년 3월 밀라노에서 '전투자동맹'(본문에서의 '참전자단'을 말함)을 조직함. 1921년 전투자동맹을 파시스트당으로 개편하고 1922년 쿠데타로 정권을 인수하여 강력한 독재정권의 기반을 굳히는 한편 대외적으로 제국주의적 팽창정책을 취하고, 1939년 독일과 군사동맹을 체결하여 나치스 독일, 일본과 함께 국제파시즘 진영을 구성함.

2 민중이 도당을 만들어 칼 등을 휴대하고 공무원이나 다른 사람에게 반항하는 소동.

원래 소비에트 기구 자체를 볼 때 거기에는 민족이란 있을 수 없는 것이다. 그런데도 불구하고 점차적으로 강화 일로를 걷고만 있는 러시아의 민족적 감정은 과연 소비에트 내의 다른 민족국가에 대하여 어떻게 연결되고 있을 것인가. 우리는 이에 흥미를 기울이지 않을 수 없는 것이다. 러시아는 종래 소비에트의 공용어 즉 사회주의 문화의 국제어로서의 러시아어로 하여금 전 소비에트의 일상용어화하려 하였다. 우크라이나, 백러시아, 아르메니아 등등 수개의 민족공화국에 있어서는 소학교 및 중학교에서도 러시아어를 전용專用하지 않으면 안 되게 되었다. 동시에 아르메니아 등 개개의 민족공화국에 있어서 종래 하나도 없었던 러시아어의 신문이 새로이 발간되게 되었으며 그 수는 점증漸增의 일로를 걷고 있었다. 한편 우크라이나를 비롯한 소비에트 공화국의 고급관리에 대한 끊임없는 숙청을 계속하였다. 이러한 현상은 무엇을 의미할 것인가. 그것은 두말 할 것도 없이 각 민족의 분리주의를 봉쇄하고 그 민족주의의 소상消喪[1]을 기하기 위한 기도企圖일 것이다. 그러고 본다면 "러시아 민족은 강족强族이기 때문에 민족감정을 살려야 하지만 너희들은 약소민족이기 때문에 민족감정이란 하등의 필요가 없다. 다만 러시아의 명령대로 움직이면 그만이다."라는 솔직한마음씨를 나타낸 것이라 하겠다. 또 이것을 왜제倭帝가 그 말기에 있어서 우리의 소학교육小學敎育에까지 왜어상용倭語常用을 강요함과 동시에 한글을 전폐全廢하였으며 하나의 관용官用 한글 신문 이외에는 한글 간행물이란 용허容許치 않았던 사실과 똑똑한 겨레들은 사상

[1] 소멸되고 상실됨.

범이라 하여 감옥소의 귀신으로 만들어버렸던 사실에 비교할 때 거기에 무슨 차이가 있다 할 것인가. 지금 우크라이나 등 약소민족 국가에 있어서는 우리가 왜제倭帝하에 신음하고 있었던 견딜 수 없는 민족적 비분에 잠겨 있을 것이 아닌가. 그리고 러시아의 그것은 지난날 저 왜제倭帝가 사용하던 동일한 궤도軌道를 달리고 있는 것이 아닐까. 그리고 양 국가는 그 세계관을 달리하면서도 약소민족에 대한 시책에 있어서는 신기하게도 방향을 같이하였다. 그리하여 소비에트 내의 약소민족은 소비에트의 일원이라는 지위로부터 자기도 모르게 러시아에의 합방合邦에로 추이推移되었다는 사실을 느낄 것이며 이에 통곡하고 있을 것이다. 나아가서 그들은 민족문화를 잃은 절름발이 민족으로서 이성 잃은 인간 격인 무골충無骨蟲적 구렁에 빠지고 말 것이다. 필경 계급해방이라는 빛 좋은 간판 밑에서 개살구 격인 신맛을 볼 것이다. 그런데도 불구하고 자진自進 이에 뛰어 들어가려 하는 자가 있다면 그것은 타민족의 탈을 쓴 러시아인이 아닐까.

나는 이상에서 민족의 '피'란 어떠한 것인가를 해부하여 보았다. 그리고 그 '피'는 설령 민족에서 이탈되었다 하더라도 다시 그 모체에 돌아오고야 만다는 실례實例를 엿보았다. 그러면 그와 같은 복귀현상은 과연 무엇을 의미할 것인가. 레닌이 말한 바 자기배반自己背反일 것인가. 아니다. 그것은 확실히 자기 모체에 돌아왔다는 것뿐이다. 타향의 병상에서 한없이 일어나는 어머님의 그리움. 고적한 이역異域의 달빛 아래 샘물같이 솟는 간절한 향수. 이러한 정서는 인간의 본능이다. 인간인 한 그들에게도 민족의 '피'가 흐르리라. 뭉침의 본능이 약동躍動되리라. 그리하여 '피'의 보금자리로 달음박질하리라. 그것은 일탈逸脫하였던 '피'의 보금자리에 아니 정서적 분위기에의 복귀를, 다시 말하면 본연의 자태에의 복귀를 의미할 뿐이요, 거기에는 자기배반이란 망상의 여지도 있을 수 없을 것이다. 그리고 그들은 그들을 위로하여 주는 오직 하나의 존재는 그 어머님과 고국산천故國山川이라는 것을 명기銘記하게 될 것이요, 동시에 갖은 풍랑을 겪고 돌아온 여인旅人[1]의 모향심慕鄕心[2]을 맛보게 될 것이다.

[1] 나그네.
[2] 고향을 그리는 마음.

3. 부역자 처리에 있어서의 근본과제

9월 28일 우리의 수도 서울을 탈환하자 모든 수사기관에서는 부역자附逆者의 일제 검거에 착수하였다. 우선 서울시만 하더라도 불과 1개월간에 1만여 건이나 검거하였으며 동시에 이에 대한 군법회의의 심판도 시작되었다. 서울시에 있어서의 군법회의는 계엄중앙고등군법회의와 서울지구계엄고등군법회의의 2개가 있었다.[1] 당시 비상계엄하이었던 관계로 동同 부역자 처리는 군법회의에서 모두 담당할 예정이었던 것이었다. 그리하여 군법회의가 시작되자 서울지방법원에서도 이에 협력하기 위하여 판사 8명까지 이에 파견하여 전적으로 동 군법회의에 관여·협력하게 하였다. 그러나 전시前示와 같이[如히] 폭주한 사건을 2개의 군법회의에서 단시일간에 모두 처리할 수는 없을 것이므로

[1] 당시의 고등군법회의는 1960년대 이후의 고등군법회의와 다른 의미를 가지고 있다. 당시의 '고등군법회의'는 '특설군법회의'나 '약식군법회의'에 대응하는 개념으로 사용되었다. 당시의 '고등군법회의'에서 '고등'은 제2심인 고등법원의 '고등'에 대응하는 것이 아니라 '정규'의 군법회의임을 나타내는 표현이다. 그리하여 당시의 '고등군법회의'는 사형 등에 처할 중죄를 관할하는 제1심이자 종심의 군법회의를 가리킨다. 신동운 편저, 효당 엄상섭 형사소송법논집, (2005), xx 이하; 고석, 한국 군사재판 제도의 성립과 개편과정에 관한 연구, (2006. 2.), 서울대학교 박사학위논문 참조.

부역자 중 중重한 자만을 군법회의에서 처리하고 비교적 경미한 것만은 재판소에서 이를 처리하게 하였다. 이리하여 법원에서도 부역자 처리라는 중대한 책임을 부담하게 된 것이다. 그러나 생각건대 「부역자 처리에 관한 비상조치령」 그 자체가 법률상 여러 가지의 의문을 내포하고 있으므로 법원의 동同 책임부담이란 여러 가지 점에서 난점이 많은 것이다. 본래가 부역자 처리라는 것은 보통범죄와 그 성격을 달리하여 첫째로 그 수가 허다한 데 반하여 단시일간에 처리하여야 한다는 것, 둘째로 동 처리는 국가 백년대계에 중대한 영향을 가지고 있다는 것이다. 당시 군법회의에서의 처리상황과 같이 간단한 심리로써 그 대부분을 극형에 처한다 함은 탈환 직후의 서울 시민의 여론에 합치되고 어떠한 방면으로 볼 때 그 의의도 많다고 할 것이다. 그러나 우리 법원의 입장으로 볼 때, 첫째 재판이라고 하면 충분한 심리를 하여 한 사람 한 사람에 대한 법관의 확신이 있어야 할 것이요, 둘째로 극형조치만이 그에 타당할 수는 없다는 것이다. 즉 확신 없는 형식적인 심리만을 거쳐 비록 어느 정도에 한限한다고는 할 수 있으나 일률적으로 엄벌에 처한다 함은 이는 재판이 아니요, 일종의 행정조치에 불과하다 할 것이다.[1] 만일 법원으로서 한 발자국 그 처리가 그릇된다면 재판사裁判史상의 일대 오점을 남기게 될 것이요, 따라서 그 법관된 자 그 처리의 중책을 느끼지 않을 수 없는 것이다. 우리는 여기에서 본건 처리에 있어서의 근본문제 몇 가지를 들어보기로 한다. 그 첫째로 소위

1 당시 군법회의 재판의 문제점을 유병진 판사가 논구(論究)한 글이 "파동에서 본 심판의 독립성"이다. 후술 331면 이하 참조.

부역행위의 심리審理를 어떻게 하느냐의 문제이다. 즉 심리의 철저를 기하려면 피고인의 부인하는 바를 재검토하여야 할 것이며, 그 방법으로는 증인신문, 여론조사, 혹은 검증 등을 확실히 하여야 될 것이다. 그러나 수많은 사건이 단시일간에 그 처리가 요구되는 본건에 있어서는 일일이 증인 등을 조사할 여유는 전연 없을 것이며, 단 하나의 편리한 비공식의 방법인 것은 현지출장 즉 의문이 있을 때마다 당해 동회洞會나 또는 기타 장소에 나가서 조사하는 방법이다. 그러나 전 지방법원에 지프차 한 대도 없는 살림살이에서는 도저히 이것도 실행할 수가 없는 것이다. 그렇다고 해서 단 한 번의 공판에 피고인의 변명도 검토하지 않고 이것을 처결處決하여야 할 것인가? 다시 말하면 피고인이 어떠한 행위를 하였다는 사실에 대하여 확실히 알지도 못하고 그 의문을 남긴 채 본 부역자 처리라는 전체적 방침을 위하여 가부간可否間의 어떠한 결정을 강제받을 것인가? 과연 그러한 강제를 받는 결정이라면 우리는 소위 재판이라 할 수 있을까? 혹은 그러한 재판이라도 우리는 하여야 할 것인가? 하는 문제가 있는 것이다. 그 둘째로 부역행위에 대한 처벌의 기준을 어디에 세우며 그 정상情狀의 정도를 어떻게[如何히] 보는가의 문제이다. 본 문제는 가장 중대한 것이다. 부역범의 본질을 어떻게 보는가? 그 본질에 대한 견해 여하에 따라서는 해석상의 크나큰 차이가 생길[生할] 것이며 나아가서는 본건 처단의 중대한 기로를 획劃하게 될 것이다. 과연 부역범의 본질을 어떻게[如何히] 파악하여야 할 것인가? 이것이 부역자의 재판을 앞둔 법관의 뇌리에서 떠날 수 없는 2대 문제인 것이다. 그런데 본건 처리는 지방법원의 단독판사單獨判事가 하며 단심제도單審制度인 것이다. 본래 재판이란 그 신중을 기하기 위하여 원칙으로 3인으로써 구성된 합의체合議體에서 처리하는 것임에도 불구하고 본건에 있어서는 그 신중성보다도 신속성이 일층 요청되는 까닭으로 단 1인의 판사에 의하여 처리하게 되었으며, 그 뿐만 아니라 더 전면적인 의미하에 있어서 사건처리의 신중과 더불어 사건처리의 적정을 기하기 위하여 모든 사건은 그 처리한 결과에 대하여 불복신립不服申立[1]을 할 수 있는 심급제도審級制度로 되어 있음에도 불구하고 본건에 있어서는 이 역시 신속처리라는 특별요청에 의하여 불복제도를 용인容認치 않는 단심제도가 되어 있는 것이다. 요컨대 단 한 사람의 판사에 의하여 처리될 뿐만 아니라 그 판결에 대하여서는 절대로 그 시정是正을 구할 수 없다는 것이다. 이와 같이 본 재판을 받는 피고인에 대하여는 대단히 불리하게 되어 있느니 만큼 이를 처리하는 단독판사의 책임이야말로 중대한 것이 아닐 수 없는 것이다. 여기에서 우리는 일단 그 판결을 내린 후는 그것이 설령 부당한 판결이라 하더라도 판사 자신이 이를 시정치 못함은 물론 피고인 측도 그 불복의 방도가 전연 없을 만큼 자기 판결이란 움직이지 못할 크나큰 위력을 가지고 있다는 점을 생각할 때 일찍이 상상조차 하지 못한 절대권絕對權에 일종의 전율감戰慄感으로써 그 책임의 중대성을 감득感得하지 않을 수 없는 것이다. 나는 여기에서 다시 본 재판을 하는 데 있어서 좀 적은 범위에서 좀더 구체적이고 직접적인 과제 두세 가지를 들어보기로 한다.

[1] 당시의 일본식 법률용어로 현재의 '불복신청(不服申請)'에 해당함.

그 첫째로, 우리는 부역범의 성격 즉 본질을 어떻게[如何히] 볼 것인가? 즉 역도逆徒들의 침점侵占 중 그들의 정치적 압력에 의하여 부득이 그의 자금조달로써 금 100원을 제공하였다는 사실에 대하여서도 이것을 부역죄로 인정하여 처단하여야 할 것인가?

그 둘째로, 본건 판결은 부역자에 대한 일반 여론과 어느 정도로 조화시켜야 할 것인가? 역도들의 지배하에 3개월간 서울 시민들은 일반적으로 크나큰 압박을 받아 온 것이다. 그들로부터 소위 반역자라 하여 살해당한 자로부터 혹은 납치당한 자, 감금당한 자, 천정 또는 낭하廊下[1] 속에서 은신을 하느라고 온갖 고통을 받은 자, 그 역도들로부터 반동분자의 가족이라 하여 갖은 학대를 당한 자, 강제노동이나 약탈을 당한 자 등등. 그리하여 일부 공산도배共産徒輩와 그의 가족을 제외하고는 정도의 차가 있을지언정 그들을 원망치 않는 사람은 없을 것이다. 이와 같은 감정에 따라 다소라도 그들에게 협력한 자에 대하여서는 이를 악물고 복수하려는 것이 서울 탈환 직후의 일반 여론인 것이다. 그러한 관계로 일반민一般民 중에는 재판수속裁判手續[2]조차 불필요하다고 하며 소위 즉결卽決을 주장하는 사람도 많았다. 이러한 일반 여론에 비추어 볼진대 부역자들은 모름지기 모두 극형에 처하여야 할 것이다. 그러면 본 부역자 처단은 반드시 이러한[如斯한] 여론에 합치되어야 할 것인가? 또는 여론의 연유, 내용 등을 해부하고 여론의 본질을 재검토하여 볼 필요는 없을까? 여론이

1 행랑 또는 복도.
2 일본식 법률용어로 현재의 '재판절차(裁判節次)'에 해당함.

라도 국가 백년대계에 합당치 않다고 인정될 때 우리는 재판으로써 여론으로 하여금 정상적인 길에 인도하여 나아가야 되지 않을까? 이러한[如斯한] 여론인도가 필요하다면 우리는 일반 여론의 최고조最高潮적인 압력에 감당하여 나아갈 끈기 있고 대담한 과단성果斷性이 필요할 것이다. 과연 그러한 용기가 있는가?

그 셋째로, 형사재판의 목적이란 무엇일까? 국가·사회에 안녕질서를 해하는 자에 대하여 형벌刑罰이라는 제재制裁를 주어서 그 안녕질서를 보지保持함에 있다 함은 주지周知의 사실이다. 그러나 그 성격이나 환경에 있어서 천태만상千態萬象한 인간에 대하여 제재의 동일이란 결코 현명한 방책이라 생각할 수는 없는 것이다. 그리하여 그 목적을 달성코저 형사책임을 개별화하여서 법관으로 하여금 사건에 따라 중하게도 하고 관대하게도 할 수 있는 자유재량주의까지 채용되었던 것이며, 그러한 주의主義의 배후에는 형사정책이라는 근저根柢가 놓여 있는 것이다. 동일한 범죄사실에 속하는 사건에 있어서 갑은 벌금 1만 원에, 을은 벌금 5천 원에 처할 수 있음은 개인에 대한 각 경우에 입각된 안녕질서의 보지保持라 하는 형사정책에 연유된 것이라 할 것이다. 그러한 자유재량의 여지가 있다는 점에 있어서 재판도 역시 단순한 법의 집행이라는 범위를 넘어 정치의 훌륭한 일단면一單面을 차지하고 있다는 것을 의미한다 할 것이다. 그렇다면 재판이나 소위 정치나 할 것 없이 그 귀결점은 동일하다 할 것이며, 따라서 재판 역시 정치라 할 것이다. 이러한 견지에서 본다면 국가의 안녕질서 보지保持에 비익裨益[1]되지 않는 제재란 재판일 수는 없다 할 것이다. 여기에서 한걸음 나아가서 그러한 목적을 위한 재판이라면 법에 규정된 명문을 무시할 수도 있어야 할 것인가? 그러나 악법도 법이라는 고언古諺이 있지 않던가? 아니이 고언의 진리성은 초超과도기에 있어서도 여전히 빛난다고만 할 것인가? 국가의 안녕질서 보지保持와 법률준수의 의무와의 모순을 어떻게[如何히] 이해하여야 할 것인가? 그 모순이란 있을 수 있을까? 과연 있다면 2대 목적 중 어느 편에 우위를 주어야 할 것인지?

이와 같은 사색과 번민에서 계속되는 질의와 응답에서, 결단과 반성에서 이상 허다한 과제에 대하여 내려지는 해답이야말로 본건 처리에 있어서의 나침반이 될 것이다.

1 원문은 패익(稗益)으로 되어 있으나 비익(裨益)의 오자로 보임. 비익(裨益) : 보태고 늘여 도움이 되게 함.

4. '나' 아니 '환경의' 탐색

나는 본론에 들어가기 전에(본론에 전연 관계없는 것은 아니지만) 먼저 나의 본건 부역자附逆者 처단에 있어서의 근본적인 태도를 천명하지 않을 수 없는 것이다. 이것은 나아가서는 부역범 측정에 있어서의 중요한 직접자료가 될 것이며 뿐만 아니라 그 정상情狀 등에 대한 중요한 참고가 될 것으로 믿어지는 까닭이다.

수많은 부역자에게 유달리도 엄격한 법률. 그러면 이 모든 부역자에게 징역 10년으로부터 무기, 사형까지의 형을 언도言渡하여야만 할 것인가? 법률의 정면으로 볼 때 역도逆徒들에게 대한 사소한 협력도 소위 부역죄附逆罪로서 본법의 처단을 받아야 할 것이다. 그렇다면 역도들 치하에서 그들에게 소위 위문금 단 100원만 제공하여도 훌륭한 부역죄가 될 것이요, 따라서 징역 10년으로부터 무기, 사형까지의 형벌에 처단되어야 할 것이다. 그러나 일편一便 생각하면 진짜 빨갱이로서 우리 대한민국에서는 도저히 용납할 수 없는 사람은 거개擧皆[1]가 이미 도망하여 버렸을 것이다. 물론 그 예외로 악질자

[1] 거의 모두.

로서 어떠한 기회, 어떠한 사명을 띠고 잠복하여 있던 중 체포된 자도 있을 것이다. 나는 여기에서 이러한 자들은 전연 문제시하지 않는다는 것을 특기特記하고 싶다. 그러한 자야말로 우리의 원수이며 인류 공동의 적인 것이다. 이러한 자들은 그 자신들의 과거의 죄적罪跡에 비추어 백번 죽여도 무방한 것이다. 그러면 그 이외의 자에 대하여서는 과연 어떻게[如何히] 하여야 할 것인가? 나는 여기에서 그동안 "내가 만약 서울에 남아 있었더라면 어떻게 되었을까?"라는 것을 다시 생각하여 보지 않을 수 없다. 그리하여 나는 이 결론에 따라서 본건 처리를 하여야 할 것이라는 것을 믿었던 것이다. 사실에 있어서 나는 모든 죄수들에게 내가 취할 수 있는 이상의 것을 요구할 수가 없다. 그것은 나라는 존재가 그 행동의 표준이 될 만한 존재라는 것보다도 일개의 재판관으로서 그 재판관이라는 양심에서 그들에게 나의 이상의 것을 요구할 수가 전연 없기 때문이다. 그렇기 때문에 그 이상의 것을 요구하여야만 될 때에 나는 확실히 그 재판을 할 아무런 자격도 없는 것이다. 왜냐하면 우리는 남(타인)을 책하기 전에 자기라는 것을 반성하여 보아야 한다는 것이다. 그리하여 자기반성의 결과 양심에 알맞지 못할 때 남을 책하여서는 안 될 것이다. 그러나 자기반성이라 함은 민족국가의 지향하는 전체적인 목표를 무시하는 것은 아니다. 즉 나의 반성은 재판관으로서의 그것이며, 재판관의 반성은 곧 민족국가 전체의 반성이 아닐 수 없다는 견지에서이며, 이것은 하나의 진리인 것이다. 더욱이 소위 재판관의 양심이란 이러한 점에서 다른 무엇보다도 그 요구가 한층 더 큰 것이다. 그런데도 불구하고 그 양심을 거스를 때 재판관으로서의 양심을 저버리는 것이요, 이는 본연의 재판이 될 수 없을 것이다. 차라리 그럴 바에는 재판관의 자리를 떠나버리는 것이 무엇보다도 필요할 것이다.

나는 이러한 입장에서 '나'라는 것을 찾아보기로 하였다. 그 사회의 도덕을 기반으로 하는 법치국가에 있어서 우리의 단한 가지의 생각 내지 행위는 모두 그 사회에서 소산所産되느니만큼 '나'라는 존재도 그 사회의 유기적 일一 파생분자派生分子임에 틀림이 없는 것이다. 그러한 의미에 있어서 '나'와 사회와는 일치되는 것이며 결코 상반相反·유리流離되는 존재가 아니라 함도 의문의 여지가 거의 없을 것이다. 그리하여 우리는 어떠한 행위 더욱이 본 부역행위와 같은 사회적 범죄를 논함에 있어서는 당시의 사회상태에 대하여 세밀히 이를 파악한 후 비판할 필요가 절실한 것이다. 사회상태로 인한 불가피적 귀결에 대하여서는 이를 비난함에 신중을 기하여야 할 것이요, 아니 이러한 경우에는 그 사회상태가 성립된 유래 내지 원인을 구명究明하여 오히려 이에 그 비판을 집중하지 않으면 안 될 것이다. 이제 우리는 '나' 아닌 당시의 사회를 파악하기 위하여 사변 발생 이래 내가 보고 듣고 생각한 바를 다시 한번 회고하여 보지 않을 수 없다.

여기에서 나는 독자에게 어떠한 양해를 구하지 않을 수 없다. 그것은 나는 수도 함락 직후 서울을 탈출하여 그동안 안전지대에 난을 피하였던 자라는 점이다. 그렇기 때문에 이에 '나'라 함도 함락 당시의 서울과 피난과정에 있어서의 '나', 아니 환경을 의미할 뿐이며 독자가 보다 더 알고싶어 할 역도逆徒들 침점지대侵占地帶[1]에 있어서의 사회의 실정, 더욱이 서울 시내에 있어서의 당시의 환경에 대하여서는 실지 체험이 없는 나로서 이에는 붓조차 들 수 없다는 것이다. 그러한 점에 있어서 절름발이의 격을 면치 못한 본항本項에 대하여 유감스럽게 생각하지 않을 수 없다. 그러나 일편 생각할 때 역도들의 정체가 어떠하다는 것은 어느 정도 이미 상식화된 문제일 것이므로 이에 미루어 놓을 수도 있을 것이나, 피난중의 사회는 어떠하였던가의 점에 대하여서 피난민 아닌 사람으로서는 그다지 상상할 수 없는[1] 만큼 이 절름발이 기사記事의 의의도 과히 적다고는 할 수 없을 것이다. 더구나 당시 피난하였던 나로서 그 잔류시민을 비평할 수 있는 오직 한 가지의 기준대基準臺는 실로 이것만이었던 것이다. 과연 나는, 사회는 그동안 무엇을 생각하고 또 무엇을 하였던가?

(1) 꿈과 같은 서울 함락

1950년[2] 6월 25일 오후 3시경 종로 번화가에는 의외에도 "오늘 새벽을 기하여 인민군은 38선 전 지역으로부터 남침하였으며 개성시는 이미 적의 수중에 들어갔다."는 요지의 벽보 등이 붙어 있었다. 나는 전면적

1 침점(侵店) : 침노하여 빼앗아 차지함.
1 원문에는 '없을'로 되어 있으나 '없는'의 오기로 생각됨.
2 원문에는 연도가 단기로 표기되어 있으나 본서에서는 원칙적으로 서기로 표기하기로 함.

인 남침이라기에 다소 불안한 감이 없지는 않았었으나 종전과 같이 경계선 근방에서 결국은 국군에게 격퇴당하리라고만 믿고 있었던 것이다.

이튿날인 26일 법원에 출근하였다. 각 실에서는 직원들이 전황戰況 이야기니, 정부공격이니 왁작거리고 있었다. 즉 인민군은 남침 후 다수의 탱크 등을 이용하여 파죽지세로써 이미 의정부를 점령하였으며 소화기小火器만 가진 국군으로서는 대항하기 곤란하다는 것이었다. 정부는 작야昨夜[1] 수원 천도遷都를 방송하였고, 정부 모某 장관은 이미 수원으로 출발하였다는 것이었다.

방송에 의하면 일본에서 장차 미美전폭기 등이 출동하여 인민군을 공격할 것이니 염려 없다는 방송이었다. 수원 천도는 오보라는 정부의 성명 등등 화제話題는 꼬리를 물고 연속되었다. 화제에 이어 정부의 무능을 욕설하며 격분하였다. 원장께서는 각자 행동할 것을 지시하시었다. 그러나 우리 젊은 판사들은 직장을 사수할 것을 외치고 내일도 전원 출근하기로 맹세하였다. 초조와 울분 가운데에 시침時針은 오후 3시를 가리켰다. 포성은 은은히 들려왔다. 적군은 창동倉洞까지 왔다거니, 의정부는 탈환되었다거니, 희비양보喜悲兩報에 초조와 불안을 자아내었을 뿐이다. 적기敵機가 서울 상공에 날아왔는가 하면 어디선가 기관총 소사掃射 소리가 요란하였다. 일동은 내일의 등청登廳[2]을 기약하고 퇴청하였다. 은은한 포성은 점차 늘어가며 쌩 하고 날아오는 포탄은 행로行路 부근

[1] 지난밤.
[2] 관청에 출근함.

에 떨어지는 듯하였다. 늘어가는 포성을 들으면서도 미군美軍 내원來援이라는 소문에 일루一縷의 기대를 가지고 평안히 잘 수가 있었다.

이튿날 27일은 제멋대로 포탄이 퍼부어와서 외출할 수가 없을 지경이었다. 쾅, 뽕, 땅. 어제의 등청 약속에도 불구하고 종일토록 농거籠居[1]하지 않을 수 없었다. 신당동 어느 우뚝선 2층에 기거하는 나는 포탄이나 파편이 창문 혹은 벽을 뚫고 들어오지 않을까가 염려되어 벽이 2중 또는 3중으로 되어 있는 계단 아래 혹은 계단 옆에서 시간을 보내었던 것이다.

가족들은 이미 몇 가지의 의복 보따리를 만들어가지고 바로 옆에 있는 콘크리트 건물 속으로 들어가 버렸다. 포탄 소리는 점점 늘지언정 줄지는 않았다. 집 앞의 대로에는 돈암동, 신설동 방면으로부터의 피난민이 손에, 등에 혹은 손수레에 피난 보따리를 들고 우는 어린아이들을 데리고 파도와도 같이 밀려왔다. 포탄은 점점 가까워오는 듯 쌩 하고 지나가는 기분 나쁜[無氣味한][2] 소리는 피난민의 걸음을 멈추게 하였다. 그러나 노도와 같은 피난민의 행진은 용산으로 용산으로 그칠 줄을 몰랐다. "여보, 남은 다 피난하는데 우리는 어찌하겠소? 가만히만 있겠소?"라고 아내는 초조히 졸라대는 것이었다. 그때마다 나는 "아무 일도 없을 터이니 가만히 있게." 하며 안심시키었다. 그러나 사실에 있어서 나는 "놈들이 아무리 발악을 하더라도 수도 서울은 그렇게도 손쉽게 빼앗을 수

1 집에 틀어박혀 있음.

2 원문에는 일본어 표현인 '무기미(無氣味)한'으로 되어 있음. 無氣味(ぶきみ) : 어쩐지 기분이 나쁨. 까닭 모를 무서움.

는 없으리."라고 굳게 믿었던 것이었다. 놈들이 비록 창동이나 청량리까지 침입한다 하더라도. 전일前日 직장 사수를 외치었던 나로서 결근하게 된 사실을 비겁하게 여기면서 점증되는 포탄 아래 꿈나라로 들어갔다. 새벽 3시경 가족들이 떠들썩하기에 일어나 보았다. 약 2백 미터 아래 대로에는 지프차, 트럭 등이 밝은 헤드라이트의 장사진을 이루어서 삼각지 방면으로 바쁜 듯이 달리지 않는가. 그런데도 불구하고 이에 반하여 수數 적은 트럭 등이 이와는 반대로 용산 방면으로부터 들어오지 않는가. 이를 맞는 듯 양편 피난민의 만세 소리는 차 소리와 더불어 일대의 아우성과도 같았다. 하도 이상하다고 생각하여 앞 도로에 나섰더니 "어젯밤 방송에 오늘 새벽에는 미군의 응원부대가 온다 하더라."는 피난민의 이야기였다. 그러면 저 반대로 들어오는 차는 미군의 응원부대인가? 아니 그러면 나가는 차는 무엇일까? 모를 일이다. 하여튼 날이 샐 때까지는 자고 볼 일이다. 그리하여 나는 다시 침석에 들어갔다.

아침 6시 반경 일어나보니 포성은 비교적 완화된 것 같았다. 그러나 땅 소리가 아무래도 근처에서 들려오는 것 같았다. 하도 궁금하기에 이웃에 살고 있는 동료 신모申某를 찾았더니 집안에서는 아무 대답도 없었다. 나는 "하하, 신 영감令監[1]도 벌써 피난하였구나……. 나 같은 느림뱅이나 아직 피난도 안 가고 지금도 여기를 다니는 것이로구나." 하고 나의 성격을 새삼스럽게 비웃었다. 이왕 나왔던 바이라 부근 일대

1 일제시대 이래 고등고시 등에 합격한 판사·검사를 높여서 관용적으로 부르던 표현.

를 돌아보았다. 골목골목에는 5, 6명씩의 청장년이 모여서 중얼거리고 있었다. "어젯밤 12시 이 대통령의 방송이 있었어. 그 방송에서는 오늘 새벽에는 미군 응원부대가 서울에 도착할 터이니 시민은 안심하라고 하셨는데 과연 새벽에 미군 응원부대가 신당동 가로街路를 들어왔다지. 이제는 어떻게 놈들을 쳐부수겠지."라는 것이다. 나는 비로소 오늘 새벽의 한 피난민의 이야기가 진실이었다는 것을 깨달았으며 다행이라고 생각하였다. 피난민의 움직임은 여전하였다. 그러나 조금 후부터는 포탄 소리가 유달리도 요란하였다. 뺑 하고 날아오는 총탄의 소리는 바로 이마 위를 달리는 듯 쿵 소리에 이어 으르릉 소리. 장충단공원과 남산 일대에서 들려오는 쾅, 짜라랑 하는 소리. 포탄 소리는 점점 격렬하여졌다. 퓽 하며 저공低空을 지나는 소리는 신당동 일대를 휩쓸었다. 수많은 피난민들은 모두 석단石壇 아래 혹은 건물 아래로 피난하기 시작하였다. 피신을 정리하는 향토방위대원의 활동도 눈에 띄었다. 아, 각처에서 들려오는 소총소리. 오, 시가전. 때는 오전 10시경이었다.

이때까지 만연漫然[1]하게 유유히 생각하며 거동하던 나도 안전眼前의 긴박한 정세에까지 목석木石일 수는 없었던 것이다. 만사는 끝났다. 피난의 시기도 이미 놓쳤다. 변소 뒤에서 물끄러미 앉아 있으니 한심과 울분이 쏟아질 뿐이었다. 국군은 약 1개월 전에 국방장관은 우리에게 진격의 명령이 내린다면 며칠 안 되어 북한을 휩쓸 것이라고 호언하지 않았던가! 우리 국군은 현대장비를 갖추었다고 하지 않았던가! 그

[1] 일정한 목표가 없이 되는 대로 함.

런데도 불구하고 탱크 한 대도 없었단 말인가! 아아, 국군은 왜 무기도 갖추지 못하고 멍하고 있었단 말인가! 놈들의 전면적 침공에 대한 하등의 징조도 몰랐단 말인가! 도대체 정보기관은 잠자고 있었단 말인가! 그런 형편에 서울은 문제없다는 허언망담虛言妄談이란 웬 말이었던가! 일반 시민에게 솔직한 전황보도라도 하였더라면 그 대부분은 이미 피난이라도 하였을 것이 아니었던가!

아, 내가 어리석었다. 천 번의 선전보다도, 만 번의 억측보다도 눈에 보이고 귀에 들리는 현실이 있지 않았던가! 이 너무나 뚜렷한 현실을 무시한 자는 바로 내가 아니었던가! 더구나 5, 6년 동안이나 사법관司法官 생활을 하여왔으며 뿐만 아니라 소위 빨갱이의 숙청肅淸까지 하여오던 내가 아니었던가! 그뿐일까. 이미 북한에서 놈들의 정체를 맛볼대로 맛본 내가 아니었던가! 그런데도 불구하고 아직도 이 자리에 남아 있었단 말인가! 포성은 점차 사라졌다. 간발적인 소총 소리도 끊어지고 우레 후의 적막이 찾아왔다. 그러자 가로街路에서는 "전쟁은 끝났으니 모두 안심하고 나오시오. 서울은 인민군이 완전히 점령하였습니다. 피난민들은 각기 안심하고 집으로 돌아가시오." 하며 외치는 것이 아닌가. 때는 11시경이다. "여보, 인제는 문제없소? 어떻게 하여야 할 일인지……. 대체로 어떻게 할 작정이오?" 어느덧 아내는 수심에 싸여 앉아 있는 나의 옆에서 떨리는 목소리로 말하는 것이었다. "여하튼 집을 떠나야지." "그러면 어디로 가겠소?" 그러나 서울 시내에 친척 하나도 없는 나로서 어디 적당한 피난처소란 있을 수 없다. 그렇다고 하여서 지금 시외로 나가려다가는 큰일이 날 것이다. 여러 가지로 생각한 끝에 우선 왕십리 신辛씨 댁에나 가보기로 하였다. 아내는 양복 상의와 헐어빠진 등산모 하나를 내어 주었다. 그러나 일부러 상의는 입지 않고 등산모만을 썼다. 문틈으로 내다보니 가로街路에는 어느덧 피난민의 통행이 빈번하여졌다. 바로 우리 집 앞에는 이웃 사람들이 모여서 무어라고 크게 중얼거리고 있었다. 그들은 인제는 무사하여졌다고 숨이나 나은 듯이 명랑하였다.

나는 등산모를 푹 쓰고 이웃 사람들은 본척만척 그 사이를 빠져 나아갔다. 아내도 뒤를 따라왔다. 신당동 대로에 나서니 가로 양편은 삼각지 방면으로부터 돌아오는 피난민으로써 이미 꽉 찼다. 어느덧 붉고 낯선 승용자동차 한 대가 뒤로 달려왔다. 자동차에는 붉은 기가 달려 있었다. 어디선지 박수 소리가 들려오자 가로 양편의 군중들은 일제히 만세와 박수로써 이를 맞아 주었다. 만세 소리는 차를 따르는 듯하였다. 그러나 만세 소리는 힘이 없었으며 이에 맞추는 거수擧手조차 부자연하였다. 이러는 사이에도 "여보, 거기 좀 서시오. 당신이 유柳 판사가 아니오?"라고 어디선가 부르는 것 같았다. 그리고 뒤턱을 쥐는 것도 같았다. 극도로 예민하여진 나의 신경은 만세 소리에 무감각일 수는 없었다. 달려가는 차를 힐끗쳐다보면서 무거운 손을 들고 만세라 부르지 않았던가! 골목길을 거쳐 왕십리 대로에 나서니 거기에는 벌써 죄수 실은 리어카와 자동차가 붉은 노래를 부르면서 의기양양하게도 오고 있는 것이었다.

신辛씨 댁에 가보니 그 집에는 피난으로부터 막 돌아오신 할머니 혼자 계셨다. 할머니는 나를 보시더니 벌써 내의來意

를 알았다는 듯이 "그렇게 쫓기는 솜씨에 큰소리만 하였군." 하면서 방으로 나를 안내하여 주셨다. 조금 있으니까 다른 식구와 청년 1명이 돌아왔다. 동同 청년은 들어오자마자 방안에 있는 나를 보고 경원敬遠[1]하는 것 같았다. 나도 그 청년은 초면이었다. 어딘가 날카로운 기색이 보이는 청년이었으며 자연히 싫어졌다. 나는 될 수 있는 대로 그 청년과는 눈을 피하려고 하였다. 그러자 그 사나이는 나에 대하여 어디서 왔는가를 묻는다. 그러니까 그 집 할머니는 무슨 연고인지 나의 정체를 그에게 알려주었다. 그 찰나 건너마루에 앉아있던 다른 식구 한 사람은 나에게 그 사나이는 빨갱이라는 것을 눈짓하여 주지 않았던가! 이 무슨 불길不吉인고. 나도 이왕已往이니 태연하게 그에게 대하였다. 그는 말하기를 이 집 주인 신辛씨는 강 건너 피난 갔다가 그 길로 남하南下하였으나 자기는 다만 해방 직후 사복경찰관으로 약 1개년간 근무하였을 뿐 그 후로는 그 정체를 감추어 왔던 만큼 설마 하고 돌아왔던 것이라고 하며, 다시 "선생님도 서울 시내에서는 피신하여 나갈 수는 없을걸요. 시골에 간다면 모르지만. 그런데 다음에는 안양이 제1진이요 금강이 제2진인데 제2진만 떨어진다면 제3진인 낙동강 선은 별로 문제가 아닐 것이오. 여하튼 결국에는 인민군이 부산까지 정복할 것이오. 그러니 지금 갔댔자 나중[乃終]에는 붙잡힐걸요. 물론 일본까지 간다면 모르지만. 그런데 일본에 가려면 1, 20만 원은 필요하다는데요. 나도 일본만 갈 수 있다면." 하는 것이었다. 이야기를 듣고 나니 다소 안심되는 인물 같기도 하였으나 암만 하여도 꽉 믿어지지는

1 겉으로는 존경하는 체하면서 실제로는 가까이 하지 아니함.

않았다.

오후 2시 반경 나는 모든 번민을 박차고 그 집을 떠나버렸다. 거리에 나선 나의 갈 바는 어디일꼬. 돈 없는 나로서 일본에 간다 함은 기대하기 어려운 일일 테요. 그렇다면 결국에는 놈들에게 붙잡혀야 된다는 말인가? 그럴 차次이라면 오히려 먼저 매 맞는 것이 좋지나 않을까? 아니 나는 공산주의 세계에서 살 수는 없을까? 나는 다시 한 번 나의 성격을 툭 털어놓고 돌이켜 보았다. '자유 없는 세계, 독재정치, 무지한 정치'. 이러한 세계에서는 그들 틀 속에 들어가서 소위 지도자연指導者然한 지위에 있기 전에는 사람다운 생애를 보낼 수 없겠지. 아니 그러한 지위조차 불안을 벗어낼 수 없는 모양이지. 아니다. 양심의 가면이란 견딜 수 없는 한 가지의 죄악이다. 아, 나는 금덩이를 준다 하더라도 공산지배하의 생활은 원할 수는 없었다. 일생을 억압 밑에서 살 수는 없기 때문이다. 잠시 후 나는 이윽고 결단하였다. 차라리 생명을 걸고 모험으로 나서는 것이 나의 취할 길이라고. 그러나 한강 건너편 일대에도 인민군이 득시글득시글거리겠지? 아니 영등포 쪽을 내놓고는 아직 그다지 퍼지지는 않았을 것이다. 나는 오늘 밤까지 뚝섬 방면으로 수원까지 갈 것을 결심하였다.

이러는 동안에 어느덧 왕십리 전차로電車路까지 이르렀다. 이때까지 뒤를 따라오던 아내와 이별하고 나는 혼자 모험의 길에 들어섰다. 성동서城東署 앞으로 낯선 길을 거쳐 뚝섬 다리 부근에 이르니 길을 돌아오는 피난민으로써 가득 찼다. 그분들에게 통행 여부를 물으니 벌써 인민군의 보초가 서서 건너가는 사람은 일절 금지한다는 것이다. 벌써 보초가 섰다니. 할 수 없이 딴 길을 찾아 한남동 쪽으로 향하였다. 조금 가다가 문득 앞을 쳐다보니 약 50미터 전면의 학교 마당에는 붉은 기가 높이 달려 있고 그 앞에는 총검 든 인민군 두 명이 통행인을 조사하고 있지 않았던가! 가슴이 섬뜩하였다. 고동鼓動하는 가슴을 진정하면서 나는 다시 서쪽으로 발을 돌린 후 사방을 두리번두리번 살펴보면서 겨우 한남동 나루에 다다랐다.

한강은 여전히 흐르고 있었다. 맑은 하늘 아래 유유히 흐르는 한강은 유달리도 아름다웠다. 첫 여름의 태양은 내려쪼이고 바람 하나 없는 고요한 날씨였다. 배에 몸을 던져 사방을 살펴보니 물 건너 백사지白砂地에는 두셋씩 떼를 지어 돌아오는 몇 쌍의 피난민만이 눈에 뜨일 뿐 다른 아무 동작도 보이지 않았다. 한강이여, 한강이여, 인제 가면 언제나 나는 올 수 있으랴. 오, 한강수여, 너는 왜 흐르고만 있느냐……. 너는 대한大韓의 한강이 아니었던가?

(2) 당황한 천도遷都

아, 모험의 제1단계는 무사하였다. 그러나 다음 단계는 어떻게 돌파할 것인가? 나는 수시로 묻는 것이다. "여보시오, 안양을 거치지 않고 수원으로 가는 길은 어디 있습니까?", 혹은 "저쪽에는 인민군이 없습니까?" 하며 물어도 어느 한 사람 안다는 사람은 없고 가르쳐 주는 사람조차 없었다. 나의 걸음은 여전히 분주하였다. 흰 노타이

셔츠, 흰 즈봉[1]에 반짝이는 구두에 헐어빠진 등산모. 길 가는 사람들은 말한다. "우리도 들어가 보아서 놈들이 이북식以北式을 한다면 하루바삐 나와야겠는데. 그 밑에서 살 재미가 있어야지." 하고는 다시 한번 나를 돌아본다. 약 10리를 걸어 큰길에 나왔다. 거기에는 어깨에 총을 메고 두셋씩 떼를 지어 가는 국군이 있지 않았던가! 아니 경찰지서警察支署가 엄연히 있지 않았던가! 그때야 비로소 오늘 새벽에 한강다리를 폭파하였으며 인민군은 아직 한강 이남으로 건너오지 못하였다는 사실을 알게 되었던 것이다. 하, 하고 한숨이 나왔다. 인제는 살았다. 한 시간 전의 모든 번민을 생각할 때 꿈과도 같았다. 무거운 짐을 벗어던진 듯 몸은 가뿐하고 옮겨 놓는 다리는 유달리도 가벼워졌다. 거리에는 보따리를 짊어진 북선北鮮[2] 사투리의 피난민이 있는가 하면 충청도 사투리의 부녀자들도 있었다. 무거운 짐에 모두 땀투성이가 되었다. 그 중에는 하이힐을 신은 숙녀들도 있었다. 그들도 역시 당황했던 모양이었던지. 어디선가 우군友軍 비행기가 하늘 높이 날아와서 빙빙 돌고는 간다. 비행기 한 대만 보아도 반갑기 짝이 없었다. 나는 시장한 기분에 못 이겨 음식점으로 촌가村家로 매식을 구하러 다녔다. 모두가 쌀이 없어서 밥을 지어드릴 수 없다고 하며, "잡수실 것이라고는 하나도 없습니다." 하며 내 소원을 거절하는 것이다. 쌀을 주기 전에는 밥값의 다과多寡가 문제 아닌 것이었다. 아, 대한의 화폐가 일조一朝[3]에 이렇게도 무

1 양복 바지.
2 북조선(北朝鮮)의 준말. 이북.
3 하루 아침.

가치하게 되었는가! 세상 민심이란 과연 이런 것인가 하며 새삼스럽게 한탄치 않을 수 없었다. 관악산으로 도느라니 그다지 멀지 않은 데에서 쾅 하는 소리가 들려왔다. 그 소리는 한두 발에 그치지 않았다. 그때마다 피난민들은 새삼스럽게 걸음을 재촉하였다. 오후 5시 반경 나는 어떤 부락 가운데에서 자전거를 끌고 가는 청년의 뒷모습을 보았다. 그 뒷모습은 얼핏 보매 동료 강康 군 같았다. "그러나 강 군 같은 사람이 지금에야 피난하고 있을 리 없겠지. 벌써 좋은 차로 수원이나 대전 혹은 부산까지라도 갔을게지. 나 같은 무능한 느림뱅이나 지금 피난하겠지." 생각하며 점점 가까이 보니 의외에도 그 강 군이 틀림없지 않았던가! 참으로 반가웠다. 서울에서 불과 얼마 되지 않는 장소이건만 천리만리의 이역異域에서 만난 친우親友와도 같았다. 하도 쓸쓸히 걷고만 있던 나에게는 더구나 막역한 친우가 참으로 다행이었다. "야, 너 하고는 이 무슨 큰 연고인고!" 하면서 그도 반가움에 놀라지 않았던가! 해질 무렵 우리는 위장 트럭 10여 대에 만재滿載된 우리 국군의 북행北行을 환송할 수가 있었다. 만세 소리는 별안간 산중山中을 뒤집을 듯하였다. 나는 이때까지 이와 같은 열광적인 환송을 본 일이 없었다. 포 소리는 간혹이나마 쿵쿵 하였다. 날도 저물어져서 민가를 찾아 저녁밥을 지어줄 것을 청하였으나 어느 한 집도 이를 들어주지는 않았다. 요행히도 강 군이 쌀을 좀 휴대하고 있었기에 다음 부락인 과천의 한 농가에서 이를 제공하고 겨우 저녁을 얻어먹기로 하였다. 저녁 후 달밤을 이용하여 수원까지 강행할 것을 예정하였으나 설마 하룻밤 동안에 그놈들이 이곳까지는 올 수야 없겠지 하고 그 이웃집에서 하룻밤을 보내기로 하였다. 우리는 잠시 마을 사람들과 세정世情을 교환하여 보았다. 한 노인은 말하기를 "도대체 쌀 한 말에 3천 원이니 4천 원이니 하는 세상에서 어떻게 살 수 있는가요! 전일前日 시장에서 소 한 마리를 팔았더니 소 대금으로 지전紙錢 한 짐 잔뜩 받았는데 그 돈을 세는 데 무려 몇 시간 걸렸으니 세상이 뒤집혀야 될 것은 당연하지 않는가."라고 세상을 비난하지 않는가! 우리들은 기가 막혔다. 아니 돌이켜 생각하면 관리의 생활보장이란 형편없는 우리나라에서 그 생활의 기반인 관사官舍까지 불하拂下[1] 하며 심지어는 국민생활의 기본인 정부 미곡조차 경매이니 하는 세태하에서는 이러한 비난도 감수할 수밖에 없다고 생각하였다. 이튿날 새벽 우리는 천안까지를 목표로 출발하였다. 강 군은 자전거로써 먼저 떠났다. 일등一等 도로에 나서니 거기에는 군용차의 통행이 빈번하였다. 더욱이 미군인美軍人이 지프차나 트럭을 몰고 여념 없이 북상北上하는 것을 보고는 머리를 숙이지 않을 수 없었고 그 태도는 진지하였다. 이에 이어서 빈 자동차나 군인 만재滿載의 트럭 등이 다소多少 올라갔다. 쿵쿵 소리는 더 빈번히 들려왔다. 수원 근교에 이르니 군인들은 두세 사람씩 떼를 지어 올라가고 있었다. 군인들은 모두 서울에서는 불의의 습격에 패퇴敗退되었지만 이제는 준비도 갖추어 있으니까 인민군쯤은 문제가 아니라고 하여 피난민의 용기를 고무鼓舞하여 주었다.

수원시가 더욱 가까워지자 헌병들의 검문이 심하여졌다. 아, 과연 정부는 수원에 있는 모양이었다. 아침 9시 30리의

[1] 국가나 공공단체의 재산을 민간에 팔아넘김.

길을 걸어 수원에 당도當到하니 강 군은 벌써 어떤 집에 조반朝飯까지 시키고 나를 고대苦待하고 있었다. 그 집에는 60이나 된 노인과 30 가량쯤 되어 보이는 부인이 있었다. 그 노인과 부인은 우리에게 여러 가지 사정과 내용을 물었다. 아침밥을 잔뜩 먹고 나니 일정日程은 우리들의 길을 재촉하였다. 우리는 그 두 분의 소리 없는 동정同情에 감탄하면서 "참 감사합니다. 우리는 대한민국이 망하면 영원히 돌아오지 못하는 몸이요 요행히 그들을 무찌르면 또다시 영감 댁을 찾아볼 수가 있을 것입니다. 부디 안녕히 계십시오." 하고 길을 떠났다. 거리에는 군인과 경관으로써 가득 찼다. 눈에 띄는 학교건물은 모두 군인 숙사宿舍였다. 수원은 참으로 군경軍警 도시가 되었다. 상공에는 비행기가 끊임없이 날고 있었다. 수원 군청에 정부를 찾으니 정부란 형적形跡조차 볼 수가 없었다. 그렇게도 혼자만 가면 나중[乃終]에는 어찌할 예정인고. 차편 하나 없는 나로서는 실망뿐이 우러난다. 발로 걷는 나로서는 쌩쌩 하는 자동차를 탄 사람들을 따라가려니 구슬플밖에야 어찌할 도리가 없었다. 강 군은 자전거로 먼저 떠났다. 수원에는 의외로 매식賣食이 많았다. 어제의 촌락에 비하면 참으로 반가운 일이었다. 아픈 발을 절뚝거리면서 2, 30리 걸어 다음 정거장인 병점에 이르렀다. 거기에는 다행히도 기차가 머물러 있었다. 기차는 피난민으로써 산을 이루었다. 오후 2시경 우레와 같은 환희와 함께 기차는 움직이기 시작하였다.

오후 4시경 기차는 나의 일정인 천안에 도착하였다. 나는 천안지청의 손孫 군을 찾았다. 손 군은 절도범 기록을 뒤지고 있었다. 그것을 볼 때 격세지감이 일어났다. 손 군도 나의 몸

차림을 보고 동일한 감정이 생겼는는 듯 그 취지가 다르게도 "야, 너는 해방 직후 쫓겨 가던 쪽발이 같구나." 하며 말하는 것이다. 그러나 나는 그에게 응수應酬하기를 "그러나 너도 며칠 안 되어서 나와 같은 쪽발이가 되고 말걸. 지금 정신을 차려야 해." 하고 대꾸하였다. 그런데 손 군의 소위 쪽발이라는 말은 딴 방면에 그 근원이 있었던 것이다. 즉 정부의 대전 천도 이래 모든 방송은 대전방송국에서 하였던 것이다. 동同 방송에서는 오늘 아침에도 "서울 상공에서는 미군 비행기 백여 대가 인민군을 폭격하여 이를 전멸상태에 이르게 하였다. 한편 국군은 이미 반격태세를 갖추어 있으며 일양일一兩日[1] 간에 서울을 탈환할 수 있을 것이니 국민 여러분은 안심하라."는 내용의 방송을 하였다는 것이었다. 그러므로 노루가 제 방귀에 놀란다는 격으로 제멋대로 겁을 내어 여기까지 달려온 너희가 하도 가엾다는 의미에서 우리들을 쪽발이에 대었던 것이다. 그러나 그 당시 손 군의 이러한 생각도 눈앞에 지척咫尺을 예견치 못하는 인간으로서는 오히려 당연한 것이라 할 것이다. 며칠 안 되어 자기 자신도 쪽발이와도 같이 되리라고는. 인간의 운명이란 새옹塞翁의 말[2]이라더니 발만 가진 나도 안락하게 도착하였거늘 발 외에 자전거까지 가진 강 군은 있는 땀을 다 짜면서 오후 5시경에 겨우 당도하였다. 해질

1 하루 이틀.

2 새옹지마(塞翁之馬) : 북쪽 변방의 한 늙은이가 기르던 말이 달아났다가 한 필의 준마(駿馬)를 데리고 왔는데, 아들이 그 준마를 타다가 떨어져 절름발이가 되었으나 그로 말미암아 출전(出戰)을 면하여 목숨을 보전했다는 고사(古事)에서, 사람의 길흉화복(吉凶禍福)은 예측할 수 없음을 이르는 말.

무렵 어디선지 마이크 소리가 울려왔다. "여기는 천안 경찰서입니다. 지금 들어온 경찰 정보에 의하면 국군은 반격을 감행하였으며 서울 탈환도 목전에 있다고 합니다. 이곳까지 피난오신 여러분들은 얼마나 고생하셨습니까? 친애하는 동포 여러분, 전국戰局[1]을 안심하시고 도로 올라가 주시기를 바랍니다."라는 요지였다. 피난열차가 도착할 때마다 역에서도 그러한 선전을 하는 것이었다. 당시 그러한 선전을 믿고 도로 올라간 사람도 한두 사람에 그치지 않았던 모양이었다. 손 군 역시 우리에게 도로 올라갈 것을 권유하여 주었다. 우리도 그 방송이나 선전을 전적으로 믿지는 않았으나 전국戰局을 낙관한 것만은 사실이었다. 이튿날 아침 강 군과 상담하여 이왕이니 온양온천에 갔다 올까 하였으나 일단은 정부 소재지인 대전에 다녀오기로 하였다. 우리는 이렇게까지 순진하였던 것이다. 우리는 이렇게까지 정부를 믿었던 것이다. 아니 우리는 이렇게까지 우매하였던 것이다. 서울에 있어서의 그 방송에 대한 생생한 기억을 잊은 것은 아니었건만. 강 군은 올라갈 때에 가지고 갈 예정으로 자전거까지 그곳에 맡겨두었다. 그리하여 그 이튿날 아침 우리는 평화의 도시 천안역에서 차중車中의 몸이 되었던 것이다.

기차는 어느덧 대전에 도착하였다. 대전 역전은 피난민 천지였다. 우리는 곧 재판소를 찾았다. 재판소에는 각 대법관과 행정처장 및[及] 원장님도 계셨다. 다른 행정부도 모두 도청에 와 있다는 것이었다. 이제야 우리는 정부를 찾았다. 사변 발생 이래 원망하면서도 그립던 우리 정부가 아니었던가! 그

1 전쟁이 진행되고 있는 판국.

리고 이제는 정부와 행동을 같이하고 생사를 같이할 수가 있다는 것을 생각하니 기쁘기 한량없다. 그러나 우리 동료 근 40명 중 대전에 도착한 자는 불과 4, 5명에 지나지 못하였다. 이때까지 동료의 안부까지 생각이 미치지 못하였다. 아니 동료의 전부는 나보다도 썩 먼저 피난하였을 것이라고만 생각하고 있었는데 그런데도 불구하고 단 4, 5명에 불과하였다는 것은 참으로 가슴이 아플 일이 아니었던가! 우리는 도착하자마자 피난여비로서 금 2만 원을 받았을 뿐만 아니라 간단하나마 점심 등의 환대를 받았다. 저녁때 우리는 대전 역전에 가까운 어떤 여관에 자리를 정하였다. 여관 마당에서 땀을 씻을 제 나에게 인사를 하는 어떠한 청년 한 명이 있었다. "나는 선생님께 배움을 받은 홍대弘大[1] 학생입니다. 나는 지금 대전 모 기관에서 무기를 받아가지고 내일 아침에는 다시 서울로 올라갑니다. 서울로 가면 그 무기로써 놈들 열 명 이상을 죽이고서야 나도 죽겠습니다." 하면서 악수를 청하지 않았던가! 그는 23, 4세로 보였으며 빛나는 눈에 의기당당意氣堂堂한 열혈청년이었다. 나도 참으로 반가웠다. 그 씩씩하고 용맹함에 있어서. 저녁을 먹은 후 거리에 나서니 대전 역전 광장에서는 신[익희]申翼熙[2] 국회의장, 조병옥趙炳玉 씨, 김활란金活蘭 여사 등이 시국강연을 하시는 모양이었다. 낭랑한 신 국회의장의 외침은 마이크를 통하여 들려왔다. 가로街路에는 군경의 움직임이 현저하였다. 거리를 다니는 사람의 면모는 모두 긴장 일색이었다. 천안의 평화 기분에 비하여 대전의

1 '홍익대학교'의 약칭. 유병진 판사는 홍익대학교에서 형사법을 가르쳤다.
2 [ ] 부분은 편저자가 임의로 보충함.

모양은 한없이 쓸쓸하였다. 아마 피난민의 집결지에는 혼이 난 피난민의 기분만이 떠오르는 탓일는지. 몸도 피곤하므로 초저녁부터 자리에 누웠다.

이튿날 새벽 눈을 뜨니 쫙쫙 하는 빗소리였다. 비는 계속되었다. 밤 동안 무슨 변동이나 없었는지 궁금하였으나 꼼짝 못하고 비 그치기만 기다렸다. 열시 반경 요행히 비가 그치므로 즉시 우리는 재판소로 달렸다. 앗, 웬일인고. 방은 모두 텅텅 비지 않았던가! 새벽부터 궁금하던 차에 이 광경을 보니 당황하기 짝이 없었다. 각 방을 돌아다니며 물어보니 오늘 새벽 정부는 이동하였다고 말하였다. 그뿐이랴. 그 이동장소도 비밀이라고 하였다. 참 괘씸하다 할까 울분하다 할까. 제아무리 급하다 하더라도 여기는 대전이 아니었던가! 서울에서는 부득이 그 모양을 하였다 하더라도 이곳에서까지 이처럼 하지 않아도, 더구나 법원에서 몇 사람 안 되는 판사들에까지 그 연락을 하지 못하였단 말인가!

나는 다시 한번 정부의 소리 없는 이동을 비판하지 않을 수 없었다. 물론 그 목적은 민심에 급격한 소동을 일으키지 않게 하기 위하여서라 하겠지마는 그러나 이 세상에서 비밀이란 얼마를 지나지 못하는 것인데 더구나 인민이란 우매하면서도 현명한 것이다. 이러한 사태하의 자기 보신保身이라는 점에 있어서는 그 누구보다도 예민한 것이다. 대전에 정부가 있다는 것은 민심을 안정시키는 절대적인 사유는 아닌 것이다. 그것은 오로지 객관적 정세하에 대전의 안정성이라는 데에 그 근저根底가 있는 것이다. 그러면 이와 같은 정세하에서 정부가 그 이동에 대한 전말顚末[1]을 주지시킨다 하더라도 화재를 만난 집 같은 행동은 없을 것이다. 왜 그런고 하면 북방으로부터의 피난객避難客은 현실을 낱낱이 전하여 주기 때문이다. 이러한 사정은 서울에서의 그것과는 비교할 수 없는 것이다.

그러면 정부는 왜 소리 없이 갔을까? 외람하게도 나는 이렇게 단정하였다. "그들의 대부분은 개인보신個人保身이라는 욕막慾幕으로써 국가기관이라는 공성公性을 덮어버렸는지?" 또는[又는] 이 단정이 알맞지 않는다면 그들의 대부분은 그 누구보다도 지지 않는 역사상 빛날 겁쟁이일 것이라고. 한번 놀란 노루는 그칠 줄을 모른다는 것이 고래古來의 말이며 또한 노루의 성미가 아니었던가!

아, 대한大韓의 중대 위기에 처하여 그 수뇌기관의 신망이 이처럼 떨어져서야.

"오, 하나님이시여. 이 땅에 구세주를 내리십소서." 하고 걸어가며 천주님께 빌었다. 나는 딱 하고 전주電柱에 부닥쳤다. 정신을 차려 우리는 여관에 이르는 동안 이제부터의 행동에 대하여 상담하였다. 강 군은 왈曰 "정부의 이동지는 광주인 모양이다. 그런데 광주에 갔다 하더라도 또 한 번 이동하여야 될 때에는 어디에 가야 되나. 그 다음에는 제주도나 일본밖에는 없을 것이다. 그렇다면 지금 아예 배라도 탈 수 있는 처소에 가는 것이 제일 상책이 아닐까? 그러한 장소는 즉 부산이다."라는 것이다. 강 군의 견해는 참으로 타당한 것이다. 그러나 여하튼 빨리 이곳을 출발함이 또한 무엇보다도 긴급한 문제이기에 우리는 우선 정거장에 가기로 하였다. 달음박질하듯이 정거장에 나가보니 때마침 기차가 서 있었고 그 기차는

1 어떤 사건의 경과와 결과.

우리가 희망하는 부산행이었다. 역시 사람은 살게 마련인지 이미 만원된 차에 겨우 몸을 실으니 그 차중에는 서울검찰청 직원 등 5, 6명의 친지親知도 볼 수 있었다. 얼마 안 되어 기적 소리와 함께 우리는 대전을 떠났다.

차중車中에서는 아는 사람 모르는 사람의 구별 없이 두루 떼를 지어서, 미군이 지금 올라온다느니, 다음 정거장에서 이 차와 서로 만나게 된다느니, 그것 참 반가운 소식이라느니, 이야기는 꼬리를 물고 나왔다. 미군 원조에 대한 궁금증은 난데없는 난센스까지 일으키고 말았다. 아마 김천 근처였다고 기억된다. 해질 무렵 기차가 홈에 들어가자 경찰간부 한 사람과 민간유지民間有志인지 한 사람이 나서서 "여러분, 다음 정거장에서는 우리 대한을 원조하기 위하여 출동중인 미군 차와 만날 것입니다. 미군은 우리를 돕기 위하여 전면적으로 동원되었습니다. 피난민 여러분, 조금도 낙심을 마십시오." 하며 우리에게 반가운 소식을 전하여 주었다. 이 소식을 들은 우리들의 환희야 참으로 절정에 달하였던 것이다. 이때까지 이와 같은 데마[1]를 한두 번 맛보지 못한 우리가 아니로되 이번은 점잖은 사람들의 선전인지라 일동은 그것을 믿고 이에 큰 기대를 가졌을 뿐 아니라 그 사람들에게까지 미군에 대한 이상의 감사를 드렸던 것이다. 다음 정거장이 보이자마자 우리들은 일제히 목을 다투어 창을 내다보았다.

사실이다. 먼 전면前面에서 검은 연기를 뿜으면서 달려오지 않는가! 차차 가까워온다. 벌써 홈에 들어왔다. 지프차다. 트

1 데마고기의 약어. 데마고기(독일어 Demagogie) : 선동정치, 허위선전 또는 인신공격 따위의 뜻.

럭이다. 기계다. 약 열 대의 무개화차無蓋貨車[1]와 4, 5대의 유개화차有蓋貨車다. 차는 지나버렸다. 수많은 시선은 나중[乃終]까지 그 차로부터 떠나지 않았다. 그러나 어디 미군 단 한 사람도 보이지 않았다. 모두 기운 없이 제자리에 돌아갔다.

아, 미군은 오지 않으려나! 다음 순간 차내는 "그놈 맹랑한 대포쟁이였군.", "그놈 참 몹쓸 놈이었군." 등 화를 낼 듯한 사람이 있는가 하면 하도 어이가 없어 깔깔 웃는 사람도 있었다. 나도 하도 어이가 없었다.

왜 이러한 거짓 선전을 하는 것일까? 물론 일시나마 피난민에게 활기를 넣어주는 것은 좋은 일임에 틀림없을 것이다. 그러나 그 활기의 끝에는 보다 더 큰 실망이 있다는 것을 몰랐던가? 이 실망은 단순한 활기 여부에 관한 문제 이상의 것이다. 즉 이는 정부의 신뢰에 관계되는 중대한 문제가 아니었던가! 저 천안에 있어서의 피난민에 대한 귀환권고歸還勸告니 또 다른 대전방송이니 빨간 거짓말이 아니었던가! 더구나 그 귀환권고에 의하여 도로 귀환한 피난민에 대하여서는 정신상의 위안 대신에 실망과 더불어 생명의 위협까지 주었을 것이 아니었던가! 후일 피난 중 우리들이 미군 방송을 믿으면서도 한국 방송에 그다지 문제시하지 않아온 원인은 실로 여기에서 그 싹이 텄던 것이라 하겠다. 기차는 여념 없이 달렸다. 어두컴컴한 등불 아래서 졸고 있는 동안 기차는 어느덧 목적의 부산에 도착하였다.

[1] 덮개가 없는 화물 열차.

(3) 초조한 3개월

7월 2일 아침 여관의 하루 밤을 새고 일어나니 밤새도록 오던 비가 어느덧 개이고 구름 한 장 없는 좋은 날씨였다. 파랗고 검은 널따란 부산항구 가까이에는 십여 척의 기선이 떠 있었고, 멀리 오륙도 부근에는 때마침 입항하는 한 척의 기선이 보였다. 눈앞에 보이는 부두에는 3, 4척의 기선이 가로놓여 있었으며 기중기는 연달아 움직이고 있었다. 탱크와 대포를 기다리는 셈인가. 뒷산 언덕길가에는 수많은 사람이 모여 서서 열심으로 부두를 내려다보고 있었으며 역전 대로에는 차에서 막 내린 피난민들이 줄을 지어서 걷고 있었다.

부산항, 아름다운 부산항, 민족의 운명을 지닌 부산항, 하마河馬가 물을 마시듯 들어 삼켜라. 그리고 그 동맥을 통하여 활기를 넣어다오.

이튿날 우리는 재판소를 찾았다. 김[병로]金炳魯[1] 대법원장께서는 이미 와 계셨다. 나는 강康 군과는 일단 헤어지고 계桂 선생님과 일행이 되어 동료 강姜 군의 따뜻한 혜택을 받게 되었다. 과거 5, 6일간 당황히 쫓겨 다니던 몸인지라 부산에 당도하고 보니 어쩐지 나의 고향에나 온 것같이 마음이 평안하였다. 그러나 이것도 수삼일數三日뿐 초조의 날은 다시 찾아오기 시작하였다. 한강 도하, 수원 후퇴, 오산 후퇴. 인민

[1] [ ] 부분은 편저자가 임의로 보충함.

군은 파죽지세破竹之勢로 남진南進하여 오지 않았던가! 날씨는 흐렸다. 방송에서는 "악천후로 말미암아 우군 비행기의 활약은 저해沮害당하여 운운"이라 하지 않았던가! 새벽에 일어나자 우리의 눈동자는 자연히 하늘에 다달았다. 매일매일의 기분은 하늘이 좌우하였다.

후퇴되어 가는 전황戰況은 전 국민의 분기奮起[1]를 자아내었다. 나는 7월 10일경 이래 부산지방법원 판사 직무대리로서 재판사무를 취급하였다.

서울 직원들의 수는 점차 늘어 갔다. 그 직원들은 매일과 같이 동同 법원 마당에 모여서는 전황 이야기로써 꽃을 피웠다. 오늘은 어떻게 되었는지. 날씨가 좋아서 폭격하기 참 좋겠다든지 등등.

사실에 있어서 당시는 공군작전이 위주였다. 미美 보병이나 한국 보병을 합친다 하더라도 수많은 그들에게 도저히 대적할 수 없었던 모양이며 더욱이 놈들의 전차에는 비행기의 폭격 외에는 아무 도리도 없었던 모양이었다. 그러므로 결국에는 천기天氣의 여하가 전황을 좌우하였던 것이다.

전황은 점차 불리하여졌다. 천안 후퇴, 조치원 후퇴 등 우리들의 전 신경은 실로 날카로웠다. 방송은 항상 "…… 부득이 전략적 후퇴를 하였다 운운."이다. 이 언제까지 전략적 후퇴일꼬. 우리는 매일과 같이 부산항에 나들었다. 오늘은 배가 몇 척이나 들어 왔을꼬 하고. "야, 요즘은 배가 굉장히 들어왔는데. 전차, 대포, 군인 등." 이러한 소식만 들으면 우리들의 주름살은 풀리는 것이었다. 청명한 날씨 비행기의 북상만

[1] 분발해서 일어남.

보면 우리들의 얼굴에는 화색[1]이 돌았던 것이다. 그러나 한 발자국, 두 발자국 밀려오는 전황은 견딜 수 없는 우울만을 자아내었다. "여보, 이 판국에 무슨 재판이란 말이오. 모두 집어치우시오." 전국戰局에 실망한 동료로서 가히 나올 성싶은 말이었다.

나는 약 1개월 후 강康 군의 소개로 동대신동 김金씨 댁의 신세를 지게 되었다. 그 집에서는 강 군과 단 둘이서 방 하나를 차지하였다. 그곳은 나무가 우거진 부산 그라운드의 바로 옆이다. 그라운드 뒤에는 삼림이 울창한 수원지가 있었으며 그 둘 사이에는 졸졸 흐르는 맑은 개울이 있었다. 우리는 이른 저녁을 마친 후 석양빛을 맞아가면서 맑은 개울물에 몸을 닦는 것이었다. 의복을 입은 후 시원한 골바람을 맞으면서 그늘 밑을 걸어가면 등골을 썩히던 무더움도 언제였거니 하고 느껴지는 것이었다. 김씨 댁 젊은 부부는 우리에게 가족적인 대우를 하여 주었다. 그리고 김씨의 백씨伯氏나 중씨仲氏로부터도 몇십 년 전부터의 막역한 친우 이상의 환대를 받지 않았던가! 그들은 고적한 우리에게 라디오까지 주셨다. 우리는 어느 하루라도 라디오를 듣지 않는 적은 없었다. 행여나 후퇴 소문 이외의 유리한 보도는 없는지 하고! 그러나 아나운서의 어느 누구도 그러한 보도를 전하여 주지는 않았던 것이다.

어느 날이었다. 라디오를 끝마치고 창밖에 나서니 부산의 보름달도 맑고 둥글었다. 비행기 소리 하나 없는 고요한 밤이었다. 다만 별만이 반짝반짝 하였으며 간혹 생각나듯이 별똥별이 흘러내렸다. 개울가에선지 벌레소리가 들려왔다. 무슨

1 원문에는 '화상'으로 되어 있으나 '화색'의 오식이라고 생각됨.

벌레인데 저렇게도 쓸쓸히도 우는지. 우리는 잠시 동안 묵상에 잠겼다.

"야, 서울 밤도 이렇겠지. 같은 달에 같은 별. 그뿐이랴. 이렇게도 고요히 우리네 가족도 지금 창을 열어놓고 저 달을 보면서 한숨을 쉬고 있을걸. 아니, 집에서 그 달을 볼 수 있을 지경이라면 또 좋겠지만. 어느 허허벌판에서 아이 데리고 울고 있지나 않는지. 아니, 먹지 못하여 여윌 대로 여위었겠지……."

"아, 턱 좋은 소리지. 놈들 손에서 없어지지나 않았는지."

우리는 물끄러미 앉아서 이렇게 주고받는다. 강康 군은 그래도 집을 떠날 때 형님과 만나서 최후의 인사를 여쭈었고 형님으로부터 기념의 팔뚝시계까지 받았다. 처와 이별할 때도 "이제 가면 언제 돌아올는지 모르나 당신은 아이들을 데리고 부디 평안히 계시오." 하면서 눈물까지 흘렸다고 말한다. 그런데 나는 왕십리 길에서 하도 안타까워서 뒤따라오는 아내에게 단지 "이제는 갈 것이니까 빨리 집에 가."라는 말 한마디뿐 얼굴 한번 다시 보지 못하고 더구나 등에 업혀 있던 세 살짜리 아이는 생각도 못하지 않았던가! 아, 지금은 어찌하고 있는지. 때마침 남쪽 바다에서 비행기가 떠왔다. 우르릉 하고 비행기의 폭음은 놈들을 삼켜마실 듯 북쪽 상공으로 날아간다.

전쟁은 하루하루 계속되었다. 물가는 점차 올라가는 것이었다. 피난민 관공리官公吏의 호주머니는 점점 말라갔다. "아, 이렇게 있다가는 마지막에는 다 거지가 되고 말걸. 몇 사람 안 되는 피난공무원에게 무슨 조치가 없을까. 전시수당戰時手

當이라도." 피난공무원의 이러한 부르짖음은 점차 늘어갔다.

어느 하루였다. 법원 마당에 들어가니 동료 한 사람이 "유柳 판사 요새 정부요원제도가 생겨서 법원 계통에도 몇 사람 되는 모양인데. 모某 관청에서는 장관의 호위경관이니 자동차 운전수까지 당당히 정부요원이 되어서 한 달에 요원수당 일금 5만 원야也를 받지 않는가. 우리 원장님은 물론 우리 법원에서는 해당자가 한 사람도 없어." 하며 나에게 알려준다. 그 동료는 이어서 "정부요원이란 문자 그대로 대한정부에 없을 수 없는 즉 불가결의 요원일세. 만일의 경우 제주도 혹은 일본에 가더라도 알겠지. 거기에 아이보다도 배꼽이 크게도 한 달에 일금 5만 원이야. 너나 나나 우리 대한에서는 소용 없는 사람이야. 알겠지." 하고 다시 다져주지 않았던가. 나는 이러한 제도란 금시초문今始初聞이었다. 처음에는 멍하였으나 그 동료의 하도 궁금한 듯한 태도를 보고 이렇게 비웃어 주었다.

"여보게, 자네나 내나 장관에게 무슨 그리 귀한 존재란 말인가. 일단 유사지시有事之時에 그 장관의 발이 되고 손이 되는 사람이 무엇보다 필요할 것이 아닌가! 더구나 이런 세상에서. 자네도 소위 정부요원이라는 특권을 가지려면 장관의 손발이 될 수 있는 재주를 가지게."라고 그렇게 말은 하여 버렸건만 나의 가슴도 어쩐지 평온하지는 않았다.

정부요원제도! 대체로 이러한 제도가 실로 필요할 것인가! 당국에 타진하니 이 제도는 순전히 경제보조란 점이 그 취지였던 모양이었다. 그러나 경제곤란이란 그러한 사람에게만 한정된 것은 아니었을걸. 그런데 훌륭한 사람은 쌩쌩 하는 자동차에 가족까지 모셔왔으니까 우리 가족 버린 단신의 비요원非要員과는 다를걸. 그렇다면 오히려 나 자신도 다소 원조하여 드려야 하지 않을 것인지. 그러나 정부요원은 반드시 그러한 사람에게 배정된 것은 아닌 모양이지…….

아니다. 우리는 수많은 애국관리를 버리고 오지 않았던가. 부산에 도착한 관리란 불과 얼마에 지나지 않지 않았는가. 전일前日도 서울법원 모某 직원으로부터 일간日間 생활의 비참한 모양을 듣지 않았던가. 더구나 전국戰局의 전도前途를 역도逆睹[1]하지 못하는 이때에 대한大韓이여 대한大韓이여 하고 갖은 고경苦境과 싸우면서 정부를 따라온 그들이 아니었던가. 그들의 믿고 의지하는 바는 부모도 아니요 처자도 아니요 오직 하나의 우리 정부가 아니었던가.

그들의 봉급은 불과 7, 8천 원이었던 것이다. 그런데 이 몇 갑절을 받을 뿐만 아니라 또 다른 방침도 있을 성싶은 소위 고관들이 정부요원이라는 허울 좋은 간판 아래 다시 그들의 몇 갑절의 돈을 받지 않았던가!

나는 그 전부터 이러한 희망을 가지고 있었다. "과거에 있어서 우리는 정부고관의 미덥지 못한 여러 점을 보았다. 그러나 이제 여기까지 따라온 관공리官公吏에게, 그리고 모든 피난민에게 참다운 정치를 하였으면 상하가 일치되어 단결이 굳게 될 것이요 다음 시기에 대처할 우리들의 정신이 무엇보다도 새로워질 것이다."라고. 이 희망은 문제없이 달성되리라고 생각하였다. 지금까지 사리사욕에 헤매이던 사람들도 놈들의 침략이라는 커다란 경종警鐘에서는 정신을 차리지 않을

1 역도(逆睹) : 앞일을 미리 내다봄.

수 없었으리라고. 제아무리 좋은 주택에 좋은 설비를 갖추었다 하더라도 대한大韓 없이는 이 무슨 소용인고. 어떤 의미에 있어서 이번 사변은 좋은 청심제淸心劑가 되었다고까지 생각하였던 것이었다.

그런데도 불구하고 이 희망은 관계官界 일부에서 이미 깨뜨려지고 말았다.

무슨 처사處事일꼬? 이 무슨 심사心思일꼬? 나는 여기에서 그러한 자들의 심경을 알아보려고 애썼다. 대체로 그들이 이러한 결정을 할 때 대부분의 관공리들이 이를 비난할 것이라고는 생각하였겠지. 혹시나 그러한 생각조차 못하였다면 그런 자들은 우리나라가 군주국가나 독재국가와 같은 특권계급의 나라였다는 착각이라도 있었겠지. 그러한 비난이 있을 줄 알면서도 감히 이것을 결정하였다면 그들은 돈에 눈이 어두웠을걸. 아니 돈에 눈이 어두워진 사람 중에도 여러 종류가 있었을걸. 첫째로 놈들의 침략 쇠망치에 서툴게[1] 맞아서 골이 띵한 채 과거의 습성을 버리지 못한 자, 둘째로 그 쇠망치에 방불彷彿하게는[2] 맞았으나 명일明日[3]의 대한大韓을 믿지 못하는 이상 우선 먹고보자 하던 인사들일게다. 그러나 먹었다고 해도 배부를 것은 없었을게지. 하루 양兩 때를 먹지 못하여 갖은 고생을 하던 하부직원을 위하여, 하부직원들의 비난을 피하기 위하여 이 정부요원이라는 수당을 사절한 인사는 없었던 모양이지! 그러면 하부직원들의 왁작왁작 하는 비

1 원문에는 '서투리'로 되어 있으나 '서툴게'의 사투리로 생각됨.
2 원문에는 '방불이는'으로 되어 있으나 '방불(彷彿)하게는'의 사투리로 생각됨. 방불(彷彿) : 그럴 듯하게 비슷함.
3 내일.

난을 들으면서도 호주머니에 슬그머니 집어넣은 모양이지! 말만의 애국자가 있을 수 있다면 참으로 편리하겠건만. 실제 내가 아는 바인 법원관계 직원 간에서도 이 사안을 싸돌고 며칠 동안 굉장히 비난하였던 것이다. "정부고관들은 이렇게 쫓겨와서도 상금尙今[1]도 상금도 정신을 가다듬지 못하였군. 한심한 일이다."라고.

나는 황黃 군과 같이 이 일을 상의하였다. 자, 어떻게 하면 정신을 차리게 할 수 있으랴. 그렇다 하여 폭력을 쓸 수도 없는 일이요, 가장 온당한 방법은 여론에 호소하는 일일 것이다. 그러면 신문에 비난보도를 하자. 이렇게 일단은 합의되었으나 실지에 있어서 우리는 다시 생각하여 보지 않을 수 없었다.

대체로 사안은 그 양에 있어서는 큰 문제는 아니었다. 그러나 그 질에 있어서는 정치의 기본정신을 획劃하는 것이라 할 것이다. 그런데도 불구하고 이러한 신문보도가 발표되면 신경이 극도로 예민하게 된 국민에게는 관공리의 알력軋轢[2]이라고만 단정될 것이며, 이에 대한 관공리 내지 정부의 불신임은 국가 누란累卵[3]의 위기에 있어서 크나큰 결과를 가져올는지도 모른다는 것이었다. 그리하여 우리는 이 모든 것을 단념하지 않을 수 없었던 것이다.

전쟁은 점차 치열하여졌다. 전 국민의 최후 희망선이라 일컬어 오던 금강선錦江線도 그만 허물어져 버리고 또 다른 최

1 지금까지.
2 수레가 삐걱거림. 의견이 맞지 않아 서로 충돌함.
3 '쌓아 놓은 알'이라는 뜻으로 몹시 위태로운 형편을 비유하는 말.

후 거점인 추풍령도 얼마 그 거리를 남기지 않았다. 전국戰局 주시의 눈은 빛났다. 우리 집 부근에는 매일 새벽과 같이 전황정보를 들으러 다니는 어떠한 피난 중역重役[1]이 있었다. "어떤 모양이오? 암만해도 미타미타해.[2] 일본행 밀선密船은 어디 있는지. 비용은 얼마인지." 등등 수군거리는가 하면 허연 백주白晝 즐비한 인가人家 옆에 마치 호랑이에게 쫓겨 오는 듯이 헐떡거리고 달려오지 않았던가! 그리고 둥그런 눈으로 "어떻게 되었소?"라고 묻지 않았던가.

이때까지 전국戰局을 낙관시하던 인사들도 요사이에 와서는 당황하여지는가 하면 후퇴하는 전황戰況에 썩일 속조차 없음인지 오히려 태연한 사람도 있었다. "야, 또 후퇴다. 야단났네." "아니, 나아가려면 허리를 구부려야하지 않던가. 문제가 없다." 이러한 이야기 끝에는 "너는 소같이 둔한 놈이다. 무턱대놓고 미국 편만 드는구나."라고 조롱받은 적도 한두 번이 아니었다.

전황은 점차 가열苛烈[3]하여졌다. 대전으로부터 서남西南으로 향한 놈들의 부대는 이미 호남을 휩쓸고 진주를 거쳐 마산 근교까지 이르렀고 추풍령을 넘어 온 부대는 김천을 거쳐 이미 왜관에 도달하였으며 그 게릴라는 대구시까지 위협하지 않았던가! 그리하여 전선은 포항, 영천, 왜관, 영산을 거쳐 마산을 연결시켰다. 이 연결선에서는 뼈맺히는 일진일퇴가 반복되었다.

1 은행이나 회사 등의 중요한 임원. 이사, 감사 등.
2 '위태롭다'는 의미의 사투리로 생각되나 정확한 의미는 불분명함.
3 가혹하고 격렬함.

어느 일요일이었다. 나는 계桂 선생님과 같이 모某 변호사 댁에 놀러갔었다. 거기에는 이미 서울 피난 판검사 몇 분이 와 있었다. 조금 있노라니까 장교 한 분이 바쁜 듯이 와서 동석중인 자기 형에게 인민군이 벌써 경주 앞까지 쳐들어 왔으며 울산 부근에 대기하고 있던 기계화부대는 이미 출동하였다고 전하여 주었다. 정보는 확실한 것이었다. 동同 장교도 예정에 앞서 분주히 그 방면으로 출발하여 버렸다. 이때까지 불리한 전황에 대하여 초조는 하였으나 전국戰局에 대한 큰 우려는 하여본 적이 없는 나도 이 정보에는 놀라지 않을 수 없었다. 사실에 있어서 경주에서 후퇴한다면 울산도 지척간咫尺間이요 울산으로부터의 부산은 순식간瞬息間인 위치에 있기 때문이었다. 그뿐만 아니라 내가 전에 들은 바에 의하면 그 경주 부근의 어떤 하천 들판에는 탱크가 무려 수백 대 있었다고 하였다. 그런데도 불구하고 경주 전면까지의 적의 침투란 웬일일꼬. 나의 놀란 원인은 실로 여기에 있었던 것이다.

동시同時경 나는 군부軍部 모某 중요기관에 복무하고 있는 인사 댁에 놀러갔었다. 그이는 항상 전국戰局에 대하여 낙관시하는 사람이었다. "전국戰局이야 별문제가 없겠지. 걱정할 필요는 없어."라는 것이었다. 그러나 그 집 방 한간에는 짐싼 고리짝, 이불보따리, 트렁크 등이 잔뜩 차여 있었다. 아마 나룻가에는 이 짐을 위하여 잠자고 있는 그 무엇도 있었을테지! 역시 놀라울 만큼 용의주도한 일이라고 감탄되었다.

계속되는 일진일퇴는 포화상태飽和狀態에 빠진 듯하였다. 긴장된 상태는 계속되었다. 어디선지 "놈들이 이렇게 전선戰線을 압축하여 놓고는 부산이나 대구를 폭격할는지 모를걸."

하는 의견이 이구전파以口傳播[1]되었다. 어느 날 나는 초장동草場洞 어떤 집에서 하룻밤을 새웠다. 밤중 나는 왕 하는 사이렌 소리에 잠을 깨었다. 왕 소리는 확실히 세 번 났다. 공습경보다. 이러한 공습경보는 부산에서는 처음으로 듣는 일이었다. "이놈들이 정말 오나." 하고 초조하였으나 아무 소식도 없기에 다시 잠을 계속하였다. 이튿날 소식에 의하면 지난밤의 사이렌은 술 취한 깜둥이의 장난이었다고 하지 않았던가.

나의 재판사무는 그다지 복잡하지는 않았다. 아니 오히려 너무나 한가한 정도로 진행되었다. 일반형사범, 국가보안법위반 그리고 비상조치령위반 등이 대부분이었다. 비상조치령위반으로서는 미군수품 절도와 피난열차 중의 절도 등이었다. 어느 날 퇴청시 나는 재판소 앞에서 신[태익]申泰益[2] 법제처장을 만나뵈었다. 화제는 돌아 비상조치령위반범 처리에 이르렀다. 처장께서는 말씀하시기를 "그 법령은 본시 적전敵前에서의 즉 말하자면 현재 대구 지역 같은 데에서의 소정所定범죄를 처벌하자는 것이 그 목적이었던 것인데 지금 부산 지구에서도 이를 적용한다니 좀 문제인데."라 하셨다. 그렇지 않아도 의문의 법령이었던 차인데 연구하여야 할 문제라고 새삼스럽게 생각되었다.[3]

어느 고요한 날이었다. 우리는 멀리 2개월 전에 다시 돌아가 그립고 그립던 서울을 살펴보았다. 남하 후 처음 들려온 소식은 우익인사들의 자수제도와 소위 명사들의 반역방송이

1 입에서 입으로 전파됨.

2 [ ] 부분은 편저자가 임의로 보충함.

3 이 문제에 대하여 유병진 판사가 논구한 글이 "비상조치령에 있어서의 몇 가지의 과제"이다. 후술 205면 이하 참조.

었다. 자수自首. 그것은 과거의 대한민국에 대한 충성을 회개하고 금후부터는 소위 인민공화국에 충성을 다하겠다는 일개의 맹세일 것이다. 그러면 지금 관공리는 물론이요 일반 우익인사들도 이러한 굴욕의 길을 당하고 있겠지! "여보게 서울 관공리들은 자수하고 직장에서 근무작업을 한다네. 그뿐만 아니라 남산에서 관공리 총궐기대회인가 뭔가 하여 기세를 올렸다 하네." "그러면 그 대회에서는 대한민국의 욕설이 굉장하였겠군. 그리고 그놈들의 찬양은 턱없이 많이 하고 나중[乃終]에는 붉은 기를 높이 흔들며 인민공화국 충성을 소리 높이 맹세하였겠지." "그렇지. 정하여 놓은 이치가 아닌가! 거기에는 여러 가지 종류가 있었을걸. 정말 마지못하여 간 사람. 다소 호기심을 가진 사람. 진심으로 좋아 날뛴 사람들. 그 중 날뛴 사람만은 과거에는 왜말에 소위 고양이 가죽을 둘러썼던[1] 사람일게지. 문제는 이러한 종류의 사람이야. 직장에 이러한 사람을 그냥 두고 따로 난데없는 사람들을 빨갱이니 뺄갱이니 하는 탈을 제멋대로 씌웠던 과거도 있었어. 그러나 다소 호기심을 가졌던 사람들은 대개 우익이면서 우익사상이 철저치 못하였던 사람일거야. 이러한 사람들은 이때까지의 미지근한 정치에 염증이 났던 차이라 '이놈은 혹시 어떠냐.' 하였을걸. 여하튼 날뛰기까지 한 사람은 죽여야 할 놈이야. 그러나 그 다음 사람들은 어떨까? 여보게, 자네는 만약 후퇴하지 못하였다면 어떻게 하였을테야?" "그것 참 문제인데. 만약에 자수하여 나왔다 하더라도 자네가 구별하는 종류 중의 날뛰거나 또는 호기심을 가진 그러한 종류는 아니겠지. 다만

[1] 猫(ねこ)を被(かぶ)る : 양의 탈을 쓰다.

마지못하여. 그런데 도대체 자수 여부는 나의 심경心境으로는 가부 어느 쪽이나 결정적으로 답변하기 곤란한데. 결국에 이것은 전국戰局과 신변에 관련된 문제야. 놈들의 지배하에 있는 몸으로서 불행히도 인민군이 전 남한을 점령할 경우라든가 또는 자신의 신변이 대단히 위태하여 체포케 될 염려가 농후하였을 때는 현재의 나로서는 자수하지 않았으리라고는 단언하지 못하겠는데. 문제는 미국이나 유엔이 원조한다는 사실을 일응一應[1] 알았더라면 물론 자수를 주저하였을걸! 그러나 이것도 시간관계와 장소관계로써 제한을 받아야 될 것이 아닌가! 여하튼 자수한 이상[2] 좋은 일은 없겠지만 단순한 자수야 별로 문제가 없을 것이 아닌가! 그러한 환경에 있지 않은 사람으로서 일률적으로 간단히 단정할 문제는 아니야."

"다음 소위 명사名士들의 반역방송인데 김태식金泰植 박사, 조소앙趙素昂 선생, 안재홍安在鴻 선생, 원세훈元世勳 선생, 김용무金用茂 선생 등등. 모두 이 대통령을 칭하여 이승만 역도逆徒, 대한정부를 칭하여 이승만 반역도당反逆徒黨 운운하였던 모양이지. 도대체 그러한 분들은 왜 나오지 못하였을까? 우리들과 달라 탈출할 조건은 좋았을 터인데. 그이들의 대부분은 소위 중간파中間派로서 공산당이라는 정체에 대한 정확한 인식이 부족하였던 모양이지. 참으로 안타까운 일이야. 거기에다 방송국에까지 나가서 반역방송을 하였다니. 제아무리 총부리가 무섭다 하더라도 그러한 내용의 방송을 감히 할 수

1 일단. 우선은.
2 원문에는 '자수하지 않는 이상'으로 되어 있으나 '자수한 이상'의 오식으로 보임.

있으랴. 연세도 그만하면 일생의 맛도 거의 다 보았을 것이 아닌가! 생의 애착이란 과연 그렇게도 강한 것인지."

"참으로 유감천만일세. 물론 그 방송이란 그놈들의 원고를 다만 읽었을 뿐이겠지. 그런데 결국은 우리가 그 명사들의 생의 애착을 어느 정도로 용인容認하여 줄 것인가가 문제인 것이다."

우리는 그렇게 주고받으면서 울분도 하고 비난도 하였다.

우리 일행 6, 7명은 부산 도착 이래 김모金某 댁에서 매일과 같이 바둑 장기로써 소일하였던 것이다. 서울 소식은 낱낱이 들려왔다. 제2차로 들려온 소식은 소위 의용군 징발이었다. 놈들은 서울 침입 후 무조건하고 학생을 주主로 청년 등 십만 명을 의용군으로서 일선에로 혹은 북한으로 이를 강제 파견한다는 것이었다. 각 학교마다 무슨 집회이니, 각 동회마다 무슨 궐기대회이니 하여 다수多數히 집합시켜 놓고서는 시국강연을 한바탕 한 후 청년의 총궐기를 외치고 "자, 우리는 한 사람도 남김없이 의용군이 됩시다. 여러분 중에는 이에 찬성치 않는 사람은 한 사람도 없을 것입니다. 만일 이에 찬성치 않는 사람이 있다면 손을 들어주시오!"라고 한다고 한다. 그러나 그때는 이미 사방의 문은 닫히고 간시看視[1]의 눈은 빛난다고 하는 소식 등등. 그리하여 부모형제도 모르게 그 길로 어디인가 끌고 가버린다고 하지 않던가! 아, 이 무슨 철막鐵幕의 정치인고! 그리하여 우리 형제는 지금 얼마나 울고 있으며 그의 가족은 얼마나 가슴을 앓고 있을지. 그뿐이랴. 일선에 나온 그들은 놈들 독전대督戰隊라는 악마에 이끌려 지

[1] 살펴서 봄.

금 이 시각에도 우리들에게 총을 겨누고 있을 것이 아닌가! 아니 그들은 뜻하지 않은 역적의 누명을 쓰고 있지 않는가! 아, 그들은 지금 이 시각에도 우리 총탄에 쓰러질 것이 아닌가! 가여운 그들. 그들은 최후까지 그리운 대한大韓을 그려보면서도 한없이 원망도 하여 보겠지. "왜 우리를 데리고 가지 않았소?" 하고.

내려쪼이는 염천炎天 아래 법원 마당의 나무 밑에는 둥그런 자리를 이룬 한객閑客들이 여기저기 떼를 지어 있다. "여보게. 자네 부인은 하도 잘낫기에 인민군의 물건이 되었을 것이야." "응. 자네 말대로 그렇게 되었을지도 모르겠네. 그러나 같이 살기까지야 하겠나. 설마 욕을 당한 경우가 있다 하더라도 그것은 다만 목숨이 아깝고 아이들 걱정 때문에 부득이한 것일게지. 가족을 버리고 혼자 나온 나로서는 그쯤이야 양해하여 주어야지." "그런데 가족들은 사실 어떻게 되어 있을까? 전번 소식을 들으니 놈들이 동대문통을 기준으로 시민을 남북으로 소개疏開시킨다 하지 않던가? 더구나 관공리의 가족은 제일차로 짐도 운반시키지 않은 채 집단적으로 이동시킨다고 하던데 과연 어찌 되었을까." "그것 참으로 야단인데. 나는 행인지 불행인지 처남이 보련원保聯員[1]이기에 피난 당시 그 처남에 대하여 '이렇게 되었으니 너희에게 부탁인데 너도 이왕이니 이제부터 좀 일을 하면서 너의 누이나 아이를 잘 보호하여 달라.'고 부탁하고 왔으니까 별 큰일은 없을 성 싶다. 그러나 어디 안심할 수야 있나." "응, 그래. 그러면 요 다음 그 처남이 붙잡히면 어떻게 할 예정인고?" "글쎄. 그게

1 보도연맹원(保導聯盟員)의 준말.

문제인데. 그러나 우리 가족이 덕택에 살아났다면 나로서도 어떠한 수단을 다하더라도 그 처남을 살려야 하지 않[겠]는가![1] 내가 그에게 부탁한다는 것은 그 반대의 경우에 나도 그를 위하여서 잘 돌보아준다는 것을 의미하는 것이니까."

"나도 어디 그렇게 의지할 데가 있었으면 좋았을걸."

일진일퇴는 여전하였다. 또 대구를 후퇴하지 않을까? 그렇게 된다면 다음 선은 결국 경주, 경산을 거쳐 마산을 연결하는 선인데 그것이야말로 최후의 선일 것이다. 이렇게 수군거리는가 하면 어디선가 상륙작전설이 떠오르고 있었다. "인제 모든 국민이 앗 하고 놀랄 만한 일이 나올걸." 하는 것이었다. 어느덧 9월 15일은 되었다. 달리는 호외號外 소리, 이에 이은 군중들의 환희. "야, 인천상륙이다! 인천상륙이다!" 인천상륙의 뉴스는 순식간에 전 부산을 휩쓸었다. 거리에 다니는 사람의 얼굴에는 모두 숨길 수 없는 기쁨이 떠올랐다. 라디오 뉴스는 유달리도 명랑하였다. 힘차고 의기당당意氣堂堂한 아나운서의 얼굴이 눈에 비치는 듯하였다. 우리들의 모든 고민은 이슬과도 같이 사라져버렸다. 우울에서 명랑으로 모든 생물은 소생蘇生한 듯하였다.

[1] [ ] 부분은 편저자가 보충함.

(4) 울 분

서울 탈환이라는 세기적인 크나큰 환보歡報에 날뛰는 기쁨을 억제하면서 10월 초순경 바로 그 3개월간의 그립고 그립던 수도 서울에 돌아왔다. 서울의 산천은 여전히 아름다웠다. 중추中秋의 서울 창공은 구름 한 장 볼 수 없는 새파랗고 유달리도 높은 하늘이었다. 한강물은 여전히 늠름하게 흘러내리고 산과 들에는 오곡이 누렇게 황금을 지었다. 그러나 이러한 대자연에 역행하여 나타난 쓸쓸하고 처량한 서울 시가지 일대! 아, 이것이 무슨 악마의 장난일꼬.

견고하고도 화려하던 한강교는 기둥다리만을 남긴 채 말 그대로의 유해를 남기고, 서울 전역에 걸친 대소 건물의 피해상은 말할 수 없는 처참성을 보여주었다. 더욱이 종로, 을지로 등 중추지대의 황량한 폐허상은 보는 사람으로 하여금 한없는 울분만을 자아내고 있는 것이었다. 재[灰]가 되어 버린 쓸쓸한 벌판에 서니 옛날의 주인공들은 호소하지 않던가. "놈들 빨갱이들은 어떻게도 악착하였는지 도망 당시 일반 주택에까지 휘발유를 뿌리고 불을 질렀지. 종로, 을지로, 일대 주택의 소실은 모두 이러한 빨갱이들의 탓이라우."라고.

가족을 찾아 집에 들어와 보니 세 살짜리 규성圭成이는 이미 세상을 떠나버리지 않았던가! 수그러진 머리, 뜨거운 눈동자에는 지난날 서울 탈출 당시 왕십리 신辛씨 댁 마루에서 고개를 꺼떡거리며 좋아하던 그 귀여운 얼굴이 꿈같이도 떠오르지 않던가. 그리고 출근할 때마다 2층에서 내려다보면서 애교 있게 "안녕!" "안녕!" 하던 모습이 너무도 눈에 환하여졌다.

'산송장'. 이 말은 우리가 자주 듣는 말이다. 해방 후 서울 거리에는 '산송장'을 많이 볼 수가 있었던 것이다. 그러나 우리 가족이 '산송장'이 될 줄이야 악마 아닌 세상에서는 상상할 수가 없지 않았던가. 그런데도 불구하고 그 파랗게 여윈 얼굴과 온몸은 다른 사람과도 같이 줄어진 것이었다. 그뿐이랴. 몸에서는 비린 냄새가 나지 않던가. 그 비린 냄새는 마치 피비린 냄새와 마찬가지였다. 산 사람에서 비린 냄새. 아, 그러한 '산송장'에 얽매인 어린애가 살 수 없음은 당연한 이치가 아니었을까?

정동貞洞 고지에 우뚝 선 우리 정의正義의 대전당![1] 그는 일찍이 우리 겨레의 정의를 위하여 몸바쳐온 존재가 아니었던가! 그러나 인생응보人生應報의 철칙도 무심하지. 우리 판사실의 거의 반半 되는 좌석은 언제까지나 그 주인을 기다리고 있지 않던가. 그러나 그 공석空席은 좀처럼 채워질 것 같지도 않았다. 생각건대 서울 후퇴 당시 그이들도 우리 정부, 우리 지도자들을 얼마나 신뢰하였으랴. 서울시가 그처럼 손쉽게 떨어질 줄이야 꿈에도 생각지 못하였을걸. 그런데도 불구하고 눈앞에 나선 원수의 붉은 탱크에 질려 탈출도 못하고 숨어 있던 중 악착한 놈들에게 붙잡혔겠지. 그 후 조국에 대한 한없는 원망도 하여 보았겠지. 이리하여 말못할 놈들 학대를 받아가면서 멀리 북한으로, 만주로 끌려갔거나 혹은 천추의 원한을 품은 채 학살을 당하였겠지. 그들은 모두 훌륭한

[1] 현재의 서초동으로 이전하기 전까지 대법원을 위시한 각급 법원은 정동에 위치하고 있었음.

사법관司法官이었다. 학식이 높으며 인격이 고결한 만인이 경모敬慕하는 인사들이었었다. 대한의 보배였다. 우리는 다만 그이들의 명복冥福을 빌어 마지않을 따름이다.

그뿐 아니다. 외부에서 들리는 가지가지의 귀축鬼畜[1]의 만행!

아, 이 무슨 악마의 소위所爲[2]일꼬.

놈들, 놈들. 놈들은 입을 열면 완전독립을 부르짖었지. 그러나 소비에트화를 기도하는 놈들 자신은 바로 그것을 완전독립이라고 보고 있는가. 그뿐이랴. 놈들은 무엇에도 민주주의를 거들어대지. 그리하여 조선민주주의인민공화국이니 뭐니 하였다. 그러나 언론자유를 봉쇄하고 상상 못할 독재주의를, 무산계급의 옹호를 표방하여 갖은 착취를 다하는 그놈들이 아니었던가.

그러다 못해 나중[乃終]에는 저 흉악한 소련의 앞잡이가 되어 남북통일이라는 허울 좋은 간판 밑에 북한 동지를 속여 무모하게도 남침을 기도하지 않았던가. 동족의 살상. 국토의 파괴. 아, 이 만고의 역적 김일성金日成. 아, 천인공노天人共怒할 김일성 도당!

아니 놈들에게 아부하여 부역한 자는 누구였던고. 놈들도 필경은 김일성 도당과 마찬가지가 아닌가! 아니 부역자들도 우리의 적이다. 서울시를 망쳐 놓고 우리의 동료나 우리의 가족들을 희생시킨 자는 바로 그들인 것이다.

아, 원수!! 보복!!

1 귀신과 짐승. 잔인한 짓을 하는 사람.
2 하는 짓.

5. 고민의 대상

10월 말경 문제의 부역자附逆者 재판은 시작되었다. 이때까지 본本 재판에 대한 태도를 결정하기 위하여 나는 여러 가지로 고민하였던 것이다. 길 걸을 때, 자리에 누웠을 때, 혹은 밤중 잠이 깨었을 때, 머리가 한가한가 하면 나의 머릿속은 이로써 꽉 찼다. 그러나 나는 좀처럼 이에 대한 여러 가지의 의문과 위구危惧[1]를 해결하지 못하였던 것이다. 이제 그 부역자 심리審理라는 현실을 목전에 둔 몸으로서 이 이상 태도 결정을 지연시킬 수는 없는 것이다. 다른 모든 것과 같이 감정의 지배를 물리치고 동정에 사로잡히지 말고 국가 백년대계에 어그러지지 않는 문화국가文化國家의 법관으로서의 태도를 결정하여야 할 것이다. 이제 나는 이에 관련된 여러 가지의 문제를 분석하고 비판하면서 최후의 태도를 결정지으려 한다. 여기에 재언再言하노니 나의 고민이란 부역자 전체에 대한 것은 아니다. 전에도 일언一言한 바와 같이[如히] 우리 대한민국의 국시國是에 비추어 도저히 용납하지 못할 자에 대하여서는 하등의 고민이 있을 수 없는 것이다. 그러한 자에 대하여서는 오히려 어떠한 쾌감까

1 두려워함.

지 느끼면서 처리할 수 있는 것이다. 다시 말하자면 원래 우익 인사이면서 어떠한 환경에 휩쓸려서 놈들에게 부역한 자, 혹은 이에 준할 자, 이러한 자만이 이에 고민의 대상이라는 것이다. 그들이야말로 어떠한 과오로 말미암아 놈들에게 협력은 하였을망정 돌아온 대한大韓에 대하여 내심 기쁘게 맞았던 사람들이다. 그러나 우리 법률에 의하면 그 자의 근본사상 문제를 운위云謂할 여지 없이 부역附逆하였다는 단순한 사실로 인하여 위로는 사형까지, 아래로는 10년 이상의 징역이라는 엄청난 중형을 받게된다는 것이다.

그런데 형사정책상 일찍이 자유형의 폐해란 여러 가지로 논의되어 왔던 것이다. 그것은 현現제도의 형무소刑務所란 자칫하면 죄수로 하여금 악질 죄수의 감염을 받게 할 염려가 많다는 것이다. 즉 부역범附逆犯 같은 비파렴치 죄수들에 있어서는, 더욱이 현재와 같은 사상적 대립이 격화된 과도기에 있어서는 오히려 감정적 소산으로 말미암아 사상의 적색감염赤色感染 내지 그 사상의 악화를 초래하기 쉬운 것이다. 그렇다면 수인囚人을 개과천선改過遷善한다는 본래의 형정刑政 목적은 하등의 의의도 없을 뿐만 아니라 도리어 화근禍根을 후일에 남기는 결과만이 초래될 것이다. 병자를 입원시킨다는 것은 지극히 당연한 일이다. 그러나 입원으로 말미암아 또 다른 질병이 전염될 염려가 있을 때에는 입원 대신 자택 요양이라도 시키는 것이 무엇보다 더 적절한 조치라 할 것이다. 환경의 갱신更新으로 인하여 자연요양自然療養이 된다면 환경의 지배에 일임한다는 것도 현명한 책策이 아닐까. 그리하여 그러한 적색감염을 두려워할 지경이라면 차라리 어떠한 방안에 의하여서라도, 다소 무리를 하더라도 이를 자유롭게 하여서 동인同人으로 하여금 갱생更生의 길을 밟게 하지 않으면 안 될 것이다. 혹은 관찰 여하에 따라서는 그런 종류의 사람에게 형벌이라는 것은 특별경계特別警戒[1]상(즉 개과천선상) 아무 필요가 없다 하여도 과언 아닐 것이다. 더구나 초전시超戰時하 인적 자원의 무진장無盡藏이 절실히 요청되는 이때, 우리 진영의 강화가 긴급한 이때 단 한 사람의 그것도 과소평가되어서는 안 될 것이다.

그러한 부역자에 대하여 과연 이것을 범죄시하여 모조리 10년 이상의 징역에 처하여야 할 것인가? 원래 법이란 국가를 이利하는 것이건만 그 운용 여하에 따라서는 그 반대의 결과를 초래하는 수도 있는 것이다. 대저 법의 해석이라는 것도 그 법 자체의 여하에 달린 것이라고 할 수 있을 것이다. 그 법 여하에 따라서 그 해석에 심천굉협深淺宏狹[2]의 자유가 있음은 당연한 일이라 할 것이다. 여기에 법을 운용하는 자의 중대한 책임이 있을 것이다. 즉 법 자체로서 아무리 저열低劣하다 하더라도 이를 적용하는 사람에 의하여 고상高尙하게도 할 수 있기 때문이다. 정正·부정不正에 관한 궁극의 판단은 추상적인 규칙으로부터는 파악할 수 없을 것이다. 필경 법규는 해석에 대한 지표에 불과할 것이며 법의 실제적인 의의는 법 이상以上에 있는 정의를 실제로 구현하기 위한 일개의 지령이라는 점에 있다 할 것이다. 그렇다면 우리는 본 법령을 어떻게[如何히] 해석하고 운용할 것인가가 우리에게 부하負荷된 중대한 문제이며 나의 고민이란 실로 여기에 있는 것이다.

1 요즈음의 학술용어로는 '특별예방(特別豫防)'으로 표현됨.
2 깊고 얕음과 넓고 좁음.

6. 시민의 잔류와 그들에 대한 우리의 기대
(우리는 그들에게 무엇을 기대할 수 있었을까?)

그러면 우리는 우선 적화赤禍 3삭朔[1] 동안 그들 괴뢰들이 어떠한 수작을 하였는지를 엿보기로 하자. 그러나 이것은 삼척동자도 그의 정체를 잘 아는 만큼 여기에 새삼스럽게 설명할 필요가 없을 것이므로 다만 본론本論[2]에 관련하여 필요한 몇 가지만을 기록하는 데 그치기로 한다.

원래가 그네들 괴뢰집단의 정책 자체로서 허위와 기만 그리고 폭압의 수법으로 대중을 농락하여 그네들의 야욕을 충만시키려는 점에 대하여서는 역사적 사실로써 우리들은 체험적으로 이미 이를 간파하고 있는 것이다. 항상 평화를 고창高唱하며 근로대중을 위한다고 모략선전하던 그네들은 여수·순천 사건을 통하여 평화가 아니고 잔인무도한 파괴, 그리고 살육殺戮을 연출시킴으로써 빈한貧寒한 살림살이에 가일층 극심한 생의 위협을 가져다주었으며 기타 번다繁多[3]한 습격

1 삭(朔) : 달 수를 나타내는 말.
2 본 논의.
3 번거롭게 많음.

사건을 통한 약탈과 방화는 그네들 괴뢰의 폭압성과 잔인성을 여실히 폭로하였던 것이다.

사변事變 후에 있어서도 동同 사변으로 인하여 허둥지둥하던 서울 시민에 대하여 또 다시 그들의 선전은 허위와 기만을 일삼았던 것이다. 이[승만]李承晩[1] 박사님을 사로잡았다느니, 또는 장택상張澤相 씨가 자수하여 왔다느니, 혹은 대구도 이미 떨어지고 부산도 며칠 안 남았다느니 등등 그들의 신문新聞은 이러한 허위보도로써 가득 찼던 것이다. 그들의 이러한 모략선전은 계획적이고 기계적이었던 것이다. 과연 우리는 일반 시민에게 어느 정도 이러한 모략을 박차고 나아갈 것을 기대할 수 있을 것인가? 한편 그들은 말할 수 없는 폭압을 하였던 것이다. 그리고는 부역夫役에 반대하였다는 사소한 구실로써 유형流刑 혹은 총살에 처하는가 하면 민국民國의 말단관리까지 반역자라 하여 투옥하는 등 그들의 일거일동은 인민의 전율의 대상이 되고 말았던 것이다.

과거의 경험에 더하매 목전의 현실로써 그들 정체를 다시 확인한 서울 시민에게는 그들의 친절한 명령·지시조차 무언·무형의 위협이 아닐 수 없었던 것이다. 이러한 관계는 우리 민국民國의 명령이라면 내용 여하에 따라서는 이의異議 또는 항의함이 하등의 주저도 아니함이 보통이련만 그들의 명령에 대하여서는 그러한 항의는 고사하고 반문조차 하여보지 못하게 한다는 것이다. 그리하여 그들의 명령에 대하여서는 자유국가의 그것과 비교하여 전율戰慄과 인자仁慈와의 좋은 대조를 나타내고 있다는 것을 잊어서는 안 될 것이다. 환언하

1 [ ] 부분은 편저자가 임의로 보충함.

면 그들의 부드러운 말 한마디가 우리의 백 번의 위협과도 같다는 것이다. 이러한 점은 심리억제心理抑制에 관한 측정에 있어서 우리의 일대 참고가 되어야 할 것이다.

그러면 다음에 넘어가서 우리는 일반 시민에게 그들 명령에 대한 어떠한 태도를 기대할 수 있을 것인가? 전술前述한바 그들 폭압성의 결과는 그 명령에 대하여 절대복종이냐 그렇지 않으면 피신이냐 또는 투옥, 유형流刑, 혹은 총살이냐의 어느 하나를 택하지 않을 수 없는 것이다. 이것이 그들 치하 인민의 운명인 것이다. 그러나 그중 피신이라는 것도 시간과 장소에 따라 여러 가지의 장해가 따르는 것이다. 언제까지 피신을 하여야 될지 모르는 부정기간不定期間이며 이미 제한된 장소이니만큼 이 피신이란 실로 지난至難한 일일 것이다.

한편 돌이켜 생각건대 인간 지위의 역사는 노예로부터 추이推移하였고 다시 추상적인 인간으로부터 구체적인 인간에, 다시 말하면 인간다운 인간으로 발전한 것이다. 그 생존권의 멸시로부터 생존권의 본연의 자태로 즉 자유·평등의 세계로 추이·발전한 것이다. 방면을 달리하여 관찰할 때 군주 즉 국가라고 일러오던 군주시대로부터 국가란 인민의 계약에 의하여 성립된 존재라는 민주시대로 발달하여 온 것이다. 민주시대에 있어서의 인민이란 결코 어떠한 특권계급을 위한 존재가 아니라 자기 자신의 생존을 영위하기 위한 일개의 존재인 것이다.

그러한 인간다운 인간이라든가 자신의 생존을 영위하기 위한 한 개의 존재라든지 간에 그것은 각자의 절대권인 생존권을 토대로 하여 생활을 영위할 수 있다는 것을 의미하는 만큼 국가는 개개인을 대표하여 그들의 이익과 번영을 위하여 보호를 할 수는 있을지언정 결코 개인의 생존권을 박해 또는 억제할 수는 없는 것이다.

이러한 요구는 필연적으로 인민의 자유와 평등을 전제하게 되었다. 그리하여 자유권 중 가장 기본적인 생존이 유지되어야 할 것은 물론이요 이는 사람에 따라서 차이가 있어서는 안 된다는 결론에 도달된다. 그렇다면 우리는 시민에 대하여 과연 그 무엇을 요구할 것인가? 투옥, 유형流刑, 혹은 총살이라는 결과를 기대치 못한다는 것은 의심할 바 없을 것이다. 그러면 피신이라도 하고 있으라고 할 것인가? 그러나 피신의 곤란이란 위에 기록한 바와 같다. 더구나 가족을 부양하여야 할 자의 피신이란 단순한 문제가 아닐 것이다. 피신으로 인한 생계의 막연. 이로 인한 가족에게의 영향. 나는 이러한 것을 바라볼 때 일률적으로 피신하고 있으라 할 용기가 나지 않는다. 그러면 결국에 그들 명령에 복종하라는 말인가? 아니다. 복종하라고 할 수는 없다. 그러나 이것을 전면적으로 비난할 용기까지는 없는 것이다. 그렇다고 본다면 우리는 그들 치하에 있는 이상 어느 정도 그들 명령에 순종치 않을 수 없으리라는 결론에 이른 모양이다.

그렇다면 그들 치하에 있었다는 점이 잘못인가? 아니 서울을 탈출하지 않았다는 점이 죄라 할 것인가?

우리는 서울 시민에 대하여 "왜 서울에서 후퇴하지 않았던가?" 하고 이를 문책하여야 할 것인가. 사변 발생 당시 내가 당면하였던 사실은 위에 자세히 기록한 바이다. 이에 의하여서도 본 문제의 해답은 이미 명료하여졌을 것이다. 그러나 다시 한번 일반적인 견지에서 다소라도 이를 검토하고 비판하여 보기로 하자.

불의不意의 역도逆徒 침입을 당한 서울 시민의 대부분도 서울이 그렇게도 용이하게 함락되리라고는 꿈에도 생각하지 못하였던 것이다. 그리하여 27일 밤 12시의 대통령 특별방송에 크나큰 기대를 가졌던 것이다. 그런데도 불구하고 이튿날(28일) 아침에 일어나보니 거리에는 이미 산과 같은 탱크가 서 있었으며 거기에는 붉은 기가 달려 있지 않았던가! 그리고 따발총[1]을 든 인민군이 눈을 두리두리 하면서 경계하고 있었던 것이다.

"이 순간 어느 누구가 놀라지 않으랴. 그리고 당황하지 않았으랴."

그리하여 서울 시민의 대부분은 수도 서울을 탈출하지 못하였던 것이다. 그리고 평平시민은 고사하고 또 중간파中間派[2] 거두들은 내놓고라도 정부 현現 차관 급의 몇 사람과 도지사까지 그 이상의 우익요원들의 거의 대부분이 탈출 못하지 않았던가! 그렇다고 본다면 보통 평민으로서 탈출치 못하였다 함은 하등의 놀랄 바가 아닌 것이다.

그러면 이러한 분위기를 자아낸 자는 그 누구였던고.

탈출의 기회조차 주지 않았던 자는 그 누구였던고.

우리는 너무나 중대한 문제인 만큼 이에 대하여 묵시만 할 수는 없는 것이다. 물론 26일 이래 들려오는 총소리를 듣지

1 탄창이 똬리 모양으로 둥글납작한 소련제 기관단총을 속되게 이르는 말.
2 사회 운동에서 좌익과 우익의 중간노선을 취하는 세력. 여기에서는 남북협상파.

못한 바는 아니었을 것이다. 그 점차적으로 격렬하게 들려오는 총소리는 천만千萬의 선전宣傳보다도 나은 현실임에는 틀림없었던 것이다. 그럼에도 불구하고 이 뚜렷한 현실을 무시한 자는 누구였던가. 그러나 이러한 봉변을 당하여 본 경험이 없는 국민으로서, 또한 국가예산의 대부분을 국방비에 충당하던 우리나라에서, 그뿐만 아니라 일단 진격의 명령만 내린다면 1주일 이내에 압록강까지, 아니 백두산에 태극기를 휘날린다던 군부軍部의 호언豪言을 믿고만 있던 겨레의 머리에는 총탄의 소리라는 크나큰 현실도 문제시 안 되었던 것이다. 이러한 겨레의 머리에는 27일 밤의 대통령 특별방송을 일층 진실연화眞實然化[1]시키고 말았던 것이다. 이러한 현실을 무시한 서울 시민에 대하여 그 잔류의 책임을 지워야 할 것인가? 아니다. 이것을 책責하기 전에 그들의 정부에 대한 신뢰심을 책하여야 할 것이다. "왜 정부만 믿고 있었던고. 총소리를 듣지는 못하였던고."라면 그만이지만. 그러나 대통령 특별방송도 그 총소리의 한가운데[2]에 있었던 것이며, 더구나 "시민 여러분은 조금도 겁을 내지 말고 안심하여라!"고 재삼再三 주의가 있었던 것이 아닌가. 그런데도 불구하고 그 방송 후 3, 4시간이 못되어 그들에게 점령을 당하고 말았던 것이다. 그렇다고 본다면 서울 시민의 잔류는 정부에서 시킨 셈인가? 결론이 이에 이르니 딱한 노릇이 아닐 수 없다. 정부만 믿고 있다가 서울에서 후퇴도 못하고 그들 치하에 있는 이상 어느

[1] 진실인 것처럼 변화함.

[2] 원문에는 일본어 표현 '최중(最中)'으로 되어 있음. 最中(さなか) : 한창인 때.

정도라도 그들 정치에 순종치 않을 수도 없고. 그러고 보니 조국에 대한 반역이 되었다는 것이다.

그러면 우리는 여기에서 방면을 홱 돌리어 대체로 "부역죄란 어떠한 본질을 가지고 있는 것인가?"를 구명究明하여 보지 않을 수 없다.

7. 부역범附逆犯의 본질

'부역죄附逆罪'. 그것은 역도逆徒에게 협력한 죄다. 역도들이 우리의 적이라는 것은 두말할 것도 없다. 그는 얼굴도 같고 언어도 같고 풍습도 같거니와 다만 한 가지 그들의 뇌에 들어 있는 정신이야말로 외형에 나타난 그것과는 상상치 못할 크나큰 거리를 가지고 있다는 것이다. 자기의 선조를 저버릴 뿐만 아니라 현실에 있어서의 부모조차 아니 오륜五倫조차 헤아리지 못하고 난데없는 코배기를 마치 자기의 부모형제 이상으로 믿고만 있는 그들은 우리 겨레로 하여금 소련연방蘇聯聯邦에 포함시키려고 갖은 애를 쓰고 있지 않는가. 그리고 나아가서는 그 흉한 놈들의 앞잡이로서 동족을 살상하고 국토를 파괴하지 않는가. 이에 우리는 우리의 국가, 우리 겨레의 역사에 비추어 이에 민족의 반역反逆이라고 지적하지 않을 수 없는 것이요 그러한 의미에 있어서 그들을 역도逆徒라 이르는 것이다. 그런데 그러한 우리 민족으로서 도저히 시인치 못할 역도에게 협력하였다 함은 그 역도와 마찬가지로 민족의 반역이 아닐 수 없으며 이것이 즉 부역행위를 처벌하는 소이所以[1]인 것이다. 그러면 우리는 우리의 겨레로서 국민으로서의 어떠한 의식을 가지지 않아서는 안 될 것이다. 그런데 국가란 우리의 소위 배달민족倍達民族의 결합체를 의미하는 만큼 상기上記한 바와 같이 우리 국민이란 모두 우리 민족에 귀일歸一되는 것이요 그 의식이란 민족으로서의 양심을 말할 것이다. 그러면 본 부역죄의 본질을 살펴봄에 있어서 그 첫째로, "부역범이란 어느 정도의 민족의식을 망각한 자에 해당되는 것인가?"라는 의문이 생기지 않을 수 없으며 그러한 의미에 있어서 "우리는 모든 국민에게 어느 정도의 민족의식을 요구할 것인가?"라는 과제를 던지지 않을 수 없다. 생각건대 역사에 빛나는 고래古來의 지사志士들은 어떠한[如何한] 역경에 처하더라도 역도들에게 굴종屈從치는 않았던 것이다. 그들은 역경을 만회키 곤란하다고 단정될 때 대개 죽음이냐 소위 망명이냐의 어느 한 길을 택하였던 것이다. 그러면 우리는 국민의, 시민의 전부에 대하여서 이러한[如斯한] 지사志士의 행위를 본받을 것을 기대할 수가 있을까? 시민 전부에 대하여서 죽음이냐 또는 망명이냐의 어느 한 길을 택할 것을 강요할 수가 있을까?

다음, 권력자에 순종치 않는 약자에게는 제재가 따르는 법이다. 이러한 불순종은 권력자의 눈으로 볼 때 일개의 반역죄이며 거기에는 엄중한 형벌이 이를 간시看視함이 고래古來의 상례常例인 것이다. 그러고 본다면 그 명령을 거부하려 할 때 자유 내지 생명의 위협을 각오하지 않으면 안 될 것이다. 이러한 사정은 우리에게 인간의 '생生'이란 어떠한 것인가를 검

1 까닭.

토케 한다. 인간이란 본능적으로 생에 대한 애착심이 강한 것이다. 더구나 위에 기록한 바와 같이 인간에 대한 지위가 추이推移된 금일今日에 있어서 모든 인민의 생존권이란 고조高調되어야 할 것이다. 이것이 바로 민주주의의 근본 기반의 하나일 것이며 이러한 자유권의 보장이야말로 민주주의의 가장 숭고한 의무일 것이다. 그렇다 하여 나는 무제한의 보장을 요구하는 것도 아니다. 그러면 그 둘째로 인간의 생에 대한 애착심을 어느 정도로 용인容認하여야 할 것인가? 생의 애착심이란 비단[1] 인간에 한정된 것은 아니다. 모든 생물이 그 생명을 존중하듯이 우리 인간에 있어서도 이에 지지는 않을 것이다. 백발 노인도 죽음을 슬퍼하고 거리에 방황하는 앉은뱅이 병신도 죽음을 피하기 위하여 더위와 추위를 무릅쓰지 않는가! 아니 우리 형법에 있어서도 일신一身을 보전保全하기 위하여 감행된 어떠한 행위는 위법성違法性이 조각阻却[2]되어 있는 것이다.[3] 과연 인간의 본능이며 귀결화歸結化된 사회의 본능인 생명의 존경심에 대하여 우리는 어느 정도의 정당성을 부여하여야 할 것인가?

이 두 과제는 서로 관련성이 있는 것이다. 일반적으로 본다면 민족의식이 강렬한 자는 어떠한 경우에 있어서도 생의 애착심이란 문제시問題視 안 될 것이요, 그 반대로 민족의식이 박약한 자일수록 생의 애착심만이 이에 대한 주主동력이 될 것이다. 다시 말하면 민족의식을 앙양昂揚하려면 생의 애착심

1 원문에는 '비록'으로 되어 있으나 '비단'의 오기인 것으로 생각됨.
2 물리침. 방해함.
3 의용형법 제36조의 정당방위와 제37조의 긴급피난을 가리킴. 의용형법의 관련조문은, 후술 475면 이하 참조.

을 버려야 할 것이요 생의 애착심에 치중置重한다면 민족의식을 몰각沒却하여야 할 것이다. 이러한 관계는 역도들의 폭압성이 심할수록 이에 비례하여 그 간격도 커질 것이다. 더구나 역도들의 완전 영구한 지배하보다도 금번今番 사변 중의 그것과 같이 그 전국戰局의 우려憂慮 내지 패퇴敗退를 예상한 역도들의 잠정적인 지배하에 있어서 더욱 여실화如實化[1]되었을 것이다. 역사적으로 볼 때 현대와 같은 개인주의 세계관의 발달이 심할수록 민족의식의 고조高調[2]보다도 국민의 생존권 보장이 더 중요시될 것만은 틀림없을 것이다. 그러한 견지에서 본다면 부역범의 성격이란 그 포지抱持[3]하는 세계관의 여하에 의하여 신축伸縮될 것이요, 더욱이 그 역도들의 폭압이 심할수록 부역범의 측정에 있어서 신중을 기하여야 할 것이다.

그러면 우리는 이상 과제에 대하여 어떻게[如何히] 해답하여야 할 것인가? 이것은 실로 중대한 일이다. 원래 법이란 평균인을 대상으로 하는 것인 만큼 우리는 일반민一般民에게 지사志士의 민족의식을 요구할 수 없다는 것은 의문의 여지가 없을 것이다. 다만 우리가 요구할 수 있는 최소한도의 희망은 추상적이나마 직접 민족정기民族正氣에 배반背反되는 어떠한[如何한] 행위도 할 수 없다 함이 어떨는지? 그런데 민족의식 그것은 본 부역행위의 범죄측정에 관한 근본기준이기는 하나 현실사회에 있어서의 인간의 심적 작용에 비추어 볼 때 일반

1 여실(如實) : 실제와 같아 틀림이 없음.
2 높이 강조함.
3 품어서 가지고 있음.

적으로 보다 더 중요한 문제는 이것을 움직이고 있는 생에 대한 애착심 즉 생명의 존엄성일 것이다. 다시 말하면 부역附逆에 대한 미래의 귀책관념歸責觀念보다도 현실에 당면된 생에 대한 애착심이 선행된다는 것이다. 일단 유사지시有事之時에 있어서의 인간의 이지성理智性은 인간의 생리적 본능에 의하여 덮여버리는 것이 보통이다. 즉 민족의 일원으로서 민족의 양심을 지켜야 하겠다는 의무감은 현실에 당면한 생의 위협에 대하여서는 너무나 무력한 것이다. 그러면 성계聖界 아닌 속계俗界에 있어서 인간 최대의 본능인 생의 애착심에 대하여 그 우위優位를 허여許與치 않을 수 없을 것이요, 상술上述한바 세계관의 추이와 본本 양兩 과제의 관련성과 더불어 실질적으로 그 근본을 맺는 것은 생의 애착심 문제에 귀결된다 할 것이다.

그러면 생명의 존엄심尊嚴心에 대하여 어느 정도 이를 정당시正當視하여야 할 것인가? 본 문제에 대하여도 구체적인 해답은 곤란할 것이다. 다만 세계관의 추이推移에 따라 그 정당성의 범위가 확대되어야 할 것은 사실이라 할 수 있을 것이다. 그런데 본 양 과제가 서로 관련된 것인 만큼 그 부역범 측정의 기준도 이를 일괄하여 생각함이 타당할 것이다. 결국 민족의식에 대한 최소한도의 희망선希望線과 생에 대한 애착의 강도선强度線과의 어떠한 접촉점에 그 기준을 획劃하여야 할 것이다. 다시 다른 방면으로 쉽게 말한다면 당시의 그들 폭압 밑에서 일반적으로 보아 국민에게 그 생生의 유지維持상 그 불행위不行爲를 요구하지 못할 범위 내에서 그 정당성을 허여許與하여야 할 것이 아닐까? 사실에 있어서 역도들 치하로부터 탈출치 못한 이상 최소한도의 순종행위까지 거부할 수는 없을 것이 아닌가? 다시 말하면 우리는 국민에게 그러한 최소한도의 순종까지 거부하기를 기대할 수는 없는 것이다. 실지 그 최소한도의 순종이란 즉 전시前示 기준선을 획하기에는 곤란한 점이 많을 것이다. 역시 형사책임의 개별화에 따라 각 개인에 대한 지식 정도, 경력 및[及] 재산 등에 비추어 결정할 문제일 것이다.

과연 그렇다면 전술前述한바 최소한도의 순종행위는 당연히 허용되어야 할 것이요, 그 정도를 초과한 행위만이 위법성을 띠며 여기에 부역범이 되어야 할 것이다. 과거 동서東西간에 있어서 어느 정도 이상의 중重부역자만을 처벌하여온 역사적 사실이나 혹은 우리 반민법反民法[1]에서 특히 악질적인 자, 반민족적 범적犯跡이 현저한 자 또는 고등관高等官 3등 이상의 자 등등 부역범에 대하여 어떠한 기준을 세운 것도 실로 이러한 취지에서만이 이해할 수가 있는 것이다. 그런데도 불구하고 우리 비상조치령非常措置令에 있어서 역도들에 대한 모든 협력행위를 범죄시하였다 함은 참으로 이해하기 곤란한 바이다.

그러고 보건대 역도들 치하에 있었던 국민으로서 은신한 자 이외의 자는 모두 부역범시附逆犯視한 셈이며 따라서 입법가立法家들은 그 치하의 국민으로 하여금 땅 속에 들어가거나 하늘에 올라가 있을 것을 요구한 셈이라 할 것이다. 물론 악질적인 부역자는 차라리 이 세상에서 도태淘汰할 것이라는 점에 있어서는 빨갱이 아닌 국민으로서 어느 누구도 부정하

[1] 「반민족행위처벌법」을 말함. 관련조문의 내용은, 후술 461면 이하 참조.

지 않을 것이다. 또 어떠한 동기임을 막론하고 타인에게 실해實害를 끼친 것까지 관용하는 것도 아닐 것이다. 이상의 견해에 대하여 의아疑訝를 가지신 분을 위하여 나는 다음과 같은 예를 들고 싶다.

그 첫째로, 사변 당시 후퇴한 인사들. "그들은 진실로 민족의식에 불타서 후퇴한 것인가?" 물론 그렇다고 대답할 수 있는 사람도 적지 않을 것이다. 그러나 내가 보는 바에 의하면 그들의 태반은 그렇다고 할 용기가 나지 않을 것 같다. 한국의 특수사정 즉 남북의 분립分立과 사상의 대립에 더하여 역도들의 비인도적인 폭압성은 북한 출신의 청장년, 우익단체의 간부 및 정부관리들로 하여금 그들 치하에 큰 공포를 느끼게 한 것이다. 그러한 자들은 그들의 소위 숙청대상자가 되고 있다는 것이다. 그리하여 그러한 난을 피하기 위하여 생을 유지하고저 취한 길이 즉 서울 탈출이라는 결과가 되지 않았을까? 피난 중 우리는 "나는 쓸데없이 관리가 되어서. 죽도록 공부를 하고 그 어려운 시험까지 통과하여 겨우 관리가 되고 보니 그동안 말할 수 없는 경제상 고통을 받아왔고 또 이럴 때에는 누구보다도 놈들 숙청대상자가 되고. 참으로 딱한 일이야. 나도 공부를 말고 장사나 하였더라면 지금 가족과 같이 따뜻하게 살 수 있지 않는가." 혹은 "나는 북한에서 괜히 월남하였단 말이야. 고향에 그냥 있었더라면 이런 고생까지 안 할걸." 등등. 후회하는 것 또 그러한 기색을 하는 사람을 한두 사람만 본 것이 아니지 않았던가! 더욱이 그들은 열렬한 우익이 아니었던가! 그러고 보면 그러한 자들에 있어서도 민족으로서의 양심이란 그다지 중요시 안 되었다고 볼 수밖에 없을 것이다. 그리고 전국戰局이 점차 불리하게 되자 밀항이니 뭐니 숙덕이고 있지 않았던가.

그렇다면 그네들도 생명이란 대단히 소중하였던 모양이었지. 그런데 자기의 생명이 소중하다면 다른 사람의 생명도 역시 소중할 것이다. "나는 살아야 되지만 당신은 죽어도 좋아."라는 이치는 있을 수 없지 않는가. 그렇다면 목숨을 살리기 위하여 탈출한 것과 마찬가지로 자기 목숨을 살리기 위하여 그들에게 협력한 잔류시민殘留市民이라는 것을 특히 기억할 필요가 있을 것이다.

그 둘째로, 어떠한 사람들은 "금번 사변은 역도들이 서울을 완전 영구히 점령한 것은 아니다. 또 그러한 점령이라고 생각할 수도 없는 것이다. 이것은 단지 전쟁 중 일시적인 점령에 불과한 것이다. 그런 이상 그 완전 점령을 전제로 한 본론本論[1]은 수긍할 수 없다."고 할는지도 모른다. 물론 이것이 국제법상(이것은 국제 간의 그것은 아니지만) 완전 영구한 점령이 될 수 없을 것이다. 그러나 너무도 손쉽게 서울 함락이라는 의외의 현실을 맛본 국민에 대하여서 전全남한 점령은 문제없다는 그들 모략선전을 똑바로 간파할 것을 기대할 수는 없을 것이다. 실지에 있어서 사변 발생 직후의 서울 시민의 대부분은 전국戰局에 대한 희망을 가지지 못하였던 모양이다. 이것은 그들의 소위 자수기간自首期間에 쟁쟁한 우익인사右翼人士들까지 자수하였다는 사실만으로 보더라도 명백한 일이다. 그 후 유엔 공군의 맹활동을 목격하였을 그들에게는 전국戰局에 대한 희망이 생기지 않았을 리 만무하다. 그러나 그

1 본 논의.

희망을 가진다는 것 자체가 곧 그 전국戰局이 조속하게 회복된다는 확신까지 일으킨다는 것을 의미하지는 않는다. 나는 이에 이러한 예를 상기想起하지 않을 수 없다. 그것은 유엔 공군이 출동한 후인 7월 중순경이었던 모양이며 이미 납치되어서 학살당하였을지도 모르는 우리 동료의 말이다. 그는 다른 우리 동료에 대하여 "암만 생각하여 보아도 전국戰局은 희망 없을 것 같은데. 우리도 결국 자수하여 생명이라도 유지하는 것이 양책良策일 것 같다."고 하였다. 이와 같은 말은 물론 어떠한[如何한] 범위의 재료를 가지고 판단한 것인지는 모르지만 다시 알고 보니 그 동료는 그 후 과연 자수하고 소위 그들 법학자동맹法學者同盟이라니 뭐니 하는 데에서 그곳에 모여 있던 옛날의 동료들과 빨갱이 재야 법조인들 앞에서 해방 후 월남인越南人의 악질성을 역설하였다 하지 않던가! 이러한 사실은 한쪽으로 생각할 때 참으로 섭섭한 일이다. 그러나 그 동료는 원래가 확고하고 독실한 우익인사右翼人士였다. 그러한 인사가 별안간 이러한 태도를 취하게 된 동기가 그 무엇일꼬. 그렇다 하여 그 자의 정신이 급작急作히 좌경화된 것은 아니라는 것을 나는 확신한다. 그러면 결국에,

그 첫째로 전국戰局에 대한 판단이 그릇되었다는 것. 이로 말미암아 생명유지의 방도를 강구하여야 하겠다는 것이 그 둘째의 이유이었을 것이다. 그뿐이랴. 멀리 떨어진 남쪽 항구 부산에 있어서도 소위 어떠한 요직자要職者들은 밀항준비를 하지 않았던가! 이러한 모든 사실로 미루어 볼 때 나는 모든 시민에게 그 동료 이상의 판단력을 요구할 용기가 없다. "왜 전국戰局을 비관하였던고. 왜 전국戰局을 똑바로 보지 못하였

던고.” 하며 시민을 책責할 수는 없다. 설령 전국戰局에 대한 어떠한 희망이 있다 하더라도 그것이 그동안 견디어 나갈 수 없는 부정기간不定期間인 한 완전 영구한 점령만이 본론本論[1]의 전제가 된다 할 수 없을 것이다. 그러면 어떠한 기간이 그 표준이 될까? 역시 단순한 문제는 아닐 것이다. 전국戰局에 대한 희망성과 점령자의 폭압의 정도를 대조하여 결정할 문제일 것이다. 여하튼 3개월이라는 기간이 그러한 기간이 된다는 것만은 그다지 이의異議가 없을 것이라고 확신하는 바이다.

[1] 본 논의.

8. 역도와 부역자와의 관계

다음 역도逆徒와 부역자附逆者와의 관계는 어떠한 것인가? 비상조치령 중 소위 적敵이라 함은 역도들을 지칭할 것이다. 그러면 역도는 괴뢰정권의 수뇌부만을 말하는가? 아마 역도라면 그들 수뇌부는 물론 그들 기관에 관계한 전 인원을 의미한다 함이 타당할 것이다. 그러고 본다면 그들 치하의 일개 동리洞里 인민위원장이나 인민군의 일개 병졸도 우리의 적이라 할 것이다. 그러나 역도들은 따로 반역자로서의 형사책임을 부담할 것이요, 그러한 자들에게 협력한 자만이 이에 부역자로서 비상조치령의 적용을 받아야 할 것이다. 그러면 역도와 부역자와의 형벌관계는 어떠한가? 역도들에 적용할 법령이 무엇인가의 점은 차치且置하고 여하튼 그러한 종류에 속하는 법령의 어느 하나도 비상조치령 이상의 엄중한 것이란 아직 본 적이 없다. 그렇다면 그 장본인보다도 부역자가 더 가혹苛酷하게[1] 처벌당한다는 괴기한 결과가 되고 만다는 것이다. 그러한 이론이 어디 있을 수 있을 것인가?

"원래 적들은 외국 사람이지만 결국은 부역자는 우리 국민

[1] 원문에는 '혹(酷)하게'라고 표현되어 있음.

이 아닌가. 우리 국민으로서 적과 공모하여 그들에게 협력한다는 것은 필경 적 이상 악독한 것이 아닌가." 하여 보더라도 여기에 소위 역도란 아무리 어떠한 인종의 탈을 썼다 하더라도 이것을 외국인이라 할 수는 없으므로 그러한 이론이 설 수야 만무萬無하겠지.

그러면 결국에,

"적은 다른 지배하에 있는 사람이지만 부역자는 우리 지배하에 있는 국민이 아닌가! 그러한 우리 국민으로서 남의 사람과 공모하여 그들에 협력한다는 것은 필경 그 남의 사람 이상 악독한 것이 아닌가."라는 데에 낙착落着되는 셈인가? 물론 같은 자식이면서도 남의 손에 있는 자식보다도 자기 손에 있는 자식이 보다 더 귀할 것이요, 가장 사랑하던 사람의 반역일수록 더 기가 막히는 법이다. 그러한 감정의 결과는 평소의 사랑으로 하여금 보다 큰 원수로 만들어 버리는 법이니까!

여하튼 괴기한 운명이라고 하지 않을 수 없다.

동일 국민에 외국인 취급. 내란 대신에 전쟁. 수인囚人 대신에 포로.

그리하여 그 원흉인 인민군은 잡히어 포로가 되고 그 조력자인 부역자는 잡혀 중죄수 혹은 사형수가 되고.

그러고 본다면 입법의 괴이怪異보다도 3천만 운명의 괴이가 한 발자국 먼저인 모양이지.

나는 여기까지 상도想到하였을 때 민국民國의 복지와 무궁한 번영을 위하여 냉엄한 자기비판으로 반성을 촉구促求하지[1] 않을 수 없다는 안타까움에 가득 찼다.

[1] 원문에는 '촉(促)하지'로 표현되어 있음.

9. 감정感情의 입법

이상에서 우리는 부역죄附逆罪의 규정에 있어서 두 가지의 모순을 지적한 바이다. 다시 말하면 그 하나는 역도逆徒에 대한 모든 협력행위를 모두 범죄시하였다는 것이요, 다른 하나는 그 소정형所定刑이 너무도 엄중하다는 것이다. 그러면 왜 이러한 법률을 제정하였을꼬?.

우리는 여기에서 다시 본 법령의 제정동기를 해명함으로써 그 입법취지를 해득하자는 것이다. 이것을 해명하기 위하여,

그 첫째로, "본법本法 입법자들은 그러한 모순을 인정하지 않을 것인가?"라는 의문을 제시한다. 나는 입법자 역시 이러한 점은 모두 인정할 것이라고 믿는다. 왜 그런고 하면 사리에 밝으신 우리 선량選良[1] 제위諸位께서 당연한 이치를 이해치 않을 리 없고, 더구나 십만대변인十萬代辯人인 만큼 민정民情에 어두우실 리는 만무하기 때문이다. 그러면,

그 둘째로, "그렇다면 왜 그러한 입법을 하였단 말인가?"라는 의문을 제시하지 않을 수 없다. 나는 이것에 대답코저 우선 아래와 같은 당시의 분위기부터 설명하는 바이다.

[1] 국회의원의 별칭.

본 법률제정은 금강선錦江線 방위전防衛戰 전후前後에 대구 임시국회의사당에서 제정된 것으로 기억된다.[1] 겨우 탈출한 단신單身이 온갖 고생을 겪으면서 대전을 거쳐 겨우 대구에 이르렀건만 점차 후퇴하여 내려오는 전황戰況은 멀리 떨어진 가족의 안부와 함께 한없는 적개심과 울분만을 자아내었던 것이다. 들려오는 서울 소식은 처참하였다. 서울에 남아 있던 보도연맹원保導聯盟員[2]과 빨갱이들은 우익요인右翼要人네 가족까지 학살하여 버렸느니 뭐니 어느 한마디도 분격憤激과 수심愁心을 일으키지 않음이 없다. 동시에 일반 여론은 비등沸騰하였다.

"놈들 빨갱이들, 이번에는 모조리 죽여버려야 해. 놈들 앞잡이가 된 놈도 모두 똑같은 놈이야. 조금도 동정할 필요가 없어." 등등.

거기에는 놈들 행위의 경중輕重이나 다소多少도 문제가 아닌 것이다. 조금이라도 우리를 해친 자에게는 용서가 있을 수 없다는 것이다. 이러한 분위기, 복수심에 불타는 이때 상정된 것이 바로 본 법안이다. 울분과 적개심, 원망과 복수, 열화烈火와 같이 불타오르는 불발은 마침 본 법안에 집중되었던 것이다.

[1] 이 부분의 서술은 다소 사실과 일치하지 않은 것으로 보인다. 「비상사태하의 범죄처벌에 관한 특별조치령」은 6 · 25 전쟁 발발 직후 이승만 정부가 수원, 대전 등으로 수도를 천도하여 후퇴하는 급박한 상황에서 1950년 6월 25일자 대통령긴급명령 제1호로 제정되었기 때문이다. 이 점은 이 비상조치령의 부칙이 발효시점을 1950년 6월 25일로 규정하고 있는 점에서도 확인된다.

[2] 보도연맹(保導聯盟) : 해방 후 좌익활동을 하다가 전향한 사람들로 구성되었던 단체. 정식명칭은 '국민보도연맹(國民保導聯盟)'.

"만고의 역도 김일성. 아니 민족의 반역 김일성 도당. 너희들은 이 우주에서 말살하여 버린다. 후퇴지구 주민들이여. 군君들은 절대로 그 악독한 놈들에게 협력하여 민족을 살상하거나 국토를 파괴하여서는 안 된다. 만약에 협력한다면 알겠지. 놈들 이상으로 처단할 것을."

이러한 울분의 여파는 그 부역附逆에 대한 상세한 검토의 여지를 남길 리 없었다.

"협력한 놈들은 덮어놓고 엄벌에 처하여야 해."

이러한 감정은 형刑의 균형均衡 문제를 운위云謂할 생각조차 하여볼 여지를 봉쇄하여 버렸던 것이다. 그리하여 일사천리一瀉千里로 심리를 마치고 통과된 것이 바로 본법인 것이다.

이상의 나의 견해는 그다지 가설假說이 아닐 것이다. 왜 그런고 하면 실지 법문法文에 나타난 것이 바로 그것을 증명하고 있기 때문이다. 그런데도 불구하고 그것을 인정치 않으신다면 선량選良들의 불현명不賢明을 폭로하는 것이라 할 수밖에 없다는 것을 감히 기록할 수 있는 바이다.

그러고 본다면 진실로 원수怨讐인 역도들에 대한 화풀이가 비껴찔려 무력하고 불쌍한 주민에게 맞은 모양인지.

그리하여 결국에 선량選良들의 감정적 지배로 말미암아 고통을 느끼는 자는 그 법령을 실지 적용하는 우리 법관이며 직접 분分 넘는 억울을 당하고 있는 자는 바로 부역자 그들인 것이다.

10. 법의 후견

나는 이상에서 본래의 부역범 본질을 분석하고 검토함과 동시에 비상조치령 소정의 부역범에 대한 비평까지 시도하였던 것이다. 그러면 부역범에 대한 본 법령을 어떻게 운용運用하여야 할 것인가가 다음에 일어나는 필연적인 과제인 것이다.[1]

본 과제를 구명究明하기 위하여 나는 우선 본령本令 소정의 부역범과 위에 기록한 본연의 자태로서의 부역범과의 어느 편에 진리성眞理性을, 아니 정의성正義性을 부여하여야 할 것인가를 검토한다. 즉 비상조치령이라는 법을 존중하여야 할 것인가 혹은 본래의 부역범이라는 사회조리社會條理 다시 말하면 사회생활의 현실을 존중하여야 할 것인가. 법의 준수는 현실을 무시케 하고 현실에의 추종은 법을 유린蹂躪케 한다. 그러면 법과 현실과의 모순, 아니 간격을 어떻게[如何히] 해결하여야 할 것인가. 종래 많은 학자들은, 아니 실무가들은 외쳤다. 아니 현재에도 외친다. "법은 그 내용이 정당하든 말

1 이하에 전개된 사상을 법률논문의 형태로 정리한 것이 유병진 판사의 "법과 현실"이다. 후술 230면 이하 참조.

든 간에 국민을 이에 복종시킴으로써 사회의 안녕질서를 유지한다. 따라서 각 개인은 법 내용의 당부當否를 일일이 심사하지 않고 법의 의사意思에 백지적白紙的인 복종을 하여 써 법을 존중하여야 한다. 어떠한[如何한] 법이라 하더라도 국가의 명령으로서 사회생활의 질서를 유지하는 역량을 가지고 있는 한 그것은 그 내용을 떠나서 적어도 그 존재 자체에 의하여 법의 하나의 목적인 법적 안정에 봉사하는 것이다."라고. 그러한 사람의 눈으로 볼 때 "재판관은 자기의 법률적 감정을 희생하고 법의 명령에 복종할 따름이다. 그것은 결코 법이 정의에 알맞느냐를 문제시하여서는 안 된다."라고 관념하며, 다시 "재판관은 모름지기 법의 충실한 시녀로서의 의무를 하지 않으면 안 된다."라고 외친다. 물론 법은 충실히 준수하여야 할 것이다. 그러나 과연 입법의 충실한 시녀까지 되어야 할 것인가. 정의 아닌 법이라 할지라도 우리는 그 법에 맹목적인 추종을 하여야 할 것인가. 우리는 과연 국민에게 불능不能을, 부당不當을 강제할 수가 있을 것인가. 법을 준수하기 위한 국민일까. 국민을 위한 법이 아닐까.

그리하여 법과 현실과의 암투는 시작된다. 법은 법이기에 정正이며 진리라 한다. 조리條理는 조리이기에 정正이며 진리라 한다. 그리하여 두 개의 진리성은 "내가 진리다!"라고 자웅雌雄의 암투를 연출한다.

법과 현실. 그것은 어디까지나 우리 인간사회의 소산인 것이다. 사람이 만들고 사람이 싸운다. 인간사회에 있어서의 가지가지의 갈등. 그 갈등은 과연 어떠한 연고緣故이며 이것은 진실로 불가피한 것일까. 나는 이러한 사색을 할 때 그 영원히 변함이 없고 확고부동한 자연이 부러워진다. 저 해나 달을 보라. 그것은 옛적이나 지금이나 다름이 없이 우리를 비추어 준다. 우리의 지구를 보라. 그것은 어디까지나 둥글며 여전히 태양의 주위를 돌고 있다. 자연계에 있어서의 이러한 사실은 고금을 통하여 하등의 변화가 없는 것이다. 이러한 자연법칙은 현세에도 진리일 뿐 아니라 미래 영원히 진리일 것이다. 여기에서는 어느 누구가 반대의 법칙을 주장하여 보았던들 이러한 자연의 움직임이 변하여질 리는 없는 것이다. 따라서 자연과학에 있어서는 부진정不眞正한 법칙이란 무용한 것이며 진리의 싸움이란 있을 수 없는 것이다.

그런데도 불구하고 인간사회에 있어서의 각인각양各人各樣의 지식은 인간 본래의 불완전성과 더불어 사물의 올바른 판단을 곤란케 한다. 이에 더하매 이에 연결되는 인간 흉중胸中의 감정은 그 지식조차 마비시킨다. 그리하여 지식은 흥분도 되고 침쇠沈衰[1]도 된다. 그뿐이랴. 감정은 나아가서 당파심黨派心까지 자아낸다. 이러한 그르치기 쉬운 인간의 지식은 진리 아닌 진리의 진리화眞理化 경로를 달리게 된다. 한편 인간의 지식이 입법으로서 나타날 때 모든 것은 진리의 탈을 쓴다. 그것은 설령 부정不正이라 할지라도 법法이라는 간판만으로써 진리화한다.

그뿐이랴. 인간사회의 진화과정은 새로운 상태를 야기시킨다. 인간성에 갖추어진 모든 욕망은 인간으로 하여금 옛적 그대로의 만족감을 허용치 않는다. 낡음에서 새로움에로 새 물만을 찾는다. 새로운 방향에로, 습관에로, 보다 더 많은 수량

[1] 가라앉고 쇠약해짐.

數量에로 욕구는 좇는다. 욕망은 꼬리를 물고 나타난다. 이러한 인위적인 현상은 또 다른 자연적인 현상과 더불어 간단間斷없이 사회를 움직인다. 인간이 사회를 움직이고 사회가 인간을 움직인다. 이에 사회는 법이라는 케케묵은 옛 탈을 벗어나 새로운 세계에로, 희망의 세계에로 수레바퀴와도 같이 둥글둥글 굴러간다. 5리를 전진하고 10리를 전진한다. 산골짜기를 거쳐 넓고 넓은 들판을 거쳐 동에서 서으로, 서에서 동으로 둥글둥글 돌아간다. 태양을 등지고 혹은 안고. 그러나 제자리 걸음만 치는 법은 일보도 전진하지 못한 채 다만 굴러가는, 아니 돌아가는 사회를 멀거니 쳐다보고 한숨만 쉰다. 그것은 내장을 잃은 껍질과도 같이, 허수아비와도 같이.

과연 사회사실社會事實은 시시각각이 변화한다. 사회는 가변적可變的이다. 사실에 따르는 진리, 따라서 사회과학에 있어서의 진리란 가변적인 것이다. 오늘의 진리가 내일의 진리일 수는 없는 것이다. 한편 법은 고정적固定的인 것이다. 고정적인 법인 한 유전적流轉的인 사회에서 버림을 당할 것만은 자연의 이치인 것이다. 그리하여 법은 이미 그 진리를 잃었건만, 아니 그 보금자리를 잃었건만 법法이라는 간판 아래 여전히 진리성을 자랑한다.

나는 이상에서 인간사회의 불완전성은 진리 아닌 진리를 진리화眞理化하고 있다는 사실을 발견하였다. 그리하여 부정不正의 법칙도 진리화될 수가 있다는 것이다. 그러나 똑같은 시공時空하에의 진리란 둘일 수는 없는 것이다. 한편이 진리일 때 또다른 편이 진리일 수는 없는 것이다. 그러면 법과 현실과의 진리의 싸움은 어떻게 판정되어야 할 것인가. 이것을 해명코저 할 때 나의 머리에는 법의 기본이념이 떠돌아 온다. 그렇다. 법이란 우리 사회생활을 규율하는 것이다. 생활현실을 규정하여 써 사회의 안녕질서를 유지하고 나아가서 국민의 복리를 도모함에 있는 것이다. 그러므로 법이란 생활현실에 알맞아야 할 것이요 이를 무시하는 한 벌써 법은 그 목적을 배반할 것이다. 과연 법의 토대는 인간의 사회생활 자체인 것이며 따라서 법은 그 토대에 수반隨伴되지 않으면 안 될 것이다. 법은 어디까지나 생활현실에 따라다니지 않으면 안 될 것이다. 그러한 의미에서 생활현실에 부합符合치 않는 법이란 벌써 그 가치가 없는 것이요, 이것은 마치 사상沙上의 누각樓閣과도 마찬가지인 것이다. 그러한 누각이 조만간 허물어지지 않을 수 있으랴. 그리하여 법의 진리성이란 이러한 사회진리社會眞理를 배경으로 하여서만이 빛난다 할 것이다.

이러한 견해에서 바라볼 때 "법은 그 내용이 설령 부당不當하다 하더라도 사회의 법적 질서를 유지시키기 위하여 준수되어야 한다."라는 주장은 모순당착矛盾撞着이라 하지 않을 수 없다. 왜 그런고 하면 근본적으로 그러한 주장은 법으로써 사회생활을 어떻게도[如何히도] 좌우할 수가 있다는 것을 전제하기 때문이다. 물론 조그마한 냇물과 같이 사회의 부분적인 어떠한 미약한 사조思潮의 흐름은 '둑'이란 법으로써 능히 이를 막아 낼 수가 있을 것이다. (이러한 미약한 조류인들 그것이 올바른 발전인 한 법으로써 이를 억제할 필요는 없을 것이다.) 그러나 사회의 전면적인 조류潮流에 대한 한 법의 존재란 노도怒濤[1] 앞에 떨어뜨린 한 개의 모래섬 이상의 것은 아닐 것

1 성난 파도.

이다. 그리하여 그 사나운 노도는 그 섬을 본체만체, 아니 한 물결에 삼켜버린 채 여전히 흘러내릴 것이다. "법은 어버이를 자식이라고 하는 이외의 것은 아무 것이라도 할 수 있다."라고 법 만능을 부르짖었던 영웅 나폴레옹의 외침도 인제야 낡아빠진 전제주의專制主義의 유해 이외의 아무 것도 아닌 것이다. 다음에 아무리 악법이라 하더라도 이를 존중하지 않으면 사회는 혼란되어 질서를 유지할 수 없다는 걱정은 너무나 과도한 것이다. 물론 어떠한 부면部面, 예를 들면 사회의 합목적적인 부면에 있어서의 법과 현실과의 유리遊離의 초급단계에 있어서는 이러한 견해도 일리가 있을 것이다. 그러나 전반적으로 볼 때 정의, 아니 진리의 옹호를 주된 목적으로 하는 법이 그 정의를 배반하고 그 종적從的 목적인 법적 안정에만 봉사할 수가 있을 것인가. 우리는 어디까지나 주객主客의 구별을 엄연嚴然히 하여야 할 것이다. 더구나 실지에 있어서 사회의 올바른 진전인 한 설령 그것이 법에서 유리된다 하더라도 이로써 사회의 혼란을 일으킬 염려는 없다 할 것이다. 그렇다면 오히려 정의에의 추종을 반역시하고 사회의 올바른 진전을 거역하여 국민에게 불능不能·부당不當을 강제하는 편이 보다 더 죄악시되어야 하지 않을 것인가.

그렇다면 우리는 그 둘째로 진리 아닌 법에 대하여 혹은 진리를 잃은 법에 대하여 과연 어떠한 태도를 취할 것인가를 검토한다. 도대체가 정의에 입각하는 법학인 한, 아니 정의의 수호자로서 자처하는 법률실무가인 한 이러한 법에 대하여서까지 맹목적인 추종이란 있을 수 없지 않을까? 그렇다. 아무리 법이라 한들 진리에 어긋나는 한 단연코 이에 항쟁하여야 한다. 그리고 진리를 살려야 한다. 그런데도 불구하고 종래 우리의 태도는 어떠하였던가. "악법도 법이다."라는 눈초리를 두려워해서 고두叩頭[1] 이에 추종만 하지 않았던가. 사회는 이미 동東으로 전환하였건만 이를 본체만체 여전히 서西으로만 달리지 않았던가. 그것은 벽을 문이라고 내미는 격이요 새로이 발생한 사실을 케케묵은 옛 틀에 넣으려는 격이 아니었던가. 그러나 그 벽이 열어질 리가 없는 것이요 그 틀에 맞을 리가 없는 것이다.

물론 옛 탈을 박차고 새로운 방향에 진로를 찾기보다는 옛적 그대로의 안주지安住地에 있음이 안락하기는 할 것이다. 민중이 저버린 세계에서, 틀 속에서 모순된 결과를 야기시킨다 하더라도 외부로부터 공박攻駁을 받을 염려가 없는 안주지에 있는 한 무난하기는 할 것이다.

그러면 우리는 그러한 안주지에 있는 한 사회에 맹목적이어도 좋을 것인가. "아, 시끄러워. 법이 그렇게 되어 있는 것을 어찌하겠소. 결과가 부당하다는 것이야 나도 잘 알지만. 나를 원망하기보다는 법을 원망하시오. 나는 모르겠소."라고 변명하여서 재판관의 책임을 면하려 할 것인가. "과도기에는 비난을 받을 필요가 없어. 모든 방면에 무난한 팔방미인 격이 제일이야."라고만 할 것인가. 닥쳐오는 노도怒濤 앞에서 남의 일과도 같이 공수방관拱手傍觀[2]만 할 것인가?

아니다. 우리는 사회적 부정의不正義에 대하여 의분義憤의 눈물을 흘려야 할 것이요, 사회악社會惡에 대하여 광정匡正[3]

[1] 고두(叩頭) : 머리를 조아리어 경의를 나타냄.
[2] 아무것도 하지 않고 두 손을 맞잡은 채 곁에서 보고 있기만 함.

의 정열을 기울여야 할 것이다. 그 의분이나 정열의 앞에 무슨 안주지安住地가 있을 것이며 무슨 책임전가가 있을 것인가. 거기에는 오직 결단과 용기로써 진리의 옹호에로의 과감한 돌진이 있을 따름이다. 이러한 돌진만이 도리어 법을 살리는 소이所以인 것이요, 국가·사회에의 최대 봉공奉公일 것이다.

방면을 달리하여 원래 법의 존엄성이란 절대적인 것은 아니다. 모든 것은 자기 나름이라는 말과 마찬가지로 입법이, 아니 사회사정의 변천에 따르는 법의 개폐改廢가 완전할 시時는 그야말로 법의 존엄성이란 절대적일 것이다. 그러나 그렇지 못할 때 법은 그 존엄성만을 타他에 요구치 못할 것이다. 그리하여 그 불완전의 정도에 따라 이에 정비례되는 다른 부문으로부터의 보충을 받아야 할 것이다.

필경 법은 자신의 불법·부당을 교정矯正[1]하고 혹은 입법 후 사회사정의 변천으로 인한 법의 결함缺陷을 보정補正하여 주는 어떠한 작용을 필요케 한다. 이것이 법에의 재판관의 협력이 요청되는 소이所以인 것이다. 그리하여 법의 불완전성이 심할수록 법조정法調整의 책무가 중대화될 것이며 그 정도가 우심尤甚[2]함에 이르러서는 조정調整의 범위로부터 후견後見의 단계에로 전이轉移치 않으면 안 될 것이다. 이러한 의미에서 감정과 소홀에 빠지기 쉬운 과도기에 있어서의 재판관의 주의심注意心은 이러한 방면에 집중되어야 할 것이다. 그러나 구체적으로 이러한 작용을 어떻게 하느냐는 곤란한 문제이다.

3 잘못된 일이나 부정 따위를 바로잡음.
1 원문에는 '고정(稿正)'이라 되어 있으나 '교정(矯正)'의 오자로 보임.
2 특히 심함.

우리는 여기에서 당자當者 간의 특수한 관계에 주의하지 않으면 안 된다. 입법의 불완전이니 뭐니 하여도 당자當者야 물론 법法이니까 그 법 자신을 전연 안중眼中에 넣지 않을 수도 없고. 그렇다면 당자當者는 당자대로 체면을 유지시키면서 그 어떠한 소기의 목적을 달성하여야 한다는 것이다. 만일 그렇지 않으면 "악법도 법이다."라는 눈초리에 맞을 것이니까. 아니 도대체가 삼권분립三權分立이라는 장벽을 넘을 수도 없지만.

동일한 후견後見에 있어서도 입법 후의 사회사정의 변경으로 인한 법法의 시정是正은 당자의 체면에도 그다지 괴로운 영향을 주지 않을 것이다. 왜 그런고 하면 성계聖界 아닌 속계俗界에 있어서 "사회사정의 변천을 예견하지 못 하였던고." 라고 이를 비난할 수야 없을 것이니까. 그러나 당장 제정된 법法의 시정是正, 아니 무시無視야말로 그 치명상이 아닐 수 없을 것이다. 왜 그런고 하면 법에 대한 불견식不見識이나 소홀疏忽의 폭로를 좋아할 이치야 없을 것이니까. 그리하여 자신의 잘못에 눈 어두운 인간의 습성과 감정 그리고 체면감體面感은 스스로 그 장벽을 높이 하여 타인의 관여를 불허하는 것이다. 이러한 경우에 우리는 과연 어떠한 방법으로써 이를 시정하여야 할 것인가. 이것이 당면된 나의 중대한 문제인 것이다. 법에 대한 정면으로부터의 공격 즉 무시無視는 위에 기록한 바와 마찬가지의 봉변을 당할 것이고. 그러면 과연 배후작전일까, 측면작전일까, 혹은 회피작전일까?

11. 법으로부터의 회피

그러면 비상조치령에서 전술前述한바 어떠한 기준선 이하의 부역행위(나의 주장하는바 부역죄가 성립되지 아니하는 행위를 지칭함)를 구제救濟하기 위하여 우리는 어떠한[如何한] 방법을 취할 것인가. 다시 말하면 역도逆徒에의 모든 협력행위를 범죄시犯罪視한 본 법령으로부터 이러한[如斯한] 정도의 행위를 구제할 수 있는 방법은 무엇일까? 나는 이것을 논하기 위하여 한 예를 든다.

여기에 어떠한 마차부馬車夫가 있다. 마차부는 그 말이 너무나 사납고 버릇이 못되었으므로 때에 따라서는 사람을 상하게 할 것을 두려워하여 그 주인에게 그 말을 온순한 말과 바꾸어 줄 것을 요청하였다. 그러나 주인은 이를 들어주지 않았다. 어느 날 마차부는 여전히 그 말을 몰고 나섰다. 과연 도중에서 그 말은 그 사나운 버릇을 내어 통행인을 부상시켰던 것이다. 이러한 경우에 마차부에 대하여 그 부상에 대한 형사상의 책임을 추궁할 수가 있을 것인가? 문제는 마차부에 대하여 과실상해過失傷害의 책임을 부담시킬 수가 있느냐에 있는 것이다. 보통의 경우에 그 마차부가 과실상해의 책임을 부담할 것은 별로 의문의 여지가 없을 것이다. 문제는 그 마차부가 그러한 사고발생을 염려하여 미리 주인에게 그 말을 바꾸어 줄 것을 요청하였다는 것, 그런데도 불구하고 그 주인이 이를 들어주지 않았다는 점에 달려 있는 것이다. 이러한 경우에 마차부는 과연 어떻게 하여서 사고발생의 미연未然 방지를 할 것인가. 그 주인이 그 말을 바꾸어 주지 않은 이상 강제로 바꾸어 받을 수는 없을 것이요 또 그 말의 버릇을 꼼짝 못하게 할 수도 없을 것이다. 그러면 마차부는 그 말의 사용을 거부하여야 할 것인가. 그러나 그 사용의 거부란 마차부의 해고를 의미할 것이요 이에 언제 일어날지 모르는 사고발생을 예방키 위하여 그 마차부의 자진 퇴직까지를 요구할 수는 없을 것이다. 그렇다면 그 마차부에 대하여서는 이상 사고발생에 대한 형사책임을 추궁하지 못하여야 할 것이다.

그러면 이러한 결론은 어떠한 이론에서 나오는 것일까? 대저大抵 사람을 책責하려면 그 사람에 대하여 어떠한 위법행위違法行爲를 행하지 않을 것을 기대할 수가 있는데도 불구하고 이것을 감행할 때에 비로소 그 행위를 위법시違法視하며 이에 형사상의 책임을 부담시켜야 할 것이다. 그러므로 그 위법행위를 하지 말 것을 기대할 수 없는 어떠한 사정하에 감행된 행위에 대하여서는 이를 비난非難할 수가 없을 것이요 따라서 그러한 행위를 범죄시犯罪視할 수는 없다는 것이다. 그러면 어떠한 행위를 하지 말 것을 기대하지 못할 경우란 어떠한 경우일까. 이것은 구체적으로 신중히 고려하여야 할 문제인 것이다. 이상 예에 있어서 주인이 그 사나운 말을 바꾸어 주지 않은 이상 그 마차부에 대하여 사고발생의 미연 방지를 기대할 수는 없을 것이다. 그리하여 범죄성립요건의 하나인 범의犯意란 어떠한 행위를 하지 않을 것을 기대할 수가 있는 경우에 한할 것이요, 그 불행위不行爲를 기대할 수 없는 경우에는 범의犯意란 있을 수 없다는 것이다.

이러한 경우는 비단 이 예에 그치지 않을 것이다. 우리가 위에서 논하여 오던 부역범附逆犯에 있어서도 마찬가지의 이론이 부합符合되는 것이다. 강압적인 정치에 피신치 못할 몸. 그러고 보면 역도逆徒들에 대한 최소한도의 협력은 불가피한 것이다. 적어도 그러한 범위 내에서는 우리는 그들에게 그 불행위不行爲를 즉 그러한 행위를 하지 않을 것을 기대하지는 못할 것이요, 따라서 그 최소한도의 행위에 대하여 그 범의犯意를 인정하여 이를 문책할 수가 없다는 것이다. 무엇이 최소한도의 행위이냐는 위에 설명한 바이다.

나는 이상에서 형법학설刑法學說에 있어서의 기대가능론期待可能論[1]을 활용하였다.[2] 기대가능론 그것은 우리 법학계에 있어서 아직 실용적인 단계에까지 이르지 못하고 있던 것이다. 그러나 인간사회에 있어서의 자유보장이 나날이 진전되어 가는 오늘날에 있어서 그 실질적인 보장을 위하여서는 각 개인에게 불능不能의 강제强制란 있어서는 안 될 것이다. 이러한 긴요하고도 간절한 요청은 필연적으로 기대가능론의 새

1 현재의 학술용어로는 '기대가능성이론(期待可能性理論)'임. 기대가능성이론 : 적법행위(適法行爲)를 기대할 수 없는 특수한 외부 사정이 있을 때에는 형사책임으로서의 비난을 가할 수 없다는 형법이론의 하나.

2 당시 적용되던 소위 '의용형법(依用刑法)'(즉 일본형법)에는 기대가능성에 관한 규정이 없었다. 1953년에 제정된 대한민국 형법은 제12조에서 '강요된 행위'라는 제목으로 기대가능성의 이론을 일부 수용하고 있다.

로운 등장을 강요하고 있는 것이 아닐까. 이것이 인정된다면 우리는 이러한 부분적인 역사부터 창조하여야 하지 않을 것인가.

호시탐탐虎視眈眈[1]한 적진敵陣. 그 적진은 견고한 토치카이며 경계삼엄警戒森嚴한 것이다. 멀리 포위되어 적진을 앞에 한 분대. 그것은 적의 포화砲火라는 바람 앞에서는 파멸이라는 등화燈火 이상의 존재가 아닌 것이다. 그들은 어떻게[如何히] 활로를 개척할 것인가. 적진에의 정면적인 접근은 너무도 지나친 모험일 것이요, 그 후퇴조차 협격挾擊[2]의 위험을 초래할 것이다. 그리하여 그들은 가만가만히, 아니 그 사격거리 밖에서 재빠르게도 옆으로 빠져버린다. 그것은 적과의 충돌에서 회피함이다. 회피. 그것은 비열 즉 과도한 생명애착을 뜻함이 아니요 다만 무용한 희생으로부터 벗어나 후일에 대비함으로써 역할의 적절한 장소를 얻고자 함이다.

사회실정을 무시한 규범은 정의正義일 수 없으며 이러한 의미에서 그것은 하나의 악惡인 것이다. 악인 이상 우리는 그것을 물리쳐야 할 것이다. 그러나 아무리 악일지라도 그것이 권력에 날개 돋친 한 우리는 덤벙덤벙 이에 부딪쳐서는 안 될 것이다. 그 권력은 형벌이라는 무기로써 장비裝備되었으며 이를 파괴할 수 있는 오직 하나의 전술은 입법이라는 법개정法改正 이외에 아무 도리도 없는 것이다. 이에 우리는 정면충돌이라는 순로順路로부터 벗어나 회피라는 횡로橫路[3]를 택한다.

1 범이 먹이를 노리어 눈을 부릅뜨고 노려봄.
2 양쪽에서 끼고 공격함.
3 정도에서 벗어난 길.

그리하여 법망法網을 저편에 밀어제쳐서 그 무서운 죄로부터, 형벌로부터 벗어난다.

그것은 "피고인은 ……을 하여서 역도에게 협력한 것이다."라 하여 피고인의 적진돌입敵陣突入을 시현示現[1]하나 "그러나 ……에 의하면 동同 행위는 당시 역도들의 압력에 의한 불가피한 행위로 인정함이 타당할 것인즉 피고인에게 그 불행위不行爲를 기대할 수 없을 것이요, 따라서 그 범의犯意를 인정할 수 없다."라 하여서 그 어마어마한 적전敵前에서 벗어나게 한다.

[1] 드러내 보임.

12. 과도기적 결단

그리하여 그 모순의 한 가지는 해결된 셈이다. 그러면 우리는 다음에 넘어가서 비상조치령에 있어서의 중형重刑 관계를 어떻게[如何히] 할 것인가를 고찰하여 보기로 한다.

실지에 있어서 부역범 중 전시前示 기준선을 초과한 자도 많은 것이다. 그러나 잔류 부역자의 대부분이 원래 우익인사들이라는 것은 이미 지적한 바이다. 그런데도 불구하고 초과자超過者라 하여 모조리 10년 이상의 징역에 처하여야 할 것인가가 실제에 있어서의 중대한 문제가 아닐 수 없다. 물론 그러한 자라 하더라도 부역附逆의 수단으로 살인 등 중죄重罪를 범한 자야 별문제이나 그다지 악질이 아닌 부역자(즉 여기에 소위 기준초과자이다)만이 문제인 것이다. 그러한 자는 대체로 어떠한 적극적인 진심으로 역도逆徒에게 협력한 것은 아니다. 그것은 하나의 환경병環境病에 불과할 것이며 그런 만큼 그들에게는 환경의 갱신更新(즉 우익사회의 실현)만으로써 그 반성의 충분한 기회와 토대가 될 것이다. 더구나 역도들의 무인도無人道하고 무자비無慈悲한 횡포정치橫暴政治를 실지

맛본 국민으로서 일종의 전율감을 느끼지 않은 자가 없는 현실에 비추어, 아니 사변을 계기로 하여 소위 중간파中間派는 있을 수 없다는 결론을 맺은 사회의 현실에 비추어. 그뿐이랴. 위에 기록한 바와 같이 자유형自由刑의 폐해라는 사실을 아울러 생각할 때 그 어떠한 조치가 필요할 것인가는 명료한 것이다.

이러한 사색에 잠겼을 때 나의 머리는 부산 시대의 그 애처러운 추억으로써 무겁게 되었다. 그리고 그 추억은 나로 하여금 '나'를 붙잡아라, 과거를 돌아보라고 귀띔을 하여주는 것 같기도 하였다. 그것은 "나는 처남이 보련원保聯員[1]이었기에 처자를 처남에게 맡기고 '너도 이왕이니 좀 활동이라도 하면서 우리 가족을 잘 보호하여 달라'고 부탁하였으니까 가족에 대하여서는 안심이 된다."고 하던 친우의 처지가 부러워서 나도 그러한 의지할 곳이 있었더라면 하고 그 고적孤寂[2]을 탄식하였던 과거를 회고하였던 것이다. 당시 나는, 아니 우리는 진실로 그러한 처지를 부러워하였던 것이다. 그런데 그 부러움이란 단순한 당시의 일시적인 욕망의 감정만으로서 그칠 것이 아닐 것이요 그것은 그 결과적인 소산所産까지 미쳐야 할 것이다. 그리하여 우리는 자기 자신이라는 것을 순수한 입장에서 붙잡아보아야 할 것이라는 것을 새삼스럽게 느꼈다. 이러한 점에서 대한大韓 잔류殘留 고급관리를 예로 들어보자. 그들이 당시(7월 중) 과연 역도들이 진실로 그 신분을 보장하여 준다고 생각되었더라면 가만히만 있었을 것인가. 물론 본

1 '보도연맹원(保導聯盟員)'의 준말.
2 외롭고 쓸쓸함.

의는 아니었겠지만 심사에 불합격이 되었다 하여 다소라도 낙담하였던 자는 없었을 것인가. 이러한 사실을 생각할 때 우리는 역도들로부터 반역도시反逆徒視될 아무 사정도 없는 자의 심정의 움직임이란 가히 추측할 수가 있을 것이며 또한 그들 정치에 한 발자국 발을 들여 디딘 이상 그들 정치의 고약한 성미로 말미암아 필연적으로 과도한 협력까지에 이르기 쉽다는 점도 이해할 것이다.

그러면 본제本題에 돌아와서 그 처남이 다만 그 가족을 살리기 위하여 부득이 역도에게 협력하였다고 할 때 우리는 과연 그 자에 대하여 어떠한 처분을 내려야 할 것인가. 그 자가 진짜 빨갱이가 아니고(나는 보련원保聯員의 전부를 좌익이라고 보지는 않기 때문에) 또 그 행위가 전시前示한 기준초과자의 정도라면 법률문제를 뚝 떠나서 한번 용서하여 주어야 할 것이라는 것이 아마 일반적인 견해가 아닐까. 자기를 살리기 위하여 남을 죽여도 좋다는 원리야 있을 수 없다고 그 절대성을 주장하는 견해로 볼 때에는 이상 결론은 난점이 있을 것이다. 그러나 형법에 있어서의 정당방위正當防衛[1]나 긴급피난緊急避難[2]의 입법정신은 우리의 이러한 견해를 간접이나마 지지하여 주는 것이 아닐까. 더구나 이에 남을 죽인다는 것은 그다지 흔치[3] 않은 실해행위實害行爲를 의미함에 있어서.

그렇다면 우리는 어떠한 방법으로써 이것을 처리할 것인가. 법문에는 명백히 10년 이상의 징역이라고 규정되어 있는

[1] 당시의 의용형법 제36조. 의용형법의 관련조문은, 후술 475면 이하 참조.
[2] 당시의 의용형법 제37조.
[3] 원문에는 '別치 않은'로 되어 있으나 의미상 '흔치 않은'의 오식으로 보임.

만큼 이에 형의 집행유예執行猶豫라는 제도를 이용할 수도 없는 것이요[1] 결국 무죄無罪 이외에는 이를 자유인으로 만들어 줄 하등의 수단도 없는 것이다. 그러나 위에 명백히 한 바와 같이 그 기준초과자는 확실히 부역범이라는 유죄자有罪者인 것이다. 그런데도 불구하고 그 법률적 견해를 억누르고 이에 무죄라는 판결을 하여야 할 것인가. 안 된다. 나는 위에서 법으로부터의 회피를 결정한 바 있으나 그 행위(전시前示 기준선 이하의 행위)는 나의 견해로서 볼 때 어디까지나 형사책임이 없어야 될 것인 만큼 이것은 법이 사회생활의 현실을 무시하였다는 견지에서 그러한 법률적인 조치를 결정하였던 것이다. 그러나 이것은 단순히 그 형이 과중하다는 것뿐이며 그 과중하기 때문에 용서라는 방법을 취할 수 없다는 것뿐이다. 이에 나는 일대 난관에 부닥쳤다. 형벌이란 사회의 안녕질서를 보지保持하는 데에 그쳐야 된다는, 즉 과도한 형벌을 과하여서는 안 된다는 형벌정책의 근본정신을 살리기 위하여서는 법의 무시라는 것 이외의 방도가 없는 것이다. 그러면 형사정책에 치중할 것인가 혹은 법의 충실한 준수자가 되어야 할 것인가.

그렇다. 재판도 하나의 정치인 것이다. 재판도 국가통치권의 하나의 작용인 이상 국민을 위하여야 할 것이요 동시에 국가를 이롭게 하여야 할 것이다. 따라서 사회현실을 똑바로 파악하고 현실에 알맞은 재판을 하여야 할 것이다. 현실에 초연한 재판이란 있을 수 없을 것이다. 그런 까닭에 위에서 일

[1] 당시의 의용형법 제25조는 집행유예를 2년 이하의 징역 등에 처할 경우에 허용하고 있었다.

별一瞥한 바와 같이 법法은 우리 재판관에게 자유재량自由裁量이라는 범위를 허여許與하여서 사람사람에 따르는, 아니 각 경우에 입각立脚되는 과부족過不足이 없는 타당한 재판을 시키려 한다. 적어도 그러한 자유재량을 할 수 있는 정도 내의 우리의 재량행위는 확실히 하나의 정치인 것이다. 그렇다면 지금 이러한 자들을 대담하게 형벌에서 벗어나게 함이 그들을 위함이요 동시에 국가를 이롭게 하는 소이所以이며, 이것이 곧 재판의 목적을 달성하는 길일 것이다.

그러나, 그러나 안 될 일이다. 아무리 정치라 하더라도 법을 넘을 수는 없는 것이다. 그 자유재량도 법이 인정하는 범위 내에서만이 할 수 있는 일이다. 그러면 기어코 안 된다는 말인가. 과연 이것을 단념하여야 할 것인가. 그러한 궁지窮地에서 헤맬 때 나의 가슴은 법에 대한 분노로써 꽉 찼다. 그 분노는 나의 얼굴까지 벌겋게 하였으며 그 사색조차 혼란하게 하였다.

이것이 무슨 법일까. 이러한 법을 만들려면 하루에 몇 개라도 만들 것이다. 입법가立法家는 무엇이라도 만들면 그것이 제법 법인 줄만 아는가. 고약한 법法.

아니, 그들은 법法이란 무엇인 줄 알고 있을까. 법은 감정感情으로써 만드는 것일까.

나는 이렇게 중얼거려 보았다. 그러나 아무리 격분하여 보았던들 아무리 중얼거려 보았던들 무슨 소용이 있으리오. 할 수가 없다. 법法 그대로 하여야지. 모두 10년 이상의 징역에 처할 수밖에.

이때 나의 가슴에서는 무엇인지 뜨끔뜨끔하였다. 그렇다.

그것은 심장이었다. 맥이었다. 심장이 뛰고 맥이 뛰논다. 그 맥은 지금 머리에서도 손목에서도, 아니 온몸에서 뜨겁게도 화끈화끈 뛰논다. 뛰노는 '피'. 그것은 그 뜨거운 심장에서였다. 다시 그 근원을 찾아보면 그 '피'는 저 몇 천년 전 백두산 밑에서 벋어진 한줄기의 '피'였다. 한줄기의 '피'. 그것은 어떠한 엉킴을 가졌던가. 나는 새삼스럽게도 민족의 '피'를 분석한다. 아, 저 소리. 저 힘없고 목메인 소리가 가느다랗게 들려오지 않는가. "판사님 죄송합니다. 우리의 과거를 한번 용서하여 주시오. 우리인들 대한大韓의 민족民族이 아니겠습니까? 놈들 모략에 빠진 과오란 다시야 밟겠습니까. 우리의 가슴에서도 뜨거운 대한의 '피'가 흐르나이다. 한번 용서하시오."라고.

아, 저 모습. 저 핼쑥한 얼굴, 쑥 들어간 눈, 앙상한 볼 뼈, 흩어진 머리, 거멓게 길어진 수염.

아, 벌벌 떨지 않는가. 전신을 쪼그리고 벌벌 떨지 않는가. 아, 산송장이 아닌가.

아, 저 모습에 저 소리.

그렇다. 민족을 사랑함은 오직 민족 자체만이다. 저 죄수들 몸에서도 지금 나의 '피'와 똑같은 '피'가 흐를 것이지. 그들 '피'와 나의 '피'는 한 덩어리로 엉킬 것이지. 그렇다. 그들을 사랑할 사람은 오직 우리만이다. 그들의 잘못을 용서함도 오직 한줄기의 우리만이다.

이러한 사색에서 깨어난 나의 머리는 나 모르게도 강하였고 날카로웠다. 민족애民族愛. 더욱이 이러한 과도기에 있어서의 민족애란 우리에의 지상명령至上命令인 것이다. 나의 눈초리는 점점 날카로웠으며 나의 입술은 보다 더 굳게 닫혔다.

그렇다. 나는 민족애를 발휘하기 위하여 몸을 버릴 것이다. 법法도 민족을 위할 것이요 민족을 해치는 법이란 있을 수 없는 것이다. 조치령措置令[1]이여, 어서 도망가라. 나의 주먹에 부딪치기 전에.

기어코 나는 과도기적 결단을 하였다. 그것은 법의 규정으로서의 정상正常한 입장에서 10년이나 15년에 해당되는 죄질罪質에 대하여서는, 다시 말하면 이상 여러 점을 고려하여 처벌하기에는 너무나 무익하다고 동정되는 사건에 대하여서는 오히려 무죄無罪로 하여야 한다는 것이다. 과연 "재판은 정치다."라는 귀결로 돌아왔다. 그리고 나의 심장은 법의 후견이라거나 재판의 정치성 그것은 과도기에 있어서의 불가피한 철칙임을 다시 외친다.

그러면 이러한 귀결의 근거는 어디에 둘 것인가. 나는 본래의 전시前示 부역범 측정에 대한 기준선을 본의 아니나마 확장하지 않을 수 없었다. 그리하여 이 역시 그 명예로운 법으로부터의 회피 가운데에 숨어 버린다.

나는 이상에서 내가 고민하던 사건처리에 있어서의 법률적 견해와 그 처리태도의 대강을 대담하게도 이상과 같이 결정하였다.

나는 한마디 부언附言한다. "그렇게 처리함은 너무나 관대하지 않을 것인가. 그것은 국민에 대한 일반경계一般警戒[2]상 좋지 못한 영향을 줄 것이다."라는 걱정에 대하여 "부역附逆을 하여서는 안 된다고 하기보다는 부역을 할 환경을 만들어

1 '비상조치령(非常措置令)'을 줄여서 표현한 것임.
2 요즈음의 학술용어로는 '일반예방(一般豫防)'으로 표현됨.

주지 말라. 일단 후퇴할 때라도 국민을 속이지 말고 피난할 여유를 주라."고.

13. 어마어마한 공판公判 직전

초겨울 추위는 유달리도 차다. 가로수는 모두 앙상하게도 마치 추위에 떨고 있는 것과 같고 나무 아래에서는 떨어진 잎사귀가 이리저리 날아다니고 있다. 거리를 다니는 사람들조차 허리를 구부리고 손을 불면서 분주히 헤매인다.

난로는 고사하고 숯불조차 없는 판사실에서는 "여보, 기일期日을 넣으셨소?[1] 요새 군법회의軍法會議에서는 사형 사태沙汰가 난 모양인데!" 하면서 벌벌 떨고 있는 것이다.[2] 그 광경이나 그 태도야말로 "아무리 과도기인들 이 어마어마한 광경

1 '기일을 넣다' : '공판기일(公判期日)을 지정한다'는 뜻임.

2 6·25 전쟁이 발발한 후 그 해 말까지의 6개월 동안에만 단심제의 군법회의에서 무려 1,902건의 사형선고가 내려졌다(여기에는 일반법원에서의 사형선고는 포함되어 있지 않다). 한인섭, "한국전쟁과 형사법", 서울대학교 법학, 제41권 2호, (2000. 9), 142면; 고석, 한국 군사재판 제도의 성립과 개편과정에 관한 연구, (2006. 2.), 서울대학교 박사학위논문, 192면 이하 참조.

[군법회의 처분별 현황]

구분	사형	무기	15년 이상	10~15년	5~10년	1~5년	1년 미만	파면 등	무죄	계
1950	1,902	408	183	451	562	476	283	35	591	4,891
1951	925	291	271	450	693	1,574	1,559	184	1,403	7,350

육군본부, 법무50년사(1946~1996), (1996), 173면 참조.

을 나도 며칠 안 되어서 연출하게 되나? 과연 재판소에서는, 그리고 나는 어떠한 태도로써 이에 대하여야 할 것인가?"라는 일종의 의구疑懼[1]와 수심愁心에 잠겨 있는 것이다. 그러는가 하면 또 다른 방에서는 "이것 참, 단 한번의 간단한 심리審理만을 거쳐서 즉결卽決을 한다는 말인가. 그까짓 빨갱이는 덮어놓고 사형이다. 사형이야."라고 일편一片[2]의 의구疑懼에 분연奮然[3]한 결단. 그 결단에는 어디인가 증오심이 꽉 차 있으면서도 어떠한 일말一抹의 고민을 감추지 못한 모양이요 즉결처분卽決處分 그것은 골통머리라는 불평을 나타내고 있는 것이다.

한편 본건 처리를 위하여 판사회의는 열리었다. 그러나 여기에서도 사건처리의 어떠한 방침이란 조금도 제시되지 않았다. 모든 것은 그 처리하는 판사가 결정할 것이라는 사법권의 독립만을 새삼스럽게 고조高調[4]한 셈이었다. 어느 누구도 엄벌하느냐 관대히 처분하느냐에 대하여서는 말 한마디를 내지 않는다. 그 어떠한 점에 찔리었는지. 그러나 다만 폭주輻輳한 사건을 단시일간에 처리하기 위하여 사건을 신속히 처리할 것만이 특히 고조高調되었으며 그것을 기하기 위하여서는 결과의 타당도 필요없다고까지 극언極言되었다.

군법회의에 있어서의 부역자附逆者 처리상황은 신문을 통하여 세상에 공표되었다. 그 단연斷然[5]적 지위인 사형언도死

1 의심하고 두려워함.
2 한 조각.
3 분발하는 모양.
4 높이 강조함.
5 결연한 태도가 있는 모양.

刑言渡! 간혹 만나는 친우로부터 또는 전차電車 손님들로부터 우리는 "이번에는 빨갱이들을 시원시원히 처분하여 던지는데." 라는 말을 들어 본 예가 한두 번이 아니다. 그들의 어느 누구도 모두 그러한 처분이 참으로 통쾌하다는 기색으로써 꽉 찼던 것이다.

그뿐이랴. 각 동회洞會 또는 청년단에서는 각 반장 혹은 단원들을 총동원하여 소위 빨갱이(부역자를 가리킴)의 전全 소탕을 하고 있는 것이다.

군법회의에 있어서의 극형처단極刑處斷. 빨갱이는 종자를 말리우고라야 만다는 일반여론. 이러한 어마어마한 가운데에서 나의 제1회 공판은 시작된다.

14. 공판은 개시되었다

나는 아침 일찍이 걸어 나왔다. 오늘은 기어코 나의 제1회 공판公判이 시작되는가 하면 모든 의구疑懼가 머리를 싸고돌았다. 그들의 태도는 어떠할까. 부인은 하지 않을 것인가. 그러면 과연 간단히 심리를 마치고 즉시 판결을 언도言渡할 것인가. 이러한 번민은 일반여론의 외침과 아울러 나의 머리를 혼란케 할 따름이었다. 길 걷는 나의 머리와 눈앞에서는 한없는 의문과 위구危惧[1], 그리고 처참한 죄수들의 광경이 마치 주마등走馬燈의 점멸點滅과도 같이 왕래하였다. 거리를 다니는 통행인의 명랑한 모습이 부러워졌다. 충무로를 거쳐 한국호텔[2] 앞을 빠져 겨우 정동 골목에 다다랐다. 대한문大漢門 옆으로부터 덕수궁 석단石壇을 끼고 돌면 그것은 사원寺院의 정원과도 같은 장엄한 기분으로써 가득 차는 것이었다. 그리고 모든 착잡한 속계俗界에서 선계仙界에로의 도정道程과도 같은 그 마음의 스사로운 정화淨化가 차는 듯하였다. 길은 살짝 돌아 법원의 정문에로 나를

[1] 염려하고 두려워함.
[2] 조선호텔을 가리키는 것으로 생각됨.

인도하는 것이었다. 넓고 말쑥한 정문 앞에서 쳐다보이는 우리 정의正義의 대전당大殿堂. 그것은 정동貞洞 고지高地 한적한 탈속지脫俗地에 우뚝 솟아오른 커다란 3층 건물인 것이다. 그 전당은 유달리도 엄숙하였으며 정원의 아름다운 구조는 넘치는 자애慈愛를 엿보여 주었다. 티끌 하나 없는 시멘트 길을 걸어 오르면 속계俗界의 먼지 속에서 선계仙界에로 발을 돌린 듯한 맑고 엄숙한 기분으로써 새로워졌다. 나는 의복을 다시 차렸다. 길은 현관 앞으로 돌아갔다. 현관을 가까이 함에 따라 나의 모든 번민과 의구는 이슬 같이 사라졌고 새로운 침착沈着과 용기가 나도 모르게 떠올랐다.

나는 현관 앞에서 발을 멈추었다. 나의 일찍한 출근은 나로 하여금 사람 하나 볼 수 없는 적막한 광경 속에 넣어버렸다. 나는 주위를 돌아다보았다.

벌벌 떠는 듯한 앙상한 나무. 노랗게 말라빠진 잔디풀.

그 순간 나의 머리는 혼란한 듯하였다. 이 무슨 쓸쓸한 광경일꼬. 아니다. 지금은 겨울이니까 그렇다. 봄이 오면 이 정원의 모든 화목花木이 싹틀 것이지. 그리고 푸르고 푸른 잔디에 잎사귀에. 나아가서는 빨갛고 노랗고 파란 가지가지의 꽃이 만발할 것이지.

이 정의正義의 대전당大殿堂에 그려진 가지가지의 과거. 거기에는 평상적平常的인 정의의 심판으로부터 좌우충돌左右衝突이라는 서글픈 민족의 비애에까지. 아니 저 정판사精版社사건[1]의 좌익 데모도 바로 이 자리였었지. 멀리 수십년 전 이

[1] 조선정판사(朝鮮精版社) 사건 : 공산당 기관지를 발행하는 해방일보사 사장 권오직(權五稷)과 이관술(李觀述)이 일제 말 조선은행 백원권을 인

래, 아니 해방 후의 수년간만 하더라도 달고 쓴 많은 내면적 활극이 이 건물과 이 평화스러운 정원의 광경 사이에서 벌어졌던 것이었지. 그리고 그 모든 주인공들도 그 수난시대에 이 똑같은 건물과 정원의 광경을 바라다보았을 것이지. 그리고 나와 마찬가지로 대자연 중에 있는 대조對照, 혼란 없는 운율韻律, 완만한 계속성 또는 인류번민의 애처로움에 놀랐을 것이지. 그러나 그들이 맛본 가지각색의 비극도 내가 당면하고 있는 이 어마어마한 광경에 비교한다면 아무 것도 아닐 것이다. 저 정문으로 들어오는 죄수罪囚의 떼를 보라. 그들은 지금 울분과 복수에 불타는 감정의 커다란 환경 속에서 한없는 불안과 초조에 잠긴 채 해님과 같은 정의正義의 심판審判에 인생 최종의 위안을 구한다. 그것은 정正과 사邪, 횡포와 억울, 폭압과 순종에서 빚어진 피비린 민족비극의 멀다란 배경 위에서 나타난 하나의 서막적序幕的인 비극의 연출인 것이다. 그 죄과에 그 저기압적인 환경. 그것은 말 그대로의 비극悲劇을 연출시키지 않을 것인가. 나는 이렇게도 직관直觀으로써 원인을 통하여 결과를 포착하는 불쾌한 점쟁이와도 같이 이 애처로운, 이 크나큰 대사大事를 예감하는 것이다.

아, 민족정의의 심판은 어디로.

이윽고 공판은 개시되었다. 그다지 크지 않은 공판정은 8,

쇄하던 치카자와[近澤]인쇄소의 후신인 조선정판사(朝鮮精版社) 사장 박낙종(朴洛鍾)과 부사장 송언필(宋彦弼)에게 위조지폐 제작 임무를 맡겼고, 박낙종의 지시를 받은 평판과장이 총액 1,300만 원의 위조지폐를 인쇄하여 시중에 흘렸다가 경찰에 발각되어 1946년 5월 7일 권오직과 이관술을 제외한 피의자 전원이 체포된 사건. 미군정 당국이 공산주의자에 대하여 강경책을 펴게 된 계기가 되었음.

9명의 피고인과 3, 40명의 방청인에 똑 알맞았다. 오늘은 처음이므로 어디 보자는 기분으로 8, 9명의 피고인밖에 소환하지 않았던 것이다. 피고인의 모두는 의외에도 침착하고도 공손하였다. 방청인의 어느 누구도 진지하였다. 꼭 닫힌 문과 더불어 사람 없는 뒤뜰을 면面한 이 정내廷內는 잡소리 하나 없는 조용한 것이었다. 만장滿場의 시선은 나를 쏘는 듯하였다.

심리는 시작되었다. 심문에 대한 그들의 태도는 솔직하고도 순수하였다. 그것은 우리가 과거에 경험한바 빨갱이들 태도와는 판이하였던 것이다. 그들은 무리한 변명도 하지 않았다. 대개 전비前非[1]를 후회하는 기분으로써 충만한 것 같았다. 그러나 어느 한 사람도 용서를 애원치는 않았다. 이러한 과정은 나의 심리로 하여금 재빠른 진전을 시켰다. 그리하여 그중 한 사람을 내놓고는 심리도 끝마쳤다.

검사의 논고는 시작되었다. 만장의 시선은 검사의 일언일구一言一句에 예민하였다. 논고는 민족정기를 외쳤으며 3개월간의 역도들의 포악성과 잔인성을 해부한 후 그에 협력한 피고인들의 죄악성을 단정하였다. 그리고 나중에 그 칼날 같은 어조로써 "피고인 전부에 대하여 사형을 구형합니다."라고 결론을 맺었다.

그 순간 방청인의 어느 누구의 얼굴에서도 긴장의 빛이 떠올랐다. 모든 사람의 호흡조차 정지된 듯이 정내廷內는 마치 삼경三更의 적막을 연상시켰다. 만장의 시선은 다시 나에게로 돌아왔다. 그 눈은 마치 마음의 흐름을 끄집어 낼 듯이.

법정法廷의 거무튀튀한 유리창을 통하여 보이는 단壇 너머

1 이전에 저지른 잘못.

의 폐허된 가옥들. 전신주에 매달린 도란스[1]의 파편. 멀리 남산의 거친 모습 등. 시야 내의 모든 처참한 광경이 마치 이 침묵의 순간을 장식하는 듯하였다. 그러나 때마침 돌아온 해님만은 그 뜨거운 볕을 그들 얼굴에 비춰주는 것이었다.

사형死刑. 그것은 하나의 생명을 이 세상에서 영원히 도태淘汰함이다. 생명의 도태. 인간으로서의 인간의 생명도태. 우리는 사형이란 통상적인 감각으로서는 도저히 들을 수 없는 것이다. 그런데도 불구하고 하물며 그 사형구형을 받은 당자當者 자신의 어느 누구조차 태연자약泰然自若 그것이었다. "내가 언제 사형구형을 받았던고.", "사형구형을 받았대야 별일 있나."라는 태도였다. 그들은 다만 때마침 비춰주는 햇볕의 따스함에 도취하는 듯 해님을 쳐다보고 눈만 부신다.

그러면 그들은 모두 생명의 애착이란 감각조차 없을 것인가. 아니다. 원래 생명의 애착이란 모를 리야 없을 것이지만. 단 한마디로 말한다면 "작금昨今[2] 인간생명의 존귀성이란 땅에 떨어졌기 때문에."라고 함이 아마 적합하지 않을 것인가. 역도들의 갖은 횡포, 납치, 살육 등을 충분히 본 그들의 눈. 그뿐이랴. 환도 후 군법회의에 있어서의 부역자 처단의 광경을 잘 알고 있는 그들의 눈에는 사람의 생명이란, 아니 자기의 생명조차 파리 목숨과도 같이 관념되었을 것이다. 어마어마한 험악한 기분으로써 가득 찬 그들의 골 속에서는 현실에 나타난 자기 생명의 공포조차 감각의 여지가 없었던 모양이다. 그리하여 전시戰時에 있어서의, 아니 전쟁지역에 있어서

[1] 변압기.
[2] 어제와 오늘. 요사이.

의 인간생명의 존귀성이란 참으로 짓밟혀가는, 아니 폭락暴落되어가고 있다는 사실을 우리는 새삼스럽게 깨닫지 않을 수 없었다. 그리고 최종진술의 기회를 주었을 때에도 그들은 모두 "아무 말씀드릴 것이 없습니다."라는 한마디뿐이었다.

여하튼 우리는 현실을 똑바로 보아야 할 것이다. 역도들의 잔인성, 사상적 대립의 격화, 이로 말미암은 미래의 분규예상, 아직은 전쟁 계속 중이라는 모든 일련의 사실을 생각할 때 그 일절一切은 철저를 기하지 않을 수 없는 것이다. 이상理想도 현실現實을 무시치 못할 것이요, 현실을 도외시한 이상도 있을 수 없는 것이다. 그리하여 한계를 명확히 한 그 어떠한 극단적인 조치만이 이에 요청되어야 할 것이다. 우리 겨레로서 도저히 용인容認되지 않은 존재에 대하여서는 오히려 그를 위하여 다시 꿈꿀 여지를 완전히 봉쇄하여버릴 것이며 그렇지 않은 자에 대하여서는 무조건으로 관서寬恕[1]하여야 할 것이다. 나는 이러한 방침 밑에 다음의 한 건(다음의 홍안 소년 사건)을 내놓고는[2] 즉시 판결을 언도言渡하였던 것이다.

판결내용은 극형極刑과 초중형超重刑이었다. 그러나 그들의 태도는 여전하였다. 다만 묵묵히 태연하게. 그들의 태도에서는 아무런 파문波紋조차 찾을 수 없었다. 그것은 나로 하여금 그들은 감정感情의 신경神經조차 몰멸沒滅되지 않았는가를 의심케 하였다.

폐정閉廷 선언에 이은 나에 대한 그들이 최후의 예의도 공손하였던 것이다. 나는 우정[3] 간시看視 형무관에게 피고인들

1 관용(寬容)과 용서(容恕).
2 제외하고는.

의 퇴정을 명령하였다. 형무관에 인도引導되어 퇴정하는 그들은 여전히 말 한마디 없었으며 곁눈질 하나도 없었다. 자리에 돌아온 나는 푹 들어가는 안락한 의자에 반 눕듯이 하였다. 그리고 그 어지러워진 천정만 바라다보면서 오늘의 재판에 대한 총 검토로써 여념이 없었다. 사형死刑과 초중형超重刑. 이러한 형이 즉석에서 나온다니. 우리는 과거에 있어서 형의 양정量定에 최고의 신중을 기하였던 것이다. 그렇기 때문에 심리를 종결한 후 판결언도까지에는 상당한 시일을 두었던 것이며 그동안 몇 번이나 반복하여 그 양형量刑을 검토하였던 것이다. 그런데도 불구하고 나는 미리 그 결론을 맺었던 것과도 같이 심리가 끝나자마자 판결을 언도하지 않았던가. 더구나 그 어마어마한 판결(주문主文)을.

나는 여기에서 약 6개월 전(사변 전)으로 돌아간다. 그 당시에 만약 이에 비류比類[1]되는 사건이었더라면 우리는 아마 징역 2년 내지 5년밖에는 보내지 않았을 것이다. 그리하여 그 4년이나 5년이 사형으로, 그 2년이나 3년이 무기 혹은 15년으로 엄청난 변동을 일으켰던 것이다. 이러한 커다란 변화임에도 불구하고 나의 마음에는 별다른 놀라움을 일으키지 않았다. 이 괴이한, 나도 모르는 심경의 변화에 나 자신도 멍하니 그 연유를 찾으려 하였다. 과연 웬일일까. 그것은 나 자신조차 인간생명이 부질없는 환경에 휩쓸린 모양이었다. 그 주위와 환경에 동화同化된 듯하였다. 이에 비로소 공판정에 있어서의 그 피고인들의 태도도 스스로 명확히 이해되었던 것이

3 '일부러'의 경기 · 함경 · 황해도의 방언.

1 비교되는 종류.

다. 동시에 자기 마음의 흐름조차 감각感覺치 못하는 내가 남의 마음을 그려내려고 하였던 그 어리석음이 새삼스럽게 부끄러워졌다.

원래 사변事變 전에 있어서의 빨갱이에 대한 과형科刑조차 저 일제시대日帝時代의 그러한 예에 비교하면 과중한 것이었다. 물론 그 양 시대의 사정이 다소의 차이는 있지만. 그런데 그러한 5, 6개월 전조차 아무리 사변 중인들 지금은 아득한 몇 십년 전과도 같은 너무도 심한 현격懸隔[1]을 사이에 하였다. 한줄기 민족의 이러한 참극적慘劇的인 변화를 따지고 볼 때 나는 놀라움보다도 비통의 구덩이에 빠졌던 것이다. "사상의 대립은 민족을 초월한다." 이 무슨 참혹한 문구일꼬.

저 우리 국군의 용전勇戰하는 모습을 보라. 소총을 가지고, 기관총을 가지고, 혹은 중기重機를 가지고. 앗, 저편에 적이 새로이 나타났다. 적은 이편으로 돌아온다. 그렇지. 우리 국군은 재빠르게도 이쪽 산편으로 위치를 변경하고 일제히 포격을 퍼붓는다. 포격은 점차 치열하다. 아, 적은 이미 그 주력主力이 전멸된 듯하다. 아니, 적은 도망하기 시작한다. 그렇다. 국군은 이 기회를 놓치지 않고 일제히 돌격한다. 저 함성. 그것은 완전격멸의 신호이다. 환성이다. 만세, 만만세.

나는 어슴푸레한 꿈속에서 전선前線에 있어서의 이 용맹스러운 광경을 눈앞에 보았다. 그것은 나에게 어떠한 시사示唆를 주는 것도 같았다. 그렇다. 그 신속하고도 틀림없는 판단력과 과감성. 오직 이것만이 적 격멸의 비결인 것이다. 그리고 그것은 거울 같은 냉철한 정신의 소산인가 하면 그 당연

[1] 사이가 많이 벌어져 있음.

성도 스스로 수긍되었다. 과연 적을 격멸치 아니할 때 그것은 도리어 아군의 멸망만을 초래할 것이다.

그렇다. 현실을 똑바로 보아야 할 것이다. 재판도 정치다. 현실을 무시한 재판이란 있을 수 없는 것이다. 그렇다. 우리도 전사戰士다. 멸공전滅共戰에 있어서의 용감한 투사인 것이다. 우리의 거울 같은 육안肉眼에 흐림이 있으랴. 그 순간적인 판단인들 조홀粗忽[1]이 있으랴. 아니, 독아毒牙를 가진 무자비한 놈들에게 유화宥和[2]가 있으랴.

해님은 여전히 나를 비춰준다. 나는 마치 해님의 따뜻한 품안에 안긴 듯이 포근한 기분으로써 가득 찼다. 나는 나도 모르게 해님을 쳐다보았다. 그리고 그 피고인들과도 같이 눈만 부셨다.

역시 해님이라야 할 것인가?

[1] 간략하고 경홀함.
[2] 상대편을 너그럽게 용서하고 사이좋게 지냄.

15. 홍안紅顔 소년

나는 여기에서 동同 공판에 있어서의 특이한 사건의 하나를 설명하지 않을 수 없다.

피고인은 만 14세를 초과한 지 불과 4개월에 지나지 않는 홍안紅顔 소년이며 겨우 국민학교를 졸업한 빈가貧家의 자식이었다. 이 홍안 소년에 대한 검사의 기소사실은 이렇다.

"피고인은 1. 괴뢰군이 입성入城하자 그들 소위 내무서內務署에 근무하여 동同 서원署員들의 제반 사무를 조력하고, 2. 동 내무서원에게 거동居洞[1] 우익인사의 가옥을 안내하여서 동인同人들을 살해케 한 것이다."라는 것이다. 심리한 결과 동同 소년은 변명하여 왈曰, 인민군이 입성한 후 어느 날 동내洞內 파출소 앞을 지나갈 때 그 안에서 내무서원이 나와서 "야, 너 똑똑하구나. 매일 여기에 와서 심부름을 하여라." 하면서 끌어가기에 이래爾來[2] 그 파출소에서 관계인의 호출전달, 소제, 기타의 심부름을 하였던 것이요, 또 어느 날 동내洞內에서 내무서원이 누구의 집은 어디인가 하고 물어보기에

[1] 살고 있는 동네.
[2] 그 후.

동내 우리 집 부근에 있는 2, 3인의 집을 가르쳐주었을 뿐이며 거기에는 그러한 사람을 살해케 하기 위한 어떠한마음 등 있을 리 없다는 것이다. 물론 그렇다 할 증거도 없다. 소년을 보매, 그러한 심부름을 시키기에 알맞게 똑똑한 편이다.

그런데 나는 이 사건을 심리할 때 이러한 사실을 상기想起하지 않을 수 없었다. 우리 집에는 동년同年 중학에 입학한 14세의 생도生徒 하나가 있다. 7월 말경 어느 날 성동경찰서 부근을 지나갈 때 그들의 소위 소년단원少年團員들에게 붙잡혀 동단同團 가입의 강청强請을 받던 중 도망하여 왔다는 이야기 끝에 "그때 나도 파출소 같은 데서 심부름 하나 하라면 오히려 좋아서 하였겠지만. 거기에서는 밥도 얻어먹을 수 있으니까. 그러나 소년단 같은 데에 들어가서야 할 일이 있어야지." 하던 그 이야기를 생각하지 않을 수 없었던 것이다. 그렇다 하여 당시 그 생도는 그들과 자기 아버지와는 원수지간이며 그러한 관계로 아버지가 피신까지 하고 있다는 사실을 몰랐던 바도 아니었다. 실지에 있어서 그러한 설령 형사책임의 연령[1]은 초과하였지마는 민족의식民族意識이란 요구할 수 없는 이 소년에게 민족의식을 몰각沒却하였다는 소위 부역죄附逆罪의 책임을 지우기에는 너무도 고려의 여지가 있지 않을 수 없는 것이다.

물론 호출의 전달 등을 하였다는 점을 고찰할 때 널리 해석하여 그 역도逆徒들을 방조幇助한 것으로 볼 수는 있겠지(사실은 이 점에 대하여도 호출내용이나 기타 조사할 것이 많겠으나).

[1] 당시의 의용형법 제41조에 따라 14세임. 의용형법의 관련조문은, 후술 475면 이하 참조.

그러나 도대체가 만 14세를 형사책임자刑事責任者라 한 것은 통속적으로 말하여 일반적인 시비판단是非判斷을 할 수 있는 능력이라는 전제에서 나온 것이라고 생각된다. 그러면 민족의식의 능력 그것도 이러한 시비판단의 능력과 동등한 것일까? 아니다. 이것은 명백히 차이가 월등하다 할 것이다. 물건을 훔쳐서는 안 된다는 것과 한국 사람은 한국 사람으로서의 의식이 있어야 한다, 똑같은 한국 사람이라 하더라도 이러한 의식을 몰각沒却한 놈들에게 협력하여서는 안 된다는 것과는 문제가 안 될 만큼 능력의 차이가 요청되는 것이다. 그러면 전시前示 연령과 그 교육 등에 비추어 이 홍안 소년에 그러한 능력이 있을 수 없을 것이요, 설령 있을 수 있다 하더라도 일반적으로 그러한 소년에 그 의식을 기대할 수가 없는 만큼 그 소년에 대하여 이를 문제시할 수는 없을 것이다. 다음 사실에 대하여서도 이렇다 할 증명이 없었다. 그리하여 나는 그 2, 3일 후 이에 무죄無罪의 언도言渡를 하였던 것이다.

16. 여론의 인도

3, 4회 공판부터는 부녀자의 피고인도 꽤 섞이었다. 17, 8세의 처녀로부터 근 50세에 이르는 부인이다. 그중에는 갓난아기를 업은 부인도 있다. 그중 한 부인은 형무소에서 분만하였다는 생후 약 20일밖에 안 되는 옥동자까지 업고 있었다. 그들의 대부분은 사변 중의 인민반장人民班長 또는 인민통장人民統長 혹은 여맹女盟 동간부洞幹部로서,

1. 동반同班 내 부녀자에 대하여 여성동맹女性同盟 가입을 권고하였다는 것.

2. 인민군에 제공하기 위하여 된장, 고추장 혹은 놋그릇 등을 수집하여 제공하였다는 것.

3. 노력동원勞力動員에 부락민部落民[1]들을 강제 동원시켰다는 것.

4. 내무서원 또는 민청원民靑員들이 우익인사의 수색 또는 그 재산몰수 등을 할 때에 그 주택 등을 안내하여 동同 인사

[1] 원문에는 '부민(部民)'으로 되어 있으나 '부락민(部落民)'의 오식으로 보임.

들을 체포케 하고 또는 그 재산을 강탈케 하였다는 것.

이러한 행위를 솔선하여 열렬히 하였다는 것이었다.

심리하여 본 결과,

그러한 직책을 가지게 된 동기는 6·25 사변 전 민국民國의 애국반장 또는[又는] 통장으로서의 유임 혹은 반원들의 투표에 의한 것이었고, 여동맹女同盟 간부만은 그 당시 강권에 못 이기어 직명職名은 갖게 되었으나 실제 행동에 있어서는 순전히 회피적이었다는 것이다.

상기上記 1, 2 및[及] 3 사실 같은 것은 상부기관의 명령이었으므로 부득이 감행한 것이었고, 동同 제4 사실은 주간 또는 야간에 내무서원 또는 기타의 그들 관리들이 와서 그 반내班內 혹은 통내統內 주민의 주택 소재所在를 묻기에 그 관내의 책임자로서 이들을 가리키지 않을 수 없었다는 것이다.

그런데 그들의 대부분이 어떠한 사상思想이 있다는 것도 아니다.

그리하여 문제는 전시前示 제4 사실인 것이다. 수사기관에서는 이 점을 살인 또는 강도 관계라 하여 중요시하는 것이다. 즉, 그 체포된 사람이 도로 석방된 예도 있지만 대개는 행방불명이 되었던 것이며, 그러한 관계로 이러한 사람은 대개는 살해되었다고 보는 것이요, 그 체포에 관련된 사람을 살인의 혐의자로 보는 것이다. 또 재산몰수는 강제적인 만큼 이를 강도로 보는 것이며, 이에 직접·간접이나마 관련된 자를 강도의 혐의자로 보는 것이다. 그러나 그 체포 또는 재산몰수에 대한 법률적 견해는 차치하고, 그러한 목적으로 다니는 [자가][1] 소위 그들 관헌이라는 바를 안다 하더라도 이에 그 반

班 혹은 통統의 책임자로서 관내 주민의 주택을 가리키거나 또는 안내하는 것까지 거부할 수는 없을 것이다. 그뿐이랴. 그러한 관계는 일반 반원班員에 대하여서도 그 이웃 사람인 이상 그 거부를 기대할 수는 없는 것이다. 다음 기타의 전시前示 1, 2 및[及] 3 사실도 반장班長 또는 통장統長인 만큼 어느 정도 이를 피치 못할 것만은 사실인 것이다. 그리하여 그것까지 비난하여야 된다면 필경은 그러한 지위에 있었다는 점에 비난의 근본을 두지 않으면 안 될 것이다. 그리하여 실지에 있어서 어느 정도로 자진하여서 한 것인가가 결국 본건本件 처단의 분기점分岐点이 될 것이다. 사건은 결심結審하지 못하였으며 2, 3일 후 속개續開하기로 하였다.

이러한 사건 또는 이에 유사한 사건은 나로 하여금 가장 많이 고민하게 하였던 것이다. 그 연약한 부녀자 집에서는 어린 아이들이 헤매이고 있을 것이라는, 그들 남편은 이미 놈들 의용군으로서 납치되었다는 부인. 그뿐이랴. 그 등에 업힌 아이.

나는 깊은 생각에 잠기지 않을 수 없었다. 구원의 손을 원하는 그들의 태도. 집에서 울고 있을 어머니를 잃은 어린아이들. 남편 잃은 설움에 더하여 자신까지의 영어囹圄생활[1]. 한 사람의 죄에 두 사람의 감옥살이.

"앗, 나는 쓸데없이 동정에 사로잡히지 않았을까! 나는 냉정한 태도를 잃은 것이 아닐까?" 그러한 생각에 사로잡힌 나의 귀에는

"사변 중 놈들은 잔인한 역도에게 꼴사납게도 아첨을 하였

[1] [ ] 부분은 편저자가 임의로 보충함.
[1] 영어(囹圄) : 죄수를 가두는 곳.

지. 심지어는 내무서원에게 우리 집까지 가리켜서 그리하여 우리 주인, 우리 아들까지도 붙잡혀갔지. 아, 지금은 어디서 목숨이나 가지고 있는지. 아니다. 그것은 어리석은 생각이다. 벌써 놈들에게 학살당한 지도 오래였을걸. 아, 괘씸한 놈들. 아니, 우리 반장班長도 놈들의 한 사람이었지. 복수다, 복수!"

"집이라고 돌아와 보니 가재도구는 어느 하나도 없지 않는가. 아니다. 그것은 우리 통장統長이 내무서원을 안내하여서 몰수한 것이라지 뭐야. 그놈. 그렇게 놈들에게 아첨하여 그동안 살깨나 웬만큼 쪘을걸. 그러나 가만히 두어둘 줄로 아는가?"

라는 외침이 쟁쟁하지 않는가!

그들의 가족 잃은 비분. 재산 잃은 분노. 그뿐이랴. 3개월간 숨도 크게 쉬지 못하던 그 모든 울분. 이러한 모든 울분은 역도들의 퇴각에 이어 폭발되었던 것이다. 그러나 진짜 빨갱이, 진짜 원수는 이미 도망하여 버리지 않았던가! 그리하여 갈 바를 잃은 그 폭발의 여파는 자연히 이러한 피고인들에게 집중되었던 것이다. 모든 시민은 "그러한 연놈들은 모조리 없애 버려야 해."라고 여론은 떠들썩하지 않는가.

나는 여기에서 당면한 나의 심경을 솔직히 고백하지 않을 수 없다. 사변 전 우리는 소위 빨갱이들의 사건에 대하여 그 소신대로 처리하였을 때 어떠한 방면에 있어서는 "그 판사는 이상해. 빨갱이들을 그렇게 관대히 하는 것을 보면 당자當者 역시 빨갱인 모양이지." 하여 빨갱이 판사의 낙인을 찍을 뿐만 아니라 심한 예에 있어서는 현직에 있는 자기 동료까지 어떠한 기관에 넘겨 그 부하직원들 손에서 그러한 취조取調[1]

를 받게 한 과거의 사실을 상기하지 않을 수 없는 것이다.

수박의 가면假面. 그것은 칼로 쪼개보기 전에는 과연 판명되지 않을 것이다. 그러나 그렇다 하여 너무나 남을 의심하고 일일이 칼로 쪼개보아야 한다면 이는 견딜 수 없는 공포가 되지 않을 수 없는 것이다. 더구나 본 부역자 재판은 비등沸騰된 여론에 미치는바 사변 전의 그것과는 비교할 수 없을 만큼 예민한 바 있는 것이다. 다시 말하면 오늘의 두려움이란 어떠한 기관에 대한 것뿐만 아니라 일반 민중에 대하여서도 그 이상 주의하여야 한다는 것이다. 그러한 사실을 물끄러미 생각하고 있던 나에게는 나도 모르게 어떠한 불쾌감이 떠오름과 동시에 역시 일종의 공포심조차 솟아오르는 것을 감득感得하지 않을 수 없었다.

그러면 과연 이에 대하여 어떠한 처분을 하여야 할 것인가가 재차 문제가 된 것이다. 그리하여 재검토를 하지 않을 수 없게 되었다. 생각건대 이상에서 일단 결정한 법률적 견해에 의하면 이러한 사건은 모두 무죄로 하여야 할 것이다. 그러나 현실에 당면當面된 나는 여론이라는 일대 난관에 직면케 되어 다시 고민의 구덩이에 휩쓸려들고 말았다.

여론輿論. 여론 그것은 일반적으로 민중의 정당한 부르짖음이라고는 한다. 그러나 그 여론의 정당성正當性도 이를 구성하는 일개인의 이에 대한 의견이 정당하냐에 달려 있을 것이다. 일개인의 의견의 정당성이라는 것도 그 어떠한 사실을 정당히 비판할 능력과 내적·외적의 어떠한 세력에 좌우되지 않을 냉정한 태도에서만이 우러나올 수 있는 것이다. 그러면

1 '조사(調査)'의 일본어식 표현.

과연 서울 시민들은 부역자 처리에 대한 정당한 비판력과 냉정한 태도를 가지고 있을까? 그런데 부역자 처리란 국가 백년대계를 위하여 신중히 고려하여야 할 문제인 만큼 역도들이 이러니 우리도 이래야 된다는 이론이 필연적으로 나올 수는 없는 것이다. 그 능력 유무는 차치하고 과연 이 점을 깊이 생각하여 본 사람이 몇 사람이나 될까가 의문이 아닐 수 없는 것이다. 그러면 다음의 냉정한 태도는 가지고 있는가. 아니다. 3개월간 큰 숨도 쉬지 못할 뿐더러 갖은 억울을 당하던 서울 시민의 울분은 역도들의 퇴각과 동시에 폭발되었던 것이다. 그 폭발은 유형적으로는 부역자 검거에의 협력으로서 나타내었고, 무형적으로는 부역자에 대한 여론으로서 등장되었던 것이다. 그러한 울분이 그 부역자들을 그냥 두라고 할 수야 없을 것이지. 그러면 시민들은 과연 그들을 모두 실형實刑에 처하여 달라는 것일까? 아니다. 그들의 대부분은 그들의 모두를 그렇게도 모조리 처벌하여 달라는 의미는 아닐 것이다. 그것은 물론 정도문제이기는 하나 경우에 따라서는 "놈들, 그동안 잘 먹고 잘 썼으니까 좀 고생을 하여야지." 한 정도의 소박적素朴的인 것도 있었을 것임에는 틀림없다. 그런데도 불구하고 "빨갱이를 동정하는 자 역시 빨갱이다!"라는 사회의 급격한 조류 밑에서는 이에 역행하여서 "아니, 아무리 부역하였다 하더라도 그다지야 할 필요가 있소?"라 하기에는 너무도 환경이 허락치 않는 것이다. 이러한 사정은 필연적으로 "부역자들은 모두 이 세상에서 없애버려야 해."라는 여론으로 인도하지 않을 수 없는 것이다. 그리하여 나는 이러한 과격한 여론은 부역자에 대한 추상적인 감상感傷[1]의 표시라고밖에 볼 수 없다는 결론을 맺었다. 아니, 이러한 여론은 쌓이고 쌓였던 울분 속에서, 다시 말하면 아직 흥분에서 깨이지 못한 채 나온 여론 그대로의 감정일 것이다. 그러한 점에 있어서 이 여론은 기형적임을 면할 수 없을 것이며, 조만간 그 진정됨을 따라서 이 역시 완화될 것임은 틀림없을 것이다.

나는 여기에 이러한 사례를 들지 않을 수 없다. 그것은 서울시의 어떠한 반班이다. 탈환 직후 종래의 반장班長에 대한 평은 별로 나쁘지 않았던 것이다. 그런데 그 후 반내班內 어떤 배급관계에 있어서 그 반장이 너무나 과도한 태도를 취하였기 때문에 이를 계기로 그 반장에 대한 부락민의 여론이 급격히 악화되어 버렸다는 것이다. "연놈, 석 달 동안 반장을 하여 잘 먹었지. 그동안 여맹女盟에 가입하라고 몇 번이나 성화를 시키고 또 운운" 하는 것이다. 그렇다 하여 그 반장에게 그렇다 할 부역사실이 있는 것도 아니다. 이 사실은 나에게 무엇을 가르치는가? 물론 어떠한 사사로운 감정이 상대방의 부역사실을 걸머드는 예도 많다는 것을 너무도 빨갛게 제시하여 준다. 그러나 나의 깨달음은 그뿐만 아니다. 여론이란 그렇게도 급격히 악화할 수 있듯이 이와 반대로 완화될 수도 있을 것이라는 점이다. 다시 말하면 시민의 이러한 흥분을 조속히 진정하여 냉정화冷靜化시킬 수도 있다는 것이다. 그런데 모든 일의 처리란 흥분이 금물임과 같이 사회의 여론 그것도 이와 마찬가지인 것이다. 그리하여 일개인이 냉정하여야 하는 것과 같이 사회도 냉정하지 않으면 안 될 것이다. 그렇다면 나는 이러한 여론에 공포를 느끼기보다는 한걸음 용감히

[1] 원문에는 '感想'으로 되어 있으나 문맥상 '感傷'의 오식으로 보임.

박차고 나아가 정상적인 여론에의 인도引導를 하여야 된다는 크나큰 책무를 깨닫지 않을 수 없었다. 생각이 이에 이르매 이때까지의 나의 모든 고민은 이슬 같이 사라졌다. 몸도 유달리 가벼워졌다.

그것은 즉 우리 판결로써 여론으로 하여금 정상적인 길에 인도引導할 것을 맹세하였던 것이다.

다음 기일期日[1]에 나는 그 사건을 결심結審[2]하였다. 검사의 논고는 시작되었다. 물론 모조리 사형구형이다. 구형이 끝마치자마자 "와" 하고 울어대는 부녀자들. 그들은 일제히 소리를 내어 우는 것이다.

아, 그들의 울음소리. 그 울음은 그 무엇을 의미하는고. 참회의 울음인가? 자신의 생명을 아까워해서인가? 울음은 그칠 줄을 모른다.

그들은 다만 상부기관에서 명령하였기에 부득이 하였다는 것을 변명만 하였던 것이다. 그리하여 사건의 성질로 보더라도, 그들의 경력 등에 비추어 보더라도 그들이 양심의 가책은 그다지 받지 않는 것 같다. 다만 "하도 더러운 세월을 만나서 이렇게 죄를 썼구나."의 정도인 것 같다. 그렇다면 그 눈물은 참회의 눈물도 아니었을 것이다. 그러면 그것은 무엇일까? 자기 생명을 슬퍼한 것만은 틀림없겠지. 그러나 생명에 대하여서야 남자도 마찬가지일 것인데. 그런데도 불구하고 이와 같이 우는 것은 여자의 잔약성孱弱性[3]을 나타내는 모양인가?

1 공판기일(公判期日)의 준말.

2 심리절차를 종결하는 것. 당시에는 피고인신문과 증거조사의 순으로 구성되었음.

3 잔약(孱弱) : 튼튼하지 아니하고 아주 약함.

물론 그렇기도 할 것이다. 그러나 그 외에도 가정에 남아 있는 어린 자식이나 현재 업고 있는 어린아이를 생각하여서일 것이다. 그 귀여운 자식을 생각할 때 슬픔의 울음이 나오지 않을 수 없었던 모양이며, 그리하여 모성애母性愛란 어디에서도 잊을 수 없는 모양이었다.

남자들의 무기미無氣味[1]한 태도에 여성들의 감상적感傷的인 태도. 이것은 남녀 간의 성격차이를 나타내는 좋은 대조였다.

잠깐 휴정休廷한 후 다시 들어갔다. 판결언도를 기다리는 피고인들은 유달리도 정숙히 그리고 동정을 구하는 것 같기도 하였다. 이윽고 판결은 언도되었다. 물론 이미 결정한 것과 같이 무죄인 것이다. 언도가 끝마치자마자 피고인들은 다시 울기를 시작한다. 이번에는 전보다도 오히려 더 큰 소리로써. 의외의 울음에 멍하니 있는 것은 재판하는 나만이 아니다. 방청인의 어느 누구도 둥그런 눈을 뜨고 이것을 보고 있는 것이다. 다음 순간 방청석의 모든 사람도 고개를 수그리고 마치 무엇인가 묵상하는 듯이 몸 하나 움직이지 않는다.

사형구형에 무죄의 언도.

울음이 나온다는 것도 무리는 아닐 것이다. 그러나 이 울음만은 다시는 똑똑히 정신을 차리겠다는 하나의 맹세일 것이다.

겨울 해는 어느덧 기울었다. 전등 밑에서 책상 정리를 하고 나서니 밖은 어두컴컴하여졌다. 집에 돌아가는 나의 걸음은 유달리도 가벼워지는 것이다. 양쪽 어깨에서 무거운 짐이라도 내려놓은 것과도 같다.

무죄의 언도. 그것은 암흑暗黑한 지옥에서 사람을 구하여

[1] 無氣味(ぶきみ) : 일본어 표현. 어쩐지 기분이 나쁨. 까닭 모를 무서움.

낸 기분이다. 아니, 이 세상에서 한 사람을 창조해 낸 것과도 같다. 그리고 오늘 밤 중으로 제각기 집에 돌아가서 현모양처賢母良妻가 되어줄 것을 생각하면 나의 일과도 같이 기쁘기 한량 없다. 그렇게 무죄의 판결을 한다는 것은 한없는 기쁨으로써 가득 차는 것이다. 그리하여 나는 그들이 이 판결로 하여금 부당한 판결로 만들어주지 않을 것을 굳게 믿어 마지않는 바이다.

그리하여 나는 이상以上과 비슷한 사건, 즉 큰 지도적 지위가 아니고 남에게 이렇다 할 실해實害를 끼치지 않은 사건은 되도록 이러한 취지로써 처리하였다. 그런 까닭에 어떤 때에는 그 태반殆半에 대하여 이러한 처분을 하지 않을 수 없었다. 그런데 그러한 처분은 일반 여론으로 하여금 다시 비등沸騰케 한 감이 있었다. "우리는 악질 부역자들을 모조리 잡아넣었지만 재판소에 가면 모두 놓아주는걸." 하면서.

그들의 눈으로써 볼 때 그 불평은 당연한 일이다. 왜 그런고 하면 흥분된 눈으로 볼 때 그 시야에 드는 모든 것은 그 날카로운 감정으로써 싸여 있기 때문이다. 다시 말하면 색안경을 쓴 눈에는 만물이 모두 물들어 보이기 때문이다.

그러나 이러한 재판소의 태도는 그 일반 여론에 대하여 어떠한 반성에의 자극을 주었던 것이다. "아, 우리가 너무나 지나치지 않았던가. 아니다. 다시 반성하여 볼 여지가 없던가." 라고.

"복수다! 검거다! 투옥이다!"의 일로一路를 걷고만 있던 뜨거운 정문頂門에 놓은 그 일침一針[1]. 그것은 확실히 그 열

[1] 정문일침(頂門一鍼) : 정수리에 침을 놓는다는 뜻으로, 따끔한 충고를

熱의 냉화冷化를 초래할 것이다. 그리하여 여론도 반성에의 노정路程을 걷게 되었던 것이다.

이르는 말.

17. 안타까운 사자獅子님

이에 관련하여 나는 여기에서 소위 비상사태非常事態하의 절도竊盜에 대한 기억을 상기하지 않을 수 없다. 피고인은 당년 17, 8세 되는 두 명의 중학생[1]이다. 그 피고인들은 모두 독실한 가정의 자제들이었으며 대단히 순직順直하게 보이었다. 이 두 학생에 대한 범죄사실은 이렇다.

6월 28일 오후 2시경 두 학생은 어디 놀러 나가던 중 경찰 책임자의 집 앞에 이르자 마침 그 집에서 가재도구를 잔뜩 싣고 나오는 빨갱이들의 트럭을 보게 되었다. 열려진 대문으로 그 집 안을 바라다보니 아무도 없고 텅텅 비어 있는 것 같았다. "야, 우리도 이 집에 좀 들어가 볼까?"라는 한 호기심에 끌려 두 학생은 그 집 마당으로, 방으로 발을 옮기었던 것이다. 거기에는 마침 빨갱이들이 채 실어가지 못한 양주병 두세 개, 비누갑 기타 일용품 등 몇 가지가 여기저기에 흩어져 있었다. 이것을 본 두 학생은 "야, 우리도 이것을 가지고 가자. 이까짓 찌끄레기를 가져갔댔자 누가 말하겠나?" 하고 이

[1] 당시의 중학교는 지금의 중학교와 고등학교를 합친 5년제 중학교였음.

것을 가져갔다는 것이다.

이것이 바로 20여일 동안이나 경찰로부터 검찰청을 거쳐 재판소에까지 넘어온 착실한 사건인 것이다. 행위를 볼 때 두 학생의 소위는 절도라 하지 않을 수 없고, 더구나 비상사태에 승乘한[1] 행위인 만큼 이것은 소위 비상사태하의 절도[2]임에는 틀림없는 것이다. 그러면 관대히 처분하더라도 징역 10년에는 처하여야 할 것이다. 과연 이 두 학생에 대하여 그러한 처분을 하여야 할 것인가? 이 문제도 부역자 문제에 지지 않을 정도로 중요할 것이다. 그런데 나는 이 문제에 대한 내용의 검토보다도 먼저 "왜 이러한 사건을 기소하였을꼬?"에 주의가 끌리고 말았다.

사자獅子. 사자란 참으로 산중山中의 왕자王者인 것이다. 그 으르릉 소리 한마디로써 만천하滿天下의 짐승으로 하여금 습복慴伏[3]케 하는 그 위대한 사자. 그 사자에게는 다른 모든 짐승이 당하지 못할 만큼 엄청난 어떠한 사나운 힘이 있는 것이다. 그 사나운 힘이야말로 백수百獸의 왕이라고 일컬어지는 소이所以인 것이다. 그러나 그러한 사자도 수많은 호랑이 떼에 들어가고 말면 맥을 추지 못하는 법일는지도 모르지.

그리하여 그 호랑이의 떼가 동쪽으로 가면 역시 동쪽으로, 서쪽으로 가면 역시 서쪽으로. 그러나 그 사자가 동쪽으로 혹은 서쪽으로 가고 싶어 가는 것이야 아니겠지. 사자는 사자로서의 갈 길이 있을 것이니까! 그런데도 불구하고 그 호랑이

1 승(乘)하다 : 기회를 타다. 일본어 표현임.
2 「비상사태하의 범죄처벌에 관한 특별조치령」의 관련조문은, 후술 443면 이하 참조.
3 세력에 눌려서 복종함. 두려워서 엎드림.

의 떼와 같이 행동을 하여야 될 이유는 어디 있는지. 아마 아무리 산중의 왕이라 하더라도 수많은 호랑이의 떼에 포위당하고 보면 그 호랑이들 앞에 다리를 물릴지 혹은 머리를 물릴지, 아니 생명을 빼앗길지 여러 가지로 겁이 나는 모양이지. 그리하여 그 사나운 힘을 써보지도 못하고 그 호랑이의 지시대로 동으로 서으로. 그러고 본다면 그들 호랑이로부터야 좋은 사자님이라고 칭찬도 받겠지. 오히려 귀여움도 받겠지. 그러나 그 사자의 갈 길에야 갈 수 있으랴. 아니다. 사자야 사자지. 그까짓 호랑이의 말에 움직이고 싶어야 하랴. 그러나 그 떼를 벗어나지 못하는 안타깝고 가련한 사자.

나는 이러한 사자에 대하여 울분의 동정을 느끼지 않을 수 없다. 대담무도大膽無道한 호랑이에 소심비겁小心卑怯한 사자. 이것은 아마 그 세계에 있어서도 역행逆行일 것이다. 아니, 그 세계에 있어서도 난세亂世가 찾아온 모양이지. 그리하여 그러한 분위기에 있는 그들의 골도 돌아버린 모양인가?

사자를 농락하는 호랑이가 생기고 호랑이에 쩔쩔매는 사자가 생기고.

그리하여 그 호랑이의 떼를 물리치지 못하는 사자가 더욱 민망하다는 것이다.

검사檢事의 기소권起訴權. 그것은 실로 절대絕對한 권리다. 그때그때의 사회에 따라, 각 개인 개인의 환경에 따라 공소公訴할 수도 있고 하지 않을 수도 있는 그 자유재량권. 그 재량권은 실로 과혹過酷[1]한 법을 완화시키기도 하고 미급未及[2]한

1 지나치게 가혹함.
2 아직 미치지 못함.

법을 보충할 수도 있는 사회정의社會正義의 나침반인 것이다. 그러한 공익公益을 위하여야 할 절대권絕對權이 한갓 기록의 중계기관이 되고 말았어야. 그러면 그 기소권起訴權은 누구를 위하여 행사함인가? "아, 시끄러워. 모두 치워라. 사건의 해결은 재판소에서 할 것이니까."라고. 그 시끄럽다는 구체적 내용이 무엇인지는 모르나 여하간 검사檢事의 이러한 처분은 재판소에의 크나큰 고민의 선물이 아닐 수 없으며 동시에 피고인에 대한 지나친 희생의 요구가 되지 않을 수 없을 것이다.

이러한 기소起訴의 예는 한두 건이 아니다. 사변 중 어떠한 노파가 피난하여 언제나 돌아올지 모르는 이웃 경찰관의 집 뜰에 들어가서 된장, 고추장의 약간과 장작개비 두세 단을 훔쳐갔다는 범죄사실 또는 이에 유사한 사건인 것이다.

그러면 본론에 돌아와서 본건 내용을 검토하여 보기로 하자.

비상사태하의 절도. 나는 이에 그 범의犯意의 질에 대하여 고찰하여 보지 않을 수 없다. 그 이미 피난하여서 텅텅 빈 집. 언제나 돌아올지 모르는 그 집 식구. 자기가 훔쳐가지 않는다 하더라도 조만간은 없어질 물건. 이러한 일련의 생각은 "야, 저 ○국國 사람이 모두들 가버렸어. 어디 들어가 보자.", 혹은 "야, 저 ○국國 사람 집에서 사람들이 물건을 꺼내오는데 우리도 한바탕 끼어보세."라는 장면을, 아니 이에 유사한 장면을 자아내기 쉬운 것이다. 또는 "저 집에서는 언제나 올지 모르겠는데. 저 집 장독에서 간장이라도 좀 가져다 먹어야지." 하고 이를 가져가는 수도 있을 것이다. 이것이 좋든 나쁘든 간에 실지에 있어서의 사회면인 것이다.

이러한 소위 절도는 사람 있는 집에, 혹은 사람 없는 틈을 타서 가만가만히 훔쳐가는 이따위 평시의 절도에 비하여 그 범의犯意의 점으로 볼 때 그다지 악질이 아니라 함은 어느 누구도 인정하지 않을 수 없는 것이다. 그런데도 불구하고 보통 절도는 10년 이하의 징역이건만[1] 이것은 비상사태하의 절도라 하여 사형, 무기 또는 10년 이상의 징역이라는 중형에 처하게 되어 있는 것이다. 그러면 그것은 어떠한 이유에서일까? 사회의 혼란기에는 모든 범죄가 감행되기 쉬울 뿐 아니라 그 한 가지의 미치는 영향도 적지 않다는 것을 생각하는 나머지 그러한 범행을 완전히 봉쇄하기 위하여 "알겠지! 물건을 훔치기만 하면 10년 이상의 징역이야."라고 경계하려는 것이 바로 그러한 중형을 규정한 이유일 것이다. 그러한 취지로 본다면 본건 범행자와 같이 그 행동이 그다지 악질이 아니라 하더라도 일반 사회에 미치는 영향을 생각할 때 동정이란 대단히 신중을 기하여야 할 것이다. 더구나 그러한 혼란기를 벗어나지 못한 현재에 있어서.

그러고 본다면 본건 범행자에 대하여서도 10년이라는 징역을 보내야 하는가? 아니다. 아무리 그러한 요청이 있다 하더라도 나는 그 중형을 과하기에는 너무나 큰 법과 현실과의 간격을 느끼지 않을 수 없는 것이다. 진실로 법에 사로잡혀야 할 지경이라면, 아니 법률의 노예가 될 지경이라면 나는 판사判事의 직職에서 떠나버려야 한다. 그리하여 이러한 고민은 또다시 재판의 목적과 법률의 준수성과의 모순 해결에로 귀착된다. 그러나 이 경우에는 전과는 달라 법의 정면으로의 무

[1] 당시의 의용형법 제233조는 절도죄에 대하여 '10년 이하의 징역'을 규정하고 있었다. 의용형법의 관련조문은, 후술 475면 이하 참조.

시다. 아니, 법의 무시라는 것보다도 재판으로서의 한 규범의 창조인 것이다. 그리하여 나는 다시 대담무모大膽無謀하게도 이에 대하여(이런 종류에 대하여) 무죄의 판결을 하였던 것이다.[1]

"뭐요. 판결 이유는 무엇인가요?"

"마, 그 점에 대하여서는 그 이상 물어주지 말기를 바라오. 그것을 정당화시킬 아무 이론도 있을 수야 없지 않소. 다만 단심제單審制를 방패로."

1 이에 대한 유병진 판사의 자세한 논구(論究)는 "법과 현실"에서 전개되고 있다. 후술 230면 이하 참조.

18. 꽃의 매력

꽃봉오리. 모든 준비를 듬뿍 가두어두고 있는 통통한 꽃봉오리. 자연은 그 꽃나무로 하여금 모든 정력精力을 꽃봉오리로 집중시키는 것이요, 화초의 고개라 할 그의 집중은 가장 크고 급격한 흡수작용을 일으키는 것이다. 통통한 자태는 바로 정력精力의 충만을 엿보여 주는 것이요, 빛나는 생기生氣는 급격한 흡수작용을 반영하는 것이다. 정력에 넘치는 꽃봉오리. 그 꽃봉오리는 무엇으로써 가득 찰 것인가. 가까운 미래에 자랑하려 하는 미美의 정체正體를 간직하였지. 그뿐이랴. 미를 돕는 향기도 품었지. 그리하여 때를 기다려 꽃봉오리는 그 뚜껑을 열매 조심스럽게 곁눈질 하듯 사방을 가만히 살펴보면서. 그뿐이랴. 어루만져주는 나비의 노랑이든 빨갱이[1]든 싫소 좋소의 말 한마디 못하고. 그렇다 하여 이를 분별할 생각조차 없는 것은 아닐게지. 아니 그러한 생각조차 할지도 모를게지. 그리하여 노랑이도 좋소, 빨갱이도 좋소. 이에 더하매 넘치는 정력은 나비의 어루만짐에 도취할 뿐. 만족할 뿐. 그뿐이랴. 정력은 뻗치고 뻗쳐

1 '빨갱이'는 원문 그대로임.

정력의 뻗침은 모든 미를 자랑하듯 생생한 빛만 내고 빵끗만 웃고.

20 전후의 팔팔한 여성. 그들은 확실히 인간의 꽃봉오리이거나 꽃일 것이다. 청춘에로의 변전變轉을 맞이하여 그 난숙蘭熟에 이르기까지의 과정은 인간 최대의 육체적·정신적인 변동기인 것이다. 그 변동기를 통하는 한 흐름은 오직 정력인 것이다. 그 정력은 마치 솟아오르는 샘물과도 같이 그칠 줄을 모른다. 나는 그러한 정력의 표본으로서 농구선수의 모습을 잊을 수가 없다. 그 균형진 체격, 늠름한 자태, 그 통통하고 허여말쑥한 넓적다리, 터질 듯한 장딴지, 불끈 솟아나온 젖통, 통통하고 힘찬 팔, 도화桃花 같은 얼굴. 과연 이러한 모습에서 우러나오는 정력은 무엇으로써 나타낼 것인가. 뛰고, 날뛰고, 자빠지고, 엎드려지고. 뛰면 뛸수록, 자빠지면 자빠질수록 원기는 더 힘차지 않던가. 그리고 한갓 골인을 위하여 일심전력이에 매진邁進하지 않던가. 여기에는 좌우를 엿볼 하등의 여유조차 있을 수 없는 것이요, 오직 돌진만이 있을 따름이다. 그 돌진. 그것은 정열인 것이다. 하고야 만다는, 이르고야 만다는 정열. 그뿐이랴. 전 신경은 번개와도 같다. 각각刻刻이 달라지는 혼란 가운데에서도 그 유리한 위치를 캐치하는. 상반신을 저어 풋볼을 빼돌리는. 그 눈은 뒤에도 있는 듯 모에도 있는 듯. 전 신경의 번개와도 같은 예민감.

나는 집무에서 피로한 눈을 창구(2층 판사실)로부터 바로 후면인 구치장拘置場 마당에로 옮겼다. 해는 이미 서산에 기울어지고 사나운 추위는 용서없이 불어왔다. 거기에는 재판을 마친 남녀 피고인들이 형무관의 지휘를 받아 열지어 정연하게 앉고 있었다. 그들의 약 반은 부녀자로써 차지되었다. 그 중에는 4, 50세 전후의 부녀자도 있기는 하나 그의 태반은 20 전후의 젊은 여성들이었다. 그들은 지금 여학교 상급생으로부터 출가 후 얼마 되지 않는 부녀들 같이 보였다. 고개를 푹 수그리고 묵묵히 사색에 헤매이는 자, 혹은 한없는 우울에 잠긴 자가 있는가 하면, 하도 즐겁다는 듯이 희색이 만면하여 무엇이라 중얼거리는 여학생들도 많았다. 그 우울이나 그 희열이든 간에 그 모습은 대단히 순진스러웠다. 그 찌푸린 상이거나 하도 즐겁다는 듯한 빵끗 웃는 얼굴이든 간에.

나는 무심히 이를 쳐다보았다. 그러나 다음 순간 나는 마음 속에서 스스로 올라오는 그들 젊은 여성들에 대한 어떠한 사색을 어떻게도[如何히도] 할 수가 없었다. 저 사색이나 우울의 내용은 무엇일까? 판결에 대하여 불만을 가지고 있다는 것일까? "나는 모략에 빠졌어. 아무 죄가 없는데 죄인이 되었구나." 하면서 원망할지도 모를 것이다. 그러면 그 원망은 누구에 대한 것일까. 그 모략자를 원망함일까. 아니, 그 모략을 구명究明하여 정당하게 판결하여 주지 않는 재판소를 원망하는 것일까. 아니다. 세상을, 아니 자기 자신을 돌아보고 조롱함이 아닐까. "내가 어리석었다. 그놈들 말에 속아 쓸데없이 날뛰지 않았던가. 그런 이상 현재의 죄는 당연한 보답이 아닐까. 자, 나의 신세를 단념하자. 그러나, 그러나 내가 본래부터 빨갱이는 아니지 않았던가. 원래가 대한민국을 지지하던 내가 아니었던가. 현재도 우리의 환도還都를 반갑게 맞이하고 있는 내가 아닌가? 나에게 과오도 있기는 하나 그렇다 하여 한번 용서받지는 못할 것인가?"라고. 아니, 혹시나 끝까지 대한민국을 부인하면서 이를 원망하지는 않을까. "이 따위 대한민국. 더러운 재판을 받았군." 하는 악착한 놈은 없을까. 그러나 그 사색이거나 우울의 모습에서는 이러한 자者만은 엿볼 수가 없지 않은가. 한편 앞뒤를 돌아다보면서 중얼거리는 젊은 여성들은 모두 한없는 기쁨으로서 가득찬 모양이다. "아, 기뻐. 나는 용서를 받았어. 오늘 밤으로 집에 돌아가서 따뜻한 가족의 품안에서 평안히 살 수가 있어. 아, 다행이야. 다행이야. 그 형무소에서 벌벌 떨던 생각을 하면 치가 떨린다." 하며 기쁨에 도취한 모양이다. 그 애교스럽게 빵끗 웃는 그 모습에서는 나는 그 이상의 것을 엿볼 수가 없었다. 그러나 그들도 그 기쁨의 흥분이 가라앉을 때 스스로 반성할 것이다. "우리는 그동안 멋도 모르고 그놈들에게 이용당하였지. 아, 놈들 모략이란 굉장하였지. 거짓말도 어떻게 그렇게도 잘 하던지. 뿐만 아니라 어떻게도 악착하던지. 인제는 똑똑히 알아챙겨야 하겠다. 그러고 보면 우리 대한민국은 참으로 정직하고 인자하고 고마운 나라이지. 이렇게도 용서도 하여주고."라고.

이러한 사색에 잠겨있던 나의 머리에는 바로 5, 6일 전에 받은 모某 검사檢事로부터의 충고사실이 상기되지 않을 수 없었다. 그것은 "3개월간 가장 악랄한 부역자는 여성들이었다. 그 여성들은 놈들에게 부역을 하여야만 될 불가피한 사정은 별로 없는 것이요, 더구나 여학생들 같은 것은 놈들의 말을 듣지 않았다 하여 하등의 위험조차 있을 리 만무할 것이다. 그런데도 불구하고 놈들에게 가담한다는 것은 가장 악질이라 하지 않을 수 없을 것이며, 이러한 견지에서 바라볼 때 여성, 더욱이 20 전후의 여성들은 가차없이 엄벌하여야 할 것이다."

라는 의견이었던 것이다. 사실에 있어서 우리가 체험한바 젊은 여성의 부역사건은 예상 이상으로 많았던 것만은 사실이다. 그러나 그들 여성은 과연 그렇게도 원래가 악질이며 모조리 엄벌에 처하여야만 할 것인가. 다시 말하면 놈들의 소위 반역도反逆徒가 되어 있는 과거의 우익단체의 간부가 생에 대한 애착으로 말미암아 부득이 부역한 경우에 비교하여 그러한 불가피한 사정이 없는 젊은 여성은 과연 모조리 악질시되어야 할 것인가. 현실에 당면한 나로서 이 문제를 어떻게 이해하여야 할 것인가. 물론 나의 이에 대한 견해가 이미 결정되어 있지 않은 것은 아니다. 그러나 사건처리에 대한 전시前示 충고에 비추어 나는 다시 한번 그 여부를 신중히 고려하지 않을 수 없었던 것이다. 그리하여 나는 그 충고의 직접 논점의 동기가 되어 있던 당 18세 여학생을 둘러싸고 그 점에 관한 전반적인 문제를 다시 검토하여 보았다. 숯불은 마저 사라지려 하며 오직 서산에 기울어진 해만이 유리창을 통하여 나를 위로하는 듯하였다. 나는 방안을 이리저리 갔다왔다 하면서 묵상에 잠겼다. 과연 그 여학생, 아니 젊은 여성이란 일반적으로 보아 이상과 같이 부역을 하여야만 될 불가피한 사정은 그다지는 없었을 것이다. 그러면 그러한 점으로서 우익간부의 부역행위는 참작을 받을 수 있는데도 불구하고 이러한 여성들은 하등 참작의 여지가 없어야 할 것인가.

샘물과 같이 그칠 줄을 모르는 정열에 번개와도 같은 신경의 예민성. 그 정열은 돌진을 의미할 것이요, 신경의 예민은 감상성感傷性을 표징表徵할 것이다. 감상적感傷的인 사고는 다감한 감수성을 가질 것이요, 그 감수성은 모든 자극으로 하여금 헛되이 하지 않을 것이다. 그리하여 이것을 생각하고 저것을 생각하고, 기뻐도 하고 화도 내어보고, 혹은 질투도 하여보고. 이러한 다감성多感性은 명랑과 우울의 연쇄를 이룰 것이요, 이에 던져진 자극이야말로 그 원동력일 것이다. 이러한 감상성感傷性에 저돌적인 정열, 그리고 그 순진, 아니 단순성은 과연 어떠한 작용을 일으킬 것인가. 어떨 때에는 하늘의 별따기도 생각하겠지. 아니, 어떨 때에는 고래등 같은 기와집일지라도 일축一蹴[1]에 허물어질 듯한 기개도 가져보겠지. 그리고 나아가서는 어떠한 자극에 부닥치자 그 좌우를 돌아볼 여지도 없이 왁 하고 돌진할 것이지. 그 돌진에는 불일지라도, 아니 물일지라도 일고一顧[2]의 여지조차 없을게지. 이러한 성격에 더하매 그 아름다움과 부드러움은 저 눈밝은 도배徒輩들로 하여금 이를 간과케는 하지 않을 것이다. 아니, 눈밝은 도배가 이를 간과할 리야 있으랴. 그리하여 악랄하게도 감언이설로써 감상성感傷性과 정열을 자극하고 그들의 아름다움(매력)과 부드러움으로써 대중을 매혹시킨다.

젊은 여성에 잠재되어 있는 이러한 천성天性. 이 천성이 빛내는 곳에야 잡물雜物의 본색이란 분명할 수가 없지 않을까. 원래 민족의식이란 위에 일별一瞥한 바와 같이 일반 도덕관념보다도 고도의 지능이 필요한 것이다. 그렇다면 이러한[如斯한] 여성들에게 일반적으로 확고한 민족의식을, 더구나 동족 간의 현재와 같은 특수적인 입장에 있어서의 민족의식을 요구한다는 것은(외국인에 대한 것이라면 또 별문제이겠지만) 실

1 한 번 내참.
2 한 번 돌아봄.

지에 있어서 곤란한 문제일 것이다. 다시 말하면 젊은 여성이라 하더라도 외국인과 우리 민족과의 관계에 있어서는 확고한 민족의식이 생길[生起할] 것이다. 그러나 현재와 같이 세계관을 달리하는 동족 간에 있어서의 민족의식의 문제는, 즉 아무리 외형상 우리의 동족이라 하더라도 빨갱이 정신을 가진 자는 진실한 의미에 있어서의 우리 민족이 아니라는 이러한 확고한 의식은 이러한[如斯한] 순진한 여성들에게 전반적으로 기대하기는 곤란하다는 것이다. 이러한 특수적인 희박상태稀薄狀態의 민족의식은 위에 말한 감상성感傷性과 정열의 앞에서는 그 본연의 자태를 발휘하기는 곤란하지 않을 수 없을 것이다. 이상의 견해가 시인된다면 우리는 여기에서 고려되어야 할 무엇이 생길[生起할] 것이다. 즉 우리는 그러한 여성에 대한 비난의 화살로 하여금 민족의식의 몰각沒却이라는 방면으로부터 그들의 성격의 특이성이라는 방면에로 그 중점을 전환하여야 할 것이다. 20 전후의 젊은이와 무지한 자만을 사주使嗾[1]하는 저 북한의 실태는 무엇을 의미할 것인가. 감상성感傷性과 정열 그리고 단순성이야말로 그들의 사주에 있어서의 기본조건인 것이다. 과연 우리는 젊은 여성들에 대하여서 단순히 악질이라고 관념하기보다는 그 성격의 소이所以[2]라는 점에 그 관점을 돌리지 않을 수 없는 것이다. 즉 우리는 그들의 행위를 비난하기보다는 "청춘이여, 너는 죄악이다!"라고 이를 관념하여야 할 것이다. 그렇다면 전술前述한바 생의 애착심이 인간의 본능이기 때문에 이를 거역치 못한 것

1 남을 부추기어 시킴.
2 까닭.

과 마찬가지로 청춘의 감상성感傷性이나 정열성은 인간의 천성이기 때문에 이를 억제치 못한다 할 것이요, 양자 모두 인간의 본능이라는 점에서 피차 비교교량比較較量의 여지가 없다 할 것이다. 그러면 생의 애착으로 말미암은 불가피적인 부역행위와 위에 기록한 바와 같은 성격의 특이성으로 말미암은 부역행위에 대한 가치판단의 정도는 양자 모두 동등하다고 보아야만 할 것인가. 아니다. 나는 반대하는 바이다. 왜냐하니 전술前述한바 불가피적 행위는 의식적意識的 행위이나 성격적 행위만은 대개 무의식 내지 반의식적 행위이기 때문에 전자가 후자보다도 악성이라고 보아야 할 것이라는 것이다. 물론 덤벙덤벙하는 행위가 보다 더 위험천만이기는 할 것이다. 그러나 위에 설명한 바와 같이 그 의식을 몰각하였다는 점에 중점을 두는 본 범죄에 있어서는 이상 소론所論이 정당시되어야 하지 않을까. 나의 이러한 묵상은 필경 나의 이에 대한 종래의 견해를 더욱더 확신시킬 따름이었다.

친한 선배의 충고. 그것은 자기의 기소사건에 대한 단순한 불만이 아닐 것이요, 나라는 존재를 위하여 사건처리의 타당을 기함에 있어서 한갓 조력이 되었으면 하는 존귀한 일념에서였을 것이다. 그 직무에 있어서는 통속적 견지에서 볼 때 그 대립적인 감이 전무한 것은 아닐 것이나 원래가 피차 국가를 위한 직무라는 점에서 볼 때 이러한 충고는 참으로 반가운 일이었다. 그 당시 나는 그 검사檢事에게 감사하다고 인사하였던 것이다. 그러나 당시 이미 결정되었던 나의 견해는 그 충고에 대하여 만족을 드리지는 못하였다. "대단히 감사한 말씀입니다. 그러나 나는 그렇게 여기지는 않습니다. 그렇지

만 그 여학생 사건만은 좀 관대하였다는 것을 나도 모르는 바는 아닙니다. 아직 철없다고 하여야 할 그들에 대하여, 아니 물인지 불인지를 몰라보기 쉬운 그들에 대하여 설령 그 행위가 지나쳤다 하더라도 직접적인 어떠한 실해實害가 없는 한 그들을 일률적으로 엄벌에 처할 수는 없습니다. 그들이 원래가 좌경左傾되어 있던 자라면 별문제이지만. 그리고 그 여학생의 행위는 그러한 기간 내의 한 가지 환경병環境病에 불과할 것이며 환경병은 환경만으로써 능히 치료할 수가 있을 것입니다. 지금 그 여학생을 징역에 보냈던들 무슨 효과가 있을 것이요? 아니 그것은 오히려 그 여학생으로 하여금 대한민국에 대한 '히네꾸레'[1] 근성을 만들어 줄 따름일 것입니다."라고 나는 당장에서 그 충고를 받아들이기에 곤란하다는 것을 명백히 하였던 것이다. 그리고 그 후에 있어서도 재판에 나타난 나의 태도는 하등의 변함이 없었다. 그런데도 불구하고 눈앞에 나타난 그들의 모습은 나로 하여금 새삼스럽게 그들에 대한 사색을 환기하지 않을 수 없게 하였던 것이요, 나아가서는 이에 대한 나의 견해의 재검토까지 시켰던 것이다.

기울어진 해는 어느덧 북악산 저편에 사라졌다. 각 법정法廷과 각 검사정檢事廷[2]으로부터 운집된 죄수들은 때마침 다달은 통용通用 트럭에 타기 시작하였다. 볕을 잃은 저문 바람은 말 그대로 살을 에이는 듯하였다. 그러나 트럭에 앉은 그들의 모습은 여전하였다. 묵상에 헤매이는 한없는 우울에 잠겨 있는, 하도 즐겁다는 듯이 빵끗 웃는.

1 ひねくれ[る] : 성질이 비뚤어지다.
2 검사의 조사실.

꽃. 그것은 자연의 총아인 것이다. 쓸쓸한 자연 속에 아름다움과 부드러움으로써 윤기를 베풀어 주는 거기에는 꽃을 괴롭히는 아무 것도 없는 것이다. 때가 이르면 그 어루만져 주는, 나아가서는 열매를 맺어 주는 그 이외의 것은 아무 것도 없는 것이다. 그러나 인간의 꽃에 그려지는 가지가지의 마물魔物. 그 마물은 과연 불가피한 것일까. 이성理性이여 곧을 지어다.

19. 갔다왔다 하는 판결

부역자에 대한 재판은 본궤도에 올랐다. 부역자 처리의 시급성은 모든 판사로 하여금 가장 분망奔忙케 하였다. 그리하여 법정法廷 이외에 판사실까지 법정으로 사용하게 되었으며 법원 내외는 마치 범죄인 시장을 이루어 놓은 것과도 같았다.

각 법정에서는 사형, 무기, 15년, 10년 등의 실형언도實刑言渡가 있는가 하면 한편 무죄언도도 속출된다. 그리하여 인생의 가장 큰 희비극은 매일같이 여기에서 연출되는 것이다.

사회의 여론도 점차 냉정하여졌다. "사실 놈들 밑에서 다소간 심부름을 하였다기로서 그렇게까지 혼을 낼 것이 무엇이요? 그렇게 되면 남아 있던 사람은 다 걸렸을걸." 등등 걱정하는 사람도 많아진다.

한편 검찰청의 태도도 변경되었다. 이때까지의 전면적인 기소방침으로부터 악질자에 대한 중점주의에로 이행된 모양이다.

그럴 즈음 나에게는 새로운 번민이 또 하나 생겼다.

"저 사람이 우리 동내洞內에서 어떠한 부역행위를 하였다는 사실은 판연判然함에도 불구하고 어떻게 되어서 재판소에서는 무죄언도가 되었을까?" 나는 이러한 일반 민중의 의혹심에 관심을 가지게 되었다는 것이다. 물론 이때까지 이러한 것을 모르는 바는 아니었다. 그러나 그러한 부역자들에게 이상 더 고통을 주어서는 국가의 입장으로 볼 때 무익하다고 생각하는 나의 머리에는 본래의 목적을 달성하기에 급하였던 것이요, 그것만이 저돌적인 나의 정의감이었던 것이다. 그 후 그 공판을 거듭함에 따라 그 처단에 대한 어떠한 확신이 서게 된 나에게는 다소의 정신상의 여유가 생겼으며 그러한 결과로 나타난 것이 바로 이 문제였던 것이다. 본래 부역행위라고 볼 수 없는, 즉 위에 말한바 그 기준선에 달하지 못한 자에 대하여서는 아무리 그 행위가 외부에 현저하더라도, 어떠한 외부의 의혹이 있더라도 이에 대하여 무죄라 하지 않을 수 없을 것이다. 그러나 그 기준선을 초과한 자라도 그다지 지도적 지위가 아니었고 또 이렇다 할 직접의 실해實害 관계가 없는, 다시 말하면 그다지 악질이 아닌 자에 대하여서는 이때까지의 예와 같이 무죄로 할 것이 아니라 어떠한 형식으로라도 본래의 자태인 유죄로 하여서 용서, 즉 석방하는 방법이 필요하다는 것이다. 물론 그렇게 할 정당한 방법이 있었더라면 이에 대하여 고민도 할 것이 아닐 뿐만 아니라 이미 최초부터 그 방법을 취하였을 것이다. 그러면 지금은 비공식으로라도 어떻게 그러한 방법을 취하는 것이 결국에 양책良策이 아닐까라는 점이다. 그런데 여기에 비공식 그것은 정상적인 길이 아닌 만큼 본래의 법의 적용이 될 수 없는 것이며, 따라서 법의 운용상 비난을 받아야 할 것이다. 그러나 귀결의 타당을 위한 나의 번민에는 그러한 지엽적枝葉的인 비난이란 개의介意[1]될 리 없는 것이다.

그러면 그러한 비공식의 방법은 무엇인가? 이것은 부역행위에 대한 국가보안법[2]의 적용이다. 물론 비상조치령 중 부역죄에 관한 규정은 국가보안법에 대한 특별법 관계에 있는 것이다. 그런 만큼 특별법인 비상조치령을 적용함이 당연할 것이며, 이에 그 일반법인 국가보안법을 적용한다 함은 소위 비공식의 방법이 아닐 수 없는 것이다. 그러나 때마침 검찰청의 태도도 냉정화 혹은 완화되었는지라 나는 이윽고 이에 국가보안법을 적용하여 집행유예를 하였던 것이다.

비상조치령위반에 국가보안법의 적용!

부역자에게 씌운 빨갱이의 탈!

과연 이것이 통과될까? 과연 이것이 동의同意될까? 나는 그 후 1주일간 대단한 흥미를 가지고 검사檢事의 태도를 주시하고 있었다. 공소기간控訴期間[3]이 지난 이튿날 아침 입회서기로부터는 "영감[4], 그 사건은 검사가 공소控訴하지 않았소."라고 보고하여 주는 것이다. "아, 검사도 동의하여 주신 모양이로구나." 하고 생각할 때 나의 가슴은 평온하여졌으며 동시에 기쁨으로써 꽉 찼다. 그 후 나는 그러한 정도의 사건에 대하여서는 모두 이러한 방법을 취하였던 것이다.

그러나 얼마 후 나의 이러한 방법은 배척을 당하고 말았다.

1 마음에 두고 생각함.

2 당시 국가보안법의 조문은, 후술 453면 이하 참조.

3 공소(控訴) : 의용형사소송법하의 법률용어로 지금의 항소(抗訴)에 해당함. 제1심 판결에 대한 불복방법.

4 일제시대 이래 고등고시 등에 합격한 판사·검사를 높여서 관용적으로 부르던 표현.

즉 검사檢事의 공소控訴다. 검사의 공소控訴가 있는 이상 피고인의 구속은 계속되지 않을 수 없는 것이다. 그리하여 그 방법의 봉쇄를 받게 된 나는 본래의 목적을 위하여 다시 옛적의 방법으로 돌아가고야 말았다.

무죄로부터 집행유예에. 다시 무죄로.

한 가지의 사실에 갔다왔다 하는 판결.

"어린아이에 칼 쥐인 격." 과연 어린아이에 칼을 쥐어 놓으면 위험천만일 것이다. 그 칼을 가지고 함부로 날뛰어 누구를 갈길는지, 무엇을 칠는지. 그렇다 하여 빼앗지도 못하고.

부역자에 대한 재판이 단심제單審制로 되어 있다는 것은 확실히 단독판사의, 아니 우리의 날카로운 칼인 것이다.

"나의 재판에 대하여서는 어느 누구도 꼼짝 못해. 다만 그 판결대로 복종할 따름이다."라고 뻐기어 보아도 이에 대항할 사람은 아무도 없을 것이다. 이만큼 부역자 재판에 대한 단심제란 참으로 우리의 절대권인 것이다. 그렇다 하여 그것을 기화로 우리가 이 권리를 남용한다면 사회에 견딜 수 없는 해독을 끼치게 될 것이다. 그 단심제를 급작히 변경할 수도 없을 것이니까.

"어린아이에 칼 쥐인 격." 혹시 내가 그러한 격이 아닐까? 그 피고인들을 자유롭게 하기 위하여 갖은 수단을 다하는 나. 어떠한 방면에서는 나를 가리켜 그러한 어리석은 존재라고 볼는지도 모르지.

그러나 거기에 관지關知[1]할 바야 있나! 이미 몇 번이나 맹세하지 않았던가. "나의 태도가 국가를 위하여 가장 이로운

[1] 어떠한 사실에 관련하여 앎.

것이다. 그러한 태도가 나에게 부하負荷된 명예로운 사명인 것이다."라고. 그리고 몇 번이나 외치지 않았던가. "나는 이러한 정도의 부역자에 대하여 실형이란 도저히 줄 수 없다. 만약 실형에 처하여야 하는 본의 아닌 재판을 하여야 할 때 나는 판사의 직을 떠나버릴 것이다."라고.

20. 변명의 진실성

수많은 사건을 조속히 처리하여야 된다는 이 절대적인 요청. 이 요청은 필연적으로 사건에 대한 간단한 심리審理를 요구한다. 그러나 간단한 심리 그것은 심리의 소홀을 의미하지 않을 것이다. 피고인이 부인하든 말든 간에 범죄사실을 인정하여 버리라는 것도 아닐 것이다. "너, 그것을 부인하지만 자세히 조사하여 볼 시간이 없어. 여하튼 그러한 사실은 틀림없지!" 하여 피고인의 변명을 면죄免罪의 방편이라고만 간주하여 버린다면 냉정성을 잃은 편파적인 태도가 아닐 수 없다. 그러고 본다면 "너의 죄상罪狀은 이렇다. 만약 그렇지 않다면 그 증거를 제시하라. 그러한 증거가 없는 이상 너의 죄상에 대한 책임은 면할 수 없다."는 옛적 군주정치하의 전제적 치죄주의治罪主義보다도 이는 한 수 더 윗자리를 차지하고 말 것이니까. "왜 그러는가요?" 이러한 전제주의에 있어서도 피고인의 변명은 용인容認되었던 것이다. 단지 그 반대증거를 제시할 책임이 피고인에게 지어져 있었다는 것뿐이다. 그러나 이상의 예라면 피고인의 변명조차 용인되지 않는 것과 마찬가지가 아닌가. 조사할 시간이 없다고 하니까. 그렇다 하여 변명하는 사실은 모조리 피고인에게 유리한 인정을 하라는 것도 아니겠지.

나는 여기에서 한 가지의 과제를 던지지 않을 수 없다. 우리는 모든 피고인을 대할 때 그 피고인을 한 악인惡人으로서 대하여야 할 것인가 선인善人으로서 대하여야 할 것인가의 문제다. 인간과 노예라는 좋은 대조를 가지고 있던 정치하에서는 범죄혐의자를 대하는 치자治者의 입장에서 볼 때 이를 일단 한 악인이라고 전제할 수도 있었을 것이다. 그러나 인간 대 인간으로 전화轉化된 금일에 있어서의 이 문제는 그렇게 간단한 문제는 아닐 것이다.

그러면 이 문제는 과연 어떻게 귀착될 것인가? "색안경을 쓴 사람에게는 모든 것이 물들어 보인다."라는 말은 이 문제에 대한 결론의 중대성을 시사하는 좋은 비유일 것이다. 그리하여 우리는 모든 것을 볼 때 그렇게 그릇되기 쉬운 위험한 색안경을 쓰기보다는 우리의 본연의 자태로서의 육안경肉眼鏡으로써 보는 것이 가장 자연적일 것이며 그 정확을 기하는 근본방법일 것이다. 왜 그런고 하면 우리 육안肉眼이란 흰 것을 노랑이라고 보거나 검정을 빨갱이[1]라고 볼 수야 없으니까. 그리하여 수색투명水色透明 흐림 하나 없는 순진무구純眞無垢 그대로의 명경지수지경明鏡止水之境[2]을 표명하는 것이 바로 우리의 육안인 것이다. 그러한 육안에 비치는 모든 대상이야말로 본색本色 그대로가 아닐 수 없으며 거기에는 가장假裝이나 분색扮色[3]이란 있을 수 없는 것이다. 이러한 대자연.

1 '빨갱이'는 원문 그대로임.
2 맑은 거울과 고요한 물의 상태.

이것이 바로 우리의 본연의 자태일 것이며, 이러한 본연의 자태로서야 비로소 만물의 본색을 통찰할 수 있을 것이다. 그렇다면 우리는 대자연의 소산인 우리 육안으로써 수색투명水色透明한 상태로서 만물을 관찰하여야 할 것이요, 따라서 이에 비치는 대상이야말로 그러한 순진무구한 상태로부터 시작되지 않을 수 없는 것이다. 물론 이에 반하는 어떠한 철학적 근저根底가 없는 것도 아니지만. 그러나 육안의 자연성과 그 본색에 대한 이상以上 설명에 모순이 없을 것이며 이것이 용인容認되는 이상 색안경에의 그것을 선이라 보고 육안에의 그것을 악이라 할 수야 없을 것이다. 이러한 의미에서 나는 모든 피고인을 대할 때 모두 선인善人으로 보는 것이며 그 나타나는 행위에 따라서 이에 그 새로운 관찰을 하여버리는 것이다. "확실치 못한 사실은 피고인에게 유리한 해석을 하여야 한다."[1]라는 우리 형사소송법상의 대원칙도 나의 이러한 견해를 지지하여 주는 것이 아닐까?

그리고 본다면 우리는 피고인을 대할 때 일단 선인善人이라고 보아야 할 것이며 명확한 어떠한 증거証據가 없는 이상 그 부인하는 사실을 피고인에게 불리하게 인정하여서는 안 될 것이다. 이것은 철칙鐵則일 것이다.

요행히 피고인들의 대부분은 범죄사실을 부인하지 않았다. 그런고로 사건 심리는 간단하였고 신속히 처리되었다. 그러나 부인하는 자에 대하여서는 그렇게 손쉽게 처리될 리 없다.

3 본색을 꾸밈.

1 "의심스러울 때에는 피고인에게 유리하게"(in dubio pro reo)의 법원칙을 말함.

당시 사건폭주로 인한 수사의 불충분이라는 특수사정과 일반 여론에 대한 신중성의 요청은 사건으로 하여금 피고인의 이익으로만 일임시킬 수 없으며 거기에는 필연적으로 진상구명眞相究明이 요청되었던 것이다. 그러나 모든 외부 수속手續[1]의 곤란은 판사로 하여금 직접조사의 방법 이외에 아무 도리도 없게 하였다. 이래爾來[2] 나는 부인하는 모든 사건에 대하여서는 그 분망奔忙한 가운데에서도 반드시 그 주소지 또는 그 부근에 출장하여 그 진상조사를 하였던 것이다. 출근할 때나 퇴청할 때 또는 일요일 등 나는 서기를 대동하고 혹은 단신으로서 동회洞會 또는 일반가一般家를 찾아 피고인에 대한 여론 기타의 진상조사 등을 게을리하지 않았던 것이다.

그런데 내가 경험한 바에 의하면 피고인들의 부인 즉 변명은 대개가 허위는 아니었고 진실이었던 것이다. 이러한 변명의 진실성이야말로 나로 하여금 전시前示 진상조사를 게으르지 않게 한 중요한 원인이었던 것이며 따라서 이래爾來 내가 단 한 건이라도 억울한 처리를 하지 않았다고 자처하게 된 원인遠因[3]이 되었던 것이다.

그런데 이러한 변명의 진실성이란 그 이면裏面에 있어서 모략중상謀略中傷 혹은 수사기관의 중대한 과실을 의미하는 것이다.

부역附逆이라는 문 앞에 한번도 가본 일도 없는 한 '젠자이'[4] 장사를 소위 그들 인민위원회 서기로 만들어 놓았는가

[1] '절차(節次)'의 일본어식 표현.
[2] 그때 이후부터.
[3] 먼 원인. 간접적인 원인.
[4] ぜんざい[善哉] : 팥고물을 한 떡.

하면, 동洞 여맹위원장女盟委員長의 추대를 한사코 거부한 후 3개월간 방에만 들어앉았던 과거의 보련원保聯員[1]을 관제官製 여맹위원장女盟委員長으로 만들어도 보고, 실지 아무 일도 하지 않았던 모 국회 프락치[2] 의원의 처로 하여금 그 위대한 남편의 내조자라 하여 빨갱이의 탈을 씌워도 놓고.

나는 여기에서 내가 처리한 사건 중 가장 전율을 느낄 만큼 흥미도 있는 어떠한 사건을 상기想起하지 않을 수 없다.

사건은 1건 2명이다. 피고인의 하나는 약 15일간 동洞 인민위원장을 하던 자의 처인 갑甲 당 40세 가량이며 나머지 하나는 그들 소위 내무서원의 처인 을乙 당 32세 가량이다.

사건내용은 이렇다. 피고인들은 괴뢰군傀儡軍이 입성入城하자 여맹女盟에 가입하여 열렬히 활동하던 자인 바 ○월 ○일 전前 ○○근무의 경위警衛 모某를 밀고하여 동인同人으로 하여금 피살被殺케 하였다는 것이다. 그 기록에는 피고인 한 사람 한 사람에 대한 여론조사서가 첨부되었으며, 이것은

"그 여자들은 가장 악질이며 경위 모某를 밀고한 자라 하여 부근민附近民 일동은 그 여자들의 총살을 희망한다 운운"의 내용인 순경의 보고서인 것이다. 그뿐만 아니라 동 기록에는 그 경위의 처 되는 자에 대한 검사의 증인신문조서까지 첨부되었다. 그 내용은 다음과 같다.

"우리 주인主人[3]은 경위警衛였기에 그들이 입성入城한 후

[1] 보도연맹원(保導聯盟員)의 준말.

[2] 1949년 3월 제헌국회 내 민족자결주의의 이름 아래 외국군대철수안·남북통일협상안 등 공산당의 주장과 일맥상통하는 주장을 한 당시 국회부의장 김약수 등 13명을 1949년 4월 말에서 8월 중순까지 3차에 걸쳐 검거한 사건.

[3] 남편.

는 다른 집으로 피신하여 다녔습니다. 그런데 ○월 ○일 주인은 우연히 집에 돌아와 계셨습니다. 어느 사이에 이러한 동정을 탐지하였던지 피고인들은 공모共謀하여 이것을 내무서內務署에 밀고하였습니다. 그 결과 주인은 그날 밤중으로 그들에게 체포되어 간 채 행방불명이 되고 말았습니다."

라는 것이다. 일건기록을 볼 때 과연 피고인들의 죄상罪狀은 증오심을 자아내지 않을 수 없었다. 물론 밀고의 방법 등에 관한 하등의 조사가 없어 다소 의문이 아닐 수는 없었지만.

공판公判은 시작되었다. 그러나 피고인들은 천만의외千萬意外의 일이라고 전면적으로 이를 부인하였으며 다만 그 남편의 신분만은 틀림없다고 시인하였다. 그리고 그 경위警衛라는 사람은 얼굴조차 모른다는 것이다. 그렇다고 하여 그 이상 추구追究하여 볼 아무 자료도 가지지 않은 것이다. 너무나 걷잡을 데가 없는 재판소에서는 할 수 없이 다음 기일期日에 그 경위의 처를 소환하였다.

"증인證人은 본건 피고인들이 증인의 남편을 밀고하였다는 것을 어떻게 알으시오?"

"그것은 우리 집은 2층 집인데 우리 주인[1]은 항상 그 2층에 계셨습니다. 돌아오신 때에도 역시 2층에 계셨습니다. 그 2층 방은 앞이 모두 유리창이 되어서 밖에서 보면 그 내부가 환하게 들여다보이는 것입니다. 그런데 우리 2층을 정면으로 볼 수 있는 집은 바로 피고인들 집밖에는 없습니다. 피고인들은 우리 집 앞 바로 아래에 있는 길다란 집에 나란히 살고 있습니다. 그런데 우리 주인이 돌아오신 것이 바로 낮이었으니

[1] 남편.

까 그 집들에서는 이러한 사실을 잘 보았을 것입니다. 그리하여 돌아오신 지 몇 시간도 안 되어 소위 내무서원이라는 자가 주인을 데려갔으니 결국 그들의 행위라고밖에야 볼 수 없지 않습니까? 더구나 그들은 빨갱이들 가족이니까."

"그러면 피고인들이 밀고하였다는 것을 구체적으로 확실히 알고 있다는 것은 아니오?"

"그렇습니다. 그 여자들이 밀고하였다는 것을 확실히 알 수야 있습니까? 지금 말씀드린 바와 같은 환경으로 볼 때 그 여자들이 의심스럽다는 것이지요."

"그러면 왜 전번前番 검사의 조사시에는 확실히 피고인들이 밀고한 것이라고 말을 하였소?"

"아니오. 그 때에도 지금과 같은 말을 하였다고 생각되는데요. 아마 잘못 들으신 모양이지요."

증인조사의 결과는 이렇다. 조사하는 나도 하품이 나오지 않을 수 없었다. 이 사건에 있어서의 유일한 증거자료란 이 증인만이었던 것이다. 그러한 증인의 입에서 나오는 이 증언. 그렇다 하여 이 증인의 말이 거짓이라고도 믿어지지 않았다. 그러면 이 사건은 이것으로서 이미 결론이 명백한 것이다. 그러나 우리는 밀고란 원래 증거수집이 용이치 않다는 것과 사건의 중대성에 비추어 또 한 가지의 조사를 하기로 하였다. 그것은 본건 피고인들에 대한 여론조사와 가옥의 위치 등에 관한 검증[1]이었다.

그것은 시내 중앙지대에 있는 어떠한 시장 내였다. 부근민

1 법관이 오관(五官)으로 사물의 성질과 상태를 살펴보는 것. 증거조사방법의 하나임.

附近民에 탐문探問하니 피고인들은 자기 남편들이 모두 빨갱이였지만 그동안 여맹원女盟員이란 그러한 단체에는 조금도 참여도 안하고 있었으며 더욱이 피고인 중 갑은 참 좋은 사람이요, 요사이 이 부근에서는 "재판소에 넘어갔으니까 그러한 사람들은 나올건데." 하며 기다리고 있다는 것이다.

"아니, 그 여자들이 ○○를 밀고하였다는 것 같은데." 하는 나의 유도심문에 그들은 경악하는 태도로서

"천만에 그럴 리는 없을 것입니다."

"그러면 그러한 풍평風評[1]이라도 있었는지요?"

"우리는 금시초문인데요."

이와 같이 명백히 말하여 주는 것이었다. 너무나 의외의 사실에 멍 하니 서서 있던 나는 다시 검증檢證에 착수하였다.

과연 피고인 등의 집은 나란히 있었다. 그 집 그리고 그 방들은 시장건물로써 꽉 둘러싸인 판벽板壁[2]을 바로 앞에 하고 있었으며, 거기에서 내다보이는 것은 판벽 그뿐이다. 뿐만 아니라 크나큰 시장 지붕은 하늘조차 볼 수가 없게 하였다.

다시 그 시장을 나와 그 경위의 집을 찾았다. 그 집은 시장둘레 밖에 쑥 들어간 어떤 2층집이었다. 과연 그 2층은 유리창이 있고 내부가 다소 보였다. 그러나 그 전면前面에는 크나큰 시장 둘레의 거무튀튀한 옥상과 벽만이 보일 뿐이었다.

우리는 과연 이러한 사실을 어떻게 보아야 할 것인가.

이 사건을 취급한 자에게는 피고인들이 진짜 밀고인密告人으로 인정되었을까? 아니다. 그렇지 않을 것이다. 왜 그런고

1 풍설(風說).

2 널빤지로 만든 벽.

하면 적어도 사법사무司法事務에 종사하는 사람으로서는 그 확실성이란 어느 정도라야 된다는 것만은 이해하고 있을 터이니까.

그러면 번연히 알면서 송청送廳[1]하고 기소하여 판사에게까지 돌렸다는 말인가. 만약 그렇게 하였다면 그 진의眞意는 나변奈邊[2]에 있다는 말인가. 아니, 이러한 사람 중에는 두 가지 종류가 있을 것이다.

"아, 시끄러워. 재판소에서 적당히 처리할 터이지."

"아니, 그런 빨갱이들 가족들은 죽여버려야 해. 가부간可否間[3] 서류가 이렇게 되면 처벌하지 않을 수 없겠지."

그중 전자야 별로 논할 여지가 없겠지. 그러나 후자에 있어서는 다소 인단仁丹[4]이라도 자실 필요가 있을 것이다. 그러한 자의 심경에는 "뭐, 재판소에서야 알 것이 무엇이냐. 서류가 이렇게 되고 보면. 사건이야 우리 붓대가 어떻게 돌아가느냐에 달린게지." 하는 어리석은 생각으로써 가득 차였겠지. 그런 자는 또 말하겠지. "아 여보, 그 무슨 조사를 그렇게까지 세밀히 하시요."라고.

아니다. 그럴 리야 있나. 우리나라 수사기관에 그럴 리야 없을 것이다. 역도들에 대한 불타는 적개심, 아니 잔인무도한 그들 소위所爲에 불타는 울분. 이 여파餘波는 자기도 모르게 움직였을 것이다.

"뭐요? 그 동내洞內 빨갱이로서는 누구누구가 있었다지. 그

1 수사기관에서 피의자를 사건서류와 함께 검찰청으로 넘겨 보내는 일.
2 어느 곳.
3 아무러하든지.
4 은단(銀丹).

래. 그러면 그 여자가 틀림없이 그 밀고자일 것이야. 여하튼 이런 분자는 없애버려야 해."

이러한 흥분의 여파餘波로서 나타난 것이 바로 전시前示 여론보고서였을 것이요 또한 증인신문조사서였을 것이다. 거기에는 어떠한 사감私感도 없었을 것이요, 다만 민족의 울분심만이 약동躍動되었을 것이다.

그러나 그 객관적으로 나타나 있는 이 어마어마한 현실을 잊어서는 안 될 것이다.

"무고한 사람을 사형에."

만약 이러한 사실이 발생된다면 우리 재판소에서는, 사회는, 국가는 원성怨聲으로써 가득 찰 것이며 국가대계國家大計를 위하여 참으로 유감된 일이 아닐 수 없는 것이다.

이러한 일은 이에 그치지 않았다. 나는 너무나 무고한 사람에게 무죄언도를 한 후 기쁨에 흥분된 그에게 "당신은 지금 석방된다 하여 마음을 푹 놓아서는 안 됩니다. 당신의 몸은 대단히 쇠약하였으니까 지금보다도 오히려 긴장을 하고 있지 않으면 심지어는 생명에까지 영향이 미칠 것입니다."라고 주의한 기억이 난다. 그는 백골白骨 그대로였다. 이래爾來[1] 나는 그의 안부에 대한 궁금증을 잊을 수 없다. 나는 이러할 때마다 그 어떠한 무서운 악몽에서 깨어난 것과도 같이 온몸을 졸이는 것이다.

하품 나는 추억이 이에 이르매 나는 그 다리 아프던 어떠한 날의 이러한 기억을 상기하지 않을 수 없다. 나는 긴장과 피곤에서 의자에서 몸을 세워 창문을 열고 두 팔을 위로 쭉 펴

1 그때 이후부터.

고 배를 내밀고 커다란 하품을 내뿜었다. 밖으로부터 찬바람이 몰려들어 방안의 탁한 공기를 깨끗이 씻어주었다. 새파란 하늘에는 몇 장의 흰 구름이 떠 있었고, 구름장과 구름장 사이로 햇빛이 아름답게 빛나고 있었다.

21. 겨레의 피는 약동한다

38선을 넘은 유엔군은 북으로 북으로 진격한다. 고성高城을 탈환하고 원산으로, 사리원을 탈환하고 평양으로. 진격進擊의 도度는 파죽지세破竹之勢 그대로다. 남북통일도 멀지 않다. 모든 국민은 희망과 기쁨에 약동한다. 행정요원의 파견. 청년단원 파견. 그리하여 5, 6년간이나 닫혀 있던 철의 장막은 드디어 열리고야 말았다.

이와 보조를 맞추듯 서울시에 있어서의 부역자 검거도 넓고 깊숙이 들어갔다. 부역자는 그 종자種子를 말려 버린다던 한 때의 여론 그대로를 실현하는 듯하였다. 그러나 다음에 오는 것은 무엇일까? 여론도 냉화冷化되었다. "이제는 그만하여 덮어두었으면 좋겠는데. 좋은 일도 너무나 지나치면 역효과가 나는데." "아니, 요새는 그동안 마루 아래에서 숨어 있느라고 갖은 고생을 다한 나에게까지 호출장을 보내오니 참으로 어쩌자는 것인지."

이러한 비난과 원성은 날로 더하여갔다. 아니 이러한 비난은 잔류시민殘留市民의 하나의 공포가 되고 말았다.

그러면 이것은 그 무엇에 원인된 것일까? 역도들에 대한 모든 협력행위를 위법화시켜서 부역범附逆犯이라는 범죄행위로 본 결과는 필연적으로 잔류시민의 태반에게 부역범의 탈을 씌웠던 것이요, 따라서 수많은 이들은 훌륭한 검거의 대상자가 되고 만 것이다. 한편 하급 수사기관에 대한 통솔의 불충분은 그 흥분상태에 대한 하등의 냉화작용冷化作用도 일으키지 못하였다. 그리고 그 수뇌부조차 흥분에서 깨어나지 못하였는지는 모르지만.

그리하여 수많은 부역자에 울분된 수사. 그것은 마치 잡수雜獸 무리에 뛰어 들어간 굶주린 호랑이의 그것과도 같다. 거기에는 사안事案의 대소경중大小輕重을 구별할 여유조차 가질 수 없었던 것이다.

그러면 그들은 어떻게 심판되었을까? 사법권의 독립. 그것은 판사 개인 개인의 절대권인 것이다. 어느 누구도 그 처리에 간섭할 수 없음은 물론이다. 그러한 사정은 수많은 판사의 본건 처리로 하여금 동일 보조를 유지시키기에는 너무도 곤란케 하였다. 견해의 차이는 그 처리결과로 하여금 심대甚大한 간격을 일으키고 말았다. 마치 분수령分水嶺에서 떨어진 빗방울과도 같이. 이러한 현상은 죄수로 하여금 사행심射倖心까지 일으켰다. "나는 어느 판사에 걸렸을꼬?" 하고. 그리하여 똑같은 사안에 대하여 "나는 무죄다.", "아니, 나는 징역 10년이다.", "아니다. 나는 징역 15년이다." 등등. 그리하여 어떠한 종류(경미한 사건)에 있어서의 양형量刑의 기준은 "범죄사실로부터 담당판사에게"로 추이推移된 듯하였다. 처단의 기준은 범죄사실 그것이 아니라 이를 처리하는 판사가 누구냐에 달린 듯하였다. 너의 범죄사실은 무엇인가보다는 담당판사는 누구냐에 전 관심이 집중되었다. 이러한 기현상奇現象은 과도기적 소산으로만 돌리기에는 너무도 괴이사怪異事가 아닐 수 없었다. 똑같은 법률에 똑같은 환경. 거기에는 이념의 차이도 없겠건만. 그리하여 처리관處理官의 대부분은 법률의 충실한 준수자였으며 그 결과는 부역자의 대부분에 대한 중형언도重刑言渡로서 나타났다.

지나친 검거에 과혹過酷한 처단.

이러한 사정은 여론에 반영되지 않을 수 없다. 흥분된 여론으로부터 비판적인 여론으로. 전 시민의 관심은 이에 집중되었던 것이다. 이러한 여론의 제1탄은 입법부立法府에 향하였다. "그 법률이 너무나 과혹過酷[1]합니다."라고. 과연 3천만 대변자인 우리 선량選良들께서는 이러한 민중의 소리를 간과하지는 않았다. "과연 그렇소. 그 법령이 너무나 과혹過酷하였소. 적당히 구제하지요."라고.[2] 이러한 고려의 첫 대답은 「부역행위특별처리법附逆行爲特別處理法」[3]으로서 나타났다. 그러나 동同 처리법處理法에 의하더라도 단지 특별한 경우에 있어서의 형刑의 면제免除[4]와 감경減輕[5]일 뿐 부역범附逆犯에 대한 근본적인 문제나 중형重刑 관계에 대하여서는 고려의 형적形跡조차 찾을 수 없었다.[6] 그 형의 면제사유인 단순한 부

1 지나치게 가혹함.

2 비상조치령을 개정하려고 한 제2대국회의 노력에 대하여는, 한인섭, "한국전쟁과 형사법", 서울대학교 법학, 제41권 2호, (2000. 9.), 135면 이하 참조.

3 「부역행위특별처리법」의 관련조문은, 후술 456면 이하 참조.

4 '형의 면제'는 유죄판결의 일종으로서 범죄성립은 인정하되 집행할 형을 정하지 않는 것을 말함.

5 '형의 감경'은 범죄성립을 인정하고 집행할 형을 정하되 그 형을 깎아주는 것을 말함.

화뇌동附和雷同이나 또는 단순한 직무수행, 혹은 역도들 단체의 단순한 가입 등은 물론이요, 그 형의 면제 또는 감경사유 중 역도들 압력에 의한 불가피한 행위의 대부분조차 위에 설명한바 너무나 명백한 무죄無罪인 것이다. 그런데도 불구하고 이에 형刑의 면제免除라는 죄의 탈을 씌웠다 함은 입법기관의 공연空然한 생각이 아니었을까? 사실에 있어서 그 3개월간은 역도들의 완전지배完全支配하에 있었던 것이 아닌가. 그렇다면 우리는 북한동지北韓同志의 전부를 이러한 범죄인으로 보아야만 할 것인가. 전시前示 이론에 비추어 신중하여야 할 문제일 것이다. 그렇다면 필경은 다수 민중을 구하는 애족적 행위가 현저한 자, 역도가 수사 중에 있는 자 또는 그 가족을 은닉 기타의 방법으로써 역도의 박해를 면케 한 공적이 현저한 자 및 자수자自首者에 대하여 그 형을 면제 또는 감경한다는 점에 있어서만이 본법 본래의 의의를 나타내고 있다고 할 것이다. 그리하여 이때까지 법에 숨어오던 나의 전술前述한바 무죄(전시前示 기준초과자에 한함)는 이로써 본래의 나의 이상理想을 실현하게 하여 주었다. 이러한 종래의 무죄는 이제야 떳떳이 그 본연의 자태를 나타내어 형의 면제라는 정상적인 노정路程을 걷게 하였다. 즉 "너는 죄가 없는 것이 아니다. 죄는 있지만 관대히 용서하여 줄 따름이다."라고.

그러나 나와 입장을 달리하는 대부분의 견해에 대하여서는 이 법률이야말로 구세주의 역할을 한 것이다. 이때까지 모조리 10년 이상으로만 처단하여 오던 자에게는 본법이야말로

6 이에 대한 유병진 판사의 자세한 검토는 "비상조치령에 있어서의 몇 가지 과제"에서 전개되고 있다. 후술 205면 이하 참조.

운용運用의 활로를 열어주었던 것이다. 그리하여 종래의 중형重刑은 일약 형刑의 면제免除로 전화轉化되었다. 재판관의 수미愁眉[1]도 풀린 듯하였다.

그러나 부역附逆에 대한 근본적인 문제나 중형重刑 관계에 대한 하등의 고려가 없는 본법本法으로서는 부역범 처리의 만전을 기할 수가 없는 것이다. 이러한 입법의 불충분과 아울러 종래 엄벌주의嚴罰主義의 타성惰性은 본건 처리로 하여금 여론에 합치시키기에는 너무나 난점이 많았던 것이다.

진격을 거듭하던 국군은 이윽고 대망待望의 압록강에 다다랐다. 전全 북한은 이제야 완전히 수복된 듯하였다. 모든 국민의 얼굴에는 안도감이 흘러내렸다. 전시戰時 기분도 언제였거니 하게 느껴졌다.

그러나 숨쉴 사이도 없이 일어난 다음 순간. 그것은 우리 한민족으로서 잊을 수 없는 울분이었다. 적비赤匪 중공 오랑캐의 침입. 원수怨讐 중공 오랑캐의 침입. 수많은 놈들 오랑캐의 침입. 유엔군의 전략적 후퇴는 시작되었다. 모든 사람은 울분과 초조에 잠겼다. 서울 거리의 초조상焦燥相은 날로 깊어갔다. 소리 없는 후퇴는 자신의 장족적長足的[2]인 압축壓縮을 최촉催促[3]하는 듯 거기에는 조금의 미련이나 애착조차 찾을 수 없었다. 후퇴 또 후퇴. 점증되는 초조감으로 서울시의 안전조차 불안 속에 휩쓸렸다.

울분과 불안.

1 근심에 잠긴 눈썹.
2 장족(長足) : 빠르게 나아가는 걸음.
3 재촉. 독촉.

그러나 이 울분만은 종래의 울분일 수 없었다. 오랑캐. 원수의 오랑캐. 겨레의 피는 용솟음쳤다. 그리하여 울분 속에서도 냉정만은 약동되었다. 흥분에서 깨어난 냉정. 그 냉정이 다시 이러한 울분에 휩쓸릴 리야 없다. 그 냉정만은 참으로 순진무구純眞無垢, 명경지수明鏡止水와 같은 자연의 본색이었다.

불안. 이는 단순한 불안에 그치지 않았다. 솟아오르는 겨레의 피에는 이 불안이야말로 한 덩어리에의 소인素因이 아닐 수 없었다.

그리하여 민족의 피는 약동되었던 것이다. 이러한 울분에 이러한 불안. 이것이 부역범 처리에 무관심할 수야 없었다. 본색으로 돌아온 냉정한 눈에는 본색만이 비칠 따름이다. 거기에는 거짓이나 착오가 있을 수 없다. 티끌 하나 없고 물결 하나 없는 맑고 잠잠한 물. 이에 비치는 모든 것이 선善에 가장되거나 악惡에 염색될 리는 없는 것이다. 그리하여 이러한 냉정성은 부역범의 본체本體를 정시正視하였던 것이요, 약동되는 겨레의 피는 한 덩어리에 총단결을 외쳤던 것이다. "부역자의 대부분은 원래가 우리 우익右翼이 아니었소. 그들이 다소 지나쳤던들 그것을 그다지도 과중히 문책할 필요까지야 있소. 다 같은 우리 진영 사이에 자 한번 용서합시다. 그리고 그 돌아오신 분들과 손을 맞잡아 보다 더 친밀히 협력합시다. 자, 너도나도 할 것 없이 총단결합시다. 그리하여 오랑캐 놈들 그리고 모든 빨갱이를 이 우주에서 말살하고 맙시다."라고. 이러한 부르짖음은 자기도 모르게 솟아올랐던 것이다. 그 부르짖음이 헛될 리야 있으랴. 과연 이 외침은 관계당국으로부터의 부역자 처리에 대한 통첩通牒으로서 나타났다. 그것은 종전부터의 좌익분자가 아닌 이상 될 수 있는 대로 관대히 처분함이 가可하다[1]는 지시였다. 과연 겨레의 피는 약동되었다. 재판관의 태도도 부드러웠다. 사건을 보는 재판관의 눈은 빛났다. 모든 죄수는 악성惡性으로부터 선성善性으로 전제前提의 추이推移가 찾아왔다. 모든 것이 본색으로 돌아왔다. "자, 너도 우리 진영이었지! 과거를 청산하고 더 굳세게 멸공전滅共戰에 총진군하세. 자!" 외침은 현실화되었다. 죄수의 탈을 벗고 돌아가는 그들. 그들은 줄을 이었다. 그 한 사람 한 사람의 얼굴에는 숨기지 못할 의지로써 꽉 찼다. "참으로 고맙습니다. 한 때의 그르침이 원래 본의本意일 수야 있습니까. 놈들 모략에 빠진 과오는 다시야 밟을 리 있겠소. 자, 동지들과 손을 맞잡고 오랑캐를, 적비赤匪[2]를 한국에서, 아니 이 우주에서 말살하고 맙시다." 몸 여윈 그들이건만 굳게 닫힌 입술은 무엇보다도 힘찼다.

후퇴는 계속된다. 전 겨레의 울분과 불안은 충천衝天된다. "자, 나도 제2 국민병[3]으로 나가겠소. 그리하여 놈들을 무찌르겠소." 그들의 걸음은 가볍고 힘찼다.

1 가(可)하다 : 마땅하다.

2 붉은 무리.

3 1950년 12월 21일 「국민방위군설치법」이 공포되어 제2 국민병에 해당하는 만 17~40세의 남자들이 이에 편입됨으로써 만들어진 준(準)군대조직. 전선의 후퇴가 시작되어 방위군을 집단적으로 후방에 이송하게 되자 방위군 간부들이 이 기회를 이용, 막대한 돈과 물자를 부정처분하여 사복을 채우는 소위 국민방위군 사건이 발생함.

22. 회고하면서

부역자에 대한 민족의 울분. 그것은 단순한 원수적인 분노는 아니었다. 그 울분은 어디까지나 사랑의, 아니 더 넓은 의미에서 동족애라는 결정結晶 위에 벋어진 감정의 격앙현상이었던 것이요, 따라서 그의 모태는 엄연하고 저 뿌리 깊은 민족애 그것이었다. 그렇다. 그러한 태생인 만큼 그 울분 속 깊숙한 이면에는 잊을 수 없는 동족애가 마치 아픔과 가려움으로서 안타까이 엉키어 있었던 것이다. 그러나 울분이 뛰노는 한 거기에는 동족애가 머리를 나타낼 수가 없을 것이며, 그러한 결과는 필연적으로 부역범에 대한 지나친 철봉鐵棒으로 화하지 않을 수 없었다. 그러나[然이나] '피'의 보금자리가 울분의 장구한 계속을 용서할 수야 있으랴. 열은 식기 마련이며 열이 냉화될 때 울분은 이슬같이 사라질 것이요, 동시에 동족애는 농무濃霧[1] 후의 만상萬象을 엿보여 줄 것이다.

저 여론의 냉정화나 부역범특별처리법의 출현은 우리에게 무엇을 시현示現[2]하였던가. 그렇다. 그것이 바로 울분의 퇴각

[1] 짙은 안개.

에 이은 동족애의 대두현상이었다.

그리하여 그 울분이야말로 동족애에서 솟아오른 분노였던 것이다. 고래古來 가장 사랑하는 사람의 배신일수록 기막히기 한없는 법이다. "너까지 그렇게 하였다는 말인가. 그것은 단연코 용서할 수가 없다!"라고. 이러한 분노는 필연적으로 지나친 결과를 초래한다. 웬일일까? 그것은 사랑하였기 때문이며 또 사랑하기 때문이다.

다시 깊숙이 그 성격을 바라다볼 때 그것은 어디까지나 어버이의 자식에 대한 사랑의 분노였다. 어버이의 자식을 대할 때 그것은 관대하면서도 엄정한 것이다. '피'의 직접적인 수계자受繼者에 애정이 쏠리지 않을 리 없을 것이요, 사랑하는 자식일수록 그 교육의 엄정을 기울이지 않을 수 없을 것이다. 사랑과 엄정. 그것은 표리일체表裏一體인 것이다. 사랑을 위한 엄정이며 엄정을 빛내는 사랑인 것이다. 그리하여 충실한 어버이일수록 그 늠름하게 훌륭하게 자라가는 자식을 보고서는 가슴에 넘치는 기쁨으로서 만족감을 느낀다. 이와 반대로 그러한 어버이일수록 그 자식의 배신에는 강렬한 분노를 자아낸다. 마치 탄력성의 법칙과도 같이. 그리하여 이 법칙은 인간심리 위에서도 하나의 진리로서 약동한다. 그러나 그 분노엔들 자식의 귀여움을, 아니 사랑을 잊을 수야 있으랴. 그리하여 남 모르게도 그 안타까움에 속만 썩인다.

그렇다. 그 울분은 확실히 사랑의 방망이였다. 그것은 어디까지나 반성에의 경종警鐘이었다. 그러나 어버이께 맞은 매 아플 리야 있으랴. 필경 그들은 심각한 반성 가운데에 잠길

2 나타내 보임.

것이다. 그 반성은 한없는 부끄러움 속에서 지나친 후회와 더불어 사랑의 따뜻함을 새로이 할 것이며 나아가서 어버이에의 맹세를 맺음으로써 명랑화明朗化할 것이다. 그리하여 그들은 다시 민족의 커다란 보금자리에 뛰놀고야 만다.

*　　　*　　　*

나는 민족의 '피'를 새삼스럽게 분석하였다. 나의 사색은 멀리 우주를 일주一周하였다. 그것은 동서간東西間 모든 나라의 고금古今을 스쳐 우리 민족의 발자취를 다시 한번 살펴보았던 것이다. 그리하여 나는 나의 종래의 관취觀取[1]한바 민족의 '피'를 또다시 확인하였다. 그뿐이랴. 나는 역사상으로 바라보았던 나의 이 종래의 가설假說이 이 부역범 처리에 있어서 또는 금번 사변事變에 있어서 너무도 실체화實體化되었다는 사실에 놀라지 않을 수 없었다. 다음에 그 가설의 실체화 과정을 실증하기로 하자.

*　　　*　　　*

저 오랑캐의 침공이 바야흐로 급박하였을 때[2] 우리는 과연 어떠하였던가. "야, 오랑캐의 침략이다. 너도나도 없이 대한민족大韓民族은 총궐기하자. 너의 맥박에도 대한의 '피'가 뛰놀지. 그렇다. 모두들 과거를 청산하고 새 마음 새 뜻으로 조

1 보아서 그 진상을 파악함.
2 1950년 10월 말경을 가리킴.

국전선에 총집결하자. 그리고 저 악독한 민족의 원수 오랑캐를 무찔러버리자." '피'의 외침은 비등沸騰[1]되었다. '피'의 외침은 심각하였다. "자, 그들에게 비록 배신의 과오가 있었던들 '피'는 '피'이지. 오랑캐 앞에서 무슨 주저가 있으랴. 어서 어서 용서합시다." "자, 민족의 따뜻한 품안에 어서 돌아오라." 과연 민족의 대자비심은 저 해님과도 같이 내려 쪼였다. 드디어 은사恩赦는 내렸다. 그 뜨거운 천사天使의 손에서 수많은 '피'로 소생되었다. 꼬리를 물고 나타난 특별조치.[2] 이에 더하매 감형減刑, 특사特赦. 베푸는 은덕에 감루感淚[3]하는 그들. 그들은 의기意氣[4]도 힘차게 새로운 감격과 충성을 '피'의 보답에로 퍼붓지 않던가.

이에 이르매 나의 상상은 이 뜨거운 장면을 떠나 저 차디찬 공산마계共産魔界에 헤매였다. 그것은 나로 하여금 수복收復 당시의 북한 깊숙한 고향에로 발을 옮기게 하였다. 그 형무소에 쌓인 동지의 시체. 호굴壕窟 속의 썩은 송장. 이것은 우리에게 무엇을 엿보여 주었던가!

그들의 눈에는 부모도 없고 형제자매도 없다. 눈물도 없다. 그들 몸 속에는 차디찬 얼음장만인 것이다. 포악, 잔인, 무도. 그렇다. 그 시체는 바로 그러한 얼음장의 소산이었다. 퇴각에 있어서 그들이 남겼던 이 학살이라는 피비린 선물. 그것은 우

1 물이 끓듯 떠들썩하게 일어남.

2 1950년 12월 1일자의 「부역행위특별처리법」(후술 456면 이하 참조), 1950년 12월 28일자의 「감형령」(후술 461면 이하 참조), 1951년 1월 30일자의 「비상사태하의 범죄처벌에 관한 특별조치령 중 개정법률」(후술 444면 이하 참조) 등을 가리킴.

3 마음에 깊이 느끼어 흘리는 눈물.

4 장한 마음.

리가 그 후퇴시에 퍼부었던 '피'의 뜨거운 사랑과는 너무도 비극적인 대조였었다.

*　　　　　*　　　　　*

나의 눈은 수복 당시에 벌어진 저 북한동포의 감격적인 현상으로써 새로워졌다. 대한민국 만세! 대한민국 만세!라고 외치던 눈물어린 그 어조. 손에 손에 태극기를 들고 날뛰며 소리쳐 울던 그들의 모습. "좀더 일찍 오지 왜 인제 오셨어요?" 하면서 5년간[1] 쌓이고 쌓였던 울분을 호소하던 그들의 목메인 소리!

국군이 후퇴하자 자유와 평화를 찾아 남하하던 수백만 동포의 광경이 눈앞에 아롱거린다. 평양 가로街路를 덮어오던 혈수血愁[2]의 행렬! 망망한 바다, 물결치는 바다를 박차던 흑연黑煙의 대행진![3] 이에 더하매 저 흥남항변興南港邊에 운집된 채 승선 못한 수십만 동포의 애처로운 통곡의 소리!

눈을 돌이켜 저 공산군에 대하던 동포의 동정動靜을 살펴보라. 그들이 침공하자 거기에는 오직 낙담落膽만이었다. 아니 거기에는 침울만이었다. 공포에 떨던 무거운 거수擧手뿐이었

1 1945년 8월의 남북 분단으로부터 1950년 6·25 전쟁 발발 후 9·15 인천상륙작전 이후의 수복 때까지의 5년을 가리킴.

2 피맺힐 정도의 근심.

3 흥남철수작전 : 함경남도 흥남 해안의 교두보를 중심으로 중공군에게 포위된 상태에서 유엔군이 1950년 12월 10일부터 12월 24일까지 흥남항을 통해 193척의 함선으로 약 105,000명의 유엔군 병력과 약 98,000명의 피난민, 17,500대의 차량, 350,000톤의 화물을 싣고 철수한 극적인 해상철수작전.

다. 그들의 퇴각은 모멸侮蔑의 눈으로써 전송餞送되었다. 사람 사람의 입으로부터는 "아, 미친개 범 물어간 듯하다."[1]라는 말 이외에는 아무것도 찾을 수 없었다. 물론 그들 추종자란 있을 리도 없었다.

나는 이 둘 사이에 나타난 너무나 큰 간격을 앞에 하고 다만 놀랄 뿐이었다. 아니, 그 당연성을 새롭게 할 뿐이었다. 그리고 이 두 광경을 비교하고 나는 하나의 상징을 새롭게 한다. 그렇다. 한편은 저 뜨거운 '피', 민족의 '피'라는 보금자리에 있는 것이다. '피'에서 태어나서 '피'의 엉킴에서 죽는다. 뜨거움에서 태어나듯이 뜨겁게 죽는다. 거기에는 해님의 뜨거운 볕이 내려쪼이는 것이다. 모든 민족은 그 볕 아래 따뜻한 사랑을 담뿍 받아가면서 해님과 같은 밝고 명랑한 분위기에서 살아난다. 그것은 두말 할 것도 없이 화和의 총체이다. 그리하여 전 민족은 저 유구한 한줄기 '피'의 보금자리에 집결되며 이에 시종始終한다.

그러나 또다른 편은 과연 어떠하던가. "프롤레타리아에 국경이 없다." 이것이 그들의 외침이었다. "민족이란, '피'란 집어치워라!" 이것이 그들의 부르짖음이었다. 그들 세계는 저 차디찬 달나라였다. 거기에는 뜨거움이란, 아니 인정도 의리도 있을 수 없다. 상대를 두려워하고 자신조차 의심한다. 모든 것이 어두움에서 어두움에로 움직여지며 사라져버린다.

그것은 인자 · 자유 · 평등과 포악 · 공포 · 독재와의 좋은 대조였었다. 한쪽은 저 만물이 무럭무럭 소생되어 오르는 봄날

1 "미친개 범 물어 간 것 같다" : 성가시게 굴던 것이 없어져서 시원하다는 뜻.

의 따뜻한 사위四圍[1] 가운데건만 또 다른 것은 저 만물이 시들어 말라버린, 아니 벌벌 떨고 있는 겨울 날씨의 차디찬 처량한 장면이었다.

과연 모든 겨레는 자유를 찾아 사랑을 찾아 '피'의 보금자리에로, 대한의 품안에로 달음박질하였다. 그것은 자연의 이치였다. 그렇다. 북한동포의 저 감격과 그 대행진은 바로 이러한 '피'의 움직임이었다. 그들은 지금 따뜻한 품안에서 무럭무럭 소생한다. 그리하여 우리들은 '피'에 북돋우어 날로날로 커다랗게 자라가는 우리의 보금자리 대한大韓의 장한 모습을 감각感覺하고, 보고, 자랑한다.

아, 그러나 잊어서는 안 될 것이다. 저 북한동포의 애처로운 모습이 환하지 않는가! 아, 그들은 벌벌 떨며 헤매이지 않는가! 저 토굴 속에 숨은 수많은 청년. 강압에 눌려 학정虐政에 시달려 파리하여진 저 얼굴! 그들은 용감한 투사인 것이다. 그들은 싸우는 것이다. 그렇다. 싸운다. 그러나 나날이 소마消磨[2]되는 과정에서 싸우는 것이다. 아니다. 아니다. 비록 몸은 여윌지라도 정신이야 여윌소냐. 그들은 어디까지나 싸울 것이다. 저 빛나는 눈을 보라. 굳게 닫힌 입술을 보라. 그들의 저 툭툭치는 맥박에서는 한줄기의 뜨거운 '피'가 뛰놀고 있을게지. 그 '피'는 그 보금자리 대한大韓에로 맥박칠 것이지.

아, 저 '피'의 외침에 귀를 기울이자! "우리의 조국 대한이

1 사방의 둘레.
2 원문에는 '쇄마(鎖磨)'로 되어 있으나 '소마(消磨)'의 오식으로 보임. 소마(消磨) : 닳아서 없어짐.

여 용감히 싸웁시다. 하루 빨리 저 오랑캐를 물리치고 빨갱이를 말살합시다. 그리고 이 북한에도 한시 바삐 무궁화와 태극기로써 장식하여 봅시다."

나는 위에서 민족에 대한 나의 가설假設을 실증적인 눈으로 바라다 보았던 것이다. 나의 가설은 진실이었다. 과연 '피'는 유구한 것이다. 멀고 먼 선조로부터 유전遺傳되어 할아버지로부터 아버지에, 아버지로부터 나에게로 이어 내려왔던 것이며, 이것은 또한 아들에게로, 손자에게로 영원히 계속되어 끊임이 없을 것이다. 이러한 유구불멸성悠久不滅性은 어디에 그 근원이 있을 것인가. 그것은 그 '피'의 뜨거움(응결성)에 있는 것이다. 뜨거움은 즉 사랑인 것이다. 저 유명한 루소의 말을 인용할 필요도 없이 국가가 국민을 대하매 타 국민과 마찬가지이며 또는 어떠한 인종人種에 대하여서도 거부할 수 없는 것만을 부여한다면[1] 그들은 어찌 그들의 국가를 사랑할 수가 있을 것인가. 그렇다. 민족은 사랑하지 않으면 안 된다. 민족을 대하매 관대하여야 한다. '피'는 뜨겁다. 민족은 뜨겁다. 민족을 사랑함은 오직 민족만인 것이다. 민족이기에 애원하며 민족이기에 용서한다. 이것이 바로 민족애民族愛인 것이다. 민족애 그것은 민족의 꽃이다. 저 민족의 총집결, 아니 북한 동포의 남하현상은 무엇을 시사하는 것일까. 그렇다. 그것은 바로 사랑을 찾는, 사랑의 보금자리에의 운집이었다. 대한大韓은 뜨겁다. 대한은 뜨거운 '피'의 보금자리인 것이다.

민족의 본질적인, 아니 우리가 모두 해결하여두어야 할 민

[1] 원문에는 '부여하지 않는다면'으로 되어 있으나 문맥상 '부여한다면'의 오식으로 보임.

족의 '피'. 더욱이 동족애라는, 화和라는 문제를 이때까지 우리는 너무나 등한시하지 않았을 것인가. 세계적 대변란, 크고 무서운 전쟁이 날에 날마다 시시각각, 더구나 언제까지일지도 모르게 우리 강토疆土에서, 아니 전 세계의 끝까지 몇 백만의 사람 사람에게, 일선장병에게, 후방의 모든 사람에게, 전몰戰歿하는 사람에게, 생존한 사람에게, 개인에게, 가족에게, 국가에 대하여 직면하여 있는 오늘날에 있어서 어찌 이 문제에 심각하여지지 않을 것인가. 저 많은 피와 많은 눈물은 무엇 때문에 흘리고 있을 것인가.

*　　　　　*　　　　　*

나는 이미 반개半個 성상星霜[1]이나 흘러버린 재판 직전의 시공時空하에 돌아간다. 서울 거리의 처참한 한복판에서, 부역자에 대한 울분된 여론 가운데에서, 그 어마어마한 법 밑에서 나는 눈에 보이지 않는 전쟁의 현상에 전 신경을 예민히 하였다. 저 평화의 항도 부산에서 거의 귀로써만 맛보았던 나의 전쟁기분이 환도 후의 서울에서는 오관五官의 전 신경으로써 그 닥쳐오는 모든 전율에 가까운 심각감深刻感에 감당하여 나가지 않으면 안 되게 되었던 것이다.

"나의 전쟁은 이제부터이다!"라고 나는 직감하였던 것이다. 그러나 저 장병이 담당하는 전쟁과는 그 내용의 차이가 있었던 것이다. 비록 손에 총을 들지 않았건만 나에게 부하負荷[2]된 재판사무도 민족의 총동원이라는 널따란 면으로 볼 때

[1] 일년 동안의 세월.

하나의 전쟁임에는 틀림없었다.

그다지 멀지 않은 곳에 있는 실전實戰의 현상에 부닥치면서 그러한 위험의 권외圈外에 있음에 항상 미안감을 느꼈던 나에게는 이러한 나의 직감이야말로 나로 하여금 저 일선장병에 대한 수치심을 면하기에 충분한 것이었다. 그리하여 나도 재판이라는, 더욱이 부역자 처단이라는 면을 맡은 하나의 전사戰士 기분으로써 충만되었던 것이다.

그 처참한 거리의 모습, 비등된 여론, 과혹한 법. 이 모든 것이 나에게는 저 전장戰場에서 작렬炸裂하는 폭탄의 무겁고 무서운 소리와도 같이 감각되었던 것이다. 그 소리는 용감한 우리 장병이 매일같이 듣고 있는 것이다. 그리고 그들은 그 작렬되는 가운데에서 훌륭히 용맹하게 싸운다. 나는 그 감투敢鬪의 근원을 찾아본다. 저 장병들은 영웅적이나 그것은 무슨 연고일까? 그것은 용감하게도 자기의 생명을 희생하기 때문이다. 왜 희생하는 것일까. 자기의 의무를 이행하기 때문이다. 그러면 그 의무는 무엇일까. 민족의 일원으로서 민족의 부르짖음에 복종함이다. 나는 이렇게 사색하여 보았다.

재판관에게는 그것이 무엇일까? 나는 이 대답에 주저되었다. 그러나 많은 고민 끝에 나는 결연決然히 이렇게 대답하였던 것이다. 역시 저 장병들의 그것과 같이 "민족의 일원으로서 민족의 당연한 부르짖음에 복종함이다."라고. 왜 주저하였던가. 그것은 심각한 의문에서였다. 저 비등된 여론, 저 과혹한 법의 어느 것이나 진실한 의미에서, 아니 민족의 진정眞情으로부터의 부르짖음이 아니었기 때문이다. 나는 다시 그 사

2 일을 맡김.

상思想을 파고 들여다본다. 재판관은 법률을 준수하여야 한다. 여론輿論. 그것은 재판에 직접적인 필연적인 어떠한 요소는 아니지만 그러나 재판에 있어 널리 참작되어야 한다. 원래 이러한 성격을 가지고 있는 법이며 여론이건만 우리 앞에 나타난 현실의 그것은 그러한 원래의 성격과는 너무나 거리가 멀었던 것이다. 다시 말하면 원래 법이나 여론은 정당한 민족의 부르짖음의 발로이기는 하나 현실에 나타난 그것은 과도한 흥분의 깊숙한 밑창에서 우러나온 그것이었으며 그런 만큼 그것은 본래의 부르짖음과는 상거相距[1]가 많았다는 것이다.

그러면 과연 이 상거相距를 어떻게[如何히] 이해하고 처리할 것인가가 이에 문제되었던 것이다. 나의 전 신경을 예민케 한 소이所以이거나 나로 하여금 저 일선장병의 기분을 주입시켜 주었던 원인은 실로 여기에 있었던 것이다. 그리하여 나는 저 장병과도 같이 자기 자신을 희생하였던 것이다. 본 책자는 그 희생의 과정이다. 그 고민의 과정인 것이다.

그러한 과정을 지나온 나의 가슴에는 많은 감회로써 가득찼던 것이다. 나는 이제 그 중 몇 가지를 수기手記로써 여기에 적어보기로 한다.

첫째로, 나는 법규法規라는 지팡이에 십분 의지할 수 있었던 과거가 부러워졌다. 이 관찰은 너무나 이기적이고 소극적일지도 모른다. 법규 중에 사물의 대소경중大小輕重이 규정되어서 재판관의 재판은 그 법규에 따라가기만 하면 자동적으로 사물의 대소경중이 고려되어버리는, 그러한 고민 없던 저 과거가 그리워졌던 것이다. 물론 이러한 한도에 있어서 법규

[1] 서로 떨어져 있음.

의 책임은 재판관의 책임으로 돌아가는 것이기는 하나 그렇다 하여 거기에 결과의 부당不當 등이 생길 리는 없을 것이다. 즉 아무런 흥분도 없는 냉정한 눈으로써 주밀周密[1]히 제정된 법규에 현실의 무시란 있을 수 없다 할 것이다.

원래 재판이란 법규라는 지팡이에 의지 않는다 하더라도 그 도달점은 마찬가지일 것이다. 그러한 점으로 볼 때 그 지팡이에 의지하는 만큼 재판관에게 약자감弱者感이 없는 것은 아닐 것이나, 나는 그 여부를 막론하고 이 이상 거듭되는 고민은 생각만 하여도 몸서리쳤던 것이다. 아니, 나는 재판의 보람을 맛보기 위하여서 우정 그러한 고민을 겪어볼 용기는 이미 사라져버렸던 것이다.

그리고 또 한 가지. 사회사정이 급격히 변천되어가는, 또는 임기응변의 조치가 절실히 요청되는 현 과도기에 있어서는 입법가立法家는 모름지기 재판관을 믿어주었으면 하였다. 법운용자의 자유재량의 여지를 넓혀주었으면 하였다. 실지에 있어서 사회사정의 변동이 심한 과도기일수록 그 법규는 추상성을 띠어야 할 것이며, 그렇지 않는 한 거기에서는 재판관의 임기응변의 조치가 불가능할 것이다.

둘째로, 위정자, 국민 모두 좀더 이지적理智的이었으면 하였다. 그것은 사변事變 당초부터의 나의 희망이었었다. 위급에 당면하여 비로소 당황하였고 당황은 질주疾走만을 최촉催促하였다. 뺨을 맞고서야 비로소 아픔을 깨달았던 것이요, 눈앞에 짓대어서[2] 비로소 보았던 것이다. 흥분은 숨쉴 사이도 없

1 허술한 구석이 없이 두루 세밀함.
2 원문에는 '짓서대여서'로 되어 있으나 강세어 '짓'과 '대어서'의 합친 말

이 복수로 직변直變[1]하여 버렸던 것이다. 나는 그 혼란을 이렇게 소묘하여 보았다. 그러나 소묘라 하기에는 너무도 비극적이었었다. 또 그것은 무경험한 탓이라고만 돌려버리기에는 너무도 무책임하였다.

그리하여 그것은 모두 본능 이상의 것은 아니었다. 그것은 어디까지나 범부凡夫 이상의 것은 아니었다. 동시에 그것은 우리의 희망한 바는 아니었다. 그렇다. 우리는 본능 이상의 이지성理智性을 움직였어야 할 것이었다. 범부凡夫 이상의 위인偉人도 되어보았어야 할 것이었다. 그리하여 그것은 안계眼界 이상의 것을 보고 청계聽界 이상의 것을 들었어야 할 것이었다.

셋째로, 우리는 민족이라는 것을 좀더 진지하게 검토하였어야 할 것이었다. 민족에 대한 묘연杳然[2]한 관찰에서 한걸음 나아가서 구체적인 진지한 관찰을 하였으면 하였다. 단순히 밉상스럽다 하여 학대하여서는 안 된다. 학대는 민족으로서의 이간離間이다. 우리들은 과연 학대와 인자와의 둘 중에서 어느 편을 사랑하게 될 것인가. 저 북한동포의 남하南下 현상을 다시 한번 인식하자. 진리는 그 가까이 있는 것이다.

*　　　　*　　　　*

멸공전滅共戰은 바야흐로 중대 단계에 이르렀다. 위정자도

로 생각됨.

[1] 곧바로 변함.

[2] 그윽하고 멀어서 눈에 아물아물함.

국민도, 전선戰線도 후방後方도 모두 총궐기하지 않으면 안 된다. 전선은 이미 재차 38선을 넘었다.

나의 마음은 지금도 저 깊고 깊은 철의 장막을 뚫고 그 짓밟혀가는 강산과 같이 그 차디찬, 침묵한 주검 같은 분위기에서, 아니 호굴壕窟 속에서, 벽장 가운데에서, 온돌 가운데에서, 그러나 강인强靭과 정열에서 뛰노는 항쟁의 영웅, 저 용감한 투사들과 만나본다. 그리고 그 빛나는 눈, 굳게 닫힌 입술, 그 툭툭치는 맥박을 다시 다시 보며 그들의 외침을 거듭거듭 듣는다. 그것은 그 뜨거운 '피'를 나에게 뿌려주는 것이었으며, 나는 그 뜨거운 '피' 가운데에 서 있는 것이다. 그 '피'는 나 모르게도 나의 정신까지 왈칵 왈칵 떠들썩시키는 것이었다.

동시에 "저 참호 속에서 사닥다리를 올라 밖으로 뛰어 나간다는 것은 사형과도 마찬가지입니다."라고 하던 상이군인傷痍軍人의 말을 상기치 않을 수 없다. 그러나 그들은 밖으로 뛰어나간다. 그것은 누구의 때문일까. 물론 대한민국大韓民國을 위하여서일 것이다. 대한민국은 두말 할 것도 없이 우리 배달민족倍達民族의 운명의 총화總和이다. 그것은 우리들이다. 다시 말하면 그것은 모두 우리 고향이며, 거리이며, 대구이며, 그 서울이나 대구를 형성하는 모든 가가호호家家戶戶인 것이다. 그 모든 것을 그 병사들이 피를 흘려 지켜주는 것이다. 그렇다. 우리들은 지금 그들의 이 커다란 영웅적인 노력의 사위四圍[1] 가운데에서 서 있는 것이다.

1 사방의 둘레.

제 2 부

유 병 진 법 률 논 집

차 례

비상조치령[1]에 있어서의 몇 가지의 과제[2]

Ⅰ. 역도의 점령지역에 대하여 본령을 실시할 수가 있을까

역도逆徒[3]의 점령지역에 대하여 본령本令을 실시할 수가 있을까. 즉 우리의 실지 지배력이 없는 곳에 우리 명령이란 있을 수 있을까. 이는 이론을 연구하는 법학도로서 일응一應 의문시疑問視됨이 그 예일 것이다. 나는 이에 대답하기 위하여 우선 법령의 지배력을 형사면에 한정하여 일반적인 원칙을 살펴보기로 한다.

명령이라는 것은 그것이 실천할 수 있다는 것을 전제로 하는 것이다. 아무리 명령을 하였다 하더라도 그 복종을 강제할 수 없을 때에는 그 명령의 존재가 없을 것이다. 이러한 명령 내용의 실현을 기도企圖하려면 자연히 국가의 충분한 지배력

1 「비상사태하의 범죄처벌에 관한 특별조치령」의 원래 조문과 개정조문은, 후술 443면 이하 참조. 이 글에서 기준이 되고 있는 것은 개정된 법령이다. 이 개정법령의 조문은, 후술 444면 이하 참조.

2 『법정(法政)』 제6권 제9호, (1951. 9.), 9~13, 8면.

3 반역자(反逆者)의 도당(徒黨).

이 요구된다. 그리하여 이러한[如斯한] 국가의 지배력은 그 영토 내에 있어서만 완전을 기할 수 있을 것이며 이러한 의미에 있어서 법령의 지배력은 원칙으로 실지 지배권支配權을 행사할 수 있는 영토에 한한다 할 것이다. 그러므로 아무리 영토라 하더라도 실지에 있어서 지배력이 없는 이상 법령의 효력은 미치지 못한다고 하여야 할 것이다.

이제 우리는 그 비근卑近한 예로 38 이북에 대한 우리 법령의 효력에 관하여 그 법률적 견해를 구명究明하여 보기로 하자. 헌법[1] 제4조에 의하면 "대한민국의 영토는 한반도와 그 부속도서로 한다" 하여 남북한南北韓 전체를 그 영토로 한 것이다. 그러나 현실에 있어서 38선 이북은 소위 인민공화국人民共和國이란 집단이 이를 통치하고 있지 않는가. 따라서 그 지역에는 우리 대한민국의 실지 지배력이 무無하다는 것도 사실인 것이다. 그런 이상 본 문제의 해답은 이미 명료한 것이다. 실지 지배할 수 없는 지역에 대하여 명령할 수는 없을 것이요, 명령할 수 없는 이상 법령의 지배력이란 문제도 안 될 것이다.

그러면 한걸음 더 나아가 이와 우리 헌법 제4조와의 관계를 어떻게[如何히] 보아야 할 것인가. 즉 첫째로, 헌법 제4조의 규정을 시인하는 이상 동同 지역에 대한 법령의 지배력도 인정하여야 하지 않는가? 반대로 법령의 지배력을 인정치 않는 이상 동同 헌법규정도 동일시하여야 하지 않는가? 이것은 상기上記한 바와는 그 취지가 다른 것이다. 즉 헌법憲法은 국가조직에 관한 기본법이며, 법령法令이라는 것은 이미 조직된

[1] 당시 헌법의 관련조문은, 후술 462면 이하 참조.

국가에 있어서의 통치統治의 한 작용에 불과한 것이다.

헌법은 우리 민족역사라는 지반에서 생긴 것이며, 법령은 헌법에 그 기초를 둔 것이다. 민족의 역사, 즉 우리 겨레의 역사는 이미 우리 단군檀君 이래 확고부동한 것이며 이는 이를 유지하고 발전시키는 일一 방안의 점멸點滅 여하에 의하여 그 근본까지 움직여질 수는 없는 것이다. 우리 겨레가 단 한줄기의 피로써 이루어진 이상 일시적인 일부 지역적 장해로 말미암아 민족이 이분二分될 리 없으며 그 강토가 양단兩斷될 리는 만무한 것이다. 그러므로 헌법 제4조의 규정은 이러한 민족역사의 사실을 선명宣明[1]한 데 불과한 것이며 이 역사사실은 일부 법령 지배력 여하에 의하여 좌우될 리는 만무한 것이다.

그러면 그 둘째로 38 이북에 대한 이러한[如斯한] 법령의 지배력 관계를 어떻게[如何히] 이해하여야 할 것인가? 즉 우리 영토라 하면서도 법령의 효력이 미치지 못한다는 사실을 어떻게 이해하여야 할 것인가? 물론 법령의 공포·시행이라는 것은 특별한 제한을 붙이지 않은 이상 헌법에 규정된 당시의 영토 전체에 미치는 것이다. 그러한 의미에서 38 이북 지역에도 우리 법령의 공포公布는 있었다 할 것이나 사실상의 지배력이 없는 이상 이를 실시할 수 없을 것이며, 따라서 우리 법령의 효력이 자연 정지되었다고 봄이 타당할 것이요, 이러한 의미에서 법령의 효력이 미치지 못한다는 것이다. 그러므로 동同 지역에 대한 그 지배력의 회복과 동시에 우리는 법령의 공포라는 새삼스러운 수속手續[2]을 취함이 없이 그 법

[1] 명확하게 밝혀 선언함.

령을 실시할 수가 있을 것이다.

그런데 이러한[如斯한] 법률관계는 이론상 비단 38 이북이라는 지역에 한정될 것이 아니다. 역도逆徒들 6·25 침략 후의 서울시 등 기타 지역으로 보더라도 3개월 동안이나 유린蹂躪하에 있었지 않았던가. 동同 기간 내의 동同 지역에 있어서의 그 법률관계도 38 이북의 그것과 동일하다 할 것이다. 이상에서 우리는 사실상의 지배력이 없는 지역에는 법령의 효력이 미치지 못한다는 원칙을 지적하여 왔다.

그러나 한 국가는 자국自國의 보전保全을 기하여야 할 것이요, 그뿐만 아니라 국가 내지 민족의 정의正義를 보전 내지 발전시키기 위하여서는 국민의 비인도적인 범죄犯罪를 징치懲治[1]하여야 할 것이다. 이러한[如斯한] 경우에까지 그 지배력이 없는 지역 내의 행위라 하여 공수방관拱手傍觀[2]할 수는 없을 것이다.

우리 형법[3] 제2조에 있어서 외국에서 감행된 내란죄, 통화위조죄 등 소정所定 범죄는 하인何人[4]을 막론하고, 또 동同 제3 및[及] 4조에 있어서 외국에서 방화, 문서위조, 살인, 강도 등등 범죄를 감행한 아국민我國民에 대하여 각각 이를 처벌할 것을 규정함은 실로 이러한 고려에서 나온 것이며, 이것이 전시前示 원칙에 대한 유일의 예외라 할 것이다. 나는 우리 국민의 이러한 범죄는 모두 비인도적 범죄라고 일괄一括

2 '절차(節次)'에 해당하는 일본식 법률용어.

1 징계하여 다스림.

2 팔짱을 끼고 곁에서 바라봄.

3 당시의 의용형법의 관련조문은, 후술 475면 이하 참조.

4 어떠한 사람. 누구.

하고 싶다. 그리하여 비인도적 범죄에 관한 법만은 그 지역이 우리 법령의 지배력 범위 내이냐 아니냐를 구별함이 없이 시행되는 것이며, 이는 다만 우리 국민이라는 대인적 관계를 근거로 이러한 효력이 부여되어 있는 것이다.

이상 요컨대 우리 법령은 원칙적으로 38 이북에는 그 효력이 미치지 못하나 상기上記 예외의 경우에 한하여 그 효력이 미친다는 것이다. 그리하여 우리는 이상으로써 만족하여야 할 것이다. 왜냐하면 음식점영업취체규칙[1]과 같이 그때그때의 어떠한 행정상의 목적을 달성시키기 위한 소위 행정법규行政法規 또는 행정적 법규위반의 각 범죄, 소위 법정범法定犯 또는 행정범行政犯 관계에 있어서는 당해 지역에 대한 지배력이 없는 이상, 즉 그 행정을 하지 않는 이상 이를 문제시할 필요도 없을 것이요, 또 문제시할 수도 없을 것이다. 다시 말하면 이는 다만 실지 지배(행정)시에 그 행정의 목적을 달성시키기 위하여 이에 순종시키면 족할 것이며, 이미 경과된 과거에 있어서의 동同 행위를 새삼스럽게 문제시한다 하더라도 과거가 재현再現하지 않는 이 우주에서는 하등의 소용이 없을 것이다.

다음 여기에서 우리가 생각할 것은 반민족적 행위다. 반민족적 행위도 넓은 의미에 있어서 비인도적 행위임에는 틀림없다. 그러나 이것은 비인도적 행위이면서도 민족정기民族正氣에 반하는 행위이므로 우리는 보통 이것을 절도·강도와 같은 비인도적 행위와는 구별한다. 더욱이 반민족적 행위는 민족정기에 반하는 행위이므로 보통 비인도적 행위에 비하여

[1] 취체(取締) : 우리말 '단속(團束)'에 해당하는 일본식 법률용어.

국가의 국민에 대한 대인적對人的 관계가 일층 예민하고 중대시되는 것이다. 고래古來[1] 어떠한 국가에 있어서도 국가반역행위를 간과하지 않았음은 이러한 이치에 연유한 것이며, 이것 역시 예외에 속할 것은 물론이다.

여기에서 우리는 본론에 들어가기로 하자. 역도逆徒의 침구侵寇로 말미암아 우리는 강토疆土의 대부분을 약 반 개월 내지 3개월이라는 기간에 긍亘하여[2] 역도의 지배하에 맡겨두었던 것이다. 그러면 어떠한 정도로서 실지 지배력을 박탈당하였다고 보겠는가의 문제는 (1) 구체적으로 그 표준수립에 곤란한 점이 많을 것이나 여하튼 전시前示한 바와 같이 장기일간 그 점령을 당한 이상 우리의 실지의 지배력이 잠정적이나마 상실되었던 것이라고 하지 않을 수 없는 것이다. 그러면 이러한[如斯한] 지역에 대하여 비상사태非常事態이니 이러이러한 행위는 금한다고 명령할 수가 있을까? (2) 아니 그 명령과 점령군占領軍의 명령이 상반될 때 우리는 감히 우리의 명령만을 복종할 것이며 역도들의 명령은 거부할 것으로 강요할 수가 있을까? (3) 아니 그 점령지역에 있어서의 비인도적 범죄에는 일반 형사법을 적용함으로써 충분하지 않을까?

그 설문設問 중 (1) 및[及] (2)에 대한 해답은 전시前示 법령의 지배력에 관한 설명 중에서 이미 명백히 되었다고 생각한다. 즉 본령本令에 규정된 범죄는 반민족적 행위와 비인도적 행위와의 2종류이므로 이는 예외적으로 그 실지 지배력이 없던 역도들 침점지侵占地[3]까지 그 효력이 미친다 할 것이다.

[1] 예로부터 지금에 이르기까지.

[2] 긍(亘)하다 : 걸치다.

설령 동同 지역에 있어서의 점령군의 법령과 상반되는 점이 있다 하더라도 우리는 우리의 도덕관념으로서 소위 비인도성非人道性을 규정할 것이요, 점령군의 법률에는 하등 관지關知[1]할 바는 아닐 것이다. 실지에 있어서도 그렇다 하여 그 지역 내의 주민들에게 하등 불합리하지 않을 것이다. 왜냐하면 문명국에 있어서의 윤리도덕은 전 우주를 통하여 동일하다 할 것인즉 이에 저촉되는 법은 즉 악법惡法이요, 그 악법을 순종한 자 역시 윤리도덕에 반한다 하지 않을 수 없기 때문이다.

설문 (3)에 대하여서는 우선 반대설문反對設問을 하기로 한다. 즉 우리 지배력이 박탈되어 적의 완전한 지배하에 들어갔다는 것은 전쟁으로 인한 혼란상태가 일응 종식되었다는 것을 의미하는 것이요, 물론 지배력의 박탈 여부는 엄격히 해석하여야 할 것이니까 이는 그 지배자의 교체는 있었을지언정 사회질서는 원상화原狀化되었다는 것인즉, 이러한[如斯한] 상태하에 있어서의 범행을 과거보다도 더 중히 처벌한다 함은 즉 우리 때에 하면 징역 10년이지만 놈들 때에 하였으니까 사형, 무기 하는 것과 같이 몰이론적沒理論的이 되고 말 것이다. 더구나 현現 형법 제2 내지 4조에 규정된 국외國外에 있어서의 차종此種[2] 범죄의 소정형所定刑을 보더라도 국내國內의 그것과 동일하지 않았던가라고.

물론 일단 놈들에게 점령당한 지역은 그 지배자의 교질交

[3] 침입하여 점령한 지역.
[1] 어떤 사실에 관련하여 앎.
[2] 이러한 종류.

迭[1]이 있었을 뿐 사회질서는 회복되었다는 사실은 긍정하여야 할 것이다. 여기에 사회질서라 함은 정치상의 질서와 같이 광의의 것이 아니고 형법이 요구하는 안녕질서를 운위할 것이니까. 그러나 이 설문設問은 그 지역을 평상사태平常事態로만 보았다는 점에 있어서 이미 오해로 돌리지 않을 수 없는 것이다.

즉 역도의 점령지역에 있어서도 역도들의 전쟁물자 운반 등 전쟁으로 인하여 발생된 상태가 계속될 것이요, 더구나 전쟁심리戰爭心理, 즉 전쟁에 있어서의 공포심의 이용이란 지역적인 제한을 받는 것이 아니다. 그리하여 이러한 지역에서 그 사태를 이용한 행위가 반드시 역도들을 해하는 행위만이라고 단정할 수는 없는 것이다. 그렇다면 우리는 비인도적 범죄에 대하여 우리의 실지 지배범위 외라 하여 그 범위의 내內 그것과 별다른 취급, 즉 경한 취급을 할 필요까지 생각할 수는 없을 것이다.

Ⅱ. 문제될 어구의 해석

1. 비상사태의 개념

본령本令 제2조는 비상사태를 지칭하여 '단기 4283년 6월 25일 북한괴뢰집단의 침구侵寇에 의

[1] 서로 바뀜.

하여 발생한 사태'라 하였다. 그리고 동同 제2항은 동同 비상사태의 종말을 규정하여 '비상사태는 대한민국 정부기관에 의하여 치안이 회복하였을 때에 종료된다'고 하였다. 그러므로 본 비상사태非常事態의 해석은 동조同條 제1 및[及] 2항을 종합하여서 해석하지 않으면 안 될 것이다. 즉 제1항만을 본다면 문구상 다소의 의문의 여지는 있지만 침구侵寇에 의하여 발생한 사태라 하기에 전쟁으로 인하여 직접적이나 혹은 간접적이나마 영향을 받고 있는 사태를 칭한다 보는 것이 타당할 것이다.

그리하여 비상사태非常事態라고 할진대 적어도 유형적(지역적)으로는 전쟁상태가 접근하였다든가 또는 전쟁 중이라든가 혹은 전쟁상태가 지난 지 불과 얼마 안 되어 전투의 흔적이 현저한 경우일 것이고, 무형적(심리적)으로는 전쟁으로 인한 어떠한 위협감이 다소라도 감득感得되고 있는 상태라야 할 것이다. 이러한 상태는 시시처처時時處處히 변동될 것이다. 그러므로 유형적으로는 동일한 장소의 소위所爲가 그 시간 여하에 따라 비상사태하의 행위가 될 수도 있고 그렇지 않을 수도 있을 것이며, 무형적으로는 동일한 일시 · 장소에서 감행된 행위가 갑에 대하여서는 비상사태하의 범죄가 될 수 있으나 을에 대하여서는 그렇지 않을 수도 있을 것이다.

예컨대 동일 장소에서 감행된 행위 중 7월 1일의 행위는 당시 전투 직전이었으므로 비상사태하의 행위이었으나 9월 1일의 동일 행위는 당시 이미 전장戰場이 타他에 이동된 지 오래였기 때문에 비상사태하의 행위가 되지 아니하는 것과 같다. 또 동일한 시각, 동일한 장소에서 감행한 행위가 갑은 피해자의 전시戰時에 대한 어떠한 공포상태를 이용하였기에 비상사태하의 행위가 되고 을은 이러한[如斯한] 공포상태를 이용하지 않았기에 비상사태하의 행위가 되지 아니하는 것과 같다. 요컨대 그 침구侵寇에 의하여 발생한 사태는 점멸상태點滅狀態에 있는 것이다.

그러나 제2항을 볼진대 비상사태는 결국 치안治安이 완전히 회복하였을 때에 종료된다고 하여 그 종료되는 시각을 정하지 않았던가. 치안이 완전히 회복되었다 함은 어떠한 정도를 칭하느냐의 점을 차치差置하고 이 규정으로써 비상사태의 종기終期를 규정한 것만은 틀림없을 것이다. 그렇다면 일단 발생한 비상사태는 그 종기까지 계속한다는 것을 의미할 것이다. 그러면 동조同條 제1항과 제2항과의 모순을 어떻게[如何히] 이해하여야 할 것인가.

생각건대 동조 제1항이 그 의미가 다소 의문의 여지가 있는 데 반하여 동 제2항은 너무도 그 의미가 명확하지 않은가. 그렇다면 동 제2항에 중점重點을 두어 비상사태라 함은 북한 괴뢰집단의 침구侵寇가 있는 1950년[단기 4283년] 6월 25일부터 치안이 완전히 회복될까지를 지칭한다고 할 것이며, 동同지역은 그 침점侵占 유무를 막론하고 전 한국이 되어야 할 것이다. 그리하여 우리는 그 명문상 비상사태非常事態의 개념을 이상과 같이 하는 데에 주저치 않는 바이다.

2. 비상사태에 '승乘하여'의 의의

'비상사태에 승乘하여'의 '승乘하여'를 어떻게[如何히] 해석할 것인가. 실지에 있어서 비상사태의 개념보다도 '승乘하여'의 의의意義 여하가 더 중요한 것이다. 이에 대하여서는 두 가지 견해가 있는 듯하다. 그 하나는 비상사태의 '아래'에서, 즉 비상사태하에서의 의미로 보는 것과 그 둘째로 '승乘하여'를 혹은 '기화奇貨로'서의 의미로 보는 것이다. 비상사태하라면 비상사태의 기간 중에 감행된 모든 행위가 모두 이에 해당될 것이며, 비상사태를 이용 또는 기화奇貨로 한다 하면 문자 그대로 비상사태를 특히 이용하고 또는 호기好機로 감행한 행위만이 이에 해당될 것이다. 그러므로 후자라면 동 기간 중의 행위가 보통범죄일 수도 있을 것이며 비상사태에 승乘한 범행이 될 수도 있을 것이다.

그리하여 이 '승乘하여'의 해석은 사실에 있어서 전기前記 비상사태의 해석과 서로 관련되는 것이다. 왜냐하면 비상사태를 전시前示 결론과 같이[如히] 그 전 기간 중 계속된다고 할진대 '승乘하여'는 반드시 이를 '이용하여' 또는 '기화奇貨로' 이를 해석하여야 할 것이요, 또 이를 점멸적點滅的인 상태라고 볼진대 '승乘하여'는 반드시 '아래에서', 즉 '하下'라고 해석하여야만 실지 운용에 타당을 기할 수 있을 것이다. 아무리 전시戰時라 하더라도 전시와 하등 관련 없이 감행된 범행에까지 전시법戰時法인 본령本令으로써 엄벌한다 함은 부당하다고 할 것이다. 이에 우리는 '승乘하여'의 문자 그대로 또는 전시前示 사태의 정의에 따라 이를 '이용하여' 또는 '기화奇貨로'의 의미로 해석하는 바이다. 그러나 실지에 있어서 이를 운용하려면 그 한계가 대단히 애매할 것이며 곤란할 것이다. 요컨대 평시平時와 동일한 상태하 또는 심리하에서 감행된 행위는 이[此]를 '승乘하여'에 해당시킬 수는 없을 것이다.

Ⅲ. 비상조치령 및[及] 특별처리법은 과연 부역자만을 대상으로 하는가

조치령措置令[1]의 처벌대상은 과연 부역자附逆者만인가. 이 문제는 「부역행위특별처리법」[2]이 제정됨에 이르러 중대한 과제를 던지고 있다. 조치령 제1조에 의하면 "본령은 비상사태하에 있어서의 반민족적 또는 비인도적 범죄를 신속히 엄중처벌함으로써 목적으로 한다" 하여 반민족적 범죄와 비인도적 범죄가 그 대상이 되어 있다. 한편 「부역행위특별처리법」 제1조에 의하면 "본법은 역도逆徒가 침점侵占한 지역에서 그 침점기간侵占期間 중 역도에 협력한 자를 처벌함에 있어 특별히 처리함을 목적으로 한다" 하여 그 대상자를 역도에 협력한 자로 한하되 특히 다시 그 범위를 축소하여 역도의 침점지역에서 그 침점기간 중에 감행한 것이라야 한다는 것을 명백히 하였다.

그런데도 불구하고 본법 제2조 및[及] 3조에서는 "국가보안법 및 비상조치령에 규정된 죄를 범한 자 중 좌左의 각호의 1에 해당한 자는 운운"이라 하여 조치령에 규정된 죄를 일률적으로 취급하고 있다. 그러면 처리법 제1조에 규정된 대상자

1 「비상사태하의 범죄처벌에 관한 특별조치령」의 줄인 말.
2 「부역행위특별처리법」의 원래 조문과 개정조문은, 후술 456면 이하 참조.

인 역도협력자逆徒協力者와 동법 제2 및[及] 3조의 규정 중 조치령에 규정된 죄를 범한 자와의 관계를 어떻게[如何히] 보는가. 즉 양자는 대상이 동일한가 혹은 별개인가. 이 결론의 여하如何에 의하여 동 처리법 제2, 3 및[及] 14조를 적용, 즉 형의 면제 또는 감경 혹은 특별시효特別時效를 원용援用할 수 있는가 없는가의 중대한 결정을 짓게 되는 것이다. 그뿐이랴. 과거에 있어서의 부역자에 대한 대사령大赦令의 실시도 이러한 관념을 명확히 하여야 하였을 것이다. 이제 우리는 이것을 해명하여 보기로 하자.

1. 조치령의 범죄내용

조치령 범죄내용은 명령 제1조에 의하여 반민족적 범죄와 비인도적 범죄의 2종류로 대별되어 있다. 이것을 분류하면

갑. 반민족적 행위

1. 이적利敵 목적으로 체포, 감금, 상해, 폭행한 행위(제4조 3호 후단)

2. 적에게 정보제공 또는 안내한 행위(동조 제4호 후단)

3. 적에게 무기, 식량, 연료 기타의 금품을 제공 기타의 방법으로 적을 자진방조自進幇助한 행위(동 제5호)

4. 정보제공, 안내 또는 기타의 방법으로 상기上記 범죄에 가공한 행위(동 제5조)

을. 비인도적 행위

기재생략. 동 제3조, 제4조 중 전시前示 갑 중 1 내지 3을 제외한 부분, 동 제5조 및[及] 제7조 소정의 행위

그리하여 비인도적 범죄도 이적利敵의 목적일 시時 즉 이적 행위의 방법일 시時는 동 제4조의 기타의 방법에 해당되므로 동조同條 위반 즉 반민족적 행위가 될 것이다.

그러면 반민족적 범죄와 비인도적 범죄와는 어떠한 차이가 있는가. 반민족적 행위도 넓은 의미에 있어서 비인도적 행위이다. 그러나 이것은 특히 민족정기民族正氣에 반하는 행위이므로 우리는 보통 강도나 절도와 같은 한 비인도적 행위와는 구별한다. 비인도적 행위는 인간의 정의를 손상시키는 것이지만 반민족적 행위는 민족의 정의를 박멸撲滅시키는 것이므로 반민족적 행위는 보통 비인도적 행위보다 국가의 국민에 대한 대인적 관계가 일층 예민하고 중대시되는 것이다.

그리하여 본령本令에서의 양자의 구별은 이적利敵의 목적 유무에 있다 할 것이다. 즉 동일하게 비상사태를 이용하는 행위 중에도 이적의 목적으로서 또는 이러한[如斯한] 목적이 없이 본령 소정의 범죄를 감행할 수가 있을 것이다. 예컨대 이적의 목적으로써 적에게 정보를 제공함은 전자前者일 것이요, 달리고 있는 피난민의 당황한 틈을 타서 소매치기를 함은 후자後者에 해당할 것이다.

그러면 우리는 이 양자 간의 법률관계를 어떻게[如何히] 보아야 할 것인가. 물론 양자는 병합죄併合罪의 관계에 있다 하겠지. 문제는 이적利敵의 목적으로 동령同令 소정所定 행위를

감행하였을 때의 양자 간의 법률관계다. 이것은 일개 행위로서 수개의 죄명에 저촉된다 하여 상상적 경합想像的 競合이라 함이 필요할 것이다.

2. 문제되는 각 행위의 개념

갑. 반민족적 행위는 동일한 개념인가

조치령 1조에 의하면 반민족적 행위라 되어 있는데 반하여 「부역행위특별처리법」 제1조에 의하면 부역자附逆者라고 되어 있다. 그러면 양자는 별개의 개념인가. 부역행위가 반민족적 행위임에는 어느 누구도 이의가 없을 것이다. 뿐만 아니라 소위 부역행위는 물론 더구나 특별처리법 제1조 소정의 부역행위라면 반민족적 행위보다도 좁은 개념이라는 것도 의심할 여지가 없을 것이다. 그러한 의미에서 양 행위는 동질의 행위임에는 틀림없을 것이다.

그러나 과거의 예에 의하면 반민족적 행위는 보통 부역행위 중의 어떠한 정도 이상의 행위만을 지적하였던 것이다. 비근卑近한 예를 든다 하더라도 우리나라 과거의 「반민족행위처벌법」[1] 역시 고등관高等官 3등 이상이니 적극협력, 악질로 반민족적 죄적罪跡이 현저한 자 또는 악질적인 자 등등이라 하여 반민족성의 기준을 어떠한 높은 수준에 두었던 것이다. 그렇다면 결국 반민족적 행위란 부역사실을 위법성違法性에 비추어 가치판단한 법률적 명칭인데 반하여 부역행위란 단순

[1] 「반민족행위처벌법」의 관련조문은, 후술 461면 이하 참조.

히 부역사실이라는 사실행위를 지칭함이 아닐까. 환원하면 부역행위는 모두 위법성이 있다 하여 범죄시할 것이 아니라 다만 어느 정도 이상 부역한 자만이 위법성을 띤 것이며 그 행위가 즉 반민족적 행위라는 취지일 것이다.

이러한 견지에서 본다면 하등의 기준도 고려하였다고 볼 수 없는(다만 동 조치령 제4조 5호에……자진방조自進幇助한 행위라 되어 그 기준을 세운 것 같으나 이것도 후기後記한 바와 같이[如히] 동 제5조 규정과 관련시킬 시는 하등 기준의 의미가 없음) 우리 비상조치령 소정所定의 반민족적 행위는 오히려 실질에 있어서 전술前述한바 부역행위라는 사실행위를 지칭한 것이라 할 것이요, 그렇다면 동령同令의 소위 반민족적 행위는 즉 부역행위라 봄이 타당할 것이다.

을. 비인도적 행위와 부역행위와는 어떠한[如何한] 관계에 있는가.

이것은 별로 문제가 없을 것이다. 절도나 강도와 같은 비인도적 행위를 감행하였다 하더라도 그것이 이적利敵의 목적이 없는 이상 역도逆徒에게 협력한 것은 아닐 것이며, 따라서 양 행위는 하등 관련이 없다 할 것이다.

3. 결 론

이상 설명에서 조치령의 처벌대상자는 소위 부역자와 비인도적 범죄의 두 종류로 되어 있음이 명백히 되었다. 그러면 과연 특별처리법에 있어서 그 대상자를 어떻게[如何히] 해석할 것인가. 전술前述한 바와 같이[如히] 동법 제1조에는 그 대상자를 명백히 하여 있는 것이다. 그러나 동 제2조 및[及] 3조를 관련시켜 볼 때 다소 의문이 발생하지 않을 수 없는 것이다. 즉 동 제2, 3 및[及] 14조의 대상자는 전시前示 부역행위, 반민족적 행위와 비인도적 행위의 양자를 포함한 것인가. 본법 제2 및[及] 3조 각 모두冒頭[1]에는 '국가보안법 및 비상조치령에 규정한 죄를 범한 자 중 운운'이라 되어 동 조치령 위반범은 모두 이에 해당하는 것 같으나 그 내용인 각호 규정을 살펴볼 때에 본법 목적을 천명한 제1조의 취지 및[及] 이상의 각 견해와 더불어 우리는 이 법이 부역자만을 그 대상으로 한 것이고 동 조치법 중 비인도적 행위범은 포함되지 아니하였다는 사실을 추지推知[2]할 수가 있는 것이다. 그러면 동법 제14조의 '본법에 의하여 처리하는 범죄'는 확실히 부역범만을 지칭한다 할 것이다.

4. 실무에 있어서의 참고사항

이상의 논論으로써 우리는 실무상 주의하여야 할 몇 가지를 발견하지 않을 수 없다. 종래 동 처리법이 애매하였던 관계로 그 취급이 통일되지 못하여왔다는 사실은 우리가 잘 아는 바이다. 그러면 구체적으로 이를 살펴보기로 하자.

1 말이나 문장의 첫 대문.
2 추측하여 앎.

갑. 공소기간公訴期間에 있어서

특별처리법 제14조에 의하면 동법同法에 의하여 처리하는 범죄에 대한 공소기간公訴期間은 수복일收復日로부터 90일로 되어 있다. 이에 해당하는 범죄는 전술前述한 바와 같이[如히] 단순한 부역행위만이라 하여야 할 것이다. 그러므로 그 부역행위와는 하등의 관계없이(병합관계) 또는 그 부역의 방법으로서(상상적 경합관계) 감행된 범죄는 공소시효公訴時效의 별개화의 원칙에 의하여 본 공소기간에는 하등 관계가 없을 것이다. 즉 이적利敵의 방법으로 살인, 강도 등으로 감행한 범행사실에 대하여 6개월이라는 공소기간公訴期間이 경과하였다 하더라도 순전한 부역행위 이외인 살인, 강도의 행위에까지 공소의 소멸시효가 걸린 것은 아니다. 그러면 우리는 이러한[如斯한] 비非부역행위에 대하여서는 여전히 심리 · 재판하여야 할 것은 물론이다. 근간近間[1] 이러한[如斯한] 사건을 단순한 부역죄附逆罪와 동일하게 취급하여 공소公訴를 기각棄却하여 버리는 예가 있음은 유감遺憾한 일이라고 생각한다. 이러한 처리는 본 처리법의 입법취지를 몰각한 것이며 우리의 민족양심으로 보아 도저히 용허容許치 못할 사실이다.

을. 형의 감경 또는 면제에 관하여

즉 본 처리법 제2 및[及] 3조를 적용할 수 있는 범죄는 전술前述한 바와 같이[如히] 부역행위인 것이다. 여기에 부역행위라 함은 규정상 단순한 부역행위만이 아니라 이적利敵의

[1] 요사이.

방법으로 감행된 비인도적 행위도 역시 부역행위임에는 틀림없으므로 이에 포함된다 할 것이다.

왜냐하면 후자의 경우에 있어서도 그 행위가 역도들의 압력에 의하여 부득이 감행될 수도 있을 것이요, 그러한 경우라면 이것을 상기上記의 소위 단순한 부역행위와 구별할 하등의 필요가 없기 때문이다. 이러한[如斯한] 해석은 이론상 및[及] 실제상 타당하다 할 것이요, 그 점에 있어서 전술前述 공소시효公訴時效에 있어서의 그것과 혼동하여서는 안 될 것이다. 다음 부역행위와 관계없이 감행된 전시前示 비인도적 행위에 대하여 동법 2조 및[及] 3조 소정의 형의 감경 또는 면제를 하지 못할 것은 너무나 명백한 일이다.

Ⅳ. 부역행위는 모두 범죄시되어야 할 것인가

역도逆徒에게 협력한 행위는 과연 모두 위법성違法性을 띤 것이며 범죄시犯罪視되어야 할 것인가. 6·25 사변이라는 역도의 침구侵寇를 받아 그다지 짧지 않은 기간 내에 강토의 대부분을 역도들에게 짓밟혔던 우리로서 본 과제는 심각하지 않을 수 없는 것이다. 이제 이에 대한 우리나라의 태도를 볼진대 비상조치령非常措置令은 부역행위의 전부를 범죄시하고 있다. 다만 동령同令 제4조 5호에 의하면, '……적을 자진방조自進幇助한 행위'라 하여 그 소정所定 행위의 전부를 동호同號 위반으로 한 것이 아니고 자진하여 한 자만에 대하여 이를 범죄시하여 처벌한다는 것을 규정한 것 같으나 동령 제5조의 '……기타의 방법으로 전2조의 범죄에 가공加功한 자는 운운'이 있는 데에 관련시킬 때 동 제4조 5호의 자진방조自進幇助란 제한적 규정은 이에 대한 아무 의미도 없게 된 것이라 할 것이다. 즉 가공加功이라는 것은 가담행위加擔行爲를 의미할 것인즉 공동정범共同正犯만을 지칭하는 것이 아니고 그 종범從犯도 역시 이에 가공加功에 해당되는 것이라고 볼 것이다. 그런데도 불구하고 제5조에 의하면, '……가공한 자는 주범主犯의 예에 의하여 처단한다'고 규정하여 결국 자진방조自進幇助와 또 이를 방조幇助한 자를 모두 동일하게 처단하는 것이다. 그러면 필경 본령本令은 부역행위에 하등의 기준을 세우지 않았음이 명백한 것이다.

그 후 동同 법령 소정형所定刑의 과중過重을 완화시키기 위하여 그 일부를 개정하매[1] 특히 부역행위의 어떠한 경우에는 형의 감경 또는 면제를 할 수 있을 것으로 규정하였으나[2] 부역행위에 대한 근본적인 기준에 대하여서는 하등의 고려도 한 형적形迹이 없었다.

과연 그렇다면 역도들 치하에 있는 동안 놈들에게 소위 위문금 단 백 원을 제공하였다는 단순한 사실도 이에 부역범으로서 본령本令의 처단을 받아야 할 것인가. 우리는 우선 역도들 정체를 살펴보자. 역도들의 정치란 그 역사상 비류比類 없는 잔인무도한 학정虐政임은 세인世人이 주지하는 바이다. 과거 여순사건麗順事件[3] 등 허다한 경험을 얻은 국민으로서 놈

1 비상조치령의 개정내용은 후술 444면 이하 참조.
2 부역행위특별처리법 제2조 및 제3조를 가리킴. 후술 456면 이하 참조.
3 여수 · 순천반란사건. 1948년 10월 20일 전라남도 여수에서 주둔하던 국군 제14연대 소속 좌익계열 군인들이 일으킨 반란사건.

들의 형체만 보아도 전율하는 지경인즉 실지 그 명령을 강요할 때의 국민의 공포감이란 형용키 곤란한 것이다. 그리하여 명령복종이냐, 은신이냐, 투옥·유형流刑 또는 총살이냐의 3자 중 어느 한 길을 택하여 한다는 것이 국민의 운명인 것이다.

이러한 특수사정을 기반으로 나는 본 문제를 논하기 위하여 다시 두 가지의 과제를 던지기로 한다. 첫째, 국민에게 어느 정도의 민족의식을 요구할 것인가. 역사에 빛나는 고래古來의 애국자들은 어떠한[如何한] 역경에 있다 하더라도 역도들에게 굴종치 않을 것이다. 그들은 역경을 만회키 곤란하다고 단정할 때 대개 죽음이냐 또는 소위 망명이냐의 어느 한 길을 택할 것이다. 그러면 우리는 국민의 전부에 대하여 이러한[如斯한] 지사志士 행위를 본받을 것을 기대할 수가 있을까. 아니 국민의 전부에 대하여 죽음이냐 또는 망명이냐의 어느 한 길을 택할 것을 강요할 수가 있을까.

둘째, 인간의 생生에 대한 애착심을 어느 정도로 용인容認하여야 할 것인가. 생의 애착심이란 인간에 한정된 것은 아니다. 모든 생물이 그 생명을 존중하듯이 우리 인간에 있어서도 이에 지지는 않을 것이다. 백발노인도 죽음을 슬퍼하고 거리에 방황하는 앉은뱅이 병신도 죽음을 피하기 위하여 더위와 추위를 무릅쓰지 않던가. 형법분야刑法分野에 있어서도 일신一身을 보전保全하기 위하여 감행된 어떠한 행위는 그 위법성違法性까지 조각阻却하여 그 생의 존엄성을 시인하는 것이다.[1] 과연 인간의 본능이며 귀결화歸結化된 사회의 본능인 생

1 위법성조각사유인 정당방위(正當防衛)와 긴급피난(緊急避難)을 가리킴. 당시의 의용형법 제36조, 제37조. 의용형법의 관련조문, 후술 475면 이

명의 존중심에 대하여 어느 정도의 정당성을 허여許與하여야 할 것인가.

이 두 과제는 서로 관련성이 있는 것이다. 일반적으로 본다면 민족의식이 강렬한 자는 어떠한 경우에 있어서의 생의 애착심이란 문제시 안 될 것이요, 반대로 민족의식이 박약할수록 생의 애착심이 이에 대한 주主동력이 될 것이다. 다시 말하면 민족의식을 앙양하려면 생의 애착심을 버려야 할 것이요, 생의 애착심에 치중한다면 민족의식을 몰각하여야 할 것이다. 이러한 사태는 역도들의 완전·영구한 지배하보다도 금반今般[1] 사태 중의 그것과 같이[如히] 그 전도前途의 우려 내지 패퇴를 예상한 잔인무도한 역도들 잠정 지배하에 있어서 더욱 여실화如實化[2]되었을 것이다.

그러면 우리는 이상 과제에 대하여 어떻게[如何히] 대답하여야 할 것인가. 이것은 실로 중대한 문제일 것이다. 일반민一般民에게 지사志士의 민족의식을 요구할 수 없을 것은 물론이나 다만 우리가 요구할 수 있는 최소한도의 희망은 추상적이나마 직접 민족정기에 배반되는 어떠한[如何한] 행위도 할 수가 없다 함이 어떨는지. 그런데 민족의식 그것은 본 부역행위의 범죄측정에 관한 근본문제이기는 하나 현실사회의 인간의 심적心的 작용에 비추어 볼 때 일반적으로 보다 더 중요한 문제(아니 이것을 움직이고 있는 것이라 할까)는 생의 애착, 즉 생명에 대한 존중성일 것이다. 환언하면 부역附逆에 대한 미

하 참조.

1 이번.

2 여실(如實) : 실제와 같아 틀림이 없음.

래의 귀책관념歸責觀念보다도 현실에 있어서의 생에 대한 애착심이 선행先行되는 것이다. 즉 일단 유사지시有事之時에 있어서의 인간의 이지성理智性은 인간의 생리적 본능에 의하여 엄개掩蓋[1]되어버리는 것이 보통이다.

그러면 성계聖界 아닌 속계俗界에 있어서 인간 최대의 본능인 생에 대하여 그 우위를 허여許與치 않을 수 없을 것이요,[2] 상술上述한바 양자의 관련성과 더불어 실질적으로 그 근본을 맺는 것은 생의 애착문제에 귀결된다 할 것이다. 그리하여 결국 전술前述한바 민족의식에 대한 최소한도의 희망선希望線과 생에 대한 애착심의 강도선强度線과의 어떠한 접촉점에 그 기준을 획劃하여야 할 것이다. 본 기준도 다른 모든 것과 같이 당시의 사회조건, 즉 환경과 더불어 그 척도가 측정되어야 할 것이 아닌가. 그렇다면 당시의 사회조건하에서 일반적으로 보아 생生의 유지維持상 국민에게 그 불행위不行爲를 요구치 못할 정도 내에서 그 정당성을 인정하여야 할 것이다.

사실에 있어서 역도들 치하로부터 탈출시키지 못한 이상 최소한도의 순종까지 거부할 수는 없을 것이 아닌가. 우리는 이러한 범위를 획劃하여 이에 생生의 정당성正當性을 부여하여야 할 것이다. 구체적으로 그 최소한도의 순종이라는, 즉 전시前示 기준선을 획하기에는 곤란한 점이 많을 것이다. 역시 형사책임刑事責任의 개별화個別化에 따라 각 개인 개인에 대한 지식정도, 재산 및[及] 경력 등에 비추어 결정할 문제일

1 물건의 위에 덮는 덮개.

2 원문에는 '안을 것이요'로 되어 있으나 '않을 수 없을 것이요'의 오식으로 보임.

것이다.

과연 그렇다면 최소한도의 순종행위는 당연히 허용되어야 할 것이요, 그 정도를 초과한 행위만이 위법성違法性을 띠어 여기에 소위 부역범附逆犯이 되어야 할 것이다. 과거에 있어서 어느 정도 이상의 중重부역자만을 처벌하여 온 역사사실이나 혹은 이미 상술上述한바 우리 반민법反民法에서 특히 악질적인 자, 반민족적 죄적罪跡이 현저한 자 등등 부역범附逆犯에 대하여 어떠한 기준을 세운 것도 실로 이러한 취지에서만이 이해할 수가 있는 것이다.

그런데도 불구하고 우리 비상조치령非常措置令에서 모든 부역행위(전술前述한 바와 같이[如히] 역도에 협력한 사실행위를 지칭함)를 범죄시하였다 함은 참으로 이해하기 곤란한 바이다. 나중[乃終]에 특별처리법 제2 및[及] 3조에서 형의 면제 또는 감경을 할 수 있는 바를 규정한 바 있으나, 이는 오히려 그 대부분(동 제2조 제1호 및[及] 제3조의 전부)이 본론本論[1]에 소위 생의 유지상 정당시될 행위가 되지 않을까. 다시 말하면 이는 부역범附逆犯이 되지 않는 것임에도 불구하고 특히 형의 면제 혹은 감경이라는 죄의 탈을 씌워서 그 생색을 내어두는 것이 아닐까. 그렇다고 볼진대 놈들 치하에 있었던 국민으로서 은신한 이외의 자는 모두 부역범시附逆犯視한 셈이며 따라서 입법가立法家들은 그 치하의 국민으로 하여금 땅속에 들어가거나 하늘로 올라가 있을 것을 요구한 셈이라 할 것이다.

물론 악질적인 부역자는 차라리 이 세상에서 도태陶汰할 것이라는 점에 대하여서는 빨갱이 아닌 국민으로서 어느 누구

[1] 본 논의.

도 이를 부정하지 않을 것이다. 그러나 멀리 남쪽을 그리면서도 폭압에 견디지 못하여 한 불가피한 행위까지 범죄시한다 함은 입법가立法家로서 다시 한번 자성自省하여 볼 필요가 있을 것이다. 아니 역도 침입 당시의 정부의 조치에 대하여 다시 한번 비판할 필요는 없는가. 그 후퇴 당시 전국戰局을 비관하고 해외에 도주할 생각을 하여본 자칭 애국자는 없는가. 서울시는 문제없다고 호언豪言한 자는 누구였던가. 아니 다수 국민에게 부역附逆의 환경을 만들어 준 자는 누구였던가. 우리는 자기의 생명을 중시함과 같이 타인의 그것도 중시하여야 할 것이다. 타인을 책責하기 전에 자기반성을 하여 보아야 할 것이다. 나는 그러한 의미에서 이 본령本令에 소위 부역범附逆犯에 대한 처사處事를 비난하되 동시에 국가의 일대 반성을 촉구하는 바이다. (끝)

(필자 · 서울지방법원 판사)

법과 현실[1]

- 법률실무가에 지니은[2] 근본과제 -

급격하고도 전면적인 사회의 변전기變轉期에 있어서 그 노도怒濤와 같은 조류潮流는 우리 법률실무가에게도 안면安眠만을 허용치 않는다. 그 노도는 마치 우리를 삼킬 듯이 험악險惡 그것인 것이다. 이를 돌파하기 위하여, 아니 희망의 대안對岸에 도달하기 위하여 과연 우리는 그 항해술을 어떻게[如何히] 발휘하여야 할 것인가. 그 항해술이 순풍에 돛을 단 평시격平時格이어서야 안 될 것임은 물론이다. 삼키려 하는 그 순간, 아니 호랑이를 앞에 둔 그 순간의 우리의 정신이 평상적일 수는 없는 것이다. 거기에는 필연적으로 통일된 냉정성과 침착성 그리고 과감성이 보다 더 요청될 것이다. 항해의 과정에는 일진一進도 있고 일퇴一退도 있을 것이다. 그러나 자기 모르게도 한없는 끈기와 과감성은 백기천술百技千術을 발휘할 것이다. 그리하여 늦추기도 하고 당기기도 하고 돌진도 하고. 그러면 과연 이 항해술은, 아니 이 조정작용調整作用은 어떻게 하여야 할 것인가?

1 『법정(法政)』, 제7권 제1 · 2호, (1952. 2.), 6~9면.
2 '지니은'은 '지워진'의 사투리로 보임.

나는 일개의 법률실무가로서 사변事變 발생 전후를 통하여, 더욱이 사변 발생 이래 급격한 사회의 변천에 더하매 민족적 비애로 인하여 야기된 모든 사태로 말미암아 때때로 법운용法運用의 공허와 불만에 사로잡히지 않을 수 없다. 그럴 때마다 나는 법(실정법)과 현실과의 너무나 큰 간격을 어떻게 하는가에 대하여 생각하여 본다. 그러나 도대체가 법철학자 아닌 나로서 이에 대한 해결책을 구명究明할 수야 없다. 그 이론적 근거와 방법을 해명할 수는 없는 것이다. 그렇다 하여 옛적의 방법을, 즉 개념법학槪念法學에 순종만 하고 있을 것인가. 이에 나는 천박함에도 불구하고 이 변전기變轉期에 있어서의 가장 중요한 법과 현실과의 조정이라는 근본과제에 대하여 감히 잠잠한 호수에의 투석적投石的인 역할을 하려고 하는 바이다. 그 떨어지는 돌(石)로 말미암아 일어나는 파문波紋은 마침내 전 호수에 파급될 것이요, 파급이 전면화全面化될 때 본 과제도 기어코 해결될 것을 믿어 마지않기 때문이다.

돌아보건대 그 첫째로, 자연법自然法, 아니 조리條理는 변동성을 그 특질로 하고 있다. 즉 사회는 가변적인 것이다. 인간의 사회제도는 시시각각으로 변동되어가는 것이다. 지구는 옛적과 마찬가지로 태양의 주위를 돌고 있으며 동물이나 식물이 이에서 생활하고 있다는 사실은 고금을 통하여 하등의 변화가 없는 것이다. 이러한 자연법칙은 현세現世에도 진리일 뿐 아니라 미래 영원한 진리일 것이다. 그러나 실정법實定法, 아니 법학法學에 있어서의 법칙은 원래가 거듭되는 법학연구의 결과 늦게 발견됨에도 불구하고 항상 유전流轉되는 사회는 그 법학으로 하여금 오래 이를 유지시키지는 않는다. 즉 법칙의 대상인 사회는 어느덧 변경되어 버리는 것이요, 따라서 실정법, 아니 법학은 항상 진전進展되는 사실事實에 뒤떨어진 채 현실에 도달치 못하는 마치 사막에 헤매이는 가련한 존재가 되고 만다는 것이다. 금일의 그 법칙이 내일의 법칙일 수는 없는 것이다. 즉 실정법이 가지고 있는 진리성도 시간의 흐름으로 인하여 허위화虛僞化되어버린다. 이러한 사정은 필연적으로 실정법, 아니 법학으로 하여금 사회의 진보에 적대적인 존재로 만들어버린다. 사회는 이미 동으로 방향을 전환하였건만 실정법, 아니 법학은 이를 보는체만체 여전히 북으로만 걷고 있는 것이다. 그것은 케케묵은 옛날을 박차고 새로운 방향에 진로를 찾기보다는 옛적 그대로의 자유로운 안주지安住地에 있으려 하는 것이요, 새로이 발생된 사실을 옛적의 틀(型)에 넣어보려는 것이다.

물론 민중이 저버린 안주지에 있더라도, 아니 있는 한 걱정만은 없을 것이다. 그러면 우리는 그러한 안주지에 있는 한 사회에 맹목적이어도 좋을 것인가. "아, 시끄러워. 법이 그렇게 되어 있는 걸 어찌하오. 결과가 부당하다는 것이야 나도 잘 아는 바이지만. 나를 원망하기보다는 법을 원망하시오. 내야 알으오?"라고 변명하여 써 재판관의 책임을 면제받으려 할 것인가. "좌익도 시끄럽고 우익도 시끄럽고. 아, 아무 쪽도 관계 안해. 과도기에는 모든 비난을 받을 필요가 없어. 너도 좋고 나도 좋은 팔방미인八方美人이 제일이야."라 할까. 여하튼 그렇게 하더라도 모든 세사世事가 잘 진전만 되어갈 수가 있다면 그만이기는 할 것이다. 그러나 재판관의 눈에는 제3자의 이해충돌이나 자유 내지 생명권의 심각성이 그다지 판연

判然하게 비쳐지지는 않을 것이다. 노도怒濤를 만난 일엽주一葉舟,[1] 그 자신도 당장 그 조류에 삼키어버리려 하지 않던가. 과연 모든 것을 단념하고 공수방관控手傍觀,[2] 배의 전복顚覆만을 기다리고 있어야 할 것인가?

그 둘째로, 입법立法이란, 아니 법학法學이란 지식 그것은 인간의 두뇌에 있을 뿐만 아니라 인간의 흉중胸中에서 우러나오는 감정에도 연결되어 있다는 것이다. 이에 있어서는 어느 정도의 감정, 심지어는 당파심黨派心까지 혼입混入할 것이다. 이러한 사정은 법과학法科學의 탐구에 있어서 곤란을 자아낼 뿐이다. 뿐만 아니라 자연과학에 있어서는 그 부정不正의 법칙이란 과학의 대상이 될 수 없다는 것이다. 누구가 무엇이라 하여 보았던들 지구는 둥글며 여전히 태양의 주위를 돌고 있는 것이다. 그 반대의 법칙을 주장하여 보았던들 전시前示와 같은 지구의 움직임이 변하여질 수는 없는 것이다. 그러한 의미에서 부정不正한 법칙이란 무용한 것이다.

그러나 법의 실정적實定的인 법칙은 권력, 즉 형벌로써 포장되었으며, 그것은 정正이냐 부정不正이냐의 분별없이, 즉 진리이든 아니든 간에 그 대상, 즉 사회를 구속하고야 만다. 따라서 자연법自然法, 아니 조리條理는 그 진리를 저버리고 실정법實定法에 굴종치 않을 수 없다는 것이다. 실정법. 그것은 그 대상을 그 법 가운데에 들여넣으려고 한다. 이러한 사정은 자칫하면 실정법으로 하여금 사회의 정당한 부르짖음에서가 아니라, 다시 말하면 사회사정에 의거한 법이 아니라 법으로

1 일엽편주(一葉片舟)의 준말. 하나의 작은 조각배.
2 팔짱을 끼고 바라만 보고 있음.

써 사회를 지배하려 하게 한다. 그리하여 모든 사회풍습은 법의 규율에 복종치 않으면 안 된다.

원래 법이란 국민의 정당한 감정感情에 유리遊離되어서는 안 될 것이기는 하나 이상과 같은 사정은 그 합치는커녕 자칫하면 국민의 감정에 대하여, 아니 그 사회에 대하여 파괴적 작용을 일으키기 쉽다. 실제에 있어서 실정법이란 수다數多한 부정不正, 아니 사회의 모순을 내포하기 쉬운 것이다. 더구나 과도기에 있어서. 설령 그렇지 않다 하더라도 그 형식, 즉 표현에 있어서는 모순, 불명료不明瞭, 의의疑義 등으로써 충만한 것이다. 과연 우리는 종래 이에 대하여 어떻게 대처하여 왔던가. 우리는 산적山積되어 있는 판례집이나 논문집을 생각치 않을 수 없다. 그것은 실정법의 흠결, 모순, 의의疑義 등 보다 비진리화된, 버림을 당한 자의적恣意的인 것만이 그 대상이 되어 있다는 것이다.

다시 그 근원根源을 살펴보면 입법가立法家의 부지不知와 경솔 그리고 감정 등이 그 종자를 뿌렸던 것이요, 이것이 그 논의論議의 대상이 되었다는 것이다. 그리하여 실제적 법률가는 그 썩어빠지고 절뚝발이격인 범주 내에서 입법가의 부주의로부터 생긴[生起한] 의문을 해석하고 정리하는 고식적姑息的인[1] 역할만을 지니고 있다는 것이다. 주인[2]의 명예를 존중만 하는 재봉가裁縫家의 정숙한 아내. 그 아내는 그 재봉물裁縫物에 너무나 큰 허물을 발견은 하였으나 재봉가인 주인의 체면을 존중하여 다만 주인 모르게 가만가만히 겨우 여기저

1 고식(姑息) : 우선 당장에 탈없이 편안함.
2 남편.

기 참혹한 데만을 늘여도 보고 기워도 본다. "악법도 법이다!"라는 눈초리를 두려워해서 본의本意 아닌, 정의正義 아닌 결과를 맺고 있는 실제적 법률가. 그것은 마치 그 정숙한 아내와도 다름이 없을 것이다. 과연 우리는 어디까지 정숙한 아내가 되어야 할 것인가? 어디까지나 입법立法의 시녀侍女가 되어야 할 것인가?

나는 이상에서 실정법實定法, 아니 법학法學의 고정성적固定性的 실정법에 있어서의 비진리화非眞理化 경향을 들고 이로 인하여 야기된 현실의 불합리不合理 상태를 일별하였다. 그러면 우리는 실정법에 대하여 그 완전성을 기대할 수가 있는가를 엿보는 동시에 그 대책을 검토하여 보기로 하자.

대개 실정법은 어떠한 사회적 필요로 인하여 제정되는 것인 만큼 이는 그 제정 당시의 법적 책임, 즉 사회사정에 그 일응一應의 기반을 두어야 할 것이며, 그런 이상 유동流動되는 사회의 미래까지 예견할 것을 요구한다는 것은 눈앞에 지척咫尺을 구별치 못하는 인간사회에서는 무리임을 면치 못할 것이다. 뿐만 아니라 입법 후 사회사정의 변천으로 인한 법의 개폐改廢 문제도 항상 법적 실재實在에 뒤떨어지기 쉬운 본래의 입법立法 성격으로 말미암아(순수한 수속적手續的[1] 법규는 예외라 할 것이나) 그 시기에의 적합을 기하기 난難하다는 점도 별로 의문의 여지가 없을 것이다. 이것이 바로 현실에 있어서의 실정인 것이다. 그렇다면 우리는 실정법에 대하여 현실과의 영원한 부합符合, 아니 그 완전성을 기대할 수는 없는 것이다.

1 수속(手續) : '절차(節次)'에 해당하는 일본식 법률용어.

과연 입법 후에 생긴[生起한] 실정법과 사회의 유리遊離의 간격을 어떻게[如何히] 할 것인가. 즉 입법 후 사회사정의 변천으로부터 다시 그 사회상태에 적합適合된 실정법의 개폐에 이르기까지의 구법과 신법과의 공간에 대한 가교적 역할이 있어야 하지 않을까? 그러면 다시 시초에 돌아가서 우리는 적어도 실정법에 대하여 그 제정 당시의 사회적 필요와는 합치될 것을 요구하여야 할 것이다. 여기에 사회적 필요라 함은 사회이상社會理想에서 일탈치 않는 범위 내의 그것을 의미함은 물론이다. 이 요구만은 주도周到[1]한 입법가로서 능히 달성할 수 있을 것이며, 실정법에 대한 이 완전성의 기대야말로 그 최소한도의 요구일 것이다. 당장 제정된 법에 불법不法·부당不當이 있다면 이것은 법이 스스로 자기의 존엄성을 모독하는 것이라 할 것이요, 그러한 의미에서 법의 존엄성 그것도 절대적인 것은 아니라 할 것이다. 그러나 위에 기록한 바와 같은 실정법에 있어서의 비진리화 경향은 간혹이나마 우리에게 이러한 실정법을 엿보게 하여준다.

그러면 이 자포자기적自暴自棄的인 법에 대하여서는 과연 비법非法이라 하여 무시하여야 할 것인가? 아니 악법도 법이라는 고언古諺은 어디까지나 진리라 하여야 할 것인가? 이 두 가지 의문에 대한 해답이야 말로 본건 과제인 것이다.[2] 나는

1 주의(注意)가 빈틈없이 두루 미침.

2 본문 가운데 "어디까지나 진리라 하여야 할 것인가? 이 두 가지 의문에 대한 해답이야 말로 본건 과제인 것이다."라는 문장 가운데 '나 진리라 하여야 할 것인가? 이 두 가지 의문에 대'의 부분은 '나 理라하여야할것인가?ε疑問以眞對二上가지■'의 형태로 활자가 얽혀 있는 것을 편저자가 임의로 정리하여 해독한 것이다.

본 과제를 연구할 때 우선 두 가지 상반되는 법의 이념에 부닥친다. 정의正義를 살리기 위하여서는 법적 안정法的 安定을 희생하여야 할 것이요, 법적 안정을 유지시키기 위하여서는 정의를 몰각하여야 할 것이라는 것이다. 그렇다면 2대 이념 중 어느 편에 우위優位를 허여許與하여야 할 것이냐이다. 나는 이것을 고려하기 위하여 우선 종래의 학설을 들기로 한다.

그 법적 안정을 위주로 하는 견해는 이러하다. 실정법은 그 내용의 당부當否에 불구하고 일응一應 법적 안정, 즉 사회관계의 안녕질서를 보장한다. 법의 내용이 정당正當·부정당不正當한 것이냐 도덕적·부도덕적이냐에 관하여서는 각 개인이 각각 그 의미를 가지고 있을 것이나, 이러한 의논의 종결을 기다려서[期待려서] 법을 제정하지 않으면 안 된다 하면 이는 사회의 질서를 유지할 수 없게 될 것이다. 이에 국가에 의하여 그 어느 편으로 결정하여 각 개인을 이에 복종시켜서 법적 안정을 보장할 필요가 있다. 각 개인은 보통의 경우에는 (자연법, 아니 조리에 반하는 경우는 별문제이지만) 법내용法內容의 당부當否를 일일이 심사하지 않고 법의 의사意思에 백지적白紙的인 복종을 하여서 법적 안정을 존중하여야 한다. 어떠한[如何한] 법이라 하더라도 국가의 명령으로서 사회생활의 질서를 유지하는 역량을 가지고 있는 한 그것은 그 내용을 떠나서 적어도 그 존재 자체에 의하여 법적 안정에 봉사한다는 하나의 목적을 가지고 있다. 그리하여 재판관은 실로 그 법적 안정에 충실한 입법의 시녀라 한다.

그리고 또 그의 찬성자는 왈曰 "재판관은 자기의 법률감정을 희생하고 법의 명령에 복종할 따름이다. 그것은 무엇이 법률적이냐 아니냐만을 문제로 할 것이요 결단코 그것이 정의에 적합한 것이냐를 문제시하여서는 안 된다. 이에 재판관은 자기의 양심良心·주의主義에 반한다 할지라도 법적 안정을 위하여 충실한 입법의 시녀로서의 의무를 다하지 않으면 안 된다."라고. 다시 이어서 "정의는 법의 제2의 임무다. 제1의 임무는 법적 안정, 즉 평화질서다."라 한다.

그러나 생각건대 법은 정의正義이며 국가도 정의의 실현을 주된 사명으로 하는 사회로서의 존재인 한 국가의 법도 그것이 정의와 분리되어서는 권위權威가 없을 것이다. 법적 안정의 입장으로 볼 때 법의 내용 여하에 불구하고 인민은 국가의 명령에 복종할 것이 요구될 것이다. 그러나 국가 및[及] 그 법도 원래 정의에 구속되는 이상 국가의 명령이 정의 즉 자연적·도덕적 원리에 위반하지 않아야 된다는 것만은 최고의 원리로서 인정되지 아니하면 안 될 것이다. 그런 까닭에 예컨대 사람을 살해하라, 절도를 하라는 등 명백히 부도덕한 명령은 설령 그것이 국가의 명령으로서 형식상 실정법의 형태를 갖추었다 하더라도 기실其實은 법이 아닐 것이며 따라서 인민에 대하여 구속력이 없을 것이다.

이러한 관념에서 바라다볼 때 정의正義와 법적 안정法的 安定은 똑같은 법의 이념이면서도 정의는 법의 진실한 목적이요, 법적 안정 그것은 그 목적을 달성하는 수단 혹은 그 반대작용이라고 보기 쉽다. 그렇다면 오히려 법의 제1차의 임무는 정의의 발현發顯일 것이요, 제2차의 임무가 법적 안정이라 할 것이다. 그런데 이에 정의正義라는 것은 국가, 아니 사회적 소산의 그것을 운위하는 만큼 이는 정확히 표현할 때 사회적 정의인 것이다. 그리하여 사회적 정의에는 국가, 아니 사회의 합목적성合目的性도 포함된다. 정의가 사회생활에 있어서의 사람의 사람다운 도리를 다하게 하는 이념인 것과 마찬가지로 합목적성은 국가, 아니 사회생활의 특정한 목적을 달성하기 위하여 안출案出된 수단이라는 전문적인 이념인 것이다. 양자는 일방一方이 윤리적 성질을 띤 데에 비하여 타방他方이 기술적인 성질을 띠었을 뿐 법의 입장으로 볼 때 모두 사회적 정의임에는 틀림이 없다.

우리는 이상에서 실정법의 2대 이념인 사회적 정의社會的正義와 법적 안정法的 安定 중 사회적 정의가 주主일 것이며 법적 안정은 종從이어야 할 것이라는 결론을 얻은 셈이다. 그렇다면 실정법이 사회적 정의에 적합치 않는 한 그 부정의화不正義化된 시기時期의 조만早晩이 논의될 리 없을 것이다. 즉 입법 후 사회사정의 변천으로 인한 부정의화不正義化거나 당장 제정된 법의 부정의不正義거나 할 것 없이 그 취급이 달라질 리는 없는 것이다. 그리하여 사회적 정의에 알맞지 않는 모든 실정법은 어떠한[如何한] 형태로라도 시정되어야 할 것이다.

그러면 그 시정是正에 대한 이론적 근거나 방법은 어떠할까? 사회상태는 변천한다. 인구의 증가, 분업의 발달 및[及] 과학상의 발달의 결과인 대기업의 발흥勃興, 경제의 현저한 발전, 계급 등 대립으로 인한 경제생활 · 사회생활의 변혁 등등 사회는 일시도 정체停滯치 않고 진보 · 변천한다. 이러한 현상은 새로운 사회적 필요를 출현시키지 않을 수 없다. 그러나 종래의 문리해석 및[及] 단순한 형식론리적인 해석의 결과는 해석에 따라서 법의 고정성固定性을 면치 못하였으며, 이러한 불융통성不融通性은 다양성을 내포한 사회적 실재實在를 그 중에 포섭할 수 없게 하였다. 다시 말하면 이러한 해석은 법의 실용성實用性을 상실케 하였다. 그리하여 법을 해석·운용하는 재판관은 단순히 인격이 없는 일개의 자동기계화自動機械化되지 아니하면 안 된다. 이러한 실생활에 하등 효용이 없는 법의 개념이나 재판의 무의의無意義 등은 실정법으로 하여금 필연적으로 사회적 장해물로 변하게 하여버리지 않을 수 없다.

이러한 모순이 그대로 방치될 리는 없었다. 이에 그 타파打破의 용사로서 등장한 것이 바로 자유법운동自由法運動인 것이다. 그 주장의 골자는 법률학에 있어서의 논리적인 개념구성방법槪念構成方法을 철저히 배척하며, 법전法典의 권위를 가급적 감소함과 동시에 재판관의 권한을 될 수 있는 대로 증가시켜서 시시각각時時刻刻이 유전流轉하는 사회적 실재實在에 일층 적합한 재판을 시키려 함에 있다. 법조문에 얽매이어 그것을 기초로 개념구성을 할 뿐 현실의 사회적 사실에는 일고一顧도 하지 않았던 종래의 경향에 대한 일대 반항인 것이다. 그 목적은 요컨대 실제적이며, 종래의 개념법학槪念法學의 부정인 것이요, 나아가서는 재판관의 법조문으로부터의 해방인 것이다. 그리하여 법조문의 고정과 재판관의 자유로운 인격과는 서로 상반되는 극단에 선다.

생각건대 재판관의 자유를 무한히 확장한다면 그것은 무법상태無法狀態와 마찬가지일 것이요, 이것은 이상적인 재판관이 사실에 있어서 구득求得키 곤란하기 때문에 또는 사회생활이 복잡화하고 기술화하기 때문에 곤란하지 않을 수 없을 것이며, 또 법전만능法典萬能을 고창高唱한다면 재판관은 자동기계화하여 기의機宜[1]에 적합한 처치를 취할 수 없을 것이요, 뿐만 아니라 사회적 만반萬般의 사물事物을 법전 중에 망라할 수 없기 때문에 발생되는 법의 흠결에 대하여 어떻게도[如何히도] 할 수 없다는 결론에 도달된다. 그리하여 법률사상은 이러한 두 가지 극단에 서 있는 것이다.

물론 자유법론自由法論에 속하는[2] 학자 중에도 그 주장에 있어서는 반드시 동일치는 않다. 그러나 성문법成文法의 법으로서의 의의를 저하하고 재판관의 자유의 범위를 확장하는 데에 있어서는 동일하며, 법 또는 법률의 흠결을 인정하고 법의 논리적 자족성自足性을 망상이라고 간주하여 그 흠결을 재판관의 법의 자유발견에 구한다. 이러한 견해에 의하면 재판관이 법에 준거하여 재판을 하지 않으면 안 된다는 것은 삼권분립론三權分立論에 치중한 생각이라고 본다. 어떠한 자는 재판관이 법의 흠결을 보충함으로써 만족도 하나 어떠한 자는 이에 법의 변경의 권한까지 인정하려 한다. 요컨대 자유법론自由法論은 어떠한 부분에 있어서 법의 순객관적 보장을 단념하고 그 부분을 재판관의 인격보장에 의하여 이를 보충하려는 것이다.

그러면 과연 우리는 어떻게 할 것인가? 이미 위에서 지적한 바와 같이 사회적 정의正義의 우위성을 인정한 만큼 이상

1 시기와 형편에 알맞음.

2 원문에는 '자유법(自由法)에 속하는'으로 되어 있으나 '자유법론(自由法論)에 속하는'의 오식으로 보임.

以上 학설에 경주傾注치 아니할 수 없는 것이다. 그러나 동同 학설을 실지에 운용하려 할 때 몇 가지 중요한 점에 특히 주의하여야 할 것이라는 것을 강조하고 싶다. 그 첫째로 동 학설이 재판관의 인격보장에 치중하는 만큼 우리는 단순한 주관적인 법적 직관直觀에 의한 법의 발견을 일삼을 것이 아니라 법으로서 필요한 객관성의 보장을 얻어야 할 것이라는 것이다. 원래 자유법운동이 법法과 실제實際와의 사이의 간격에 대하여 실제면實際面을 그 출발점으로 한 이상 사회생활 자체에, 아니 사회생활이 요구하는 방면에 그 법을 인도하여야 할 것이며, 그러기 위하여서는 필연적으로 사회생활에 대한 정확한 파악이 요청되는 것이다.

그런데 사회요구의 기원인 사회생활 자체는 복잡한 것이며 그 요구를 이해하기 위하여서는 그 기원 자체의 복잡한 본체本體를 명백히 하지 않으면 안 될 것이다. 그리하여 인간사회의 복잡하고 다양성多樣性인 사회적 · 경제적 현상 중에 움직이고 있는 인과관계를 인식하여 써 법률학에 대한, 아니 재판에 대한 자연과학적 · 객관적인 보장을 얻어야 할 것이다. 사회의 이면裏面에 백지白紙여서는 명판관名判官이 될 수 없다는 고래古來의 말은 바로 이것을 가르치는 것이라 할 것이다. 이러한 견지에서 볼 때 그 정확한 관찰을 하기 위하여서는 사회학社會學 기타의 보조학補助學이 필요할 것이다.

그런데 이러한[如斯한] 사회학적 방법을 이용한다 하더라도 이에는 어떠한 한계가 있다는 것을 잊어서는 안 될 것이다. 그것은 사회학적 원칙, 아니 사회적 필요必要와 사회의 이상理想과의 저촉이다. 원래 법이라는 것이 사회이상社會理想으로 판단하여 시인할 수 있는 경우, 즉 도덕적 판단, 사회경제, 개인의 자유 기타 제반의 고려에서 합격이 되었을 때에 비로소 제정되어야 하는 것인 만큼 설령 어떠한 법적 실재實在가, 아니 사회현상이 사회적 원칙의 발현發顯이라 할지라도 이것이 사회의 이상理想으로 보아 적합하지 못할 때 우리는 이것을 감연敢然히 금단禁斷하여야 할 것이다. 예컨대 회사설립등기 전의 권리주權利株[1]의 매매와 같은 것이다. 인간의 이기심·투기심은 이러한 권리주의 매매를 자행恣行시킨다. 이것은 확실히 사회학적 원칙, 아니 사회적 필요의 발현이다. 그러나 다른 방면으로의 사회적 이상으로 볼 때 이러한 사회의 흐름은 그대로 방치할 수 없을 것이며 이것이야말로 권리주權利株 매매의 금지규정[2]이 생긴[生起한] 소이所以인 것이다. 이러한 고려는 국가의 합목적적인 기술적 입법의 영역에서 가장 요청될 것이다.

그 둘째로 자유법론에 있어서의 재판관의 법흠결法欠缺의 보충이라든가 혹은 법변경法變更의 권한이라든가는 각 법의 영역의 차差에 의하여 동일하지 않을 것이며, 이에는 어떠한 한계가 있어야 할 것이라는 것이다. 사법私法의 범역範域에 있어서는 실정법 흠결의 경우에 조리條理 즉 자연법에 의하여 재판을 하여야 할 것이다. 그것은 사법관계私法關係가 사인私人 간의 이익, 더욱이 재산적 이익의 귀속을 명백히 하는

[1] 회사의 성립 또는 신주발행(新株發行)의 효력발생 전의 주식, 즉 주식인수(株式引受)에 의한 권리를 말함.

[2] 당시의 의용상법(依用商法) 제190조 ① 주식의 인수로 인한 권리의 양도는 회사에 대하여 그 효력이 생기지 아니한다.
② 발기인은 전항(前項)의 권리를 양도할 수 없다.

성질을 가지고 있는 것이며, 그러한 법률관계 명백화의 귀결은 분쟁의 법률적 규정規整[1]이라는 입장에서 바라다볼 때 당사자 간에 있어서 반드시 불이익이라고만 단정할 수 없는 것이요(일례로 민사상의 패소자라 하여도 법률관계확정의 이익이 있다는 점을 상기하라), 이것이 정의의 실현과 더불어 재판관으로 하여금 법 흠결의 이유로써 재판을 거부치 못하게 한 소이所以일 것이며, 그 법의 변경 역시 위에 설명한바 사회적 정의의 올바른 발현發顯을 위하여 필요하다 할 것이다.

그러나 형법분야에 있어서는 범죄인으로부터 생명, 자유 및[及] 재산을 박탈하는 것이므로 국가와 인민 간의 이해관계가 가장 첨예화하고 우심尤甚한 바 있는 것이다. 그런데도 불구하고 국가기관인 재판관에게 일방적인 형사법의 자유로운 발견 내지 변경의 권한까지 부여한다는 것은 국가에 의한 형벌권 남용의 폐弊가 심대甚大할 것이므로 형사면에 있어서의 이러한 운용은 용인容認되지 않아야 할 것이다. 이것이 즉 형법에 있어서 범죄 및[及] 형벌은 엄격히 법의 정하는 바에 한한다는 원칙, 즉 죄형법정주의罪刑法定主義가 생긴[生起된] 소이所以인 것이다. 그리하여 제3자의 입장(전시前示 사법관계私法關係)과 당사자의 입장(전시前示 형법관계刑法關係)과는 스스로 그 이념에 따라서 실제가 달라지지 않을 수 없는 것이다.

그 셋째로 자유법론에 의한 법의 운용에 있어서 우리는 법전제도法典制度, 나아가서는 삼권분립三權分立이라는 국가의 기본제도 자체의 엄연성嚴然性을 망각하여서는 안 될 것이다. 후견인. 그것은 어디까지나 후견인에 불과한 것이다. 그것은

[1] 규율하여 정리함.

제아무리 현명하다 하더라도 피후견인 노릇은 할 수 없을 것이다. 이와 마찬가지로 재판관이 입법가의 노릇을 할 수는 없는 것이다. 새로이 조리條理를 내세우고 이것을 법이라고 칭하거나 혹은 종래의 실정법을 무효라 하는 동시에 이에 대代할 법을 선언하지는 못할 것이다. 이에는 반드시 공손하게 예를 갖추어 처사하여야 할 것이다.

그리하여 어떠한 새로운 법을 발견할 시時라도 우리는 "이러이러[如斯如斯]함이 상당하다고 할 것이요" 혹은 "이러이러[如斯如斯]함이 조리상 타당할 것이요" 등등의 형식을 취할 것이요, 또한 법의 변경의 경우에 있어서도 "법 몇조에 의하면 이러이러[如斯如斯]함을 명시하여 있으나 이는 이러이러[如斯如斯]한 이유로 이미 사문화된 것이라 인정할 것이요" 등의 사문선고[死文宣告]의 방법을 취할 것이 아니라 "이러이러[如斯如斯]함은 법률상 적법한 것이라 할 것이요" 혹은 "이러이러[如斯如斯]한 행위는 도저히 기대할 수 없을 것이며 따라서 그 범죄를 인정치 못할 것이다. 운운" 등의 방법으로 기존 법문法文에 저촉치 아니하면서도 새로운 적법상태適法狀態를 인정하여 써 실질적으로 법의 변경과 동일한 결과를 얻어야 할 것이라는 것이다.

나는 위에 지적한 주의注意와 한계 내에서 자유법론을 전반적으로 찬성하는 바이다. 아니 이것은 자유법론 그대로의 목적은 달성될 것이다. 다만 그 방법을 간접으로 하였을 뿐 이것은 그 수단이 정면적이냐 우회적이냐의 차이밖에는 없다 할 것이다. 그리하여 우리나라 현실을 바라다볼 때 해방 이후 38선 장벽으로 인한 정치 · 경제의 혼란이 더하매 6 · 25 사변의 발발로 인한 모든 착잡한 사태는 사회사정으로 하여금 일변一變시켰던 것이다. 그 가운데에서도 특히[1] 경제면에 있어서의 물가의 폭등은 유사有史 이래의 천문학적 현상을 이루었고, 민족적 비애의 여파는 직접적으로 형사면에 모순과 의문만을 산적山積시켰다.

현금現金 백만 원의 매매계약에 있어서 동同 계약의 이행을 하지 않던 불성실한 매주買主가 일년 후 동 가격이 천만 원으로 폭등된 것을 기화奇貨로 동 계약이행을 매주賣主에게 청구하였다. 폭압적인 공산치하의 인민에 대하여 그들 정치에 협력한 자는 그 협력의 다소多少를 불구하고 모조리 부역죄附逆罪로서 처단하였다. 그러면 과연 법은 어떻게 되어 있는가. 우리 민법에 의하면 일단 계약을 체결하면 그 후 이를 해제하지 않은 이상 1년은 고사姑捨하고, 아니 2년은 고사하고 여하튼 그 채권의 소멸시효 완성시까지는 그 계약이 유효하게 존속되는 것이다. 또 우리 비상조치령非常措置令에 의하면 부역행위附逆行爲는 역도逆徒들에게 단돈 백 원만 납부하여도 훌륭한 부역죄로서 처단을 받아야 한다.

우리는 구체적인 정의를 발현發顯시키기 위하여 이에 과연 어떠한 조치를 취할 것인가? 1년 후에야 비로소 계약이행을 청구하여 신의성信義性을 가장假裝하는 매주買主의 동기는 확실히 가격의 폭등이라는 사실일 것이다. 그러면 이러한 비양심적인 모리자謀利者의 요구에 응하여야 할 것인가? 공산정치하의 불복종자에게는 어떠한 징벌이 내리느냐는 천하의 공

[1] 원문에는 일본어 표현인 '취중(就中)'으로 되어 있으나 우리말로 옮겨적었음. なかんずく(就中) : 그 가운데에서도. 특히.

지사실公知事實이다. 그렇다면 그 정치政治하의 모든 인민에게 그 어떠한[如何한] 협력도 하지 말 것을 기대할 수가 있을까. 법률은 원래가 평균인을 상대로 한 것이 아닌가. 아니 그러한 환경을 자아낸 측은 이에 대하여 반성할 점은 없던가. 이상 일례一例에 불과하다.

그리하여 법과 현실과의 투쟁은 야기된다. 과연 이것은 어떠한 점에서 조정調整되어야 할 것인가. 그리하여 신의성실信義誠實의 원칙, 아니 그 첨단을 달리고 있는 사정변경事情變更의 원칙과 그리고 기대가능론期待可能論은 약동되지 않을 수 없게 되었다. 금일에 있어서의, 아니 과도기에 있어서의 제반 법률현상은 이상의 2대 법률이념의 활용을 기다리고 있다 할 것이다. 그러한 의미에서 이상 2대 이념이야말로 본건 과제를 해결할 중요한 열쇠인 동시에 오늘날 법률학계의 총아가 되어야 하지 않을까. 금후 이 총아를 어떻게 북돋아 성장시키느냐가 법학계의 큰 시금석試金石이라고 하면 과연 과언過言일까?

나는 본 과제에 관련하여 특히 사변事變으로 인하여 생겨나는 시국적인 어떠한 법률현상에 대하여 일언一言하지 않을 수 없다. 그것은 전란戰亂으로 인한 장기간의 피난 중에 생기는[生起되는] 그 공가空家의 점거행위에서, 혹은 전란으로 인하여 장기간 교통이 두절되었을 때 그 두절지구 내 주민을 위한 사무관리행위 등에서 나타난다. 물론 피난하여 공가空家가 되었다 한들 그것이 그 피난민 소유의 주택이 아닐 수 없을 것이요, 따라서 이에 그 가주家主의 승낙이 없이 입주入住할 시는 불법점거임을 면치는 못할 것이다. 또 타인의 인장印

章을 조각彫刻시켜서 어떠한 문서를 작성하여 행사한 이상 그것이 형법상 소위 문서위조행사가 아닐 수 없다.[1]

그러나 한편 생각할 때 언제나 돌아올지 모르는 피난가避難家이며 뿐만 아니라 공가空家로 그냥 두면 가옥의 훼손은 물론 그 가내家內 집기什器의 분실 등의 염려가 많은 현실사회에 있어서 이를 보존·유지하는 범위 내에서 그 공가를 사용한다든가 혹은 그 주택 내 물품을 소비함은 도덕상으로나 관계자의 이해관계상으로나 조금도 비난할 점은 없을 것이다(역도들의 점거와 같이 그 동기가 불법일 시는 제외함은 물론이다). 이와 마찬가지로 폭격의 위험으로 말미암아 안전지대에 반출搬出하여야 할 긴급한 물건이 불행히도 교통두절지역 내 주민의 소유라 하자. 이러한 경우에 동同 물품을 타他에 반출하여 써 폭격을 피하기 위하여 그 반출수단으로서 소유자의 문서를 위조행사하였던들 이에까지 공공의 신용을 해하였다 하여 문책할 필요까지 없을 것이요(물론 사무관리행위에는 법률행위 및[及] 사실행위의 모두가 포함되니까) 더구나 그 소유자에 대하여서는 유리한 행위임에 틀림없을 것이다. 이것은 설령 그 반출자가 동 물품과 어떠한 이해관계가 있다 하여 그 행위의 평가가 좌우될 리는 없을 것이다.

이러한[如斯한] 행위는 일개인의 이익에 귀歸한다기보다는 사회 전체의 이익에 귀속되는 것이므로 국가는 적극적으로 이를 장려하지 않으면 안 될 것이다. 민법에 있어서 이러한[如斯한] 행위를 사무관리事務管理라 하여 정당한 업무행위시

1 당시의 의용형법 제159조, 제161조. 의용형법의 관련조문은, 후술 475면 이하 참조.

業務行爲視함은 실로 이러한 이유에서이다. 과연 그렇다면 동 사무관리행위는 형법에 소위 업무로 인하여 정당한 행위에 귀착될 것이며 이는 벌罰치 못할 것이다.[1] 그런데도 불구하고 근래 이러한[如斯한] 행위를 위법시違法視하여 비상조치령의 소위 건조물 불법점거죄 혹은 문서위조행사죄 등에 해당시키는 예가 있음은 실로 유감이 아닐 수 없다. 사변事變의 종결이 요원한 이때 이러한 사무관리의 현상은 앞으로도 속출될 것이다.

요컨대 실무가實務家된 자는 모든 법률현상을 바라볼 때 근시안적 고찰은 삼가야 할 것이다. 그것은 자유법론自由法論의 운용에 있어서, 아니 소송사건 기타 법률문제를 합리적으로 타당하게 해결함에 있어서 우리는 자기의 법률개념에 의하여 처리할 때 너무나 불합리한 결론에 도달되는 경우에는 그 개념구성의 어디에 흠결이 있지 않는가를 반성하여야 할 것이요, 그 흠결이 발견될 시는 다시 새로운 개념의 구성을 시도하여야 함과 마찬가지로(개념의 상대성) 우리는 어떠한 법률현상에 부닥칠 때 그 현상 자체는 위법시違法視되어도 국민의 건전한 감각으로 볼 때 구태여 이것을 비난시非難視할 필요까지 없다고 사료되는 사안에 대하여서는 반드시 자기의 관찰이 근시안적이 아니었던가를 반성할 것이며 다시 법 전역全域에 긍亘한 원시안적遠視眼的인, 종합적인, 아니 망원경적인 관찰을 하지 않으면 아니 될 것이다. 그러할 시는 어디에서든가 그 모순점을, 아니 그 해결점을 발견할 수 있을 것이다.

나는 여기에서 다시 본 과제에 돌아와서 입법과 재판관의

[1] 의용형법 제35조.

상호관계에 대하여 고찰하여보기로 한다. 개념법학概念法學의 전성시全盛時에는 위에 설명한바 재판관은 입법의 시녀, 아니 법률의 노예이었던 것이다. 거기에는 법의 충실한 번견적番犬的[1]인 역할밖에 있을 수 없다. 그러나 노예로부터 인간에로의 사회적 사조의 변천은 이러한 영역으로 하여금 한없는 안면安眠만을 허용치는 않았다. 종래 법이 허용한 자유재량의 한도 내에서 행동만 하고 있던 법의 운용도 한걸음 나아가서 대담적大膽的인 역할도 하게 되었다.

민법에 있어서의 유질계약流質契約[2]의 금지.[3] 그것은 궁박한 사정하에 있는 경제적 약자의 입장을 고려한 규정인 것이다. 불쌍한 사람을 울려서는 안 된다는 그 규정의 정신은 이에 반하는 모든 계약으로 하여금 무효시하는 것이다. 아니 비록 본 규정의 이면裏面을 걷어 간접적이라도 이와 마찬가지의 결과를 초래케 하는 모든 행위는 굳게 금지되어 있는 것이다. 그런데도 불구하고 사회적·경제적 사정, 즉 인간의 이기심과 재財의 편재偏在 내지 경제의 유동화流動化 경향은 이에 순종만을 할 수 없게 하였다. 이 고마운 법의 자비심은 도리어 사회생활의 방해물로 화하여 버렸던 것이요, 이에 대한 불편·불만이 그대로 가라앉을 수 없는 것이다. 그리하여 안

1 번견(番犬) : 도둑을 지키거나 망을 보는 개.

2 유질(流質) : 채무자가 변제기가 지나도 채무를 이행하지 않는 경우에 담보로 잡은 물건 즉 질물(質物)의 소유권을 취득하거나 또는 질물을 매각하여 그 대금을 우선적으로 변제에 충당하는 일. 민법상으로는 금지되어 있음(현행 민법 제339조 참조).

3 의용민법 제349조 : 질권설정자는 설정행위 또는 채무의 변제기 전의 계약으로써 질권자에게 변제로서 질물(質物)의 소유권을 취득케 하거나 기타 법률에 정한 방법에 의하지 아니하고서 질물을 처분케 할 것을 약속할 수 없다.

출된 것이 바로 양도담보讓渡擔保[1]라는 방법인 것이다. 이것은 실질에 있어서 유질계약流質契約인 것이요, 그런 이상 양도담보는 소위 탈법행위脫法行爲로서 무효시되어야 할 것이다.

그러면 이 사회의 억제치 못할 하나의 조류潮流를 일개의 법규정으로 인하여 막아버려야 할 것인가? 이에 법과 현실과의 투쟁이 벌어지지 않을 수 없다. 재판관이 입법의 시녀라는 견지에서 바라다볼 때 우리는 이 사회의 조류를 보는 만큼 배척하여버리지 않을 수 없을 것이다. 그러나 이 사회의 조류에 맹목적이어서야 할 것인가. 이에 이해교량利害較量의 사정査定은 움직인다. 그렇다면 본 유질규정流質規定 본래의 경제적 약자에 대한 보호의 취지는 인제야 경제유통에 대한 원활성의 확보에로 추이推移되지 아니할 수 없다는 것을 촉각觸覺하여야 할 것이요, 그것이 시인되는 이상 종래의 입법은 재검토를 받아야 할 것이다. 이에 전시前示와는 반대로 법을 보느니만큼 현실에 나타난 양도담보讓渡擔保라는 시대적 조류를 인정치 않을 수 없는 소이所以이며, 그 재판이야 말로 그 범위 내에서 실질적으로 법을 변경한 것이라 할 것이다. 다시 이것을 실질적으로 바라다볼 때 그 양도담보를 인정하는 한도 내에서는 재판으로써, 아니 판결로써 법을 변경한 셈이요, 그러한 입장으로서 관찰할 때 재판관이 입법가의 역할을 한 것이라 할 것이다. 그리하여 재판도 입법과 어깨를 나란히 할 수가 있게 되었다. 이것은 입법에의 간접적인 협조요, 이러한

1 양도담보(讓渡擔保) : 목적물인 재산권을 채권자에게 양도하는 방법에 의하는 물적(物的) 담보. 민법이 규정하는 제도는 아니지만 경제적 필요에 의하여 많이 이용되고 있음.

의미에서 우리는 이것을 입법에 대한 조정작용調整作用이라고 부르기 쉽다.

그런데 위에 일언一言한 바와 같이 원래 법의 존엄성이라는 것은 상대적인 관념이다. 모든 것은 자신 나름이라는 말과 마찬가지로 입법이, 아니 사회사정의 변경에 따르는 법의 개폐가 완전할 시는 그야말로 법의 존엄성이란 절대적일 것이다. 그러나 그렇지 아니할 때 법의 존엄성만을 타他에 요구치는 못할 것이다. 그리하여 그 불완전의 정도에 따라서 이에 정비례되는 다른 부문으로부터의 보충을 받아야 할 것이다. 이에 재판관의 협조가 요청되어야 할 것이요, 그 정도의 심함에 이르러서는 재판관의 후견까지 요청되어야 할 소이所以인 것이다.

그러면 우리의 과거·현재는 어떠한가. 해방 후 착잡하고 무질서하고 뿐만 아니라 실정에 알맞지 못한 소위 군정법령軍政法令에 대하여 우리는 그대로의 충실한 집행자가 아니었던가. 거기에는 전면적인·부분적인 불합리성을 깨달으면서도 고두叩頭[1] 이에 순종 내지 습종慴從[2]치 않았던가. 건국 후에 있어서도 아직 이러한 범위에서 일탈하였다고 볼 수 있는 하등의 징조 내지 실적을 나는 모른다.

한편 위에 설명한바 입법에 있어서의 감정感情의 개입 경향은 법률가 아닌 대부분의 입법가라는 사실 및[及] 정쟁政爭의 복잡화 경향과 더불어 그 주도완전성周到完全性에 영향을 미치지 않고 있을까. 나는 최근에 제정된 어떠한 법령의 모순·

1 머리를 조아리어 경의를 나타냄.
2 두려워하며 따름.

부당과 상호 반환전返還戰[1]에 종시終始하는 입법전立法戰을 바라다볼 때 스스로 올라오는 이에 대한 어떠한 불안감과 주의감注意感을 억제할 수가 없다.

이러한 과도기적 현실에 비추어 볼 때 우리는 종래의 입법의 시녀적인 입장으로부터 입법에의 조정調整이라는 계단을 한걸음 뛰어넘어 입법의 후견後見이라는 지위에까지의 초약적超躍的인 도달을 하여야 하지 않을까? 개념법학으로부터 자유법론에로, 입법의 시녀로부터 입법의 후견에로의 사조思潮의 추이推移는 찾아온 것이 아닐까? 그리하여 자유법론과 입법의 후견은 고찰방면의 차이일 뿐 그 근본내용은 동일하다 할 것이다. 과연 그러면 이 자유법론을 운용할, 아니 입법을 후견할 모든 준비가 갖추어 있을까? 이에 나는 사회적 부정의不正義에 대한 의분義憤과 사회악의 광정匡正에 대한 정열에서 감히 본 과제를 제출하는 바이다. (끝)

(필자 · 서울고등법원 판사)

1 대통령의 법률안에 대한 거부권행사와 그에 대한 국회의 재의결을 가리킴.

정의와 법강제의 한계[1]

- 장후영 선생 "현실주의법학에 대하여"를 읽고 -

사변事變으로 인한 사회의 급격한 변전變轉은 우리 법학계로 하여금 법과 정치와의 관계 또는 법과 현실과의 관계에 대하여 다대한 관심을 집중시키고 있는 것이다. 그것은 실로 모순된 사회현상이, 다시 말하면 모순된 법률관계가 지금 우리들의 안전眼前에 벋어져 있기 때문에 스스로 일어나는 현상이라고 하지 않을 수 없는 것이다. 이러한 사회현상을 누구보다도 일찍이 예견하고 파악하고 이에 대하여 진지한 관심 내지 연구를 거듭하는 법률가로서 나는 우리의 장후영張厚永 선생을 지적하지 않을 수 없는 것이다.

선생님은 해방된 이듬해에 이미 우리들에게 변전기變轉期에 있어서의 법률이념에 관하여서 강의를 하여 주신 일도 있고, 그 후도 직접·간접 이에 관련되는 많은 문제를 『법정法政』 기타 잡지를 통하여 발표하였던 것이며, 이로 인하여 우리들은 종래 많은 계몽을 받아왔던 것이다. 최근에 이르러 선

1 『법정(法政)』, 제7권 제5·6호, (1952. 6.), 3~8, 13면.

생은 우리 『법정法政』 작년 11월·12월 합병호에 "현실주의 법학에 대하여"[1]라고 제題하여 현실주의법학現實主義法學의 개념, 아니 윤곽을 제시하여 주었던 것이며, 금년 신춘호에는 다시 법정시평法政時評에 "법률가의 에스프리"[2]라고 제題하여 다시 전前 논설을 부연敷衍하였던 것이다.

그러나 동同 논설을 읽고 처음에는 대단히 어리둥절하였다.[3] 그것은 아마 너무나 참신한 견해에 놀랐던 모양이었었다. 그러나 다음 순간 나는 선생의 견해에 대하여 의문을 가지게 되었으며, 나아가서는 동 논설을 분석하여 보기 시작하였다. 그 결과 나는 동 견해에 대하여 근본적인 견해의 차이점을 발견하지 않을 수 없었던 것이다. 이제 나는 여기에서 그 의문의 몇 가지를 적어보려는 것이다. 물론 천박淺薄한 나의 견해가 선생의 논설을 정당히 비판할 수 있을 만큼 그 이론과 실제에 있어서 알맞을 수는 없을 것이며, 그러한 점에서 나는 우선 우리의 대선배이신 장張 선생께 당돌한 나의 지나침을 용서받고자 하는 바이다.

선생은 동 논설에서 법은 우리의 생활현실을 규율하는 것을 목적으로 하는 것이므로 법은 항시 그때그때의 생활현실에 적응適應되어야 할 것이라는 것이며, 그렇기 때문에 법과 생활현실과의 유리遊離를 법의 가치적인 해석과 현실적인 운용으로써 이를 완화 내지 말소시켜야 한다고 주장하신다. 주장은 참으로 당연한 주장이시기는 하나 종래 우리나라의 많

1 후술 404면 이하에 수록되어 있음.

2 후술 415면 이하에 수록되어 있음.

3 원문에는 '어리멍덩하였다'로 되어 있음. '어리둥절하였다'의 사투리인 것으로 생각됨.

은 법률가가 이것을 등한시하지 않았던 것일까? 아니 그러한 주장으로 하여금 좀 과도히 표현할 때 이단시異端視까지 한 경향이 없지나 않았던가. 그러한 점에서 바라다볼 때 현 과도기에 있어서 소위 현실주의법학現實主義法學의 존귀성이란 재강조되어야 할 것이다.

다음 선생은 선생이 가장 신뢰하고 있는 젊고 유능한 법률학도들이 법의 기본이념을 논하는 데 있어서 그들 자신이 분명히 설명할 수조차 없으면서도 좌우간 '영구불변의 그 무엇'을 한없이 추구하는 경향을 논란하시면서 법의 기본이념, 즉 정의正義는 영구불변한 것도 결코 아니며, 또한 정의가 그렇게 생활현실과 유리된 존재이어서는 안 된다는 것을 역설하셨던 것이다.

과연 역사적으로 바라다볼 때 정의正義라는 것도 상대적·가변적인 것에 불과하다 하지 않을 수 없을 것이다. 저 땅 위에 있는 모든 국가와 고금을 통하여서 확립된 불변의 정의를 탐구하던 역사학파歷史學派 사상의 개척자인 법철학자 파스칼도 영구한 정의란 있을 수 없다고 갈파하고 탄식歎息하지 않았던가! 그는 외치지 않았던가. "영구한 정의正義라는 것은 하느님이 인간에 계시啓示하는 것으로서는 있을 수 있으나 그것은 현세적인 우리 인간들의 정의는 아니다. 현세에 있어서는 모든 것이 변화한다는 것이 진상眞相인 것이다. 모든 것은 시간의 흐름과 같이 변화한다. 인간과 인간 사이의 정正, 부정不正도 기후·풍토의 변화와 함께 그 성질을 변화치 않는 것은 없다. 산정山頂의 이편에서는 진리인 것이 산 너머 저편에서는 허위이다. 이것이 즉 우리들의 정의라고." 이렇게[如斯히] 기후·풍토와 시간의 변화로 인하여 법률상의 진리가 변한다는 것이다. 그뿐이랴. 이러한[如斯한] 사상은 이미 법철학자 몽테뉴의 입으로서도 갈파되었던 것이다. 그는 "이 무슨 진리眞理란 말인가. 산과 산으로서 막아버린 산 너머 저편 세계에서는 허위화될 진리란." 하고. 결국 우리는 사회현상의 진화과정을 인정하지 않을 수 없을 것이요, 이것을 인정하는 이상 정의正義, 따라서 법의 기본이념의 영구성을 인정할 수는 없을 것이며, 그러한 면에서 바라다볼 때 그들 유능한 법학도의 사고방법은 근본적으로 그릇되었다고 보아야 할 것이다.

선생은 다시 이어서 정의의 비영구성의 예를 들어서 왈曰, 현재 관리들의 생활현실이 극도로 불량한 까닭에 수뢰죄收賂罪[1]가 성행되는바, 90%의 관리가 수뢰할 수밖에 없을 때 과연 그 90% 관리의 수뢰행위는 어떻게[如何히] 평가되어야 할 것인가라는 제목하에서 그 정의성正義性을 해명하여[2]

> '정의'란 것이 우리가 정당히 이해하는 바와 같이 사회생활을 규율하는 사회규범의 지표指標의 하나로서 존재한다고 할 것 같으면[3] '정의'는 모름지기 90%의 편에 같이 있어야 마땅할 것이지 10%의 편에 가담한다는 것은 괴상한 일일 것이다.[4]

1 원문에는 '수회(收賄)'라는 표현이 사용되고 있으나 본문에서는 관용어에 따라 '수뢰(收賂)'로 전부 고쳐 적었음.

2 이하의 인용문은 유병진의 인용문과 장후영의 원문 사이에 약간의 차이가 있으나 장후영의 원문에 따랐음.

3 원문에 '……달 것 같으면'으로 되어 있는 표현은 전부 '……다고 할 것 같으면'으로 풀어서 적었음.

4 후술 407면.

라고 일응一應 결론을 지은 후, 다시 "정의는 90% 관리의 편에 있지 않고 다른 10%의 관리의 편에 있다."라고 고집만 하는 유능한 젊은 법률가에게 보다 더 나은 청심제淸心劑를 주입注入코저 "민주주의 사회생활체제에 있어서 90%의 예스가 10%의 노 때문에 부정된다는 것은 괴상한 현상이 아닐 수 없다."라고 법률세계관적인 근본적 고찰을 하셨다. 이러한[如斯한] 견해는 필경 민주주의적·자유주의적 세계관에서 파생되는 다수결多數決의 원리에 의존하였다는 것을 우리는 너무나 명백히 관취觀取할 수가 있는 것이다.

그런데 그러한 다수결의 원리는 반드시 정의와 합치할 것인가? 나는 이 점에 관하여 많은 의문을 가지고 있는 것이다. 그런데 이것을 해명하려 할 때 우리는 이것을 다시 분석하여 현미경적인 관찰을 하지 않으면 안 될 것이다. 그러면 첫째로 선생의 다수결의 원리는 다수多數라는 형식적인 요소만으로써 정의화正義化된다는 것일까? 아니 우리들은 그 실질적인 내면을 들여다보아서야만 그 현상에 대한 가치판단을 할 수 있을 것이 아닐까. 정의正義라 함은 하나의 가치판단에 의한 개념이 아닐까. 그렇다면 우리는 본건 설례設例에 들어가서 경제적 핍박逼迫으로 인하여 수뢰收賂하는 90% 관리의 심리해부心理解剖로부터 시작하기로 하자.

그들은 과연 그 수뢰收賂로 하여금 진실로 당연시하며 이에 대하여 하등의 양심적 가책苛責을 받지는 않을 것인가. 아니 그들은 그 수뢰로 하여금 정당한 일이라고 확신할 것인가? 아니다. 그렇지 않을 것이다. 비록 수뢰를 한다 하더라도 "내가 이래서야 할 것인가. 그러나 당장 생활을 할 수가 없으니까 부득이 하지 않을 수도 없고. 안 된 일이기는 하나 받아두어야지.” 하는 심경心境에서일 것이다. 그들 수뢰의 심경이야말로 양심과 환경과의 마지못할 충돌에서 견딜 수 없는 고민 끝에 나타난 현실사회의 비극적인 현상일 것이다.

물론 그러한 생활상 핍박한 사정도 없는데도 불구하고 어떠한 관리의 직위를 하나의 모리謀利의 수단으로 여기는 도배徒輩도 있기는 할 것이다. 그러나 그 수뢰동기收賂動機의 여하를 불문하고, 아니 그 최소한도의 생활을 유지하기 위하여 부득이 수뢰하는 자라 할지라도 양심의 가책을 받을 것이라 함은 어느 누구도 부정하지는 못할 것이다. 왜냐하면 아무리 관리의 생활이 혼란에 빠졌다 하더라도 공인公認된 수수료와 같이 공공연히 수뢰收賂함을 보고 들은 바 없으며, 그 수뢰가 적어도 필요 이외의 타인에게 몰래 가만가만히 행하여지고 있다는 것은 즉 이러한[如斯한] 양심의 가책성을 증명하는 것이 아닐까.

이러한 관찰이 정당시된다면 그 수뢰收賂들은 자기의 수뢰로 하여금 양심에 정당하다고 하지 않을 것이며 결국 그 수뢰는 하나의 악惡, 즉 불선不善이라고 믿어질 것이다. 그런데도 불구하고 그러한 악惡의 행위가 다수자에 의하여 행하여진다 하여서 역시 이에도 다수결의 원리를 적용하여서 악惡의 정의正義에로의 전환을 인정할 수 있을 것인가. 시공時空을 같이 한 악惡은 어디까지나 악惡임을 면치 못할 것이 아닐까.

원래 정의正義의 변천이라 함은 사회사조社會思潮의 유전현상流轉現象에 따라서 이때까지의 사회인의 마음속 깊이 박혀 있던 정의관념이 점차로 이탈되기 시작하여 어느 시기에 이르러 그 정의관념이 사회인으로부터 완전히 이탈되어 부정의화不正義化된 상태를 의미한다 할 것이다. 그러므로 그 완전 이탈이 될 때까지는 아직 정의正義가 부정의화不正義化하였다고 볼 수 없을 것이다. 이러한 결론은 그 반대로 부정의不正義의 정의화正義化 과정에도 타당된다고 할 것이다. 다시 본건에 돌아와서 종전에 수뢰행위收賂行爲가 악惡, 즉 부정의不正義였음과 마찬가지로 오늘날에 있어서도 여전히 악惡, 즉 부정의不正義라고 생각함에 하등의 변화가 없는 것이다. 그렇다면 필경 본건은 정의관념의 변화는 없는 것이며, 그것은 다만 그 악惡, 즉 수뢰收賂만이 급격히 전면적으로 증가되었다는 것뿐이라고 할 것이다.

그러한 견해에서 바라다볼 때 우리는 부정의不正義의 정의화正義化라 함은 이때까지의 부정의不正義, 즉 옳지 않음이 그 범주 내의 다수인에 의하여 정의正義, 즉 옳음이라고 인정하게 된 상태를 말함이라 하는 결론에 도달된 셈이다. 다시 말하면 정의正義라는 관념은 단순히 다수인의 형식적 행동에 나타난 그것만으로써 규정지을 것이 아니라 이에 더하매 그 다수인에게 옳(正)다고 인정되어서야만 한다는 것이다. 이것을 방정식으로 나타낼 때 악 + 다수 = 악이며 선 + 다수 = 선이라 할 것이다.

선생님은 전시前示 정의正義의 변전變轉에 대한 논란에 있어서 서장西藏[1]의 일부다처제一夫多妻制를 예로서 인용하였던 것이다.[2] 즉 "내가 듣기에는 서장西藏에서는 아직도 일부

[1] 티베트(Tibet)의 한자 이름.

다처제라 한다. 만약 진정으로 그 사회가 일부다처제의 생활 양식을 유지하고 있을 것 같으면 그 사회에서는 한 사나이가 여러 아내를 거느리고 있다는 것은 응당 하나의 정正이며 선善일 것이다. 그것을 누가 부정不正이며 불선不善이라고 판단할 것이란 말인가. 그 나라의 하느님 역시 그것을 정正이며 선善이라고 판단할 것이 분명한 것이다."라고 하신다. 그것은 당연한 예일 것이며 그렇기 때문에 시공時空을 달리하는 정의正義의 실체가 상대적임에는 틀림없다는 것이다.

그런데 그 서장西藏의 일부다처제 자체의 정의성正義性도 그 국민들이 일부다처一夫多妻를 거느린다는 외형적 사실만에 의거하는 것이 아니라 이에 더하매 그들의 대다수[1]가 일부다처의 '정正', 즉 '선善'임을 믿고 행하기 때문에 정의正義라고 보는 것이 아닐까. 과연 그렇다면 그 실행자가 악惡이라고 생각하는데도 불구하고 그 수가 대다수라는 이유로써 일전一轉하여 선善이 된다는 이유는 그다지 적당치 못하다는 점을 우리는 솔직히 인정하여야 할 것이다.

다음 선생님은 그 90% 수뢰관리收賂官吏가 모두 그 수뢰를 정당시하며 양심상의 사소한 가책도 받지 않고 있다고 보시며, 또는 그렇지 않다 하더라도 그러한 전제로서 이러한[如斯한] 논란을 하였을 것인가. 사실에 있어서 오늘날 수뢰행위收賂行爲를 조금도 양심의 가책을 받지 않는다고 볼진대 그것은 사회질서란 찾을 수 없는, 다 망하여 버렸다는, 혹은 민족이

2 정확하게 말한다면 일처다부제(一妻多夫制)이다. 티베트의 산악 부족 가운데에는 형제가 아내를 공유하는 경우가 있다.

1 원문에는 '多大數'로 되어 있으나 현재의 관용례에 따라 '대다수'로 고쳐 적었음. 이하 같음.

조국을 저버렸다는 그러한 전제가 성립되기 전에는 생길[生起될] 리가 없다고 생각된다. 그러한 의미에서 오늘날 어떠한 수뢰자收賂者라 하더라도 양심의 가책은 느꼈을 것임이 분명할 것이며, 그것은 단지 양심이 모리적謀利的 야욕이나 혹은 핍박한 생활욕구에 패퇴敗退되었을 따름인 것이다.

그러면 다시 우리는 본건 논란에 있어서 그러한 전제를 가상假想할 수가 있을 것인가를 검토하여 볼 필요가 있을 것이다. 그 검토를 하기 위하여서는 우리는 수뢰죄收賂罪의 본질부터 검토하여야 할 것이다. 수뢰죄는 자연범自然犯인가 혹은 법정범法定犯인가. 즉 수뢰收賂 그것은 본래 우리 도덕인으로서 당연히 피하여야 할 것인가. 그렇지 않으면 수뢰행위 자체가 도덕상 당연히 비난시非難視될 것은 아니나 국가의 합목적적인 견지에서 우리는 이것을 금단禁斷하여야 할 것인가. 나는 여기에서 이에 대한 결론을 목적으로 하지는 않으나 여하튼 수뢰행위가 단순히 도덕상 비난에 그칠 것이라면 국가의 어떠한 정책상으로나 또는 유전流轉되는 도덕관념으로서 이 수뢰收賂의 부정의성不正義性도 변천될 수가 있을 것이다.

그러나 수뢰收賂가 공무公務에 대한 독직瀆職이라는 성질을 띠고 있는 이상 국가의 합목적성이 그 정正·부정不正의 분기점을 획劃하지 않을 수 없을 것이요, 그러한 견지에서 바라다볼 때 적어도 국가라는 단체생활을 영위하는 한 그 독직행위를 도외시할 수는 없다 함이 아마 현대인의 사고적 한계가 아닐 것인가. 여하튼 수뢰收賂에 대하여서는 국가의 합목적성이 위주가 되지 않을 수 없을 것이며, 그런 이상 아무리 급격한 과도기인들 관리의 수뢰收賂가 정당시된다는 전제가 나올 수 없을 것이며, 따라서 그러한 가상적 의논의 여지도 있을 수 없지 않을까. 그렇다면 "정의는 90%의 수뢰관리收賂官吏 편에 있는 것이 아니라 다른 10% 관리 편에 있다."라고 고집성을 부리던 선생이 가장 신뢰하는 젊고 유능한 법률가의 주장이 정당시되어야 하지 않을까? 필경 그들의 주장이 '낡은 정의감의 향수'가 아니라 선생의 주장이야말로 '지나친 정의의 창조'가 아닐는지. 결국 선생님의 관찰은 생활현실에 나타난 외형적 사실만에 착안을 하시고 그 내면적인 부분은 도외시한 것이라고 하지 않을 수 없는 것이다. 그것은 정의正義라는 것이 원래 가치적 분야에 속하는 개념이라는 것을 도외시한 것이라고도 할 수가 있을 것이다.

선생은 본건 정의성正義性의 판정에 있어서 90% 수뢰관리收賂官吏가 예스이며 10%의 착실한 관리가 노라고 하시지만, 이것은 우리가 정확히 인식할 때 그 90% 수뢰관리조차 노, 즉 부정의不正義라는 편에 속한다는 것을 이해할 수가 있을 것이며, 따라서 노 + 노 = 노라는 결론밖에 지을 수 없을 것이다. 선생의 이론은 아마 법 내지 법률학이 결코 가치적인 분야에 속하는 것이 아니라, 즉 법률학은 가치를 추구하는 학문이 아니라 현실을 규율하기 위한 학문이라는 근본적 사고 위에서 추출된 모양인데, 도대체가 법이니 법률학이니 또는 사회규범이라는 것이 가치의 추구가 없이 이루어질 것인가를 나는 대단히 의문시한다. 과연 윤리성이나 국가의 합목적성 등을 이 가치와 하등 관련없이 생각할 수가 있을 것인가.

그러나 선생도 "90%의 정의正義를 긍정함으로써 나머지 10%까지 타락·부패해가는 결과를 초래하는 것이 아니냐?"

하고 개탄하는 젊고 유능한 법률학도의 태도에 대하여 선생도 감히 그 10% 관리까지 수뢰收賂하라고는 할 수 없었던 모양이며, 부득이 이에 동의하시는 듯이 "물론 나 역시 만약 관리도官吏道가 더 한층의 타락·부패의 길을 걸으려 한다고 할 것 같으면 법 내지 법률가는 그것을 막으려고 노력하여야 한다고 생각하고 있다."라 하여 써 그 모순성을 인정하여 버렸던 것이다. 왜냐하면 90% 수뢰행위收賂行爲가 정의일진대 그 정반대의 10%의 불수뢰행위不收賂行爲는 보통 부정의라야 할 것이며, 또 정의는 우리 사회인으로서 이것을 장려하고 나아가서는 표창이라도 하여야 할 것인즉, 그 10% 관리의 수뢰행위를 막아버릴 하등의 이유가 없지 않을까. 그렇다고 본다면 선생도 90% 수뢰행위로 하여금 정의正義라고 보기에는 내심 대단히 주저하신 것으로밖에 추측할 도리가 없는 것이다.

진리는 하나만이라는 고언古諺[1]을 어떻게 이해할 것인지. 아니 이 고언은 고금古今[2]도 역시 철칙이 아닐는지. 그리하여 시공時空, 즉 때와 장소를 같이 한 정의正義는 하나일 것이며 둘일 수는 없는 것이다. 단지 정의라는 것도 절대적인 개념이 아니며 이는 시공時空과 같이 변천한다는 것은 이미 전술前述한 바이다.

이에 선생도 그 모순점의 해명에 궁한 나머지

나는 위에서 법은 자인(Sein)이지 졸렌(Sollen)이 아니라고 말했으며 또 법 내지 법률학은 가치를 추구하는 학문의 분야에 속

1 예로부터 전하여 내려오는 속담.
2 옛적과 지금.

> 하는 것도 아니라고 말한 바 있다. 그러나 그렇다고 해서 법 내지 법률학은 자연과학과 같이 전연 가치價値와는 무관계한 것이라고도 생각하지 않는 바이다. 내가 생각하고 있는 바는 법 자체는 자인(Sein)이지만 법은 가치에의 지향志向을 바라보고 해석·운용되어야 한다는 것이다. 그런 까닭에 나머지 10%의 관리가 더 한층의 타락·부패의 길을 걸으려고 한다고 할 것 같으면 그것은 가치적인 견지에서 볼 때 우리가 원치 않는 일인 것만은 틀림없는 사실인 것이다.[1]

라고 법의 비가치성 등 그 이론의 모순점을 자인自認하여버리지 않을 수 없었던 것이다.

그렇게 바라다볼 때 "90% 수뢰행위收賂行爲가 법의 기본이념인 정의正義에 비추어 옳은 것(正)이라고 할 것 같으면 왜 나머지 10%의 관리에 대하여 그들도 뇌물賂物을 받음으로써 세계에 있어서 옳은 것(正)을 실천하라고 하지 못하는가. 그것이 결국 그렇게까지 주장할 만큼 강력하게 옳은 것(正)은 못 되었던가?"라는 젊고 유능한 법률가의 항의는 지극히 당연한 것이 아닐까?

그러나 선생은 다시 이에 대답하여 왈曰,

> 법은 옐리네크(Jellinek)[2]가 일찍이 말한 바와 같이 항상 우리네의 일반 생활현실 이하의 행위를 가치평가의 대상으로 하는 것이다. 그 수준 이상의 행위는 도덕 기타 세계에서 표창과 찬양을 받을 성스러운 행위일는지는 모르겠으나 그것은 벌써 법세계法世

[1] 후술 411면 이하.

[2] Georg Jellinek (1985~1911). 독일의 법철학자·정치철학자.

界에서 취급할바 대상은 아닌 것이다. 일반수준 이하의 행위는 우리네 사회생활에 현실적으로 유해한 것이기 때문에 법은 강제력强制力을 행사해서까지 그 행위를 배척·제거하는 것이다. 그런 까닭에 법의 세계에 있어서는 일반수준의 행위라고 할 것 같으면 옳은 것(正)으로서 가치평가를 받을 것이다. 그러나 그 행위를 도덕의 세계에서 관찰해 볼진대 그것은 사회생활을 영위하는 데 있어서의 최소한의 좋은 것(善)일 것이다. 도덕의 세계에 있어서는 끝없이 좋은 것(善)만을 추구할 것이다. 왜냐하면 도덕의 세계는 가치價値의 세계인 까닭이다.

그러나 법의 세계는 가치의 세계가 결코 아니고 현실의 세계인 것이다. 도덕의 세계에 있어서는 높고 더욱 높은 선(善)을 추구하는 것이 그의 사명이지마는 법의 세계에 있어서는 일반 사회생활을 영위할 수 있는 정도의 선(善), 다시 말하면 일반 사회생활을 영위하는 데 있어서 없어서는 안 될 정도의 선(善)을 강요하는 것이다.[1]

라고 하여서 법의 세계와 도덕의 세계의 별개성別個性과 그 선善의 요구 정도에 대한 차이점을 설명한 후

다수·일반의 관리가 뇌물을 받음으로써 겨우 생활을 유지해가는 것이 일반적인 생활현실이라고 인정되어서 법法—정의正義는 그 행위의 위법違法의 조각阻却을 인정하고 가벌성可罰性의 상실을 단정한다고 해서 과연 내 주장은 필연적으로 나머지 10%의 관리에게 뇌물을 받으라고 선언해야만 할 것일까. 뇌물을 받지 않고도 능히 생활을 유지해갈 수 있는 소수의 특히 유복한 관리의 청렴과 덕망은 가치를 추구하는 도덕의 세계에서는 높이 평가

[1] 후술 417면 이하.

되며 많은 찬양을 받을 것이리라. [그러나][1] 그 보통 이상으로 높은 선善을 법이 강요하는바 '최소한最小限의 선善'까지 끌어잡아 내리지 않으면 안 될 이유가 어디 있을까? 지선至善은 지선至善으로서 극히 좋은 일이다. 그러나 그것은 나의 논술論述과는 아무 상관이 없는 것이다.[2]

라고 하신다.

이에 우리는 우선 옐리네크의 주장부터 검토하여 보기로 하자. 그 요지는 결국 법의 세계에서는 일반수준의 행위이면 옳은 것(正)이라는 평가를 받는다는 의미일 것이다. 그 옐리네크의 말은 참으로 지당한 견해일 것이다. 우리 사회의 어떠한 기준을 내세우는 데 있어서 일반사회를 표준으로 하여 볼 때 성인군자나 천재만에 구할 수 있는 것을 표준으로 하는 것도 아니며, 또 부덕한不德漢이나 우둔한 자의 할 수 있는 바를 표준으로 하는 것도 아니며, 주의 깊게 행동함과 동시에 과실過失도 범할 수 있는 평범한 인간에 대하여 요구할 수 있는 것이라야 할 것이고, 또 특수사회를 표준으로 하여 볼 때 그 사회에 있어서의 최상급의 인사도 아니요 그렇다 하여 최하급의 인사도 아닌 중간층 인사에 대하여 요구할 수 있는 것이라야 한다는 것이다.

이것을 본 논의의 목적인 정의正義이냐의 문제에 비추어 볼 때 그것은 그러한 소위 평균인平均人이 그것을 정당한 일이라고 인식하느냐 마느냐의 문제에 귀착된다고 볼 것이다. 그렇

1 [ ] 부분은 편저자가 임의로 보충함.
2 후술 419면 이하.

다면 전시前示 설명한바 그 수뢰관리收賂官吏가 모두 양심의 가책을 받는 이상, 즉 그것을 하나의 악惡이라고 여전히 인식하는 이상 그것이 정의화正義化될 이치는 없을 것이다. 옐리네크의 그 견해가 단순한 외형적 사실만을 운위하는 것이 아니라는 것을 우리는 정당히 이해하여야 할 것이다. 더욱이 정의성正義性을 논의하고 있는 이 마당에 있어서.

이러한 견지에서 바라다볼 때 선생의 주장하시는 바는 모든 행위를 외형적으로만 보시려고 하시는 데에서, 다시 말하면 그것이 본의本意에서 나오는 행위인가 그렇지 않으면 본의는 아니지만 어떠한 사정에서 불가피적으로 나온 행위인가를 구별하지 않은 데에서 발생된 모순이 아닐까를 추측하지 않을 수 없는 것이다. 또다시 되풀이할진대 선생이 나머지 10% 관리의 타락·부패를 희망치 않을 뿐 아니라 이것을 막아내려고 하여야 한다고 하셨는데 그 '타락·부패'라는 말은 확실히 그 수뢰자收賂者들도 양심의 가책을 받는다는 것을 인정한 것이라고 볼 수밖에 없으며, 그렇기 때문에 이러한[如斯한] 경향은 막아버려야 한다고 하지 않을 수 없었던 모양이다. 그러고 본다면 결국 본 옐리네크의 말(선생은 그 말 자체를 오해하신 모양이나)을 인용하게 된 취지를 우리는 이해할 수가 있는 것이다. 과연 선생의 견해대로라면 10% 관리의 수뢰현상收賂現象은 막아버려야 할 것이 아니라 그것은 방임放任하여야 할 것이요, 선생이 말씀하신바 나의 논술論述과는 아무 관계도 없다고도 볼 수가 있을 것이다.

선생은 켈젠(Kelsen)[1]의 순수법학적純粹法學的 사고방법을

[1] Hans Kelsen (1881~1973). 오스트리아 출신의 법철학자. 그가 주장한

배척하시고 사회학적 고찰방법을 채용하신다는 것은 현실주의법학現實主義法學의 성격상 당연하다고 하실 것이다. 그러나 사회학적 고찰을 하신다 하더라도 우리는 사회의 필요必要만을 돌보아줄 것이 아니라 사회의 이상理想을 이에 비추어 보아야 할 것이 아닐까. 다시 말하면 모든 사람이 하고 싶어한다고 하여 그것을 허용할 것이 아니라 이에 더하매 그것이 사회의 이상理想에 알맞아야만 비로소 허용된다는 것을 우리는 잊어서는 안 될 것이다. 그러면 그러한 수뢰收賂가 사회이상社會理想에 적합되는 것이라고 볼 수가 있을는지. 이 점에 있어서 선생의 사회학적 사고는 절름발이격임을 면치 못하였다고 할 수밖에 없을 것이다. 우리는 이상으로써 90% 관리의 수뢰행위收賂行爲가 정의正義이냐 아니냐에 대한 비판은 끝마치기로 한다.

다음 선생은 그 수뢰행위收賂行爲가 정의이기에 무죄無罪라 하신다. 그러면 그 둘째로 그 수뢰행위를 범죄행위로 규정한 현행 형법[1]과의 관계를 어떻게[如何히] 보아야 할 것인가를 문제시하지 않을 수 없다. 그러나 선생은 이 점에 대하여서는 정의正義이기에 무죄無罪라 하실 뿐이지 이에 대하여 형법상의 어떠한 근거를 지적하시지는 않았던 것이다. 그러면 선생은 그 수뢰법收賂法을 어떻게[如何히] 보시는 것일까. 즉 그 독직죄瀆職罪 조문으로 하여금 그것은 법이 아니라고, 즉 비법非法이라고 보시는지 혹은 법은 법이나 악법惡法이라고 보

'순수법학(純粹法學)'의 '순수(純粹)'가 의미하는 것은 법이론이 논리적으로 자체에 근거하는 것이지 법 외적 가치에 의존해서는 안 된다는 뜻이다.

[1] 당시의 의용형법 제197조. 조문내용은, 후술 475면 참조.

시는지 그 견해 여하가 궁금한 바이다.

하기야 도적질을 하라는 따위의 법은 그것이 비록 법의 형식을 갖추어 있다 하더라도 우리는 이것을 법이라고 할 수는 없는 것이다. 왜냐하면 정의正義의 배반背反을 강제하기 때문이다. 그러한 의미에서 그것은 비법非法일 것이다. 비법非法인 한 우리는 형법상 어떠한 근거를 거시擧示할 필요없이 이것을 무시할 수 있을 것이다. 그러면 선생은 그 독직죄瀆職罪 조문을 이러한 정의正義에 배반된 비법非法이라고 보실 것인가. 과연 그렇다면 수뢰법收賂法으로 하여금 사회적 정의에 포함되는 협의의 정의(윤리성)와 합목적성 중의 어느 편에 기준하여 혹은 어느 편에 보다 더 치중하는 견해이신지.

그러나 이상 논술한 바에 의하여서도 그 편린片鱗을 추측할 수 있으며 더욱이 선생의 논설 전체를 통하여 볼 때 선생도 그 현행법現行法을 비법非法이라고까지는 보시지 않은 것으로 추측함이 정확한 이해일 것이다. 그러한 추측이 용인容認된다면 그 현행법은 결국 '악법惡法'이다라는 결론에 귀착되지 않을 수 없을 것이며, 악법이라고 하는 한 법은 법임에 틀림없을 것이며 이에 정면으로 이것을 무시할 수는 없을 것이다. 법규정조法規正條[1]를 정면으로 무시하여서는 안 된다는 견해는 선생도 열렬히 주장하시는 바이다.

그러한 견해에서 선생은 왈曰,

그런데 나의 주장을 전적으로 지지하는 젊고 유능한 법률가의 또 하나의 이론구성이 있는데 실로 흥미 깊은 바가 있다. 그에 의

[1] 법에 정식으로 규정되어 있는 조문.

하면 대다수의 관리의 생활현실이 불량해서 뇌물을 받음으로써 겨우 생활을 유지해 나가는 현실이라고 할 것 같으면 그 경우의 '물物'은 수뢰죄의 이른바 뇌물이 아니므로 수뢰죄의 구성요건이 되지 않고 따라서 수뢰죄의 구성요건을 충족시키지 않음으로써 범죄를 구성치 않는다는 이론이다.

그러나 나는 이 이론구성에는 의문이 있다. 왜냐하면 관리가 직무에 관해서 수수收受하는 '물物'은 뇌물賂物인 바에는 틀림없는 것이다. 만약 그럼에도 불구하고 그것을 뇌물이 아니라고 단정한다고 할 것 같으면 그것은 법규정조法規正條를 정면으로 무시하는 것이다.[1]

라고 일응一應 결론을 내린 후 그러한 경향을 경계하여서 다시 왈曰,

첫째로 법을 운용하는 사람은 결코 법을 만드는 사명을 가진 것이 아닌 것이다. 그들은 어디까지나 만들어진 법을 운용하는 데 충실하여야 할 것이다. 둘째 우리네 사법관司法官들은 일반적으로는 아직 많이 미숙한 단계에 있는 것만도 사실이다. 그런데도 불구하고 법규정조法規正條를 무시하고 새로운 법의 자유탐구를 시도한다는 [것은][2] 무모하기 짝이 없는 노릇인 것이다."[3]

라고 하셨다.

선생님의 경계의 말씀은 일응 그럴 듯할 것이다. 그러나 법의 자유탐구自由探究라는 점에서 좀 고찰하여야 할 점은 없을

1 후술 420면 이하.
2 [ ] 부분은 편자가 임의로 보충함.
3 후술 421면.

것인가. 법의 자유탐구에 있어서의 '법法'이라 함은 협의의 소위 실정법實定法을 의미함이 아니라 광의로 자연법적自然法的인 그것까지를 의미함이 아닐까. 실정법이야 법학자로서 감히 운위할 것이 아닐 것이며, 다만 학자나 실무가는 사회의 당위적인 법의 이념을 탐구하여서 이것을 실지 법의 운용에 참작 내지 이용하여야 할 것이며, 이러한 범위도 이에 자유탐구에 속한다고 볼 것이 아닐까. 현재 선생님이 제창하시는 현실주의법학現實主義法學의 이념도 이러한 법의 자유탐구의 요소를 완전히 배제하여 버릴 때에는 내장內臟 잃은 껍질만의 존재가 되지 않을 수 없을 것이요, 그뿐 아니라 당장 논의하고 계신 90% 수뢰收賂의 무죄성無罪性도 하나의 법의 자유탐구가 아닐까?

선생은 90% 관리의 수뢰收賂가 정의正義이기 때문에 무죄라 하시고, 또는 그것은 일응 형식적 구성요건構成要件의 충족을 인정하면서 현실적인 입장에서 위법성違法性의 조각阻却,[1] 즉 가벌성可罰性의 상실을 주장하는 것이 가장 타당하다고 생각하신다 하셨는데, 정의正義의 무죄화과정無罪化過程을 설명할 수 있는 현행 형법의 이론적 근거나 또는 그 조각사유阻却事由의 근거를 제시치 않는 이상, 아니 제시할 수 없는 이상 결국 선생이 말씀하신바 "그 경우의 '물物'은 수뢰죄收賂罪에 이른바 뇌물賂物이 아니므로 수뢰죄의 구성요건이 되지 아니한다."고 하던 젊고 유능한 또 하나의 법률가의 견해가 도리어 솔직하고 직접적이고 타당하지 않을 것인가. 나는 이

1 원문에는 '현실성(現實性)의 조각(阻却)'으로 되어 있으나 '위법성(違法性)의 조각(阻却)'의 오식으로 생각됨.

상으로써 선생의 논설에 대한 나의 견해를 적어 보았던 것이다.

결국 나는 장張 선생의 주장이나 혹은 선생을 지지하는 젊고 유능한 또 하나의 법률가의 주장에 찬성할 수 없는 것이다. 도리어 선생 견해에 대하여 고집만 하던 다른 젊고 유능한 법률가의 견해에 찬성하는 바이나, 그 견해도 어디까지나 법의 일면만을 강조한 편견의 경향이 있다고 생각된다. 그런데 나도 역시 하나의 현실주의법학도現實主義法學徒인 것이다. 즉 유전流轉되는 사회현상에 눈을 가리고 있는 자는 아닌 것이며, 이러한 새로운 현상을 우리는 어떻게 이해하고 실지 법운용에 있어서 어떠한 태도를 취할 것인가를 진지하게 생각하고 있는 하나의 법학도인 것이다.

그러나 사회현상의 유전流轉이라고 하여보았던들 해방 이래 사회도덕면(즉 사회적 정의)의 변이變移된 것이라고 볼 수 있는 현상은 오직 인간 기호성嗜好性의 가장 첨예화되는 풍기관계風紀關係, 예를 들면 댄스 같은 것이 유일한 것이 아닐까. 그 이외에는 아직 정의관념正義觀念의 변화까지는 이르지 않고 있을 것이며, 다만 과도기의 우리 법률생활에 있어서 불가피한 범법상태犯法狀態가 각 부문에 속출되는 경향에 있다고 할 정도가 아닐까. 그러면 이 불가피한 범법상태를 우리는 어떻게 보며 어떻게 처리하여야 할 것인가가 당면한 문제가 아닐까. 나는 이하 이 문제에 관하여서 나의 의견을 적어보기로 한다.

본 문제는 오로지 법의 강제력强制力은 어디까지 미쳐야 할 것인가의 문제에 귀착한다. 원래가 법이라는 것이 단순히 이렇게 하여야 한다는 이론理論만이 아니라 동시에 하나의 권력權力인 것이다. 즉 법은 사회생활에 있어서 자기自己라는 것을 실현하지 않으면 안 된다. 그런데 우리는 법이 두 가지 면을 가지고 있다는 것을 잊어서는 안 될 것이다. 즉 법은 그 법에 복종하는 국민으로 하여금 법을 깊이 이해하고 법규法規의 가장 충실한 준봉遵奉[1]에 성의를 다하게 하여 써 국가 명령권의 발현發現을 기도하는 동시에 또 법이 법이라는 힘(권력)을 가지고 있다는 것은 오직 국가의 대자비大慈悲에 비추어보아서 긍정되는 한도 내에서만이 인정되어야 할 것이므로 국가는 국민에 대하여 불법不法·불능不能을 강제치 않는가를 반성하여야 할 것이다.

그리하여 그 반성의 결과 국민에게 무리를 요구한다고 인정될 때 국가는 모름지기 그 법의 개정 등 어떠한 조치를 취하여야 할 것이요, 법운용자에 있어서도 이에 대한 적절한 해석 내지 운용을 하지 않으면 안 될 것이다. 저 불란서의 혁명이 영주領主가 압정壓政만을 일삼고 반성을 하지 않았기 때문에 나중[乃終]에는 혁명革命이라는 참극까지를 초래하였던 역사상 사실을 돌아다볼 때 우리는 단순히 법法이라고 하여서 어디까지나 강제强制하여서는 안 될 것이다.

그러면 그 강제의 한계를 어떻게 결정할 것인가? 이것은 또 그 강제가 개인의 행위行爲·불행위不行爲를 요구하는 의미에서 국가는 개인의 자유를 어느 정도로 인정하여야 할 것인가의 문제에로 화化한다. 이러한[如斯한] 견지에서 우리는 세계관적 범주가 법률학적 사유의 기본적 전제조건이 된다는 전망하에 우리 세계관인 민주주의 체제를 바라다볼 때 거기에는 국가의사國家意思가 국가에 고유한 것이 아니라 국가를

[1] 관례나 명령을 좇아서 받듦.

구성하는 요소인 개개인의 의사로부터 출발하고 그 의사의 다수가 즉 국가의 의사가 된다고 하지 않을 수 없을 것인즉 따라서 개인의 자유가 최대한도로 보장되어야 할 것이요, 이러한 면에서 우리는 민주주의의 정치형식은 관용寬容의 원리를 그 근본원리로 한다 하는 취지를 이해할 수가 있을 것이다.

그러나 또 한편 전쟁戰爭이라는 현실은 거대한 집중통일을 요구하며 개개인을 전체에까지 인도하고 종속시키고 적응시켜서 위대한 공동목적共同目的에로 강제하는 것이다. 이러한 요청으로 볼 때 우리 개개인의 자유는 전체를 위하여, 국가를 위하여 광범위한 제한을 받지 않을 수 없는 것이다. 과연 전쟁은 우리 형사면刑事面에 있어서 그 보호의 중심을 종전 평화시와 같이 개인, 즉 범인犯人에 두지 않고 국가에 두어야 한다는 결론에로 진전되지 않을 수 없을 것이요, 또 실지에 있어서 이러한[如斯한] 방면으로 움직이고 있는 것이다. 이것은 하나의 전체주의화적 경향이라고 볼 수 있을 것이다. 전체주의적 경향인 한 전체는 부분보다도 그 가치가 우월하고 선행先行될 것이며, 이러한 경향은 형사면에 있어서 위하威嚇[1]와 응보사상應報思想으로 전화轉化될 것이다.

그러나 전체라는 것도 부분을 통하여서만이 존재할 것이며, 부분은 전체의 부분으로서 고유의 가치를 가지고 있다 할 것인즉 우리나라가 민주주의라는 기본체제인 점과 더불어 전쟁이라는 현실도 개인의 보호를 망각함에 이르러서는 안 될 것이다. 한편 국가는 단순히 그 실력이 강하다는 것만으로써 권위 있다고 할 것이 아니라 그 강력한 권위를 국민이 신뢰

1 위협.

하는 방법으로써 발휘하지 않으면 안 될 것이다.

여기에서 또 하나 우리가 고려하여야 할 점은 민족주의와 개인의 자유와의 관계이다. 민족주의의 입장으로 볼 때 모든 개인은 민족을 위하여 완전히 의무화義務化하여야 할 것이며 그러한 의미에 있어서 그것도 하나의 전체화全體化 경향일 것이다. 그러면 민족국가는 반드시 개인의 자유를 많이 허여許與치 못할 것인가. 나는 이 대답으로서 저 유명한 민약론民約論의 루소[1]의 말을 인용하기로 한다. 즉 그는 국가는 우선 국민들이 국가를 애착愛着하게 하지 않으면 안 된다고 주장하면서 그 애착하게 하는 방법은 민주적 인간평등론人間平等論과 자기결정주의自己決定主義를 원칙으로 한다 하여 써 민족주의民族主義와 민주주의民主主義와의 제휴의 필요를 확립한 후 국가는 국민에 대하여 최대한의 자유를 허여許與치 않으면 도저히 국민은 국가에 애착을 가지지 못할 것이다라고 하여 써 민족애民族愛를 제창하였던 것이다. 사실에 있어서 국가로부터 소중한 취급을 받지 못하는 존재가 자신을 멸시하는 국가에 대하여 진정한 애착심을 가질 수 없다는 것은 당연한 사리라고 보아야 할 것이다.

그뿐만 아니라 인간의 운명은 사회에 있는 것이며 그러한 결과 책임은 개인에 대하여서만 아니라 사회에 대하여서도 인정되지 아니하면 안 될 것이다. 즉 개인은 포괄적인 전체 중에 있어서의 통과점通過點 이외의 아무 것도 아닌 것이다. 그러한 전체적 관련 중에 개인의 운명이 있는 것이다. 그리하여 그 운명은 고대사상古代思想과 같이 우연적인 것이 아니고

[1] Jean-Jacques Rousseau (1712~1778). 18세기 프랑스의 사상가 · 소설가.

필연적인 것이라고 보아야 할 것이다. 따라서 개인의 운명은 전체의 운명을 상징하는 것이며, 그러한 의미에서 개인의 책임에 대하여서는 전체가 공동책임을 부담하여야 할 것이라는 것이다. 그것은 마치 아이와 가정과도 흡사할 것이며 그러한 점에서 가정家庭되는 국가는 아이 격인 국민만에 그 잘못을 책責할 수는 없을 것이다. 이 이론은 우리나라 현재와 같이 그 유전流轉이 심한 사회실정하에서는 어느 누구도 인정하지 않을 수 없을 것이다.

우리는 이상 어느 면으로 보더라도 국가는, 즉 법은 국민에 대하여 필요 이상의 강제强制를 하여서는 안 될 것이며, 그러기 위하여서는 그 반성을 게을리하지 말아야 할 것이라는 결론에 도달된 것이다. 그렇다면 구체적으로 우리는 그 법에 따라서, 즉 그 각 법이 요구하는 실현성實現性의 강도强度에 응하여 사회현실과의 대조, 즉 이해교량利害較量을 한 후 어떠한 한계선에서 법강제法强制의 무한성無限性을 저지시켜야 할 것이다. 물론 이해교량利害較量에 있어서는 사회사정의 여하如何가 위주시爲主視되어야 할 것이며, 이와 현現 전시적戰時的인 법적 안정法的 安定의 사상이 비교되어야 할 것이다.

이러한 관점에서 본 수뢰예收賂例를 바라다볼 때 전면적으로 고등高騰[1]된 물가에 극소한 봉급을 받는 관리官吏에 대하여 우리는 어느 정도의 생활을 요구할 수 있을 것인가의 면으로부터 검토하여야 할 것이다. 과연 관리가 자신의 재산 등 유형·무형의 역할力割을[2] 하더라도 그 최소한도의 생활을

[1] 물건 값이 뛰어 오름.

[2] 원문에 '역할(力割)'로 되어 있음. '역할(役割)'이 아님.

영위하지 못할 때 그 관리는 과연 굶고 있어야 할 것인가가 인간의 생리적 본능과 더불어 심각히 검토되지 않을 수 없는 것이다. 아니 이러한 경우에 이르렀을 때 그 관리에 대하여 어떠한 행위만을 강요할 수 있을 것인가? 다시 말하면 그러한 경우에까지 수뢰收賂치 말 것을 기대할 수가 있을 것인가? 물론 수뢰의 정도 및[及] 태양態樣[1] 등은 전시戰時에 있어서의 국민의 인고내핍忍苦耐乏의 의무성과 더불어 국가의 합목적상 최소한도에 국한될 문제이기는 하나.

그리하여 형법에 있어서의 기대가능론期待可能論은 움직이지 않을 수 있을 것인가. 이것이 인정된다면 그 범위 내에서 범의犯意를 조각阻却한다 하여 무죄無罪로 할 수 있을 것이다. 하기야 기대가능론期待可能論 그것은 종래 실용단계에까지 이르지 못하였던 것만은 사실인 것이다. 그러나 개인의 자유가 최대한도로 보장되어야 할 정치적 체제하일수록 국가는 개인에게 불능不能을 강제强制치 못할 것이며, 더구나 현 과도기에 있어서 어쩔 수 없이 범법犯法하게 될 개연성이 많은 실정實情은 기대가능론期待可能論의 등장을 최촉催促[2]하는 것이라고 하면 과연 지나친 견해라고만 할 것인가. 이것이 실정에 알맞다고 인정되는 한 우리는 그것을 실용實用하는 데 무슨 주저가 있을 것인가. 우리의 운명은 우리 자신이 개척하여야 할 것이요, 우리의 역사는 자신 스스로 창조하여야 하지 않을까. 종래 우리나라 법학이 뒤떨어졌다 하여 다른 나라 법학의 추종·모방만을 함으로써 만족할 것인가. 이러한 점에서 법학이

1 모양. 형태.
2 재촉. 독촉.

도리어 사회진전의 유해물有害物이 되어서는 안 될 것이다.

원래가 자유주의하의 하나의 헌장인 죄형법정주의罪刑法定主義 제도 밑에서의 우리 법률가의 사명은 새로운 법(형사법을 칭함)의 발견이 아니라 현행법 적용결과의 과혹過酷을 어떻게[如何히] 완화 내지 말소시킬 수 있느냐에 있다고 할 것이다. 이러한[如斯한] 관점에서 현하現下 현실주의법학現實主義法學의 형사면刑事面에 있어서의 근본과제는 이 기대가능론期待可能論의 육성에 있다는 것을 나는 거듭 제창하는 바이다.

이상 우리는 아무리 과도기라 하더라도 관리官吏의 수뢰행위收賂行爲는 부정의不正義, 따라서 악惡이라는 것을 인정하여야 할 것이요, 다만 그것이 불가피한 정도의 것이라고 인정될 때 전술前述한바 기대가능론期待可能論을 활용하여 써 현실에 입각된 법운용法運用의 타당을 기하여야 할 것이다. 그러나 기대가능론期待可能論 그 자체에 대하여서는 많은 연구를 거듭하여야 할 것이다. (끝)

(필자 · 서울고등법원 판사)

법학의 연구과정[1]

새 나라의 법학도로서 법학의 연구과정을 알아두는 것도 결코 무익한 일은 아닐 것이다. 우리는 강당에서 혹은 강당 아닌 서적으로써 법학통론法學通論이라는 법의 입문으로부터 들어가서 법의 각 부문에 걸친 보편적이고 일반적인 문제에로, 다시 이어서 넓고 깊숙한 연구의 세계에로 길을 찾는 것이다. 거기에는 법률에 있어서의 하나하나의 개념 연구로부터 어떠한 법률제도의 연구에 이른다. 그것은 모든 개념을 현미경으로써 분석하고 이와 관련되는 횡적 또는 종적인 개념과의 연결상태를 검토하고 비판하고 다시 시선을 크게 멀리하여 망원경으로써 법률제도 자체에 대한 검토와 비판을 하는 것이다. 예를 들건대 미성년자未成年者라는 것은 무엇인가를 연구한다. 다음에 우리는 친권자親權者 또는 후견인後見人 같은 법정대리인法定代理人 혹은 보좌인保佐人이라는 개념과의 차이 내지 관련성을 연구하는 것이며, 다시 그 전체적인 미성년자제도 자체에까지 연구하는 것이다.

[1] 『고시(考試)』, 제1권 제5호, (1952. 6.), 25~28면.

이것은 분석과 종합의 과정인 것이다. 그것은 어느 한편에만 치중하여서는 안 된다는 것을 의미한다. 분석分析만에 위주爲主할 때 전체적인 통일성을 도외시하게 될 것이요, 종합綜合만에 위주할 때는 부분은 몰각沒却하게 될 것이다. 여기에서 우리는 하나의 예를 들어야 할 것이다. 어떠한 것을 세세히 알고 있다는 것은 반드시 그것을 잘 알고 있다는 것을 의미하는 것은 아니다. 다시 그 실례實例를 들어보기로 한다. 여기에 큰 건물이 있는데 그 넓다란 벽에는 이상하다고 알려진 그림이 그려져 있는 것이다. 가까이 곁에서 볼 때 그 하나하나의 그림은 잘 알 수 있으나 전체의 그림으로서 무엇이 그려져 있는가는 확실치 않은 것이다. 그러나 이것을 알 수 있는 방법이 없는 것은 아니다. 우리는 그 그림이 무엇인가를 알기 위하여서는 그로부터 어느 정도의 거리를 상거相距하여야 할 것이며 그 거리 밖에서 돌아다 볼 때 비로소 거기에는 무엇이 그려져 있는가를 판연判然히 알 수가 있는 것이다. 그와 같이 우리는 어떠한 하나하나의 개념만을 알고 그친다면 그 전체적인 것을 전연 모른다는 것이요, 그러한 결과는 응용능력이 없는 단순한 기억적인 목석木石 이외의 존재가 될 수 없다는 것이다.

우리는 고등고시령 제10조를 들여다 본다. 거기에는 "본 고시考試에 있어서는 ……기억력에 의한 지식고사知識考查에 편경偏傾[1]하지 않고 주로 학리學理의 해득解得과 그 응용능력을 고사考查하는 데 유의하여야 한다."고 하였던 것이다. 우리는 법이 이렇게 규정하였으니까 이렇다는 것이 아니고 이러이러

[1] 한 쪽으로 기울어짐.

한 이치로 인하여 이러한 결론이 맺어지는 것이며 법도 바로 그것을 규정한 것이라는 식으로 이해하여야 할 것이다. 그리하여 우리는 법이라는 것을 대국적大局的으로 높은 장소에서 바라다보고 인식하여야 할 것이다. 우리는 때때로 수험생으로부터 이러한 말을 듣는다. "저 사람은 법을 참 잘 아는데 낙제만 한다"고. 나는 들을 때마다 그런 사람일수록 그 하나하나에 대한 것은 누구보다도 잘 알지만 그에 대한 전체적인, 종합적인 지식이 결하였기 때문에 그러한 결과를 가져오는 것이라고 항상 답변하는 것이다. 다시 말하면 어떠한 법률관계의 근본정신만을 파악하면 우리는 우리의 기억에서 이미 사라진 그 어떠한 개념이라 할지라도 우리의 그에 대한 근본개념을 응용하여 이에 불충분하나마 대답할 수가 있다는 것이다. 그리하여 우리는 그 지엽枝葉보다도 토양분土壤粉을 알려고 애쓰는 것이다.

또 우리는 각 법률제도를 통하여 그 체계의 무엇인가를 탐구하여 본다. 그것은 법률관계에 고립되어 있는 것이 아니고 서로 다른 법률관계와 목적·수단관계에 있어서, 혹은 보편과 특수와의 관계에 있어서 견련牽聯되어 있기 때문이다. 우리는 사법관계私法關係에 있어서 동적 안전動的安全, 즉 거래의 안전을 위주로 할 것인가 혹은 정적 안전靜的安全을 위주로 할 것인가를 검토하러 그 계통적인 연구에로 들어간다. 과연 정적 안전을 도모하기 위하여 어떠한 제도가 만들어지고 있는가를 살펴본다. 미성년자제도, 시효제도, 소유권제도, 점유제도, 지역권제도地役權制度 등. 다시 동적 안전을 도모하기 위한 규정이 무엇인가를 살펴본다. 대리, 더욱이 표현대리제도表見代理制度, 법률행위 자치의 원칙(계약자유의 원칙), 채권양도제도 등.

다음에 이러한 각 제도 간에는 어떠한 연결이 있는가를 생각하여 본다. 다시 이러한 정적 안전과 동적 안전과는 서로 충돌하지 않는가.[1] 그러면 그 조화점을 어느 점에서 발견할 수가 있을까. 더욱이 집합적 법률행위, 아니 단체적 법률행위 등에서 정적 안전의 규정은 어떠한 영향을 받아야 할 것인가. 또 경제적 약자를 구제하기 위한 규정은 사회거래의 안전을 도모하기 위한 규정과 어떻게 대치하고 있는가를 바라다본다. 다시 일반법에 해당되는 민법에 있어서의 거래의 안전을 도모하는 규정은 상거래의 원활을 기하기 위한 상법 규정에 있어서 어떠한 변모를 당하고 있는가 등 고려하여야 할 점이 너무도 많음에 다만 놀랄 뿐인 것이다.

그렇게도 법세계는 그야말로 넓고도 깊숙한 것이며, 거기에는 멀리 옛적의 그것으로부터 현세現世의 그것을 거쳐서 미래의 □제□題[2]에로 흩어지고 있는 것이다. 우리는 지금 어떠한 법률제도를 연구한다. 이 법률제도는 왜 생겼을까? 그 당시의 사회사정은 과연 어떠하였을까? 우리는 이러한 점을 구고究考하여서 어떠한 법률제도가 생긴[生起한] 필요성 내지 유래를 이해하려 한다. 다음에 우리는 그러면 그 법률제도는 과연 타당한 제도였던가를 검토한다. 그 검토에 있어서는 그것은 너무나 동적 안전에 기울어지지 않았던가, 정적 안전에

[1] 원문에는 '않는다'로 되어 있으나 '않는가'의 오식으로 생각됨.

[2] □ 부분은 원문의 판독이 불가능함. 원문에는 '□題에로 흐터지고'로 되어 있음.

만 급급하지 않았던가, 또는 경제적 약자를 무시하지나 않았던가 등 사회사정의 모든 것이 이에 고려되는 것이다. 다시 우리는 그러면 그 후 사회사정의 변천은 없었던가, 법의 다른 부문과의 연결에 있어서 모순을 나타내지 않고 있을까를 살피고 검토하여서 현세에 있어서 그 법률제도가 적당하냐 부적당하냐의 결론을 지으려고 한다. 물론 이 검토에 있어서도 사회현상에서 나타나는 정의, 사회이상社會理想, 법적 안정과 같은 법의 이념이 이를 좌우하여야 할 것이라는 것은 의문의 여지가 없을 것이다.

이상은 모두 실정법實定法 즉 제정되어 현재 시행되고 있는 법 자체를 표준으로 하여서 고찰하고 연구하는 것이다. 그러나 인간의 진화과정은 새로운 상태를 야기시킨다. 인간성에 갖추어진 모든 욕망은 인간으로 하여금 옛날 그대로의 만족감을 허용치 않는다. 낡음에서 새로움으로 새 물만을 찾는다. 새로운 방향으로 새로운 습관으로 보다 더 많은 수량으로 욕구는 좇는다. 욕망은 꼬리를 물고 나타난다. 이러한 인위적인 현상은 또 다른 자연적인 현상과 더불어 간단間斷없이 사회를 움직인다. 인간이 사회를 움직이고 사회가 인간을 움직인다. 이러한 과정은 종래 형성되어 있는 실정법 이외에 새로운 사회의 법적 규범의식을 발생시키는 것이다. 우리는 또다시 이러한 새로운 사회의 법적 규범의식이 과연 생겼을까, 만약 생겼다면 그것은 어떠한 내용의 것인가를 검토하여 보는 것이다.

과거를 돌아다볼 때 대체로 실정법은 사회 자체에 내재하는 법적 규범의식 자체와 별다른 차이가 없었던 것이다. 법은 계약의 준수를 강제한다. 사회 역시 계약의 준수를 요구한다. 법은 소유권의 존중을 보장한다. 사회 역시 도적행위는 악행이라고 생각한다. 이렇게 실정법 자체가 사회의 법적 규범의식에 합치되는 것이며 그러한 범위 내에 있어서는 실정법에 대한 학문은 동시에 사회의 법적 생활을 이해하는 학문이며 사회에 관한 하나의 과학인 것이다. 그러나 그 사회적 기반이 동요되는 한 종래의 실정법에 대한 학문은 그 토대가 되어야 할 사회과학과 분리함에 이르는 것이며 나아가서 이는 현실에 입각된 비판의 대상이 되지 않을 수 없는 것이다.

이에 사변事變 이래 급격히 변전變轉하여가는 사회정세하에서 우리는 이 새로운 사회의 법적 규범의식이 무엇인가를 탐구하려고 애쓰는 것이다. 이 탐구에 있어서는 사회생활에 나타난 사회적 근저가 무엇인가를 찾으려 하는 것이며 나아가서 그 의식은 사회이상社會理想에 알맞을 것인가를 특히 고려한다. 여기에서는 사회학, 심리학의 많은 보조를 얻으려고 한다. 다음에 우리는 이 새로운 사회의 법적 규범의식을 현행법의 규정과 어떻게[如何히] 관련시키고 실지 운용에 어떻게[如何히] 구현시켜야 할 것인가를 강구하려고 한다. 그러나 이것은 대단히 곤란한 문제인 것이다. 이것은 실제에 있어서 각 법의 영역, 즉 행정법, 민사법, 형사법 등에 있어서 각 차이가 생길[生起할] 것이며 이것은 오로지 법철학의 범주에 속하는 것이다. 그리하여 이것은 사회의 급격한 변전기變轉期에 있어서의 법학의 최대·최고의 과제인 것이다. 과연 우리는 이것을 어떻게 이해하고 어떻게 실용實用할 것인가?

우리는 이상에서 법학의 연구과정을 일별한 셈이다. 법학

연구의 길도 결코 평탄한 것은 아닌 것이다. 더욱이 고시학도考試學徒가 걷고 있는 연구의 환경이란 가장 중요한 법학연구의 하나의 고개인 것이다. 고시考試의 단계는 위에 기록한바 이론의 분석과 종합의 과정에 있는 것이다. 그 분석 · 종합의 과정이야말로 법률학의 일반적인 기초를 완성한다고 할 것이며 이 단계를 훌륭하게 돌파하였을 때 그것은 준령峻嶺의 하나를 정복한 당당한 패자覇者인 것이다. 하나의 고개를 정복한 패자는 또다시 다음 고개로 향할 것이며 기어코 그 고개마저 정복하고야 말 것이다. 그리하여 패자覇者는 정복의 연속선을 이룰 것이며 그러할 때 그의 쌍견雙肩[1]에서는 새 나라 법학의 서광이 찬란하게 빛날 것이다.

열렬한 고시학도여! 우리는 사회적 부정의에 대하여 의분義憤의 눈물을 흘릴 것이며 사회의 악에 대하여 광정匡正[2]의 정열을 가진 꾸준한 새 나라 법학도라야 할 것이다. (끝)

(필자 · 서울고등법원 판사)

1 두 어깨.

2 바로잡아 고침.

행정소송사항에 대한 하나의 고찰[1]

행정소송行政訴訟이라는 행정구제제도가 생기게 되었다는 것[2]은 새 나라 민주발전상 가장 획기적인 조치가 아닐 수 없으며 따라서 행정소송의 운영 여하는 실로 사회에 중대한 영향을 미치게 될 것이다. 그런데 행정소송제도가 우리나라 유사有史 이래의 처음 제도인 만큼 그 운영은 마치 황무지를 개척함과 같은 백지적白紙的인 입장에 서 있는 것이며 그렇기 때문에 모든 면에 있어서 적정한 창설적인 운용이 절실히 요청되는 것이다. 그러면 본 제도에 있어서의 모든 개념을 어떻게 볼 것이며 실제에 어느 정도로 발현發現시켜야 할 것인가가 법학계의, 더욱이 실무가의 중요한 과제가 아닐 수 없는 바이다. 나는 이제 본 제도에 있어서의 허다한 의문 중에서 우선 행정소송사항, 즉 어떠한 사항에 대하여 행정소송을 할 수가 있을 것인가를 검토하여 보려는 것이다.

우리 행정소송법 제1조에 의하면 "행정청 또는 그 소속 기관의 위법에 대한 그 처분의 취소 또는 변경에 관한 소송 기

1 『법정(法政)』, 제7권 제7호, (1952. 7.), 18~22면.

2 1951년 8월 24일 공포된 「행정소송법」의 시행을 가리킴. 당시 행정소송법의 관련조문은, 후술 473면 이하 참조.

타 공법상의 권리관계에 대한 소송절차는 본법에 의한다"라 하여서 행정기관의 위법처분인 한 그 범위를 제한하지 않는, 즉 개괄주의概括主義를 채용하였던 것이다. 그러면 과연 그러한 처분인 한 국민이 국가기관의 모든 행위에 대하여 또는 공무원이 소속 상관의 감독행위에 대하여서까지 그것이 위법이라고 인정되는 한 모조리 행정소송을 제기할 수가 있을 것인가 혹은 어떠한 제한을 받아야 할 것인가가 의문인 것이다. 그런데 행정소송제도 자체가 국가행위에 대한 국민의 권리옹호가 신장伸張됨에 따라서 발생된 것인 만큼 우리는 본 제도에 대하여 근본적이고도 정확한 파악을 하기 위하여서는 우선 국민의 권리신장의 과정에 대한 역사적인 회고를 하여보는 것이 필요한 것이다.

옛적 전제주의하와 같이 치자治者와 피치자被治者가 별개의 인격자로 되어 그것이 인간과 노예라는 좋은 대조를 이루어 있었을 때에는 인간 격인 치자에 대하여 노예 격인 피치자로서 치자에 대한 불평불만이란 감히 있을 수 없는 일이다. 거기에서는 다만 치자에 대한 맹목적인 복종이 있을 따름이었다. 그러나 개인의 지위가 점차 고조高調됨에 따라서 노예로부터 인간에로, 다시 추상적인 인간으로부터 구체적인 인간에로의 과정으로 사조思潮는 추이推移되었던 것이다. 이러한 단계에 있어서는 치자나 피치자나 할 것 없이 모두 똑같은 인간이기는 하나 치자와 피치자라는 계급적인 구별은 엄연하였던 것이며, 그러한 우열적優劣的인 구별성에서 볼 때 그의 정치면이 관료성을 띠지 않을 수 없던 것이요, 그것은 필연적으로 관존官尊과 민비民卑라는 정치적 사조思潮에 흘러지고 말았던 것이다. 이러한 과정을 거쳐서 개인의 지위가 완전한 상태에 이르게 되면 비로소 치자 즉 피치자이며 피치자 즉 치자가 되는 것이요, 거기에는 인간 사이의 우열성이란 있을 리 없고 따라서 관존민비官尊民卑란 개념의 여지도 없을 것이다. 그것이야말로 민주주의라는 정치형태인 것이다.

민주주의 형태는 개인으로부터 출발하며 그의 총체가 즉 국가를 구성하는 것인 만큼 아무리 국가라 하더라도 그 구성분자인 개인의 권리를 함부로 침해할 수는 없는 것이요, 국가는 다만 사회공동생활을 영위하기 위한 최소한도의 권리의 조화에 그쳐야 할 것이다. 그것은 또 다른 면에서 볼 때 국가는 개인의 자유희생의 전체이며 사회공동생활과 조화할 수 있는 최대한의 자유를 확보할 임무를 가지고 있는 것이다.

이상과 같은 과정은 국가에 대한 개인지위의 진척과정進陟過程이며 개인자유의 발전과정인 것이다. 그런고로 민주주의 체제하에서는 국가라 하더라도 개인의 권리를 무단히 침범할 수가 없을 것이다. 이것을 국가행위에 대한 국민의 권리옹호라는 면에서 바라다볼 때 위에 설명한바 인간과 노예라는 대조를 가지고 있던 시대에는 국가의 어떠한[如何한] 난폭한 행위에 대하여서도 호소할 길이 없었던 것이요, 인간 대 인간으로 추이推移됨에 이르러 겨우 그 호소의 길이 열리기는 하였던 것이나 치자와 피치자라는 구분이 엄연한 한 그 호소의 길이 완벽할 수는 없었던 것이다. 그러나 치자와 피치자의 동일성을 기조基調로 하는 민주주의하에 있어서는 국가나 개인이나 할 것 없이 그 근본은 동일시되어야 할 것이요, 따라서 적법한 행정작용을 내놓고는 국가행위라 하여서 개인의 행위와 별다른 법률적 취급을 받을 리가 만무할 것이다.

원래 행정소송법行政訴訟法이라는 제도도 국가의 행위에 대한 개인의 권리를 보호하기 위한 것인 만큼 우리는 위에 설명한 바와 마찬가지의 개인의 자유, 나아가서 권리의 진척과정을 돌아다보아야 할 것이다. 과연 치자와 피치자가 별개의 인격자이며 그 간間에 우열의 차이가 있을 때에는 국가에 대한 개인의 권리보호란 당연히 발생되는 결론은 아닐 것이며 따라서 그 보호의 범위도 광범위할 수가 없을 것이다. 그러나 나아가서 치자와 피치자가 동일인에 귀속되었을 때에는 국가행위에 대한 개인의 권리보호란 당연한 일일 것이며 따라서 그 보호의 범위도 제한되어야 할 이치는 없을 것이다. 도대체가 국가라 하더라도 적법한 행정행위를 하는 범위 내에서만이 그 행위가 공적公的인 성격을 띨 수 있을 것이며 위법한 처분을 하는 데에까지 공성公性을 띠고 나올 수는 없을 것이다. 그러한 견지에서 볼 때 진정한 민주주의인 한 국가라 하더라도 국민에 대할 때 적법한 행정작용을 내놓고는 모두 자연인과 법인과의 관계 이상의 것은 아니라 할 것이며 따라서 양자는 동등한 입장에 서 있다는 것이다. 동등성이 인정되는 한 우월성優越性이 있을 리 없을 것인즉, 양자는 똑같이 사법법규私法法規의 규율을 받아야 할 것이다.

우리는 이상과 같은 점으로 보아서 저 과거의 대륙국가나 과거의 일본과 같은 비민주주의 국가에 있어서는 보통 형사소송, 민사소송 이외에 특별히 행정소송이라는 제도를 만들었던 것이며, 또 이에 열거관할주의列擧管轄主義를 채용하였던 사실과 미국과 같은 민주주의 국가에 있어서는 보통 민사소송·형사소송에 대립되는 행정소송이라는 개념조차 나올 여지가 없듯이 국가기관의 위법행위에 대하여서도 모두 민사소송에 의거시키고 있다는 사실의 근원을 이해할 수가 있는 것이다. 다시 그 근원을 깊숙이 들여다보면 민주주의하에서는 국가라 하더라도 개인과 마찬가지의 인격을 가지고 있는 것이며, 그것은 자연인과 법인이라는 대조일 뿐 근본적으로 권리관계에 있어서 개인과 별다른 법적 실재實在가 아닌 이상 국가의 행위라 하여 개인의 행위와 별개의 취급을 받아야 할 이치는 없기 때문이다.

그렇다면 나아가서 행정소송사항도 그 포지抱持하고 있는 세계관의 여하如何와 또는 그 발달단계에 따라서 신축되어야 할 것이라는 사실을 우리는 인식하여야 할 것이다. 우리는 단순히 영미英美와 같은 민주주의 국가에서 이러이러하니까 이러이러[如斯如斯]하여야 하겠다는 사고방식을 취할 것이 아니라 그 이론적인 유래 내지 그 근거를 파악하고 이것을 구체적인 해석에 구현시켜야 할 것이다. 실제에 있어서 진정한 민주주의인 한 위에 설명한 바 이론으로써 국가행위에 대한 개인의 구제제도는 당연히 민사소송제도에 의하여 행할 수가 있을 것이다.

그러나 종래 외국의 전체주의 압정壓政하에서 시달리던 우리 국민으로서는 아무리 민주주의 체제를 취하였던들 개인의 지위에 관한 종전의 관념을 급작急作히 청산할 수가 없었던 것이요, 이러한 타성墮性은 행정소송법이라는 법규의 출현이 없이는 행정소송제도라는 자체를 생각도 못하였던 것이다. 이것이 즉 판연判然한 민주주의 국가이면서도 과거의 대륙법

계통의 형식을 취하여 행정소송이라는 특별한 제도를 새로이 만들어낸 소이所以라고 보아야 할 것이다.

이러한 근본관점에서 볼 때 행정소송법 제1조 소정의 개괄주의槪括主義를 어떻게[如何히] 구체화하는 것이 현하現下 우리나라 민주주의 발전에 있어서의 개인의 권리보호에 적합하다고 할 것인가. 그런데 실지에 있어서 우리나라가 민주주의화되었는가의 점은 차치하고 여하튼 우리는 민주주의를 지향하고 있는 만큼 제도 자체의 운영에 있어서도 민중으로 하여금 너무나 현실에 초연하지 않을 범위 내에서 우리의 지향하는 방향에로 착착 이를 인도하여 나가지 않으면 안 될 것이다.

한편 그것은 다른 모든 것과 마찬가지로 다른 법률제도와의 조화를 기함과 동시에 그 입법취지와 존재목적에 적응適應되도록 합리적으로 운용되어야 할 것이다. 생각건대 국민이 국민이라는 일반적인 입장에서 바라다볼 때 국가기관의 어떠한 위법違法한 행위는 물론이요, 부당不當한 행위에 대하여서도 그 구제방법이 요청될 것이다. 그러나 또 한편 국가의 입장에서 바라다볼 때 국가의 권위와 행정처분의 안정성, 즉 법적 안정을 위하여 또는 국가의 어떠한 합목적성을 달성하기 위하여서는 그 구제제도의 무제한성은 허용되지 않아야 할 것이다. 행정소송법 제1조에 있어서 위법違法한 행정처분에 대하여서만 행정소송을 허용하고 부당不當한 처분에 대하여서는 하등의 규정을 하지 않은 소이所以는 실로 이러한 두 개의 요청을 조화한 것이라고 볼 수 있을 것이다.

그러면 나아가서 위법한 처분에 대한 한 거기에는 하등에 제한이 없을 것인가. 국민이 그 일반적인 국민이라는 입장에서 국가기관의 위법처분에 대하여 본 제도를 이용할 수가 있다는 것이나 또는 그 처분의 범위를 제한할 하등의 이유가 없을 것이라는 점은 별로 의문의 여지가 없을 것이다. 그러나 여기에서 주의할 것은 본 제도는 어디까지나 위법한 처분을 대상으로 하는 것이기에 행정기관의 소위 전권사항專權事項, 즉 자유재량自由裁量에 속하는 사항에 대하여서는 행정소송을 제기할 수가 없다는 것이다. 우리는 선반先般[1] 논의되었던 고시합격 여부에 관한 처분에 대하여 본 소송을 제기할 수가 있느냐의 문제도 이러한 면에서 이해할 것이다.

그러나 공무원이 그 상관의 행정처분에 대하여서까지 이러한 구제제도를 이용할 수가 있을 것인가가 문제인 것이다. 이 문제는 방금 여러 면에서 매우 논의되어 있는 하나의 과제이며 행정소송사항에 있어서의 문제의 초점인 것이다. 그런데 민주주의 국가에 있어서는 전술前述한 바와 같이 모든 국민은 피치자인 동시에 치자인 것이며 그렇기 때문에 모든 국민은 국가공무國家公務를 담임擔任할 권리가 있는 것이다. 그 뿐만 아니라 민주주의 국가는 개인으로부터 출발하는 것이므로 개인의 보호가 완전하여야 할 것이며, 그러한 의미에서 민주정치하의 국민은 억울한 일이 있어서는 안 될 것이다. 이러한 이론은 비록 국가 대 일반적인 국민 사이에 타당妥當될 뿐만 아니라 국가 대 공무원 간에도 적절한 것이라고 하지 않을 수 없는 것이다.

그렇다면 일반 국민이 국가행위에 의하여 억울한 일을 당하였을 때에 그 시정을 구할 수가 있는 것과 마찬가지로 공

[1] 지난번.

무원이 소속 장관의 처분에 의하여 억울한 일을 당하였을 때에도 그 구제를 받아야 할 것이라는 이론은 필연적일 것이다. 이러한 점에서 우리는 우선 공무원도 그 상관으로부터의 위법처분에 대하여 그 구제救濟를 구할 수가 있다는 것을 인정하여야 할 것이다. 만약 그렇지 않다고 할진대 소속 장관이 전자적專恣的[1] 행위를 할 때 헌법에 보장된 국민의 공무담임권公務擔任權은 여지없이 유린되고 말 것이다.

그러나 구체적으로 이를 해명하기 위하여서는 우리는 공무원제도에 대한 자세한 검토를 시도하여야 할 것이다. 공무원제도를 들여다볼 때 그것은 상하계급으로 구분되어 있으며 그 계급 간에는 행정의 통일을 위한 공무원조직의 질서를 유지하기 위하여 명령복종이라는 규율이 서 있는 것이다. 이러한 특수한 관계를 우리는 국민 대 국가라는 일반적인 견지에서 비교하여 볼 때 공무원과 국가와의 특별권력관계特別權力關係라고 일러왔던 것이며, 이에 있어서는 오직 명령복종관계가 그 근간이 되어 있는 것이다. 그러므로 국가공무원법[2] 제29조에 "공무원은 소속 장관의 직무상의 명령에 복종하여야 한다"라고 하여서 상명하복上命下服의 철칙을 명시하였던 것이다.

그러면 본 과제 해명에의 관건을 찾기 위하여 우리는 우선 명령복종관계의 내용을 자세히 분석하여야 할 것이요, 다음 행정소송이라는 것이 행정구제제도인 이상 그 명령복종관계, 즉 감독관계로 말미암아 과연 공무원 자신이 권리침해를 받고 있는가를 검토하고 동시에 또 나아가서 국가행정의 합목

[1] 전자(專恣) : 제멋대로 행동함.
[2] 당시의 국가공무원법 조문은, 후술 466면 이하 참조.

적적 견지에서 그 명령복종관계는 어디까지 그 효력을 추구할 수가 있는가를 해명해야 할 것이다.

명령복종관계 즉 감독관계는 직무상과 신분상의 두 가지로 나눌 수가 있는 것이다. 직무상의 감독 즉 명령命令은 어떠한 공무집행 즉 사무처리에 대하여 행하는 훈령 또는 지령일 것이며, 이것은 어디까지나 그 공무公務 즉 사무事務에 한정되는 것이다. 다시 말하면 그것은 어떠한 사무를 어떻게 처리하느냐의 추상적 또는 구체적인 명령인 것이다. 그런 까닭에 직무상의 명령이 위법하다고 하더라도 그로 인하여 영향을 받고 있는 것은 어디까지나 그 공무 즉 사무 자체인 것이며 그 처리하는 공무원에게는 하등의 영향이, 다시 말하면 법률상 이해관계가 없다고 보아야 할 것이다. 즉 어떠한 사무를 어떻게[如何히] 처리하였는가는 국가행정의 적부適否에 관한 문제에 불과할 것이요, 나아가서 이는 그 처리의 효과를 받는 당사자 자신인 피처분자에 대한 이해관계의 문제에 불과한 것이다.

한편 신분상의 명령 즉 감독관계는 공무원이라는 신분 위에 가하여지는 명령관계인 것이며 이는 공무원의 장리사무掌理事務 자체는 아니기는 하나 그 원인에 있어서 직무와 관련성이 있는 것과 없는 것과의 두 가지 종류로 나누어 볼 수가 있다. 그 직무상의 관련이 있는 것으로서 우리는 공무원에 대한 징계처분을 지적할 수가 있는 것이요, 그렇지 않는 것으로서는 관청의 사정으로 인한 휴직처분 같은 것을 거시擧示할 수가 있는 것이다.

이제 그러한 신분상 처분을 들여다볼 때, 일반적인 국가공무원법에 의하면 징계처분으로서의 면직 · 정직 · 감봉 또는 견책譴責이라는 네 가지의 종류와 전시前示 휴직이 있으며, 특별한 관계에 있는 국군징계령에 의하면 중징계로서 파면, 강등, 신분정지, 정직, 감봉이 있고, 경징계로서 중영창, 경영창, 중근신, 경근신, 중노동, 금족 또는 상륙금지, 견책 등의 여러 가지의 종류가 있는 것이다. 동同 처분 중 징계처분이라 함은 직무의 내외를 불문하고 공무원으로서의 비행이 있는 자에 대한 징벌인 것이며, 휴직은 일정한 사유가 있을 때에 행할 수 있는 하나의 처분인 것이다.

그런데 이러한[如斯한] 처분은 모두 공무원의 명예에 대한 치명상임은 물론 재산상의 이익까지 박탈하는 것이며, 그 중 면직처분에 이르러서는 피처분자는 그 직職에서 전연 이탈될 뿐만 아니라 국가공무원법 제8조에 의하여 동 처분일로부터 2년 내는 공무원이 될 자격조차 박탈되는 것인즉, 그것은 실로 헌법[1] 제26조에서 보장된 국민의 공무담임권公務擔任權까지에 영향이 미치는 것이다. 이렇게 신분상 처분은 그 처분의 종류에 의하여 경중의 차이는 있으나 여하튼 일반적으로 당해 공무원에게 중대한 이해관계를 초래하는 것이다.

이상과 같이 관찰하여 오면 우리는 일괄적으로 공무원의 특별권력관계特別權力關係라 하더라도 이에 문제되는 것은 그 중 신분상 처분에 한정되는 것이며, 결국 본 과제는 이 신분상 감독관계의 필요성, 즉 그 강도성强度性을 어느 정도로 볼 것이며 이에 민주주의하의 권리보호 사상과 어떠한 점에서 조화시키는 것이 타당하느냐의 문제에 귀착되는 것이라 할 것이다. 물론 본론本論[2]은 행정소송은 동 처분이 위법인 한

[1] 당시 헌법의 관련조문은, 후술 462면 이하 참조.

어떠한 사람이라도 그 소송을 제기할 수 있는 것이 아니라 적어도 위법처분에 대하여 법률상 이해관계 내지 권리침해를 받은 자에 한하여 당사자적격當事者適格이 있다는 전제를 취한다는 것은 위에 일언一言한 바이다.

그러면 과연 우리는 신분상 처분의 강도성强度性을 어느 정도로 인정하여야 할 것인가? 그런데 직무상 명령과 신분상의 명령은 밀접한 관계가 있는 것이다. 즉 직무상의 명령관계를 철저화하기 위하여서는 그 명령에 복종하지 않는 자에 대한 제재방법이 있어야 할 것이며, 이러한 요청에서 고안된 것이 바로 전술前述한 바 공무원의 징계처분제도라 할 것이다. 그렇다면 필경 공무원에 대한 직무상 감독과 신분상의 감독은 불가분의 관계에 있다 할 것이며, 나아가서 이도吏道[1] 규율의 강력성은 실로 그 신분상 감독제도의 강도 여하에 달렸다고 볼 수가 있는 것이다. 이러한 면에서 볼 때 우리는 이도吏道 규율을 위하여 그러한 감독관계의 필요를 절실히 느끼지 않을 수 없을 것이며, 나아가서 그 감독관계의 강화를 기하여야 할 것이다.

그러나 일률적으로 그 감독관계라 하더라도 그 여러 가지 종류 중에는 강약의 차이가 있어야 될 것이라는 점을 우리는 명확히 인정하여야 할 것이다. 그 특별권력관계特別權力關係에 있어서 가장 강력성이 요구되는 부면部面으로서 우리는 군인軍人의 그것을 거시擧示치 않을 수 없으며, 그 부문에 있어서의 규율의 강도성은 다른 어떠한[如何한] 요청보다도 선

2 본 논의.

1 관리로서 마땅히 지켜야 할 도리.

행될 것이며 철저화하지 않으면 안 될 것이다. 그러나 일반공무원에 있어서의 감독관계는 어느 정도로 강력성을 부여할 것인가가 문제인 것이다. 이 부문이 그 성질상 군인의 그것보다도 약하다고 인정하여야 할 것은 어느 누구도 부인하지는 못할 것이다.

그런데 이에 감독관계가 강력하여야 한다는 것은 한편으로 그러한 처분에 대하여서는 절대복종이 있을 따름이요, 이에 불복이란 있을 수 없다는 것을 의미한다 할 것이다. 이제 이러한 면으로부터 일반공무원에 대한 징계처분에 비추어 볼 때 아래와 같은 그 세부에 있어서의 차이성을 발견할 수가 있는 것이다. 즉 징계처분 중 파면, 정직 같은 것은 현실적으로 직무로부터 이탈되는 것이기에 이에 동同 처분에 대한 불복의 길을 열어 준다 하더라도 피처분자가 직무집행관계가 없는 까닭으로 그 불복 자체는 그다지 이도吏道의 규율관계를 문란케 하지는 않을 뿐더러 도리어 불법한 처분을 억제시키는 효과가 있을 것이다. 그러나 감봉이나 견책에 이르러서는 단순히 봉급이 감액되거나 또는 소속 장관으로부터 주의를 받았다는 것일 뿐 그 직무는 여전히 집행하는 것이기 때문에 이에 불복의 방도를 허락한다 함은 한편으로 사무를 처리시키면서 그 사무처리에 있어서의 상관의 명령에 반대할 수도 있다는 것을 허용하는 것으로밖에 볼 수 없은즉, 이는 이도吏道의 규율상 말할 수 없는 혼란을 일으키고 말 것이며, 나아가서 이는 아무리 민주주의이니 자유이니 하여도 이러한 것까지 허용될 수는 없을 것이다.

그런데 이 견해는 또 다른 면에서 난색이 있을 것 같기는 할 것이다. 즉 감봉이나 견책에 대하여서는 직무집행중이라는 이유, 다시 말하면 관리의 신분으로서 감히 상관에 대한 불복방도가 허용될 수가 없다고 해석된다면, 그러면 임의사직任意辭職한 후에는 그 처분에 대한 불복을 신립申立[1]할 수가 있지 않을까의 의문이다. 그러나 면직이나 정직처분으로 인하여 그 직무에서 이탈되었다는 것은 어디까지나 강제적인 결과에 불과한 것이며, 그렇기 때문에 만약 그 처분이 위법으로 인하여 취소될 경우에는 당연히 그 직무에 복귀될 것이며, 따라서 그 불복신립不服申立의 필요 내지 이익이 있다고 할 것이다. 그러나 감봉이나 견책처분을 받은 자가 그 후 임의사직하였다고 하면 설령 동 징계처분이 취소되는 경우라 할지라도 당연히 복직될 리가 만무할 것이요, 따라서 이미 사직으로 말미암아 사라져버린 감봉관계나 견책에 대하여 새삼스럽게 불복신립을 할 필요 내지 이익이 없다 하여 권리보호요건을 흠결한 것이라고 인정하여야 할 것이다.

방법을 달리하여 국가공무원법을 들여다볼 때 똑같은 징계처분이면서도 그 면직이나 정직 같은 것은 다른 휴직과 같이 동법同法 제5장 신분보장이라는 장목章目하에서 "공무원은 형의 선고, 징계처분 또는 본법에 의하지 아니하고는 그 의사에 반하여 휴직, 정직 또는 면직을 당하지 아니한다"(동 제39조)고 특별히 규정하였는데, 우리는 그 신분보장규정의 취지를 어떻게 이해할 것인가가 문제라고 생각된다. 하기야 다른 감봉처분도 소속 장관이 임의로 하는 것이 아니고 동법 제47조에 의하여 징계처분에 의하지 아니하고는 당하지 않는 것이다. 그렇다

1 '신청(申請)'에 해당하는 당시의 일본식 법률용어.

면 동 제39조에서 공무원의 신분을 특별히 보장한다고 규정한 취지는 소위 공무원의 신분이라 함은 진실로 그 공무원의 자격을 좌우하는 휴직, 정직 또는 면직만을 의미한다는 것과 감봉이나 견책 같은 것은 직접 신분관계도 아니기 때문에 공무원의 입장에서 볼 때 큰 타격이 아닌데 하여 국가의 입장에서 볼 때에는 불가피적 최소한도의 징벌에 불과하다는 견지에서 이것까지 보장할 수는 없다는 것으로 이해하고 싶다.

그러한 취지에서 관찰한다면 우리는 나아가서 똑같은 면직이나 정직이면서도 군인의 그것은 그 규율성이 가장 강력하여야 할 것이므로 국군징계령에 그 신분이 보장되지 않았다는 사실과 일반공무원에 있어서도 전술前述한 바와 같이[如히] 휴직, 정직 및[及] 면직만에 대하여 이를 보장함에 그쳤다는 연유를 추지推知할 수가 있는 것이다.

그렇다면 공무원의 행정구제제도는 이상과 같은 이유에 의하여 그 신분보장된 범위 내에서만이 인정되어야 할 것이라고 사료思料되는 바이다. 과연 공무원의 지위보장이라는 것도 공무원의 이도吏道 규율이라는 또 다른 면을 도외시할 수가 없을 것이요, 반대로 공무원의 이도吏道 규율이라는 요구도 공무원의 지위보장이라는 것을 전연 망각함에 이르러서는 안 될 것이다.

나는 이상으로서 행정소송사항에 대한 고찰을 일응 끝마치기로 한다. 모두冒頭에도 기록한 바와 같이 새로운 제도에 있어서의 이 새로운 개념을 어떻게 해석하느냐는 대단히 중요한 일일 것이다. 그러한 의미에서 선배의 고귀한 교시敎示와 비평을 원하여 마지않는다. (끝)

(필자 · 서울고등법원 판사)

징계처분에 대한 행정판례와 그 비평론을 보고[1]

- 민주주의와 사법의 윤리성 -

최근 징계처분에 대한 주목할 대법원판례가 난 것이다. 그것은 단기 4285년 행行제3호 행정처분취소청구사건[2]에 있어서의 징계처분에 대하여서는 행정소송을 할 수가 없다는 요지의 대법원판례인 것이다. 동同 판결이 나자 이미 수삼차 동 판례의 비평이 발표되었던 것인바 나는 동 판례와 그의 비평론자의 사유思惟의 기본방법에 있어서 스스로 일어나는 안타까움에 이기지 못하여 비록 미숙하나마 그 글월을 보내게 된 바이다. 그러므로 여기에서는 내가 평소에 생각하던 본건에 있어서의 근본적인 점만을 들어보기로 한다.

과연 징계처분에 관하여서는 행정소송을 할 수가 없을 것인가?[3] 그런데 행정소송이라는 제도는 국가의 행위에 대한

1 『고시(考試)』, 제2권 제1호, (1953. 1.), 9~16면; 제2권 제2호, (1953. 2.), 4~11면.

2 1952년 9월 23일자 행상 제3호 행정처분취소청구사건. 이 사건의 대법원 판결문 전문은 후술 424면 이하 참조.

3 참고로 2008년 현재의 국가공무원법은 공무원에 대한 징계처분에 대해

개인의 권리를 보호하기 위한 것이다. 원래 민주주의 국가는 개인을 토대로 하여 구성되는 만큼 그 개개의 국민에 봉사하며 그 개개 국민의 권리를 보호하고 증진시키기 위하여 만들어진 것이다. 이렇게 민주주의 국가에서는 그 개개의 국민이 그 토대가 되므로 최후의 권력이 국민들에게 귀속되는바 국가와 같은 큰 단체에 있어서는 국민 각자가 그의 권력을 일시 위임하여 행사시키는 것이다. 그러나 하나의 정부기관에 모든 권력을 위임한다면 독재적으로 될 염려가 많으므로 분권제도分權制度를 취하여 법률을 제정하고 또는 법률을 집행하고 혹은 법률을 해석 또는 적용하는 세 가지로 그 권한을 구분시켜서 서로서로 권력을 견제케 하였던 것이다. 그러므로 법률은 정부기관에 의하여 시행되는바 어떠한 공무원이라 할지라도 단지 법률에 의하여 그 위임받은 권리만을 행사할 따름이며 법률에 반대되는 명령을 내릴 수는 없는 것이다.

이렇게 민주주의 국가에 있어서는 모든 권력이 국민으로부터 발생됨과 동시에 국민이 정부를 조종하는 것이므로 국가라고 할지라도 그 근본에 있어서 개개의 국민보다도 우월한 권력을 가지고 있는 것은 아닌 것이며, 따라서 국민이 다른 국민으로부터 권리침해를 받았을 때에 그 권리구제를 받을 수 있음과 마찬가지로 국민이 정부기관으로부터 위법의 권리침해를 받았을 때에도 이에 대하여 법률해석기관인 법원에 그 판단을, 그 권리의 구제를 구할 수가 있어야 될 것은 위에

행정소송을 제기할 수 있다는 점을 분명히 하고 있다. 다만 그 전제로서 소청심사위원회의 심사를 먼저 거쳐야 한다(국가공무원법 제16조, 제75조 참조).

지적한바 민주주의에 있어서의 국가의 목적이나 분권제도에 적합된 소이所以라고 할 것이며 행정소송법 제1조[1]의 소정所定 취지도 바로 이것을 명시한 것이라고 할 것이다.

나아가서 이는 정부기관의 위법한 처분에 의하여 그 기관 구성원인 공무원이 그 신분상의 권리침해를 당하였을 때에도 마찬가지로 동일한 구제를 받아야 할 것이다. 왜 그러냐 하면 민주주의 국가에 있어서의 공무公務라는 것은 위에서도 설명한바 민주주의 국가란 인민이 인민을 위하여 구성한 것이라는 점에 비추어 볼 때 그 근본에 있어서 국민 각자의 일이라고 볼 것이며 따라서 공무담임권公務擔任權은 국민이 국가로부터 수여된 특전이 아니라 국민 각자가 향유하고 있는 국민의 일반적인 근본권리이므로 이를 침해받을 때에 일반 국민으로서 그 권리침해를 받은 전시前示한 경우와 그 취급을 달리하여 할 하등의 이유가 없기 때문이다.

우리나라 헌법[2]을 보건대 국민의 공무담임권公務擔任權도 제26조에서 국민의 다른 모든 기본권과 동일하게 보장되어 있는 것인즉 이 공무담임권만이 동법 제22조에 소정所定한바 "모든 국민은 법률의 정한 법관에 의하여 법률에 의한 재판을 받을 권리가 있다"라는 규정의 예외사항이 되어야 할 이치가 없다고 할 것이다. 그렇다면 공무원의 징계처분에 대하여 행정소송을 제기할 수가 있어야 할 것은 명백한 바이다. 그런데도 불구하고 판례는 왜 전시前示한 결론을 내리게 되었으며 그 비평론자 역시 이에 찬동하게 되었을까를 괴이하

[1] 당시 행정소송법의 관련조문은, 후술 473면 이하 참조.
[2] 당시 헌법의 관련조문은, 후술 462면 이하 참조.

게 생각하는 바이며 따라서 그 원인을 탐색함과 동시에 의문을 제공하려고 한다.

* * *

첫째로, 나는 본 판결을 한 대법관과 그 판례비평론자의 대부분이 어떠한 사유적思惟的 토대 위에 서 있는지를 의문으로 여기지 않을 수 없는 것이다. 그러한 사유적인 토대를 어디에 두느냐에 의하여 우리의 법률해석은 물론이요, 제반諸般 관찰이 다르기 때문이다. 그런데 세계관적 범주가 법률학적 사유의 기본적인 전제조건이라는 것은 아마 법률인의 어느 누구라고 할지라도 부정치는 못할 것이다. 자유를 사랑한다면 자유옹호의 방향에로, 독재를 꿈꾼다면 국민을 억압하는 방향에로 모든 사유가 진전될 것은 두말할 여지도 없을 것이다.

그러면 우리의 세계관은 무엇인가? 물론 민주주의인 것이다. 민주주의는 자유를 사랑한다. 자유라는 것은 권리에 대한 드팀[1] 없는 보호를 요구한다. 그리하여 자유와 권리보호와는 불가분리의 관계에 있는 것이다. 아무리 말로써 자유를 외친다고 할지라도 그 자유침해에 대한 방도가 없는 한 그 자유는 이미 공문화空文化되고 말 것이다. 그러한 의미에 있어서 우리는 민주주의에 있어서의 개인의 가치라는 것을 다시 한 번 검토하여야 할 것이다. 민주주의 국가에 있어서는 사람의 생명과 개인의 가치를 높이 존중하고 있다. 각 개인은 무한한 가치를 가지고 있다고 생각한다. 국가라는 것은 사람을 위하

[1] 드티다 : 틈을 내거나 날짜 등을 연기하다.

여 만들어진 것이지 사람이 그 나라를 위하여 만들어진 것은 아니다.

그런데 이와 같이 국가는 개인을 위하여 존재한다고 하면 우리는 다음과 같은 의문을 가질 수 있을 것이다. 즉 만일 국가의 지대한 관심사가 개개인의 권리를 보호하는 데 있다고 하면 국민 전체의 안녕은 어떻게 되는 것인가? 그러나 개개인의 권리가 존중되고 남녀 국민이 각기 최대한의 역할을 발휘할 수가 있게 된다면 그 결과에 있어서는 그 나라의 국민은 각각 전체적 복리를 위하여 끝없는 공헌을 끼치게 되는 것이다. 예를 든다면 과수원의 모든 과실나무를 잘 북돋아 주어서 그 나뭇가지에서 많은 과실을 각각 거두게 되는 것과 같이 그 결과는 과수원 전체에 있어서 과실이 많이 달리게 되고 과실나무가 무성하게 되는 것과 마찬가지라고 할 것이다.

우리 법률인도 이러한 국가와 개인과의 관계를 정확히 파악하여야 할 것이며 이러한 파악 위에서 제도를 운영하여야 할 것이다. 헌법에는 명백히 민주주의임을 선시宣示[1]하였음에도 불구하고 과거의 전제적專制的인 습성에서 불식拂拭되지 않는다면 헌법도 빛 좋은 개살구 격이 되지 않을 수 없을 것이다.

이제 이러한 근본적 기반 위에서 우리는 우선 공무원에 대한 징계처분이 행정소송의 대상이 될 수 없다는 대법원의 판례를 검토하여 보기로 한다.

그런데 나는 위에 설명한바 민주주의와 개인의 가치에 관하여서 우리 대법원의 견해가 굉장히 고색의연古色依然함에

[1] 널리 선포하여 알림.

놀라지 않을 수 없는 바이다. 왜냐하면 대법원은 동 판례이유 (1)에서 대한민국의 성격을 해명함에 있어서 그 모두冒頭[1]에서 대한민국이 민주주의라는 것을 전제하는데도 불구하고 "절대적 최고민족단체이므로 이 국가목적을 수행하기 위한 국가사무야말로 숭고하고 신성한 것으로서 운운" 등 동항同項 전 취지는 일반인으로 하여금 국가지상國家至上·민족지상주의民族至上主義에의 경향을 느끼지 않을 수 없게 하였던 것이다. 이러한 근본적인 세계관 위에 서 있기 때문에 판례는 나아가서 국가와 공무원과의 관계를 규정함에 있어서도 왕년의 특공대적特攻隊的 존재[2]를 연상케 하였던 것이다.

그런데 판례가 규명한 이러한 대한민국의 성격은 실제에 있어서 우리 헌법의 의도하는 바와는 변이變異가 있지 않을까? 개인의 가치를 그다지 중요시하지 않는, 다시 말하면 개인을 국가의 한 도구로밖에 여기지 않으며 그 개인 한 사람 한 사람을 가치가 없는 것으로 여기는 소위 전제적專制的인 그 무엇이 연상되지나 않을까? 과연 전제주의라면 어떠한 전제자專制者가 보전되는 것만이 중요시되며, 그렇기 때문에 어떠한 전제자의 보전을 달성하기 위하여서는 개인을 어떠한 수단으로서도 사용할 수가 있어야 할 것이며, 따라서 개인의 권리보호란 그다지 문제시 안 될 것이다.

그렇다면 이상 판례는 위에 말한바 민주주의와 전제주의와의 어느 편에 가까울 사유思惟라고 볼 수가 있을 것인가가 문제일 것이다. 왜 그러냐 하면 우리나라 행정소송법이라는 것

[1] 말이나 문장의 첫 대문.
[2] 일본 군국주의하의 가미가제(神風) 특공대를 가리키는 것으로 보임.

은 민주주의라는 토대 위에서 발생된 것인 만큼 그 해석에 있어서도 민주주의적 사유 위에 있지 않으면 안 되기 때문이다. 그런데도 불구하고 전제적인 사유로써 이를 해석한다면 법 본래의 취지가 몰각沒却될 뿐만 아니라 심한 예에 이르러서는 왕고往古[1]에의 복귀가 기우杞憂[2]되지 않을 수 없게 될 것이다.

* * *

둘째로, 우리 대법원에서는 위법(법규재량도 이에 포함된 개념임 이하 동同)과 부당과의 관계를 명확하게 구별하여 인식을 하지 않는 것 같다. 즉 부당不當은 자유재량사항 즉 편의재량을 위반한 데 있는 일이요, 위법違法이라는 것은 법규에 위반되는, 즉 기속행위羈束行爲의 법규재량을 위반한 데 있다고 할 것이다. 그런데 우리 행정소송법은 위법처분만에 대하여 행정소송을 제기할 수가 있게 하였던 것이요 부당처분에 대하여서는 이를 허용치 않는 것이므로 우리는 이 양자를 엄연히 구별하여야 할 것일 뿐만 아니라 본건과 같이 행정소송사항을 논함에 있어서는 이것이 근본적인 문제가 되어야 할 것이다.

그런데도 불구하고 판례는 이유 (2) 중 "각 기관 책임자로 하여금 각기 행정상 책임을 완수케 하기 위하여서는 그 책임

1 오랜 옛 날.
2 중국의 기(杞)나라 사람이 하늘이 무너져 내려앉지 않을까 걱정했다는 고사에서 나온 말. 장래의 일에 대한 쓸데없는 군 걱정.

범위 내의 행정사무를 수행키 위한 보조공무원의 임면任免에 관한 어느 정도의 자유재량을 부여하여야 할 것이다"라 하여서 아무리 국가라 할지라도 공무원의 임면任免에 관하여 전면적인 자유재량권까지는 가지지 못한다는 것을 인정하면서 또 나아가서는 "공무원에 대한 징계벌이 위법에 대한 제재이기는 하나 운운" 하여서 이것이 자유재량사항이 아니라고 하였던 것이요, 따라서 이는 판례가 전시前示한바 "어느 정도의 자유재량권을 부여할 것이다"가 아니라 공무원의 면직처분은 도대체가 자유재량에 속하지 않는 것이라고 하여서 전언轉言[1]한 셈이 되고 말았던 것이다.

그런데도 불구하고 다시 나아가서 왈曰, "징계원인의 대부분 특히 동법 제28조 내지 30조[2] 위반에 관한 사항 등은 대개 소속 장관의 인정認定에 일임할 사항에 관한 것으로 이를 일일이 법정法廷에 제출, 쟁송케 하는 것은 행정책임제에 위반될 뿐만 아니라 운운" 하였는데 그 문언 중 '소속 장관의 인정認定에 일임할 사항'이라 함은 아마 소속 장관의 자유재량에 속한다는 것을 의미한다고 볼 것인즉, 전시前示 인정認定은 다시 자유재량이라는 견해에 복귀된 것으로밖에 볼 수 없는 것이다.

이상에 의하여 판례가 위법과 부당 관계, 다시 말하면 자유재량사항과 비자유재량사항을 명백히 인식치 못하였다는 것을 우리는 너무도 명확하게 관취觀取할 수가 있는 것이다. 그

1 원문에는 '前言'으로 되어 있으나 '轉言'의 오식으로 보임. 전언(轉言) : 앞에서 한 말이나 글을 바꾸거나 고침.
2 당시 국가공무원법의 관련조문은, 후술 466면 이하 참조.

러나 판례이유의 전 취지로 본다면 불명료한 점이 없는 것은 아니나 결국 징계처분은 소속 장관의 자유재량사항이며 그 이유는 행정책임제行政責任制와 공무원의 국가에 대한 특수관계의 윤리성에서 기초된 소위 특별권력관계特別權力關係에서 파생되는 당연한 사리라고 본 것 같다.

그렇다고 하면 필경 우리가 법률적으로 볼 때 징계처분이라는 것은 자유재량사항에 속하는 것이기 때문에 설령 그 자유재량을 그르친다 할지라도 부당한 처분이 될지언정 위법한 처분까지는 될 리가 없은즉 따라서 행정소송법의 대상이 될 수 없다는 결론에 귀착된 것이라고 할 것이다.

이제 우리는 과연 자유재량(학설에 소위 편의재량만을 지칭한다. 이하 동同)이라는 것이 어떠한 것인가를 자세히 검토하여 볼 필요가 발생된 모양이다. 그런데 나는 모두冒頭에 이미 기재한 바와 같이 본 문제에 대한 근본적인 사유방법을 논하여 보는 것이 목적이며 그 구체적인 세부에 긍亘한 검토는 그 목적이 아니므로 이에 대한 자세한 검토는 하지 않으나 다만 한 가지 "모든 권리박탈은 모두 법률에 의하여야 하며 법령에 필요하다고 인정하는 때는 운운 한 경우에도 이에 상당한 이유가 있어야 할 것은 물론이요, 뿐만 아니라 나아가서 그 위법행위와 그로 인한 제재와는 균형을 보지保持하여야 하며 그 균형을 보지치 못하는 것도 역시 위법처분임을 면치 못한다."고 해석·운용하여 온 과거 일본의 행정재판소판례가 취한 이에 대한 태도를 참고로 하여 본다고 할지라도 그 징계처분이 과연 자유재량사항일 것인가를 판단할 수가 있는 것이라고 확신한다. 전제주의專制主義하의 과거 일본의 재판관도 자유재량이라는 것을 이렇게 해석하였거늘 소위 민주주의 국가라고 하는 우리나라에서 아직 이에도 도달되지 못하였다고 하면 실로 자유 내지 권리보호라는 입장에서 볼 때 유감을 금할 수가 없는 것이다.

과연 그것이 자유재량사항이 아니라고 할진대 그에 대한 그르친 처분은 위법처분이 아닐 수 없을 것이며 그렇다면 행정관청도 법의 구속을 받는 한 그 처분의 적법 여부도 또한 법을 적용하는 사법권의 판정에 복종하여야 할 것은 지극히 당연한 일일 것이다(행소법 제1조).

이상 요컨대 판례는 대大근본에 있어서 세계관의 착오가 있었다는 의심을 받지 않을 수 없는 것이요, 둘째로는 법률적인 면에 있어서의 근본적 문제인 자유재량이라는 것이 무엇이냐에 대한 정확한 파악과 이에 대한 판단을 그르쳤던 것이라고 할 것이다. 다시 말하면 공무원은 국가에 대하여 전 신명身命을 바쳐서 봉사하여야 한다, 그렇기 때문에 설령 국가로부터 어떠한 처분을 받던들 즉 그 처분이 위법이든 적법이든 간에 복종이 있을 따름이라고 하는 셈이라 할 것이다.

그렇다면 나아가서 우리는 국가가 과연 공무원에 대하여 그렇게까지 요구하고 있는가를, 다시 말하면 국가공무원법은 과연 그러한 정신하에서 제정된 것일까를 검토하여 보지 않을 수 없는 것이다. 이 검토에 있어서는 판례가 지적하는 바 행정책임제라는 것과 공무원의 국가에 대한 윤리성이라는 두 가지 면을 분석하여 보는 것이 좋을 것이다.

행정책임제行政責任制에 관하여 판례는 결국 행정책임자는 국민에 대하여 행정상 책임을 부담하므로 그 책임범위 내의 행정사무를 수행키 위하여 보조공무원의 임면任免에 관한 자유재량권을 부여하여야 할 것이다라고 논한 후 다시 국가공무원법의 2급 이하의 공무원에 대하여 징계에 관한 규정을 한 것은 이러한[如斯한] 공무원은 대량적으로 수요需要되므로 인사人事의 공정을 기하기 위하여 징계에 관한 일정한 표준을 정한데 불과하다고 설명하였으며, 또 판례는 공무원의 윤리성에 관하여 공무원은 그 성질상 그 직무를 수행하는 데 필요한 학술·경험보다도 국민에 대한 국가의 위신과 신망을 유지·증진하는 데 필요한 인격적 요소가 절대로 요청되므로 이는 도저히 일정한 노무勞務의 제공과 특정한 사무처리에 종시終始하는 사법상私法上 고용관계와는 동일시할 수는 없다는 의미에서 공무원의 국가에 대한 특수관계의 윤리성을 강조하였던 것이다.

물론 판례가 지적하는 바와 마찬가지로 공무원의 국가에 대한 관계는 사법상 고용관계와 다르며 그러한 관계로 공무원은 국가에 대하여 특수한 윤리성을 가져야 할 것은 당연한 일일 것이다. 그러나 판례는 이에 대한 다음 점에 있어서 오해가 없지 않을까. 즉 판례는 공무원 대 국가와의 관계가 사법상 고용관계가 아니므로 공무원에 대한 징계에 대하여서는 왈가왈부를 하지 못한다는 취지이나 우리가 이를 정확히 파악할 때 이는 도리어 그 반대가 되어야 하지 않을까? 사법상 고용관계에 있어서 고주雇主가 고용인을 해직시킨다 하여 이것을 위법시하여 쟁송까지 할 수가 있을 것인가?

우리는 이러한 관계를 정확히 파악하여야 할 것이다. 즉 국가는 공무원에 대하여 부정량不定量의 직무에 성실히 종사할 것을 요구한다. 그렇기 때문에 공무원에게는 그 직무를 완수하기 위하여 그 시기와 장소에 관한 보장이 없는 것이며 따라서 직무상 필요에 의하여서는 근무시간 외는 물론 근무장소 이외의 지역에 있어서의 부정량不定量의 사무에 종사하여야 할 것이나 보통 고용관계에 있어서는 원칙으로는 약정시간과 약정장소 이외에는 근무할 의무는 없는 것이며, 이러한 차이적인 특수한 관계로 인하여 공무원의 윤리가 필요한 것이다.

그러나 윤리라는 것은 직무집행이라는 점에 한정되어 있는 것이라고 할 것이므로 비위판단非違判斷의 척도 측정에 있어서 동 윤리성이 많이 고려되어야 할 뿐이며(그렇기 때문에 사법상 고용관계에 있어서는 비위가 되지 않을 사안이라 할지라도 공무원에 있어서는 비위가 될 수 있는 경우도 있을 것임) 그렇다 하여 위법한 처분까지도 감수하여야 할 의무까지 동 윤리성에 포함시킬 수는 없는 것이다.

도리어 국가는 공무원에게 이러한 성실한 직무수행 의무를 부담시키는 대신에 국권난용國權亂用으로서의 공무원에 대한 징계처분을 못하게 하여서 공무원의 신분을 보장하였던 것이며, 이러한 신분보장이라는 것도 또한 그 세계관의 여하에 의하여 그 강약의 척도가 측정될 것이다. 저 일제시대의 소위 관리징계령이라는 것과 민주주의 국가인 우리나라 국가공무원법에 있어서의 공무원의 신분보장 규정과를 대조하여 볼 때 공무원의 징계처분에 관하여 그 소속 장관의 전자적專恣的[1] 행위를 배제하기 위하여 얼마나 고심하였는가를 우리는

[1] 전자(專恣) : 제멋대로 행동함.

너무나 명료하게 관취觀取할 수가 있을 것이다.

공무원의 신분보장에 관한 이러한 점차적 강화라는 역사적 경향 내지 그 사조를 우리는 과연 어떻게[如何히] 파악할 것인가가 심각히 재검토되어야 할 것이다. 과연 판례 문면文面에 나타난 사유로 볼진대 도대체가 국가공무원법의 신분보장 규정조차 너무나 지나친, 다시 말하면 너무나 공무원 편에 편중한 규정시規定視된 듯하다. 그러나 우리는 국가공무원법이라는 것이 "공무원들아, 너희들은 직무에 성실히 종사하라. 그 대신 너희들의 신분은 국가가 책임지고 보장하련다."라고 외치고 있다는 것을 똑똑히 인식하여야 할 것이다.

다음에 판례는 전시前示와 같이[如히] 행정책임제行政責任制를 운위云謂하나 과연 행정책임에 말단 관리까지 그렇게 영향되어야 할 것일까. 다시 이를 근본적으로 따져볼 때 소위 행정책임이라는 것은 정책의 적부適否 문제가 위주로 되어야 하지 않을까? 그렇다면 모든 공무원이 이에 직접 관련되어 있을 수는 없을 것이며, 이러한 정책적인 면에서 볼 때 이는 고위공무원에 한정되어야 할 문제일 것이다.

그러면 우리 국가공무원법은 이러한 행정책임제에 있어서의 어떠한 고려도 하지 않았던 것일까? 그러나 국가공무원법은 용의주도하게도 이러한 점에 관한 고려를 잊지는 않았던 것이다. 즉 법은 동법 제2조 및[及] 제3조에서 규정하여 왈曰, 국무위원을 비롯한 별정직공무원은 국가공무원법이 적용되지 않는다 하여서 행정부 고위高位인 국무위원, 각 처장, 각부 차관, 대사, 공사에 대하여서는 그 임용자격도 필요없고 동시에 신분보장도 하여 주지 않을 뿐만 아니라 도대체가 이러한

[如斯한] 자에 대하여서는 징계처분이라는 것도 있을 수 없게 하여서 행정책임자인 대통령이 행정상 등용할 필요가 있다고 인정될 시는 아무런 제한도 받지 않고 등용할 수가 있게 함과 동시에 또 행정상 필요에 의하여서는 아무런 비위非違가 없다고 할지라도[1] 자유로이 해면解免을 시킬 수 있게 하였으며, 다시 동법 제11조에서 규정하여 왈曰, "1급 공무원은 대통령이 직접 임명한다. 1급 공무원에 대하여서는 본법 제5장, 제6장의 규정을 적용하지 아니한다"고 하여서 도지사급 공무원은 동법 제8조에 의한 공무원의 임용자격이 있어야 하나 차종此種[2] 공무원에 대하여서는 전시前示 별정직공무원과 같이 신분보장도 없고 징계규정의 적용도 없게 하였던 것이다.

이러한 규정이야 말로 행정책임제를 완수하기 위하여 행정책임자에게 부여한 인사의 자유권이 아닐까. 또 실제에 있어서 어떠한 정책을 완수하려 할 때 전시前示한 별정직과 1급 공무원에 대한 자유로운 인사권만으로써 능히 이를 다 할 수가 있을 것이다. 그렇지 않아도 근래 장관이 갈리면 말단 공무원까지 모두 일변一變하여 버린다는 화제가 떠돌고 있는 오늘날에 판례의 전시前示한 태도는 이러한 화제의 실체를 정당하다고 인정하며 이를 조장하는 것이 아닐까?

그런데 도대체 국가가 공무원에게 성실한 직무수행을 시키려면 우선 공무원에게 대하여 일심전력一心專力하게 할 분위기를 만들어 주어서 안정시켜야 할 것이다. 실제에 있어서 지

1 원문에는 '있다 할지라도'라고 되어 있으나 '없다 할지라도'의 오식으로 생각됨.

2 이러한 종류.

위의 안정이 없이 어떻게 성실한 직무수행이 있을 수 있을까. 수명기간壽命期間이 불안정한 관리일수록 부정행위가 많다는 사실을 우리는 똑똑히 인식하여야 할 것이다. 그러므로 법은 한편에 있어서 공무원의 임용자격과 복무에 관한 엄격한 규정을 함과 동시에 타면他面에 있어서는 보수와 신분보장에 관한 물질적·정신적인 안정을 기하였던 것이요, 이것이야말로 인사행정의 공정을 기함과 동시에 공무원으로 하여금 국민 전체의 봉사자로서 최대의 능률을 발휘케 하려는 동법 제1조에서 선시宣示한 법의 목적일 것이다.

이상 요컨대 법은 행정책임제를 완수시키기 위하여 별정직과 1급 공무원에 대하여서는 전시前示와 같은 특별한 취급규정을 하였던 것이요 그 나머지[餘] 공무원에 대하여서는 인사행정의 공정을 기함과 동시에 공무원으로 하여금 최대의 능률을 발휘케 하기 위한다는 전시前示 취지에서 일면으로는 임용자격과 복무에 관한 규정을 함과 동시에 타면으로는 보수와 신분보장(징계라는 것은 원래가 신분보장에 포함된 성질의 것이다)에 관한 규정을 하였던 것이라는 점을 우리는 정확히 파악하여야 할 것이다. 그런데도 불구하고 판례는 그 중 법이 2급 이하 공무원에 대하여 신분을 보장한 이유를 설명하여 왈曰, "이러한[如斯한] 공무원은 대량적으로 수요需要되므로 그 임면任免에 관한 일정한 표준을 정한데 불과한 것이요 이로서 공무원이 국가에 대한 특수관계 및 행정책임제에는 하등 영향이 미칠 바 아니다. 운운" 하여서 어디까지나 공무원에 대한 신분보장의 근본취지를 부정하려고 애썼던 것이다.

과연 그렇다면 필경 판례가 인식하고 있는 공무원의 국가에 대한 윤리성이라는 일면만에 편중하고 신분보장이라는 타면을 전연 고려에 넣지 않은 절름발이 사유思惟였으며 또 행정책임제조차 그 근본으로부터의 그릇된 사유 위에 서 있는 것인즉 이를 토대로 추출된 본 판례의 결론이 어떠할 것인가는 이에 새삼스럽게 논할 여지가 없을 것이다.[1]

우리는 이상에서 징계처분이 행정소송의 대상이 안 된다는 판례에 대하여 근본적인 사유思惟의 면으로부터 일응一應의 비평을 시도하였던 것이다. 그런데 본 판례가 세상에 발표되자 우후雨後의 죽생竹生이라 할까 이에 찬동하는 비평론이 다수 나왔던 것이다. 그런데 나는 이러한 비평론을 보고 유감을 표명치 않을 수 없는 바이다. 그것은 첫째로 판례의 비평이라는 것은, 더구나 행정소송과 같이 초창기에 있어서[2] 새로운 제도화되어 가는 중요한 판례를 비평함에 있어서는 주도周到[3]한 연구를 한 후 이론과 실제에 있어서의 확신이 있는 후에야 비로소 이에 대한 비평을 시도함이 당연하거늘 본건 판례비평자가 이러한[如斯한] 고려가 있었을 것인가를 의심치 않을 수 없다는 점이요, 이에 관련하여 그 둘째로는 그 비평론자를 볼진대 모두 민주주의의 실천을 누구보다도 고조高調하는 인사이기는 하거늘 왜 본건 사례에 한하여 이렇게도 사유의 방향이 의연依然 고색古色일까의 점인 것이다.

요컨대 적어도 이러한 판례비평을 하는 자로서 적어도 미노베美濃部[4] 행정行政[5] 정도라도 똑똑히 연구하여 보았는지

1 아래부터는 『고시(考試)』, 제2권 제2호, 4~11면에 수록됨.
2 행정소송법은 1951년 8월 24일 법률 제213호로 공포되었다.
3 주의(注意)가 빈틈없이 두루 미침.
4 미노베 다치기치(美濃部達吉) : 일본 동경제국대학의 교수를 지낸 일본

가 의문시된다는 것이다. 이제 우리는 각 판례비평을 일일이 검토하여 보기로 한다.

첫째로 박상일朴商鎰선생의 비평론(사법신문 제195호 게재)을 보기로 한다. 논자는 본 판례의 형식과 이유에는 약간의 의문을 가진 모양이나 징계처분이 행정소송사항이 되지 못한다는 결론에는 찬성인 모양이다. 논자는 그러면 왜 행정소송사항이 못되는가에 대한 자기 이론은 하나도 발표하지 않은 채 이 부분에 대한 판례이유를 덮어놓고 찬성한 모양이다(혹시 판례이유와 합치되는지는 의문이나). 그런데 논자는 동 비평론 중 판결이유 제2점을 요약설명하던 끝에 본건 사안이 감찰위원회監察委員會[1]의 징계처분을 소송물訴訟物로 한 것은 부적법不適法이라고 판단된 것이며 그것을 행정소송법 제1조의 이른바 '행정청 또는 소속 기관'의 '처분'의 개념 속에 포함되지 아니한다는 것이 명백하여진 셈이다라고 하셨는데, 우리가 동 판결이유를 정확히 파악할 때 논자가 지적한 바와 같이 징계처분이 행정청의 처분조차도 못 된다는 것이 아니라 판결논지는 행정소송의 대상이 될 수 있는 행정처분이 못 된다는 것임이 명백한즉, 논자는 필경 단순한 처분이라는 것과 위법한 처분이라는 것과의 정확한 주의적注意的 인식의 부족에서 발생된 것이라고 볼 수밖에 없는 것이다.

다음 장후영張厚永 선생의 이에 대한 논설(『고시』 11월호에 게재)을 보기로 한다. 논자는 그 이유에 있어서 판례이유와

의 헌법학자, 행정법학자(1873~1948).

5 미노베 교수의 행정법학 이론을 가리킴.

1 당시 정부조직법의 관련조문은, 후술 463면 이하 참조.

다소 달리하는 듯도 하나 근본은 마찬가지로 보인다. 즉 논자의 이유는 행정소송은 그 객체의 본질이 민사소송의 그것과 전연 동일한 것이다. 그런데 공무원의 신분사항은 민사소송제도의 관지關知할 바가 아니므로 따라서 행정소송사항이 될 수 없는 것이라고 일응 결론을 내린 후 그러면 왜 민사사항이라야만 행정소송사항이 되느냐에 대한 해답에 대하여서는 법률적인 명확한 답변은 찾아볼 수 없으나 국가와 공무원 간의 특별권력관계特別權力關係를 인례引例하되 공무원의 규율 즉 상명하종관계上命下從關係(판례에 소위 공무원의 윤리성과 대략 동일한 듯하다)를 강조하여서 이도숙청吏道肅淸을 기하여야 할 것이라는 정치적인 견지見地를 설명하여 이로써 전시前示 해답에 대용代用한 것 같다.

그러나 논자 역시 판례와 마찬가지로 상명하종관계라는 것은 불법한 처분에까지 복종할 것을 강요한다는 전제의 오해를 하였던 것이요, 나아가서 국가는 공무원에게 성실한 복무를 시키기 위하여 한편 신분을 보장하였다는 일면의 고려를 도외시한 역시 절름발이적 사유思惟 위에 서 있다 할 것이다. 논자의 이유는 위에도 말한 바와 같이 대체로 판례이유와 동일 취지이므로 필자의 상술上述한바 판례비평은 본 논설에 하나 빠지지 않고 타당될 것이다.

마지막으로 엄상섭嚴詳燮 선생의 판례비평(사법신문 제197호 게재)을 보기로 한다. 논자가 지적하는바 판례에 나타난 대법원이 가지고 있는 국가관·세계관을 통렬히 비평한 점에 있어서는 민주주의를 살리기 위한다면 경의를 표할 수밖에 없을 것이다. 논자가 판례의 국가관을 평하여 왈曰, "중세기적인 국가지상주의 냄새가 불무不無할 뿐만 아니라 운운"이나 또는 "만일 국무國務의 숭고성만을 강조할 때 일반 행정처분도 국무이니 이에 대한 제소提訴도 부당하다는 결론이 나올 것인바 운운" 또는 "판결이유에서 모순되는 불필요한 이 문구는 일반 행정소송의 부인적否認的 내지 제한적인 입법적 견해의 시사示唆가 될 어구까지도 내포되어 있는 것이다. 실로 간과하기 어려운 것으로서 무의식일는지 모르나 대법원이 가지고 있는 국가관·세계관의 잠재력이 중대성을 띠게 된다는 것을 지적하지 않을 수 없다 운운" 혹은 "국가나 교회와 같은 생명 없는 기관이 인간의 존엄성보다도 높이 평가되는 점에 있어서 근대 민주주의는 말살될 운명에 빠지는 것이다"라든가 또는 "판례의 행정공무원의 책임관계를 논하여 왈 도대체 보조공무원은 책임공무원에게, 하급공무원은 상급공무원에게 책임을 진다는 견해는 대정익찬회大政翼贊會[1] 식의 헌법관념이거나 또는 프로이센[普魯西亞]의 헌법운용사에서나 찾아볼 수 있는 견해임을 면치 못할 것이다 운운"의 대법원이 가지고 있는 퇴색頹色된 국가관이 그 일단을 노현露現시켰음에 불쾌를 느끼는 동시에 공법질서公法秩序에 대한 근본적인 원칙까지 전도顚倒하였다는 것은 반성을 요할 점이라고

[1] 대정익찬회(大政翼贊會) : 군국주의 일본에서 1940년 7월 제2차 고노에 후미마로[近衛文麿] 내각이 결정한 기본국책요강(基本國策要綱)에 기초하여 신체제운동(新體制運動)을 추진하기 위해 같은 해 10월에 창립된 일본의 관제(官製) 국민조직. 모든 정당의 해산과 함께 성립되어 바로 1국 1당 형태로 출발하는 데에는 성공했지만, 곧 고노에의 의도를 벗어나 내무관료와 경찰이 지도하는 기관으로 변하였다. 따라서 당초 국민대중의 자발성 환기를 목적으로 한다는 취지는 사라지고 상의하달(上意下達) 기관으로 변질되었다.

본다고 한 것 등은 모두 명쾌한 비평이 아닐 수 없으며 동시에 판례가 민주주의라는 것이 무엇이냐에 관하여 다시 반성하여야 할 사항임에 틀림없을 것이다.

그런데 논자는 이렇게 민주주의라는 근본적인 사유 위에서 있는데도 불구하고 결론에 있어서는 본 판례에 찬동한다 함은 유감된 일이다. 논자는 판례이유가 저 전제주의적인 가공可恐할 사유思惟 위에서 추출되었다는 것을 정확히 간파하고 이를 배척하면서 새로운 입장에서 그 이유를 주장하되 이 판결이유에서는 다음에 열기列記하는 두 가지만을 밝혔더라면 충분하였을 것인 동시에 또한 절대로 필요한 일이었을 것이라고[1] 전제하신 후, 왈曰 첫째로는 감위監委[2]의 징계처분과 일반 행정처분과의 그 대상에 있어서의 신분상의 차이를 해명하여야 할 것이다라고 하신 후, 이를 부연하여 즉 후자는 '국가 대 국민'의 관계임에 반하여 전자는 '국가 대 국가기관 구성분자'와의 관계라는 점을 명백히 하고, 다시 국민이라는 신분은 용이하게 포기할 수도 없고 또 포기시켜서도 안 될 경우가 있는 동시에 이를 포기한다는 것은 심히 중대한 결과를 가져 오는데 비하여 공무원이라는 신분은 원래가 자발적인 설정행위에 의하여 취득된 것이고 용이하게 면탈免脫할 수 있고 그 신분상실로 인하여 초래되는 이해관계와의 영향의 강약은 국민이란 신분의 그것에 비할 바가 못될 정도인 까닭에 이 신분관계의 차이에서 '공무원이 되고 못되는 정도

1 원문에는 '필요한 일이 있을 것이라고'로 되어 있으나 '필요한 일이었을 것'의 오식으로 생각됨.

2 감찰위원회의 약칭.

의 문제'는 행정기관의 사회적 임무에 대하여 침묵을 지키게 한다고 할지라도 문화국가 또는 복된 국가의 이념에 벗어나지는 않을 것이며 그러한 점에서 감위監委의 징계처분과 일반 행정처분과를 달리 처리할 수 있다는 타당성이 지적되어야 할 것이라고 하였으며, 둘째 이유로는 공무원이라는 신분취득행위는 공법상 계약의 일종이며 이 계약체결에 있어서 "국가법령이 정하는 바에 의한 징계처분에 복종한다"는 적어도 암묵의 의사표시가 있었다고 보는 것이 국민의 건전한 양식에 합치된다는 점이 강조되어야 할 것이다라고 하셨던 것이다.

결국 논자의 첫째 이유는 타당성 문제이요, 둘째 이유는 암묵포기暗默抛棄 또는 암묵승인暗默承認의 의제擬制로 보자는 견해인 것 같다. 그러나 논지論旨에 의하면 논자도 징계처분이라는 것이 공무원에 대한 권리관계를 박탈하는 것이라는 점은 인정하는 모양이며 그러나 국가 대 국민의 관계의 그것에 비하여 볼 때 그 정도가 매우 약하다고 할 것이므로 이에 대하여 쟁송爭訟치 못하는 것이 타당하다는 취지인바, 이 사유思惟의 정신은 사소些少한 침해는 법침해가 아니라는 견지에서만이 설 수가 있을 것인데 과연 이러한 견해가 설 수 있을까? 만약 이러한 견해가 설 수 있다면 진실로 공무원에 대한 징계처분이라는 것이 이렇게도 미약한 권리의 박탈로밖에 안 될 것인가가 다음에 검토되어야 할 문제일 것이다.

그러나 이 점에 관하여 우리는 저 공무담임권公務擔任權이라는 것이 전제적 내지 군주시대와 같이 그 주권자로부터 받는 은혜적인 특전이라고밖에 생각지 못하였던 관념은 깨끗이 씻어 버려야 할 것이다. 위에서도 설시說示한 바와 같이 민주주의 국가에 있어서는 인민이 인민을 위하여 국가를 만든 만큼 이 공무公務라는 것도 국민 각자의 일인 것이며 자기 일을 자기가 하는 것은 국민의 기본권리인 것이다. 그렇기 때문에 이러한[如斯한] 세계관하에서는 도대체가 실질상 일반통치관계一般統治關係와 소위 특별권력관계特別權力關係라는 것과의 구별성이 생길[生起할] 리가 없는 것이며 이를 구태여 구별한다 함은 전시前示 관계를 완전히 해득치 못한, 즉 전제적 사유思惟의 범주 내에서 불식拂拭[1]치 못하였다는 것을 표명한다고 할 것이다.

헌법상 당당히 국민의 기본권리로 되어 있는 공무담임권公務擔任權은 논자의 견해에 의하여 그렇게도 미약한 권리로 타락되어야 할 것인가. 나아가서 단순한 타당성이라는 것은 어디까지나 하나의 사정론事情論에 불과한 것이며 그렇기 때문에 후기後記할 사법司法의 특수윤리성과 더불어 신중하게 반성되어야 할 것이다. 논자의 둘째 이유도 사유思惟의 근본에 있어서 전시前示 첫째 이유와 관련되므로 여기에서는 공권公權(공무담임권)이라는 것이 그렇게도 쉽게 포기되거나 또는 어떠한 승인으로 의제될 수 있을 것인가의 점만을 제공할 뿐 이를 새삼스럽게 그 이상의 논평은 하지 않으려고 한다.

나는 이상에서 본 판례에 대한 비평론에 대하여 개별적으로 일응의 의견을 기재하여 보았던 것이다. 그런데 나 자신이 그 비평론을 보고 감각感覺되는 것은 동 비평론자 역시 동 판례결론에 찬성되기는 하나 그 찬성이유가 석연釋然치 못함에

[1] 원문에는 '掃拭'으로 되어 있으나 '拂拭'의 오식으로 생각됨.

고심한 것 같다. 이제 나는 논자의 이러한 석연치 못한 부족감의 연유를 따져보지 않을 수 없는 것이다.

그것은 첫째로 모두 타당성이니 뭐니 하는 하나의 사정론事情論에 종시終始하였으며 그 이유를 법률적으로 구성하지 못하였음에 연유되었을 것이다. 법률론法律論은 어디까지나 법률이론으로서 해명할 것이며 타당성만으로서는 이를 해결할 수는 없을 것이다. 그런데도 불구하고 이러한 결론을 강조하게 되는 것은 종래의 습성에서 일어나는 하나의 소박성素朴性에 기인된 것이 분명한바 동 소박성조차 때에 뒤떨어진 소박성이었던 것이다.

그런데 우리가 본 문제를 법률적으로 해결하려면 모름지기 징계처분이라는 것은 그것을 그르친다고 할지라도 위법처분이 안 된다는 면에서 따져 들어가야 할 것이며 그렇기 때문에 징계처분이라는 것은 도대체가 징계기관의 자유재량에 속한다는 것을 해명치 않는 이상 본 판례의 결론이 나올 수가 없을 것이다. 그러므로 본 문제의 초점은 필경 징계처분은 법규재량法規裁量에 속하느냐 또는 편의재량便宜裁量에 속하느냐의 문제에 귀착된다고 할 것이다. 그런데도 불구하고 판례문면判例文面[1]에 의할지라도 이러한 점에 대한 확고한 인식이 결여된 듯하였고, 비평론자에 이르러서는 이를 인식하였다고 볼 수 있는 하등의 형적形跡조차 발견할 수가 없는 것이다.

그런데 나는 본고本稿를 초草함에 있어서 사법司法의 특수적인 윤리성을 강조치 않을 수 없는 것이다. 즉 헌법이 정한바 법관은 헌법과 법률에 의하여 독립하여 심판한다는 규정

[1] 원문에는 '判例反面'으로 되어 있으나 '判例文面'의 오식으로 보임.

은 사법권의 독립을 규정하는 것일 뿐 아니라 법法 및[及] 사법司法의 윤리에 관한 정확한 인식을 표명하는 것이라 할 것이다. 다시 말하면 단순한 삼권분립이라는 공제控制[1]와 균형이라는 정책적인 고려만에 있는 것이 아니라 법의 문화적인 독자성에 그 근거가 있을 것이다. 그것은 구체적인 윤리관계(본건에 있어서는 권리보호관계)를 윤리관계로서 보호하고 유지하려 함에 있다고 할 것이며 따라서 추상적인 목적원리에 지도되는 입법立法이나 또는 합목적적인 구체화를 위주로 하는 행정行政과 상이相異되는 것이다. 이것이 내가 강조하고자 하는 사법司法에 있어서의 특수한 윤리성인 것이다.

물론 법이라는 것도 정치적인 목적과 전연 관계가 없는 것은 아닐 것이다. 그러나 이것저것에 좌우되지 않고 윤리적·법률적인 법칙의 논리를 추구하는 데에 사법의 특수성이 있으며 생명이 있을 것이다. 그렇다면 본 판례나 비평론자는 사법윤리에 비추어 어긋나지나 않을까. 기어코 그것이 행정소송사항으로서 부적당하다면 그것은 입법조치에 의할 것이 아닐까? 그 넘지 못할 선을 넘게끔 법을 해석하는 것이 상술上述한바 사법윤리성에 어긋난다고 할 것이다.

이러한 사법윤리성에 관련하여 다시 일언一言치 않을 수 없는 것이 본 판례 제3항인 것이다. 그런데 동 제3항은 도대체가 진지하게 검토하여 볼 자료가 되는가조차 의문시되는 바이나 이왕이니 그 요점을 적시摘示한 후 전시前示와 같이[如히] 여기에서도 사유思惟의 근본상 필요한 몇 가지만을 열거함에 그치려고 한다.

[1] 남의 자유를 제어함.

판례는 동 3항에서 첫째로 감위監委의 징계의결에 대하여 대통령은 정부조직법 제2조에 의하여 동 의결을 취소 또는 중지를 명할 수가 있으며 각부 장관도 대통령에 청하여 이러한[如斯한] 처분을 할 수가 있다는 것과 둘째로 동 의결은 그 의결만으로서는 그 내용의 효력을 발생치 못하고 그 임명권자가 그 의결을 실행함으로써 비로소 그 효력을 발생하는 것이기 때문에 개인의 권리를 침해하는 처분이 될 수 없다는 것이다.

그런데 판례는 감위監委라는 것이 어떠한 행정세력이 자파自派 세력에 대한 옹호 내지 신장을 기하기 위하여 자파自派 공무원의 비행을 용인 내지 묵인한다든가 또는 그렇지 않다고 할지라도 정에 끌리어 부하 공무원의 비행을 묵인하기 쉽다는 이러한 폐단을 일소하여 적극적으로 관기숙청官紀肅淸을 기하기 위한 독립기관이라는 세인世人 주지周知의 제도 자체를 명문(정부조직법 제43조, 국가공무원법 제45조 단서)까지도 무시하면서 부인하였던 것이며 이러한 근본적인 문제를 왜곡歪曲[1]함으로써 본항本項과 같은 중대한 결과를 맺게 하였던 것이다.

또 판례는 둘째 이유 중 개인의 권리를 침해하는 처분만이 행정소송법 제1조 제1항의 처분處分이라는 취지로 표시하였는데 우리가 동 조문을 정확히 해석할 때 동 조문의 처분이라는 것은 그 표시 그대로 위법한 처분만을 의미하는 것이요, 권리를 침해하여야 한다는 것은 행정소송이라는 것이 원래가 권리보호제도라는 근본취지에서 당연히 추출되는 해석이라

[1] 원문에는 '비곡(非曲)'으로 되어 있으나 '왜곡(歪曲)'의 오식으로 생각됨.

할 것이며 그렇기 때문에 소위 민중적 소송이 특히 인정되어 있지 않은 우리 행정소송법에서는 아무리 위법한 처분이라고 할지라도 권리를 침해받은 자가 아닌 한(물론, 동 의결만에 대하여 행정소송을 못한다는 것은 아니다) 행정소송을 제기할 수가 없는 것이다.

그런데 이것은 얼핏 볼 때 실질적으로 양 견해가 모두 동일하게 될 것 같으나 그 개념이 판이判異한 것이다. 즉 판례는 위법처분이라는 개념 중에 권리침해라는 개념을 포함시키는 것이며 필자의 견해에 의하면 위법처분이라는 개념과 권리침해라는 개념은 별개의 개념이며 따라서 판례입장으로 간다면 어떠한 처분이 권리침해를 받은 사람으로 볼 때에는 위법한 처분이 될 수 있을 것이나 동일한 처분일지라도 그러한 침해를 받지 않은 자의 이 입장에서 볼 때에는 위법한 처분이 되지 않는다는 모순되는 결과를 가져 올 것이다.

그런데 나는 본 3항을 일독할 때 첫째로 본 판결에 있어서 하등의 관계가 없는 본 3항을 무슨 이유로 여기에 나열하였는가가 의문이다. 이미 성립된 법률만 적용함에 염증이 생겨서 입법자의 행세를 하여 보고 싶었지나 않았는지? 그 둘째로 판례는 그렇게 함으로써 감위監委의 기능이 발휘될 줄로 생각되었을까의 점이다. 나의 견해로 볼 때 본 판결로써 감찰위원회監察委員會라는 본래의 기능은 근본적으로 복멸覆滅[1] 된다고밖에 볼 수가 없는 것이다. 왜냐하면 위에서도 일별한 바 있지만 감위監委라는 것은 권세에 구니拘泥[2]치 않고 더구

[1] 뒤집히어 망함.
[2] 어떤 일에 필요 이상으로 마음을 씀.

나 직속 장관으로부터라도 하등의 장애를 받지 않고 독립적 입장에서 공무원의 비행非行에 대한 수술을 소신대로 단행할 수가 있다는 점(즉 정치에 좌우되지 않고)에 그 기능이 있는 것이요 생명이 있는 것이다. 그런데도 불구하고 신분상의 상관이라 하여 보통 하급관청에 대한 그것과 마찬가지로 이를 자유로이 좌우할 수가 있다고 하면 현 세정世情에 비추어 어떠한 결과를 기대할 수가 있을 것인가.

*　　　　*　　　　*

나는 이상으로써 모든 비평을 끝마치기로 한다. 실제에 있어서 감위監委가 세인世人이 납득할 수 있는 징계처분을 한다고 할진대 피처분자도 어느 정도의 양심이라도 있을지라 그렇게 일일이 쟁송치는 않을 것이다. 그런데도 불구하고 감위監委의 종래의 예를 보면 사안의 대소를 불구하고 징계처분 중의 최극벌最極罰인 면직처분만을 감행하는 경향(즉 비행과 징벌의 불균형상태를 가리킴)이 보인즉 이러한 불균형에서 피처분자가 납득치 못하는 것이요, 따라서 쟁송문제가 발생되는 것인즉 감위監委도 이 점에 관하여 반성하여 볼 필요가 있을 것이다.

그런데 감위監委가 감찰윤리에서 벗어나서 어떠한 정책적인 감찰을 자행恣行하게 된다면 이는 공무원계에 크나큰 문제를 야기시키게 될 것이다. 더구나 현하現下와 같이 동요動搖가 심한 시기에 있어서 감위監委도 역시 인간으로 구성되어 있는 만큼 모략과 중상의 영향을 받을 수도 있을 것인즉 그러한 때에까지 그 결과를 시인한다는 것은 적어도 감위監委의 본의는 아닐 것이다. 우리는 아래와 같은 예를 생각하여 본다면 그 결론이 스스로 명백화할 것이다. 즉 실제에 있어서 아무런 비행도 없었는데도 불구하고 모략에 의하여 파면을 당하였을 때라도 피처분자는 이에 대한 구제방법이 없어야 할 것인가가 민주주의에 있어서는 자유를 사랑한다는 것과 정비례로 권리보호가 완전하여야 한다는 면으로부터 검토된다면 문제는 해결될 것이다.

감위監委 측에서는 흔히 그렇게 하면 법원이 행정을 감독하는 것이 아니냐고 하는 모양이나 법원 자신은 어디까지나 위법違法을 교정矯正하는데 불과하며 이 교정을 구태여 감독이라 한들 다른 행정처분에 대하여 이미 아무런 의문도 없이 법원의 판단을 받거늘 오직 징계처분에 관하여서만 그 법률관념을 달리하여야 할 이유가 어디에 있을까가 이해키 곤란한 바이다. 뿐만 아니라 법률에 관한 최종해석권이 법원에 있다는 것은 삼권분립의 원칙인 것이며 이는 또한 권력의 공제控制를 기하여 국민의 자유옹호 즉 권리보호를 기한다는 소이所以임이 명백한데도 불구하고 그 판단을 꺼려함은 지나친 자기본위가 아닐까? 또한 징계처분에 대하여 행정소송을 할 수가 있다면 관기官紀를 문란紊亂케 한다는 것은 너무나 피상적인 견해일 것이며 이는 이러한 기우杞憂에 앞서 먼저 감찰의 윤리를 확립하고 실천하여야 할 문제일 것이다.

여하튼 행정소송이라는 것이 민주주의의 실천에 있어서 얼마나 필요한 것인가는 다시 말할 여지조차 없을 것이다. 그런 만큼 우리는 그 하나하나가 제도화되어 가는 이때에 이에 대한 검토를 게을리하여서는 안 될 것이다. 그런데 이 검토에 있어서는 종래 습성에서 일어나는 소박성(직감성)에 좌우되어서는 안 될 것이다. 왜 그러냐 하면 행정소송관계에 있어서는 과거 일제시대의 그것만을 볼지라도 우리가 종래 생각하여 오던 법적 상식으로는 놀랄 만한 진보적이라 할까, 여하튼 우리가 하나하나씩을 충분히 연구하여 보지도 않고 종래의 습성에서 나오는 상식만으로써 이를 소홀히 이해하고 비평을 하여서는 안 될 사항이 많다는 것이다. 그러므로 나는 법조인만이라 할지라도 행정소송에 관한 일응의 연구를 하여 주기를 바라는 바이다. 더욱이 행정소송에 있어서의 무엇보다도 긴요한 문제인 자유재량自由裁量이라는 것에 관한 진지한 연구와 이에 대한 교시教示가 있기를 원하는 바이다.

그런데 우리가 행정소송이라는 것을 정확히 이해하고 운영하려면 첫째로 대大근본에 있어서 민주주의라는 것이 무엇이냐에 관한 정확한 검토가 필요할 것이며, 둘째로 우리 세계관과 현실과의 차이가 있는 경우라 할지라도 우리는 구체적인 해석인정解釋認定 등에 있어서 현실이라는 것을 참작할지언정 제도는 제도로서 확립하여야 한다는 제도 자체에 관한 근본관념에 착오가 있어서는 안 될 것이요, 이에 관련하여 셋째로는 우리는 어디까지나 위에 말한바 법法 내지 사법司法의 특수윤리성을 망각하여서는 안 될 것이다. 마지막으로 본고에 제際하여 필자가 판례논지나 또는 비평논지를 오해하지 않았는지를 두려워하는 바이며 동시에 기타 지나친 점이 있다고 할지라도 이것은 오로지 민주주의와 사법윤리를 위한다

는 면에서 나온 과오일 것이므로 대법관과 비평론 제諸 선생님께 널리 양해하시기를 바라 마지않는다. (끝)

(필자 · 서울고등법원 판사)

파동에서 본 심판의 독립성[1]

- 사법권의 권위를 위하여 -

6월 정치파동[2]도 그럭저럭 일단락된 모양이다. 그러나 그 파동은 모든 국민에게 많은 충격과 검토의 소재를 던져 주었던 것이다. 임시수도 부산의 한복판에서 이 파동을 똑바로 바라다 보았다면 어느 누구라 하더라도 이에 대한 어떠한 감상感想을 일으키지 않을 수 없었을 것이다. 그 감상이라는 것은 이성理性으로서의 스스로 일어나는 그것이기 때문에 이성 있는 사람일진대 당연히 일어날 것이며 또 당연히 일어나야 할 문제일 것이다. 또 감상感想이라는 것은 단순한 감상만으로서 그쳐야 할 문제도 아닐 것이며 따라서 우리는 이 감상을 분석하며 이를 검토함과 동시에 엄숙히 비판함으로써 후일에의 좋은 교훈으로 이를 활용하여야만 할 것이다.

만사는 경험에서이다. 경험은 좋은 경험이든 나쁜 경험이

1 『고시(考試)』, 제1권 제8호, (1952. 9.), 17~22면.

2 1952년 5월 26일부터 시작되어 같은 해 7월 4일 발췌개헌에 이르기까지 임시수도 부산에서 진행되었던 일종의 정변. 이 부산정치파동을 통해 대통령 간선제를 직선제로 변경하는 개헌안이 통과되었고 이를 통하여 이승만 대통령은 재집권에 성공하였다.

든 간에 우리에게 어떠한 비익裨益[1]을 주는 것이다. 나쁜 것은 나쁜 것이기 때문에 우리는 더욱이 이것을 피하여야 할 것이라는 이성이 발동될 것이요, 좋은 것은 좋은 것이기에 더욱더 이를 여행勵行[2]하여야 할 것이라는 인식을 새롭게 할 것이다. 우리는 이제 그 파동波動으로 말미암아 일어난 흉중胸中 깊숙한 수많은 고동鼓動 중에서 법률가적인, 아니 법률학도적인 면에서의 절실한 느낌을 한 가지 검토하여 보기로 한다. 그것은 나 자신이 사법관司法官이라는 입장에서 유달리 느껴진 사법권의 독립, 더욱이 심판의 독립성이었던 것이다.

*　　　*　　　*

종래 우리는 사법권의 독립이라는 것을 막연하게 사법권이 행정권으로부터의 간섭을 받지 않는다는 독립성으로만 이해하였던 것이다. 그러나 이것을 다시 한번 분석하여 볼 때 우리는 사법권의 독립이라는 것이 광의廣義와 협의狹義와의 두 가지로 분류되어 있다는 것을 명백히 하여야 할 것이다. 즉 광의의 사법권의 독립이라는 것은 입법 · 사법 · 행정 세 가지의 통치작용이라는 커다란 분류 면에서 보아서 국가원수라 하더라도 사법권 행사에 간섭을 하지 못한다는 취지에서의 그것을 말하는 것이며, 협의의 사법권의 독립이라는 것은 사법부문司法部門 내에 있어서의 심판의 독립성, 즉 구체적으로

1 원문에는 '패익(稗益)'으로 되어 있으나 '비익(裨益)'의 오식으로 보임. 비익(裨益) : 도움이 됨.

2 힘써서 실행함.

어떠한 사건을 재판함에 있어서 어떠한 상관으로부터의 간섭도 받지 않는다는 의미에 있어서의 독립성을 말한다. 다시 말하면 광의의 그것은 삼권분립제도 자체를 기준으로 하고 협의의 그것은 구체적인 심판 자체를 기준으로 하여 본 분류인 것이다. 우리가 종래 헌법[1] 등에서 배웠던 사법권의 독립이라는 것은 위에 말한바 광의의 그것을 말하는 것이며 우리 헌법 제77조에 "법관은 헌법과 법률에 의하여 독립하여 심판한다"라고 한 규정이나 헌법 제80조에 "법관은 탄핵, 형벌 또는 징계처분에 의하지 아니하고는 파면, 정직 또는 감봉되지 아니한다"라고 한 규정의 역사적인 사조思潮는 바로 이것을 의미하였다고 할 것이다.

그러나 전체주의에 있어서까지 삼권분립제도를 취하지 아니한 국가가 없는 오늘날에 있어서 사법권의 독립이라는 것은 위에 말한바 광의의 그것보다도 협의의 그것에 관심이 전이轉移되지 않을 수 없는 것이다. 왜냐하면 광의의 사법권의 독립이라는 것은 우리들에게 이미 상식화되고 선례시先例視되어 있는 제도 자체이므로 우리들에게 그다지 새삼스러운 관심을 일으키지는 않으나 협의의 그것 즉 심판의 독립이라는 것은 실로 우리들 생활부면生活部面에 직접적인 접촉면을 이루어 있는 만큼 근래 사회사조社會思潮의 현실화 경향과 더불어 더욱더 우리들의 관심이 집중되지 않을 수 없다는 것이다. 과연 재판관이 사건처리에 있어서 어떠한 압력에 억눌리어서 백白을 흑黑이라 하거나 또는 그것을 질적·양적으로 가감한다면 실로 큰일일 것이다.

[1] 당시 헌법의 관련규정은, 후술 462면 이하 참조.

그러면 법은 그러한 폐단을 없이 하기 위하여 어떻게 심판의 독립을 획책하였던가를 검토치 않을 수 없는 것이다. 그러한 획책으로서 우리는 법관의 자격이라는 문제와 법관의 신분보장이라는 두 가지의 문제를 들어야 할 것이다. 이제 이 두 문제에 대한 자세한 검토를 함으로써 과연 심판의 독립이라는 것이 어떠한 본질을 가지고 있는가를 명확히 하여야 할 것이다. 우리가 자세히 이것을 분석하여 볼 때 법관의 임용자격을 높은 수준에 두었다는 것은 법관의 교양정도가 높다는 것을 의미하는 것이요, 교양이 풍부하다는 것은 일반적으로 양심 더욱이 법적 양심의 발달을 표징表徵한다고 볼 것이다. 또 법관에 대한 신분보장이라는 것은 모든 간섭을 배제하기 위한 심적인 원동력을 이룰 것이요, 이것은 두말 할 것도 없이 직무의 불편독립성不偏獨立性으로서 나타날 것이다.

그런데 이 양자는 필연적으로 서로 엉키며 연결되는 것이다. 과연 교양의 높음은 나아가서 압력에 의한 굴종에 대하여 수치羞恥의 자각自覺 내지 이에 대한 양심가책으로서 나타남과 동시에 굴종의 제동이 아닐 수 없는 것이요, 이에 더함에 신분보장이라는 사실은 부당한 간섭에 대한 항거 · 결단의 원동력으로서 발동될 것이다. 다시 말하면 법관의 자격이라든가 법관의 신분보장에 있어서의 이러한 내면적인 요소는 어떠한 상관의 혹은 어떠한 권력자의 부당한 간섭에도 항거하여 이를 배제할 수가 있을 것이며 그러한 의미에 있어서 이는 심판의 독립성에 있어서의 2대 불가결한 요소라고 보아야 할 것이다. 과거 · 현재를 막론하고 이 2대 요소가 반드시 헌법에 명시된다는 것은 이러한 나의 견해가 이 취지에 부합된다고 볼 수 있는 하나의 증좌證左가 되지 않을 것인가.

그렇다면 다시 나아가서 우리는 이 2대 요소의 역사적인 의의를 회고함과 동시에 현실에 있어서의 그것이 어찌되어 있는가를 보기로 한다. 첫째로 법관의 자격에 있어서는 과거나 현재나 할 것 없이 대략은 동일하다고 할 수 있는 것이다. 물론 다소의 차이점이 전무全無하지는 않으나 원칙적이며 근본적인 면에 있어서는 이렇다 할 차이는 없는 것이다. 그러나 신분보장에 있어서는 그 전모全貌를 살펴볼 필요가 있을 것이다. 과거(일제시대를 말함)에는 헌법으로는 면관免官만을 신분보장하는 데 그치고 법률로써 전관轉官·전소轉所·정직停職·면직·감봉을 보장하였던 것이나, 오늘날에 이르러서는 법관의 모든 신분은 헌법으로써 보장을 다하여 법관의 이러한 보장이 국가의 기본구성상 얼마나 중요한가를 명시하였던 것이다.

여기에서 본건 고찰상 다만 한 가지 주의할 것은 전소轉所[1]인 것이다. 위에 기록한 바와 마찬가지로 과거에는 전소轉所까지 보장되어 있었기 때문에 본인의 동의 없이는 전근을 시키지 못하였던 것이나 현재에는 그러한 보장이 없으므로 본인의 의사에 반하여 전근도 시킬 수가 있는 것이다. 그러한 면에서 볼 때 재판관의 신분보장이라는 것이 다소 약체화된 감이 없지는 않을 것이다. 그러나 이것도 위에 말한바 교양敎養의 고위성高位性이라는 면에서 바라다볼 때, 다시 말하면 인격과 인격과의 접촉이라 할까 또는 양심과 양심과의 접촉이라는 것은 스스로 서로서로가 넘지 못할 한계를 획劃

1 근무하는 장소를 옮김.

하고 있다는 점에서 볼 때 오늘날 비록 전소轉所까지 보장되지 않았다 하여 그것이 재판사무에 대한 부당한 간섭에의 방도가 될 수는 없을 것이다. 요컨대 오늘날 심판의 독립은 과거보다도 더욱더 강조되어 있다는 것은 그 논거를 다시 되풀이할 필요도 없이 위에 지적한바 모든 신분의 헌법상 보장만으로써 명백화한 것이라 할 것이다. 이상 요컨대 심판의 독립성이라는 것은 법관의 자격과 그의 신분보장으로써만 이루어진다는 것을 강조하였던 것이다.

과연 일정한 자격이 없어도 재판관으로 자유롭게 임용할 수가 있다 하면, 또는 상관이 함부로 하급법관을 파면이나 감봉을 시킬 수가 있다고 하면 심판의 독립이라는 것은 도저히 기할 수가 없을 것이다. 다만 한 가지 그 2대 요소 중 신분보장이라는 것이 비록 법관에 한정된 것이 아니고 일반 공무원에 대하여도 법률로서의 것이기는 하나 동일한 보장이 되어 있다는 점에서 바라다볼 때에는 실지에 있어서 심판의 독립은 신분보장보다도 그 법관의 임용자격 그 자체에 보다 더 특색이 있다는 것을 가히 추지推知[1]할 수가 있는 것이다. 이것은, 또는 심판의 독립이라는 것은 무엇보다도 그 양심(법적 양심), 즉 인격(이것이 즉 법관의 자격임)에 치중置重치 않을 수 없다는 것을 표명하는 것이라고 할 것이다.

*　　　　*　　　　*

나는 위에서 심판의 독립성이라는 것이 어떠한 기반 위에

[1] 추측하여 앎.

서 나타나는 것인가를 분석하여 보았던 것이다. 이러한 심판의 독립성에 관련하여 흥미를 끄는 것은 군법회의軍法會議의 그것이다. 군법회의에도 심판의 독립성이 있는가가 정치파동[1]을 통하여 우리 법률가의 머리에 떠오르지 않을 수 없었던 하나의 문제였던 것이다. 그러나 군법회의에는 위에 말한바 심판의 독립요소의 어느 하나도 해당시킬 수가 없는 것이다.

구체적으로 따져본다 하더라도 군법회의의 심판관審判官은 법관의 자격과 같은 일정한 기준이 없는 것이다. 그런데 법관의 자격이라는 것은 위에서도 약간 시사한 바와 마찬가지로 재판을 하려면 법률을 알아야만 한다는 법지식의 단순한 요구보다도 근본적으로 법의식의 즉 법양심의 고도高度가 요청된다는 것을 의미하는 것이다. 그런데도 불구하고 군법회의의 심판관은 현역장교인 것이며 1명의 법적 자격을 가진 법무관法務官이 법무사法務士로서 이에 참가할 따름인 것이다.

물론 영국과 같이 문화가 고도로 발달된 국가에 있어서는 배심제도가 있어서 이것이 상당한 성적을 올리고 있다는 것도 전연 간과할 수는 없을 것이기는 하나 그것 역시 그 배심

1 1952년 부산정치파동의 진행과정에 있어서 주목을 끌었던 사건은 소위 서민호 사건이다. 서창선 대위와의 총격전 끝에 서 대위를 사망에 이르게 한 현역 국회의원 서민호를 검찰은 현행범으로 체포한 후 살인죄로 기소하였다. 이후 일반법원에서 재판이 진행되던 도중에 정부는 계엄령을 선포하여 서민호 사건의 재판을 군법회의로 하여금 담당하게 하였다. 관할 고등군법회의(당시 '고등'군법회의는 '정식'군법회의라는 의미를 가지고 있었음)는 서민호 피고인에 대하여 사형을 선고하였다. 그러나 외국의 각종 구명압력에 의하여 이승만 대통령은 재심판을 명하였고 결국 8년의 징역형이 선고되었다. 소위 서민호 사건의 자세한 내용에 대해서는, 신동운, "국회의원의 불체포특권과 구속영장의 집행정지", 형사정책연구, 제18권 제3호, (2007 가을), 673면 이하 참조.

원에게 법적 양심의 고위성高位性을 기대키 곤란하다는 점과 또 그 배심원 자신이 재판에 있어서 어떠한 신분적 예속관계가 없으므로 이 부면部面으로부터의 하등 기속羈束을 받지 않고 있다는 점에서 볼 때 이에 우리가 여기에서 논하고 있는 심판의 독립성을 관련시킬 수는 없을 것이다.

다음 군법회의의 심판관이나 법무사는 헌법상이나 법률상에도 하등의 신분보장이 없는 것이다. 그렇기 때문에 하나의 가상假想을 들건대 어떠한 군법회의의 판결이 상관의 의도에 합당하지 않는다 하여 이를 이유로 좌천을 시킨다든가 또는 예비역에 돌려버린다 하더라도 본인은 하등의 호소의 길이 있을 수 없는 것이다. 이러한 사정은 어떠한 결과를 가져올 것인가. 경우에 따라서는 상관의 군법회의에 대한 어떠한 판결의 강요로서 나타날 수가 있을 것이며 또는 이에 대응되어 이러한 강요에 대한 굴종으로서 나오게도 될 것이다. 그런데 군법회의도 하나의 재판이라면 위에 지적한 바는 곧 그 재판제도에 있어서의 중대한 모순이 아닐 수 없는 것이다. 그러면 군법회의는 왜 그러한 모순된 제도로 되어 있는가가 다음의 의문인 것이다. 그러나 우리가 군법회의라는 것을 정당히 파악할진대 위에 말한바 모순의 원인을 특히 해명할 수가 있는 것이다.

*　　　　*　　　　*

일단 명령이 내리면 수화水火를 무릅쓰고 돌진하여야 할 군인軍人에게는 무엇보다도 엄한 규율이 필요한 것이다. 규율은 군인의 생명이며 꽃인 것이다. 그렇기 때문에 군인에 있어서는 모든 법령위반이라는 것이 모두 규율위반으로 나타난다고 보며 따라서 그것은 범죄라기보다는 군기문란인 것이다. 어디까지 군기軍紀가 주主이며 범죄犯罪라는 것은 종적從的이요 따라서 범죄라는 것은 제2차요 제3차적인 관념 위에 서 있는 것이다. 군기에 있어서의 이러한 관념은 범죄는 범죄라고만 직시直視하는 일반사법一般司法과 그 규율을 같이할 수는 없는 것이다. 그런고로 군법회의는 법률가 아닌 현역군인으로서 구성되며 거기에는 심급제도도 없을 뿐 아니라[1] 일단 언도言渡[2]된 판결이라 하더라도 별개의 심사장관審査將官이 그 재판을 부인·변경할 수도 있는 소위 심사제도까지 있는 것이다.

이러한 실질적인 면에서 바라다볼 때 군법회의 그 자체는 하나의 재판기관이라고 보기보다는 특별한 성격을 띤 하나의 징계기관이라고 보는 것이 아마 허위 없는 솔직한 단정이 아닐는지? 이렇게 해석하는 것이 군법회의에 있어서의 모든 법률관계를 설명할 수 있는 방도일 것이며 또한 그러한 성격을 띠어서야만 군기유지軍紀維持에 적합된다고도 볼 수 있을 것이다. 군법회의에 있어서는 극소의 예외를 내놓고는 군인만이 재판을 받는 것이며 또 군인이라 하더라도 군사법규위반

1 당시 국방경비법에 따라 설치되어 있었던 군법회의는 미국식 군법회의의 구상을 따르고 있었다. 군법회의는 단심제였으나 그 심판결과에 대해 지휘계통에 따라 재심사(review)가 행해졌다. 사형에 해당하는 범죄에 대해서는 군통수권자인 대통령이 재심사를 명할 수 있었다. 자세한 내용은, 고석, 한국 군사재판 제도의 성립과 개편과정에 관한 연구, (2006. 2.), 서울대학교 박사학위논문 참조.

2 현재의 선고(宣告)에 해당하는 당시의 일본식 법률용어.

에 한하여서만 재판을 받는 것이며 민간법령위반에 대하여서는 아무리 군인이라 하더라도 민간법원의 재판을 받아야 한다는 모든 사실은 위에 말한바 군법회의의 징계기관적 성격을 여실화如實化하는 것이라고 볼 것이다. 과연 징계기관적 성격일진대 엄격한 재판이란 불필요할 것이며 따라서 군법회의에 있어서의 심판의 독립성이라는 것은 그 성질상 원래가 그다지 문제시 안 된다고 보아야 할 것이다.

*　　　　*　　　　*

이상 요컨대 군법회의 그 자체는 군인을 심판하는 한 적합適合된다고 할 것이다. 그러나 군법회의가 민간인을 심판함에 이르러서는 전시前示한바 적합성이 여전히 타당妥當될 수는 없는 것이다. 그런데 계엄법[1]에 의하면 비상계엄하에서는 어느 정도로 광범한 죄목에 걸쳐서 민간인도 군법회의의 심판을 받게 되어 있는 것이다. 이러한 경우에도 본래의 징계기관적 심판형식에 의하여 민간인이 가차없이 심판을 받아야 할 것인가가 심각한 문제로서 검토되지 않을 수 없는 것이다. 물론 비상계엄이라고 하면 문자 그대로 국가 초비상시인 만큼 그러한 시기에 있어서까지 평상시와 똑같이 모든 것을 처리한다는 것은 실제에 있어서 곤란할 것이며 따라서 그 합리성도 의문일 것이다. 그러나 문제는 아무리 비상계엄하라 하더라도 군인 아닌 민간인에게 심판의 독립성 없는 심판의 형식으로써 임한다는 것은 결코 온당한 방법일 수는 없는 것이다.

[1] 당시의 계엄법 조문은, 후술 449면 이하 참조.

물론 그러한 심판의 형식이라 하더라도 그 심판관이 공평히 이를 처리하여 준다고만 하면 실제에 있어서 하등의 지장이 없을 것이다. 그러나 성계聖界 아닌 인간 속세에 있어서는 법률상의 어떠한 개연성의 보장이 없이는 일반적으로 그러한 결과를 기대할 수는 없다고 보아야 할 것이다. 더구나 완벽한 위에서도 누예漏洩[1]가 있는 오늘날 현실사회에 있어서 그렇기 때문에 민주주의 즉 자유를 존중하는 세계일수록 권력의 견제 내지 균형이 무엇보다도 절실히 요청되는 것이다. 사실에 있어 현실사회의 착잡상錯雜相이란 우리의 예견이나 추측도 허용치 않는 것이다. 그 갈등의 파열은 주저 없이 뭐든 다 할 수 있는 수단을 취하게 되기 쉬운 일이다.

이렇게 예민하게 관찰하여 볼 때 우리는 탈법행위라는 것을 새삼스러이 우려하지[2] 않을 수 없는 것이다. 법 밑에서 법을 악용한다. 적법한 국권 밑에서 국권을 농락弄絡한다. 이러한 사태는 사법私法의 범주로부터 공법公法의 범주에 걸친 과거의 경험에서 우리는 잘 아는 사실인 것이다. 이러한 사정은 어떠한 국가비상시라 하더라도 민간인에 대한 심판은 전술前述한바 심판의 독립성을 절대 요청하는 것이라고 하면 과연 지나친 견해일까. 이 점에 있어서 오늘날 민간인에 대한 군법회의의 심판권이란 아무리 비상계엄하의 그것이라 할지라도 모든 법률인의 재검토를 받아야 할 것이다.

나아가서 우리는 재판과 심판의 독립성이라는 것을 분리시하여서는 안 될 것이다. 심판의 독립성이 없는 재판이란 인정

1 물이 샘.
2 원문에는 '하지'로 되어 있으나 '우려하지'의 오식으로 생각됨.

되어서는 안 될 것이다. 그것만은 현 세계관에 있어서 하나의 철칙으로 인정되어 있는 것이다. 또 이 철칙은 시공時空을 초월하여야 할 것이다. 아무리 비상계엄하라 하더라도 심판의 독립성이란 동요되어서는 안 될 것이다. 현행 계엄법에 의할지라도 일반법원은 그 관할에 속하는 재판인 한 심판의 독립성이 엄연한 것이다. 그런데도 불구하고 선반先般[1] 계엄사령관은 이것을 오해하여 법원의 심판독립의 범위 내에 속하여야 할 보석사무保釋事務에까지 어떠한 제한을 하였던 것이다. 여기에서 우리는 계엄법 제11조의 관장管掌이라는 문구를 재음미하여야 할 것이며 이는 법 자체를 특히 그 세계관에 의하여, 다시 말하면 민주주의 국가에 있어서는 무제한한 절대권이란 있을 수 없다는 이러한 면에서 이해하고 해석할 용의用意[2]가 있어야 할 것이라는 것을 전제적專制的 분위기에서 완전히 불식되지 않는 모든 법률인에게 강조하려 하는 것이다.

이상 요컨대 심판의 독립이라는 것은 원래가 헌법상의 철칙인 만큼 우리는 어디까지나 이것을 수호함과 동시에 그 실체에 대한 인식을 모든 사회인과 같이 새롭게 하여야 할 것이다. (끝)

(필자 · 서울고등법원 판사)

[1] 지난번.

[2] 마음의 준비.

신형법에 나타난 현대윤리관[1]

서 언

해방 후 일반적인 기본법으로서 제일 먼저 제정된 것이 형법이며[2] 특히 형법은 국민의 자유를 구속하는 법인 까닭에 국민의 이에 대한 관심이 가장 첨예화되는 만큼 동同 형법이 어떠한 이념하에서 제정되었는가는 민주주의라는 새로운 건국이념을 표방하고 이것을 실천함에 있어서 가장 중대한 의의가 있다고 할 것이며 그렇기 때문에 국민으로서, 아니 더욱 법률가로서는 동법同法의 이념을 검토하여 이에 대한 비평을 시도함으로써 그 근본이념을 파악하고 나아가서 장차의 입법에 있어서 그 참고에 공供하여야 할 것이다. 그런데 필자는 동同 형법초안을 일독한 후로부터 동법同法에 흐르고 있는 근본이념에 관하여 가장 흥미를 느끼고 있는 자이다. 그것은 필자가 평소에 느끼고 있는

1 『고시(考試)』, 제3권 제2호, (1954. 2.), 8~23면.
2 1953년 9월 18일 법률 제293호로 공포되어 1953년 10월 3일(개천절)부터 시행됨.

민주주의 윤리관과 신형법의 정신이 그 태반이 부합된다는 점에서 유달리 느껴진 감명感銘이며 동시에 장래에 남겨둔 하나의 과제인 까닭이다.

이제 필자는 본고本稿에서 필자가 포지抱持하고 있는 민주주의 윤리관이라는 안경 속에서 신형법전을 바라다보려는 것이다. 물론 그 윤리관이 정확할 리 없을 것이며 따라서 이를 토대로 한 검토나 비평이 타당妥當될 수는 없을 것이다. 그러나 다만 윤리와 법과의 상관관계를 새롭게 할 수가 있을 것이며, 나아가서 윤리의 고도화 과정이나 법의 세분화 과정에 대한 흥미 있는 추이현상推移現象을 재인식할 수는 있지 않을까 하는 바이다.

제1 법과 윤리

1. 윤리와 법과의 상관성

물론 법은 그 요소의 하나로서 정의正義라는 윤리적 성질에 상응되는 정正의 개념을 함유하고 있는 한 법을 윤리로부터 분리할 수는 없는 것이다. 이렇게 윤리적 관념과 법적 관념과는 대단히 밀접한 관계가 있는 것이다. 고대의 사상가, 예를 들면 아리스토텔레스가 법의 원리를 윤리학에 관한 논술 중에서 검토하였으며 소크라테스나 플라톤이 권리의 분석을 정의의 이념에서 추출시켰다는 사실은 이것을 말한다고 할 것이다. 이러한 밀접한 관계는 양자 모두 동렬적同列的이면서도 상호의존적이다. 즉 윤리관념이 확대되어 간다는 것은 동시에 법적 관념이 확대되어 간다는 것을 의미하는 것이요 반대로 윤리관념의 쇠퇴는 동시에 법적 관념의 감축減縮을 초래하는 것이며, 또 이를 다른 면에서 볼 때 윤리관념을 고조高調하려 하면 강제요소를 함유한 법적 관념의 엄격이 요청될 것이며 반대로 법적 관념을 고조하려 할 때 윤리관념이 배후에서 엄연히 이를 지지하여 주어야 할 것이다.

그렇기 때문에 양자는 그 변이성變移性과 더불어 사회에 새로운 규범상태를 야기시킨다. 즉 윤리관념도 하나의 사회규범인 한 사회의 변천은 윤리관념의 변천을 초래함은 물론이다. 이러한 변이성은 때에 따라 혹은 장소에 따라서 새로운 규범 즉 윤리관념을 발생시키고 또는 종래의 윤리관념으로 하여금 고도화(즉 윤리의 엄수를 강제하는 경향을 말함)시키는 것이며 동同 관념이 어느 정도로 고도화함에 이르러 이를 유지시키기 위하여 위반자에 대한 제재방법으로서의 법적 관념에로 전개展開한다.

이렇게[如斯히] 사회생활에 있어서의 규범은 윤리규범으로부터 법규범에로 전개하는 것이며 이는 또한 사회 윤리생활에 있어서의 임의성으로부터 강제성에의 윤리의 전개경향을 의미한다고 할 것이다. 그리하여 법적 관념이 새로이 발생되고 또는 어떠한 기존 법적 관념이 분류화된다. 이러한[如斯한] 법관념의 세분화적 경향은 일개의 단행법을 기준으로 하여 볼 때 조문의 증대경향으로서 나타날 것이요 법체계 전체로 볼 때 복잡다기複雜多岐한 법전法典의 전당화殿堂化를 이룰 것이다. 나는 이상에서 윤리와 법과의 상관성에 관하여 본고에 필요한 범위 내의 단편적인 고찰을 하여 보았던 것이다.

2. 법의 윤리적 적합의 문제

다음 법의 토대는 윤리라는 관점에 설 때 법은 어디까지나 윤리에 적합適合하지 않으면 안 될 것이다. 그런데 도대체가 윤리라는 것도 그때그때의 세계관에 따라서 질서를 유지하고 나아가서 사회 전체의 복리를 추구함에 그 목적이 있다고 할 것이다. 그러한 관점 밑에서 현대 우리 세계관인 민주주의 이념, 다시 말하면 위에 말한바 최대복리에 대한 검토와 더불어 이로 인하여 귀결되는 민주주의 윤리관이라는 것을 일별함으로써 법이라는 것이 윤리라는 것과 어떻게 적합適合되어야 할 것인가를 바라다보기로 한다.

민주주의에 있어서는 개인이 주인이므로 모든 것이 개인을 토대로 하여야 하며, 그런 까닭에 국가라 할지라도 개인의 행복을 위한 존재라야 한다고 주장한다. 그러한 면에서 볼 때 개인의 행복을 위하여서는 무엇보다도 먼저 '자유'라는 것이 요청되어야 할 것이다. 그런데 자유라는 것은 개인의 방자放恣한 행위를 허용하는 것은 아니다. 우리는 사회의 일원으로서의 사회인이기 때문에 이에 자유라는 것도 사회적인 자유라야 한다. 그렇다면 개인의 자유라는 것도 사회적인 한계를 획정劃定당하지 아니하면 안 될 것이다. 다시 말하면 어느 한 사람이 자유롭다는 것은 다른 모든 사람과도 자유로워야 한다는 것을 의미하는 것이요, 이는 나아가서 제도적인 면에 있어서 다른 모든 사람과 동등한 입장에 서지 아니하는 한 기대하기가 곤란하다는 것이다. 거기에서 사회인社會人 각자의 진정한 자유라는 것은 각인各人의 평등이라는 것이 전제가 되지 아니하면 안 된다. 결국 평등이라는 것은 자유에 있어서의 수단적인 요소이므로 자유라는 개념 중에는 당연히 평등이라는 개념이 내포되어야 할 것이다.

이렇게 평등 그 자체는 자유개념에 내포될 성질의 것이기는 하나 그 자유에 있어서의 가장 기본적인 수단으로서 그 전제가 되는 것이므로 이는 일약 자유와 어깨를 나란히 하여서 민주주의에 있어서의 2대 이념으로 되어 있는 것이다. 여하튼 이론상 그 지위의 여하를 막론하고 위에 말한 바와 같이 자유를 획득하기 위하여서는 우선 평등이라는 제도 자체가 그 전경前景에 나타나지 않을 수 없을 것이며 그러한 의미에서 하나의 수단에 불과한 평등 그 자체는 본래의 수단적 지위로부터 하나의 독립된 목적화目的化한 것이다.

그런데 제도 자체는 사회적인 것이며 따라서 국가적인 것이다. 그러므로 평등이라는 이념을 기도企圖하고 그 실천의 원활을 기하여야 할 자는 바로 국가라고 하여야 할 것이다. 그리하여 자유라는 것이 개인적임에 대하여 평등이라는 것은 국가·사회적이라는 특징을 가지게 되는바 양자는 서로 모순되는 경향을 가지고 있으면서도 동일한 목표를 지향하는 것이다. 즉 인간이라는 본래의 개성은 감정과 욕구의 무한한 응결체이므로 강자는 약자를 억제하는 결과를 발생시키지 않을 수 없으며 또 평등 그 자체는 모든 상태의 균형을 기도企圖하는 것이므로 강자를 억제하며 약자를 부조扶助하는 방향으로 나아가지 않을 수 없으니 양자는 서로 대립되는 상태에 있는 것이다.

이렇게 양자는 모순되는 본질을 가지고 있음에도 불구하고 사회적인 면에서 볼 때 양자는 똑같이 공공복지公共福祉라는 자유의 궁극적인 목표를 향하여 나아감을 그 사명으로 한다. 이에 모순되는 양 이념의 조절이 절실히 요청되어야 할 것이며, 이러한 조절이야말로 진실한 의미에서 자유·평등을 달성시키는 소이所以인 동시에 동同 조절의 적부適否 여부는 민주주의의 성부成否를 좌우한다고 할 것이다. 그런데 이 조절을 그 주체적인 면에서 볼 때 이는 자유를 기본으로 하는 개인과 평등을 기본으로 하는 국가와의 교섭 내지 지배과정이라고 할 것이다. 그러면 다음에 이 조절은 어떻게[如何히] 할 것인가가 당위적인 면에서 검토되어야 할 것이며, 이것이 바로 국가가 가져야 할 민주주의 윤리관의 문제인 것이다.

과연 자유와 평등을 어떠한 점에서 조절하여야 할 것인가? 그런데 이것은 또한 개인과 국가·사회의 어느 편에 치중하여야 할 것인가의 문제에 귀착된다. 즉 개인의 자유를 극도로 허용한다면 명백히 국가·사회의 무질서를 초래할 것이요, 반대로 국가·사회에 너무나 치중할 때 개인의 지위가 몰각沒却될 것이다. 여기에서 우리는 근본적인 입장을 상기想起하여야 할 것이다.

우리나라는 민주주의 국가인 까닭에 어디까지나 개인이 기본으로 되어야 되지 않을까 하는 점이다. 그러므로 국가 자체는 이러한 세계관에 입각하여 어디까지나 개인의 기본권리를 보호함에 노력하지 않으면 안 될 것이며, 이하에 검토될 일정한 조절점의 유지가 바로 국가의 국민에 대한 윤리적인 책무라고 할 것이다. 과연 국가가 국가 자체만에 편중하며 개인의 지위를 너무나 약화시킬 때 이는 명백히 국가의 국민에 대한 윤리위반으로서 문제화되지 않으면 안 될 것이다.

그런데 동同 조절점의 정도 문제도 국민 개개인이 포지抱持하고 있는 민주주의 윤리관의 정도 여하에 반비례되는 것이라 할 것이다. 다시 말하면 국민 각자가 민주주의 윤리관이 투철하다고 할진대 국가의 이에 대한 규율도 엄격할 필요가 없다고 할 것이다. 동同 윤리관이 박약할진대 국가의 이에 대한 통제는 엄격하지 않을 수 없을 것이다. 민주주의는 관용의 원리를 원칙으로 한다고 하나 이것도 국민이 포지抱持하고 있는 윤리관의 여하에 좌우된다는 점에 있어서 어디까지나 상대적인 문제에 불과하다. 동일한 민주주의 국가에 있어서도 자유에 관한 모든 제도나 그 정도에 있어서 차이가 생기는[生하는] 것은 이러한 사정에 연유된다고 할 것이다. 그리하여 저 문화국文化國 원리라는 것은 윤리관이 발달된 국가에서만이 행할 수가 있는 문제이다.

그렇다면 개인의 민주주의 윤리관이란 어떠한 것일까? 이것은 자기가 행하는 일에 책임을 지고 또 상대방을 존중한다는 의미에서의 자기절제自己節制를 의미한다. 국가에 있어서 개인이 주체인 만큼 그 한 사람 한 사람이 그 주체가 될 만한 책임을 부담할 수 있는 지성과 신의성실성이 있어야 할 것이요 이는 또한 인간의 본능인 감정과 욕망의 무한성을 억제할 줄을 알아야 한다는 것이다. 다시 말하면 자기 일을 똑바로 할 줄 알아야 할 것이요 또 타인을 대접할 줄을 알아야 비로소 자기 자신의 자유를 누릴 수 있음과 동시에 모든 사람의 평등을 유지시킬 수가 있다는 것이다. 그러므로 이 두 가지 요건을 구비치 못할 때 그것은 민주주의인民主主義人 즉 자유인自由人의 자격이 없다고 하여도 과언이 아닐 것이다.

그러므로 민주주의는 신사성紳士性 또는 문화성文化性을 토대로 하며 이를 이적理的인 면에서 볼 때 이지성理智性을 필요로 한다. 이러한 이지성적 토대 위에 다시 위에 말한바 윤리관을 구비할 때 민주국가를 완성할 수 있을 것이다. 그렇다면 국가와 국민 간은 위에 말한바 개인의 윤리관 여하에 따른 상관성相關性 위에서 조절되어야 할 것이며 그 정도를 일탈逸脫하지 않는 데에 양자 간의 윤리관이 수립되어야 할 것이다. 물론 이러한[如斯한] 조절점은 이상에 게기揭記한 여건 이외에도 당시 당시의 국가 환경에 의하여 좌우될 것이다.

이상은 형법적 견지에서 바라다 본 조절점인 것이다. 그런데 넓은 의미에 있어서의 이 조절점이라는 것도 종래 많은 변천을 거쳐왔던 것이다. 즉 소위 야경국가夜警國家 시대에는 국가는 대내적·대외적으로 질서를 유지하는 소극적인 조절을 하여왔던 것이며 따라서 경제·교육·사회·문화 등 면에 있어서는 공공질서상 부득이한 경우 이외에는 이에 조절문제를 던져주지 않았던 것이다. 그러나 소위 복리국가·문화국가라고 일컬어지는 현대에 이르러서는 형식적인 면만이 아니라 실질적인 면에서, 다시 말하면 경제적·사회적 약자를 보호하여 모든 국민에게 인간다운 생활을 확보하기 위하여 위와는 반대로 경제·사회·문화 등 면에서 보다 더 적극적인 조절을 하게 되었던 것이다. 이렇게 문화면 등에의 적극적인 진출은 필경 이를 강제하기 위하여 형법면으로 그 범위를 확장시킬 것이요, 따라서 형법면에도 곤란한 조절문제를 제공하고 있다 할 것이다.

여하튼 동同 조절점을 어디에 두느냐는 국민이 국가권력에 의하여 억제를 당하느냐 마느냐를 결정하는 분기점을 이룰 것이며 나아가서 문화국 지향문제도 동 조절점의 타당과 적극성에 의존한다고 할 것이다. 그런 만큼 우리 국민에게 가장 중대한 법인 형법을 검토함에 있어서는 그 규율사항의 적부適否 문제와 아울러 그 과형科刑의 경중輕重 문제가 위에 말한바 조절점에 비추어 주도周到하게 검토되어야 할 것이다.

그러면 지금으로부터 윤리와 법의 상관관계라든가 또는 이상以上 조절적인 고려 밑에서 신형법의 구체적인 규율을 검토하기로 한다.

제2 신형법에 대한 검토

1. 신형법의 세분화적 경향(형식면)

이제 우선 신형법에 있어서의 법의 세분화 현상을 엿보기로 한다. 나는 위에서 사회가 진보함에 따라서 방면을 달리하여 윤리관념의 발달에 따라서 법은 세분화한다고 하였던 것이다. 즉 윤리관념의 발달은 그와 정비례되는 인간의 이지성理智性을 그 기초로 하는 것이다. 그런데 이지성은 사물에 대한 정확한 인식을 할 수 있음과 동시에 나아가서 사물에 대한 분별성分別性을 가진다. 그렇기 때문에 이러한[如斯한] 이지성은 기존사물에 대한 인식을 점차 확고히 할 수가 있을 뿐만 아니라 새로운 사물을 발견할 줄을 아는 것이다.

이러한 이지성의 본질은 사물의 변이성變移性과 더불어 종래 일반적으로 승인된 사회규범으로 하여금 법규범으로 변이시키며, 이러한 경향은 다시 법문法文의 추상성에 있어서도 점차로 상세화詳細化함과 동시에 종래의 공인된 이론으로 하여금 법으로서 명문화시킨다. 역사상으로 볼 때 법전法典이 점차 광대하여지며 그 규정사항이 점차 분류화되어 간다는 사실은 이러한 이지성의 발달경향으로서 이해하여야 할 것이다. 신형법에 있어서 많은 주석적註釋的 규정을 하였으며 또 많은 새로운 규정을 두었다는 것은 이러한 이지성적 경향으로 인한 단적인 표현이라 할 것이다.

(1) 그러면 먼저 신형법에 있어서의 주석적註釋的 규정을 엿보기로 한다. 신형법의 가장 전형적인 주석규정으로서 우리는 형법 제91조에 규정한 국헌문란國憲紊亂의 정의定義를 들지 않을 수 없는 바이다. 이에 의하면 국헌國憲을 문란紊亂하게 할 목적이라는 것은 ① 헌법 또는 법률이 정한 절차에 의하지 아니하고 헌법 또는 법률의 기능을 소멸시키는 것, ② 헌법에 의하여 설치된 국기기관을 강압에 의하여 전복顚覆 또는 그 권능행사를 불가능하게 하는 것이라고 하였다.

물론 이것은 원래 국헌문란이라는 개념이 너무나 그 범위가 광범하기 때문에 이것을 어느 정도로 그 범위를 획정劃定시키려는 것이 동同 주석註釋의 목적일 것이다. 그러나 법문

자체가 원래 추상성을 띠지 않을 수 없는 한 아무리 주석적 규정을 하였다고 할지라도 그 개념을 의문 없을 정도로 명확히 할 수는 없을 뿐만 아니라 사회적 신新사태는 종래의 주석을 다시 불명확하게 만들어주는 것이다. 그런 의미에서 주석적 규정 자체가 역시 주석규정을 요청한다. 여하튼 법문의 용어는 될 수 있는 한도까지 의미를 명확히 할 것이요, 이러한 노력으로서의 주석적 규정에 대하여 우리들은 해석의 타당성으로써 임하여야 할 뿐이다.

또 광의의 주석적 규정이라고 할 수 있는 것으로서 우리는 법개념을 상세히 한 많은 규정을 발견할 수가 있을 것이다. 즉 종래 법용어의 개념이 불명확하였기 때문에 학설이 구구하였음에 비추어 신형법에 있어서는 이것을 법문상으로서 해결한 것이다. 형법 입법자가 용어로 하여금 법으로서의 명확성을 기하였다는 취지가 그 일단에 역연歷然히 나타났던 것이다. 예를 든다면 형법 14조에서 '과실過失'을 말하여 정상正常의 주의注意를 태만怠慢함으로 인하여 죄의 성립요소인 사실을 인식하지 못한 행위라고 하였고, 또 25조에서 '미수未遂'를 말하여 범죄의 실행에 착수하여 행위를 종료하지 못하였거나 결과가 발생하지 아니한 때라고 하였으며 동同 26조에서 '중지범中止犯'을 말하여 범인의 자의自意로 실행에 착수한 행위를 중지하거나 그 행위로 인한 결과의 발생을 방지한 때라고 한 것, 기타 52조에서 자수自首 또는 자복自服을 규정하는 등 법률용어의 명확화를 노력하였고,

(2) 다음 종래 일반적으로 승인된 이론을 명문화한 것으로서 우리는 총칙 중 많은 규정을 발견할 수가 있는 것이다. 그

중 가장 대표적인 것으로서 12조에 '강요된 행위' 즉 저항할 수 없는 폭력이나 자기 또는 친족의 생명, 신체에 대한 위해를 방어할 방법이 없는 협박에 의하여 강요된 행위는 벌하지 아니한다는 소위 기대가능성期待可能性에 관한 규정을 비롯하여 인과관계(17조), 부작위범(18조), 독립행위의 경합(19조), 자구행위(23조), 피해자의 승낙(24조), 불능범(27조), 간접정범(34조) 등을 들 수 있다.

(3) 다음 종래의 하나의 죄를 분류하여 여러 죄로 규정한 것으로서 우리는 여러 규정을 엿볼 수가 있는 것이다. 상해죄에 있어서 단순상해죄(257조)와 중상해죄(258조)로 분류하고, 체포감금죄에 있어서도 보통체포감금죄(276조), 중체포감금죄(277조), 특수체포감금죄(278조)로 분류하였으며, 명예에 관한 죄에 있어서 보통명예훼손죄(307조), 사자死者의 명예훼손죄(308조), 출판물 등에 의한 명예훼손죄(309조) 등으로 분류하고, 주거침입죄에 있어서 보통주거침입죄(319조), 특수주거침입죄(320조), 주거수색죄(321조) 등으로 분류하였으며, 절도죄에 있어서 보통절도죄(329조) 외에 야간주거침입절도죄(330조), 특수절도죄(331조) 등으로 분류하고, 강도죄에 있어서 종전 외에 해상강도죄(340조) 등으로 분류하였던 것이다.

그런데 그러한 분류는 하지 않았다고 할지라도 종전의 규정만으로써 훌륭히 이를 처리할 수가 있는 것이다(절도죄에 있어서는 법률상 다소 다른 점이 있다). 다시 말하면 이는 종전의 법정형法定刑만을 조절하여 준다면 법관의 구체적인 사건처리에 있어서 의례히 법이 각 경우에 입각하여 정한 본本 분류규정과 동同 정도의 양형量刑을 하게 될 것이다. 그런데도 불구하고 이러한[如斯한] 분류규정을 하였다는 것은 어떠한 이유에 연유된 것일까?

원래 포괄적인 규정이라든가 기타 재량의 범위를 넓힌다는 것은 법운용자인 법관을 신임하는 소이所以라는 점에서 고찰할 때 필자는 이러한[如斯한] 분류경향에 대하여 법관불신적인 면으로서의 일종의 의아疑訝를 가진 바 있었던 것이다. 그러나 이것도 신형법이 또 다른 면에서 형의 집행유예의 조건을 완화하는 등 법관의 재량의 범위를 넓혔다는 사실 등을 참조로 할 때 이는 역시 위에 설시說示한 바 법세분화法細分化에 수반하는 법률관계의 명확화 과정으로서 이해할 것이다. 그리하여 이지성의 발달은 형사면에 있어서 자유양형주의라는 철칙을 견지하면서도 점차 법정주의적法定主義的 경향으로 발전하는 추세를 초래하고 있는 것이다.

(4) 다음 사회적 신新사태에 순응키 위한 신규정으로서 우리는 여러 조문을 발견할 수가 있는 것이다. 즉 유기죄에 있어서 영아유기죄(272조), 학대죄(273조), 아동혹사죄(274조)를 신설하였고, 풍속을 해하는 죄[1]에 있어서 미성년자에 대한 간음죄(302조), 업무상 위력 등에 의한 간음죄(303조)와 혼인빙자 등에 의한 간음죄(304조) 등을 신설하였고, 강도죄에 있어서 약취강도죄(336조)를 신설하였으며, 사기죄에 있어서 부당이득죄(349조)를 신설하였다는 사실 등은 해방 후 급격히 도입한 자유사상의 여파라든가 또는 경제적 혼란으로 인한 모든 사태를

[1] 1953년의 형법전과 관련하여 보다 정확하게 말하자면 '풍속을 해하는 죄'가 아니라 '정조(貞操)에 관한 죄'로 표현되어야 할 것이다. 2008년 현재는 '강간과 추행의 죄'로 장명(章名)이 기재되어 있다.

여실히 반영한 것으로서 후기後記의 윤리적인 면으로부터의 검토와 아울러 우리들에게 가장 흥미와 감명을 주는 바이다.

요컨대 이상에서 우리는 법의 세분화는 어떠한 이론적 근거에 원인되는 것일까, 신형법에 있어서의 법세분화는 어떠한 형태로 전개되었는가를 개괄적이나마 일응 고찰하여 보았던 것이다. 그러면 다음에서 신형법의 신규정新規定 사항의 적부適否 문제라든가 또는 형의 타당妥當 문제 등을 토대로 신형법이 포지抱持하고 있는 현대윤리관을 검토하기로 한다.

2. 신형법에 나타난 현대윤리관(실질면)

(1) 위에서도 설명한 바와 마찬가지로 민주주의라는 것은 개인이 토대가 되어 있으므로 개인의 자유를 무한히 허여許與하여야 할 것이다. 그렇다면 국가의 형벌권도 공공질서를 유지함에 있어서 최소한도에 그쳐야 할 것이다. 그렇기 때문에 민주주의 국가에 있어서의 형벌은 관대하지 않을 수 없다는 것이다. 그런데도 불구하고 해방 후 건국 초창기라는 사실과 더불어 남북통일이라는 지상과제를 등에 진 우리 국민에게는 국가관념 및[及] 민족이념의 앙양이 절실히 요청되었다는 사실에 더하매 6·25 사변으로 인한 현하現下 치열한 전쟁수행 과정에 있는 우리나라의 현실은 민족통일이라는 지상과제 아래에서 국민 개인 개인에게 그 전 능력을 국가·민족에 공헌할 것을 절규하지 않을 수 없는 것이다.

물론 민주주의에 있어서도 개인이라는 것이 국가를 떠난 존재가 아닌 이상 국가라는 것이 경시輕視되는 것이 아님도 물론이다. 도리어 자유획득의 기쁨에 도취하던 시기가 지나가고 자유에의 반성기에 들어선 오늘날에도 진실한 자유란, 아니 실질적인 자유라는 것은 보다 더 나은 평등이 전제가 되어야 한다는 것을 자각함에 이르렀던 것이다. 그러므로 개개인은 진실한 자유를 얻기 위하여서는 보다 더 국가에 협력하여야 할 것을 자각하였던 것이며, 그러므로 민주주의에 있어서의 개인의 국가에의 협력의무도 더욱더 고조高調되어 가는 것이다. 이러한 민주주의 본래의 국가협력의무의 고조경향에 더하매 아국我國의 전시前示 특수사정은 스스로 그 고조高調의 도를 증대시키고 있다.

과연 신형법은 국민에게 초고도의 협력의무를 부과시켰던 것이다. 신형법이 국기國旗에 관한 죄를 신설하여 국기國旗 및[及] 국장國旗의 모독冒瀆이나 비기誹議[1]를 처벌케 한 것은 국가관념을 앙양하기 위한 것으로서 주목할 만한 일이라 할 것이다. 또 내란죄의 형이 특히 중죄화重罪化되었으며, 더욱이 내란죄와 외환죄에 있어서 선동煽動·선전宣傳을 독립죄로 새로이 규정(90조, 101조)하였다는 사실이거나, 전시군수계약불이행죄戰時軍需契約不履行罪(103조)를 신설하였다는 사실 등은 국가협력의무 중의 가장 직접적이고 첨예화한 규정이라 하지 않을 수 없으며, 또 공무방해에 관한 죄의 장章 중에서 위계에 의한 공무집행방해죄(137조), 법정法廷 또는 국회의장國會議場 모욕죄(138조), 인권옹호직무방해죄(139조), 특수공무방해죄(144조), 기타(141조, 142조)를 신설하고, 또 공무원의 직무에 관한 죄의 법정형法定刑이 가중되었으며, 더욱 새로이 직무유기

[1] 나쁘게 말함.

죄(122조), 공무상비밀누설죄(127조), 선거방해죄(128조), 공무원의 지위이용에 의한 알선수뢰죄(132조) 등을 신설하였다는 사실은 국가공무에 대한 엄격성을 요구하는 것으로서 가장 주의할 바이다.

다음 이러한 협력의무에 준할 정도로 고조高調되어 있는 것은 사회에 대한 협력의무인 것이다. 이 협력의무도 개인이 사회를 떠나서 생활을 영위할 수가 없는 이상 사회에 대한 협력의무가 고조된다는 것은 전시前示 평등의 위주화爲主化 경향과 더불어 지극히 당연한 일이라 할 것이다. 음료수에 관한 죄, 아편에 관한 죄의 법정형法定刑[1]이 가중되었다는 사실이나, 전시前示한 바 범죄단체조직죄, 공무원자격의 사칭죄(118조), 일수溢水미수죄(182조), 일수溢水예비음모죄(183조), 교통방해예비음모죄(191조), 음료수에 관한 미수죄(196조), 동同예비음모죄(197조), 유가증권위조등미수죄(223조), 동 예비음모죄(224조) 등을 신설하였으며, 음료수에 관한 죄 및[及] 공용건조물등에 관한 일수죄溢水罪(178조)의 법정형을 가중하였다는 사실이나 또는 공용물公用物과 사용물私用物과를 구별하여 공용물에 대한 침해행위를 사용물에 대한 침해행위보다 그 법정형을 가중하였다는 사실(165조, 178조) 및[及] 신형법의 법정형이 국가·사회의 법익에 관한 죄에 있어서 일반적으로 가중되었다는 사실 등은 이러한[如斯한] 의미에서 이해하여야 할 것이다.

그렇다면 국가의 국민에 대한 위와 같은 고도高度한 협력의무의 부과는 전시前示한 바 국가의 국민에 대한 윤리관념

[1] 입법자가 형벌법규에 정해 놓은 형벌.

에 타당될 것인가? 그런데 나는 이러한 고려를 할 때마다 저 자동차나 전차운전수에 대한 업무상 주의의무의 고도화 현상을 상기想起한다. 실제에 있어서 우리가 해석하여 온 운전수에 대한 주의의무라는 것은 그 태반이 운전수 개개인에게는 너무나 고도의 의무를 요청하는 것 같이 여기어 왔던 것이다. 그러한 의미에서 자동차 사고라는 것은 덮어놓고 그 모두가 운전수의 업무상 과실에 기인하였다고 하여야 하지 않을까 하고 생각하는 바이며 그렇기 때문에 구체적인 사건에 있어서의 운전수에게 때에 따라 지나친 결과를 내지 않는가를 염려하는 점이 많다는 것이다. 그러나 교통상 불가결한 이기利器이며 그 과실로 인한 인명의 침해가 막대하다는 점에서 볼 때 그 주의의무는 초고도화 하지 않으면 안 될 것이며, 이로 인한 구체적인 어떤 개인에 대한 과혹過酷은 불가피하여야 할 것이다.

그렇다면 전시前示 의무의 부과는 민주주의의 완전구현에 있어서 윤리위반행위에 미치는바 영향이 막대함에 기인한다고 할 것일까? 물론 그러한 원인이 기본적인 것일 것이다. 그러나 소위 민주주의라 하면서도 국가·사회에 관한 죄에 있어서는 저 전제주의였던 종래의 구 일본형법에 소정所定된 법정형法定刑보다도 그 형벌이 가중되었다는 사실은 아무리 생각하여도 이해키 곤란한 바이다. 하기야 구 일본형법이 보다 더 인정仁政이었을는지는 모르지만. 여하튼 형법초안刑法草案이 시도한바 범죄단체의 단체원單體員인 이상 자기 이외 단체원의 범행에 대한 인식 유무를 불문하고 처벌하기로 하자는 소위 의제공범擬制共犯에 관한 규정(동 초안 30조 2

항)[1]의 사상적 배경에서 볼 때에는 아무 의문도 없을 것이기는 하나.[2]

그러나 아무리 객관적인 정세가 이것을 필요로 한다 할지라도 한계성을 넘는 윤리의 고조高調는 필경 문화국원리文化國原理를 파괴하는 소치所致가 아닐까? 필경 이러한 법정형의 가중 자체는 민주주의 윤리라기보다는 위에 말한바 우리나라 현 전시戰時에 있어서의 특유한 현상에 기인한 것이라고 보는 것이 타당할 것이며, 그러한 의미에 있어서 이는 하나의 전시특례법적戰時特例法的인 성격을 띠고 있다 할 것이다. 본법 초안草案에 있어서 민족적 분열에서 통일에의 추진방도를 취한 입법취지는 이해할 수가 있으나 기본법전에 이러한[如斯한] 전시적戰時的 성격을 띤 일반규정을 하였다는 것은 우리들에게 재고려의 여지를 남겨 둔 것이라 할 것이다. 여하튼 전시前示 규정 중 선동·선전의 독립적 죄 규정은 민주주의 원리와 역행되는 결과를 초래할 우려가 많을 것이요, 전시戰時군수계약불이행죄는 채권관계를 범죄관계에까지 고양시켰다는 점에서 윤리의 도약적跳躍的인 전개현상이 아닐까?

(2) 다음 개인의 자유를 존중한다는 것은 형법면에서 볼 때 현실적인 침해의 결과가 발생하지 아니하는 한 처벌대상이 되지 않는다는 것을 의미하는 것이다. 그렇기 때문에 자유

1 형법초안(1951년 정부원안) 제30조 ① 2인 이상 공동하여 죄를 범한 때에는 각자(各自)를 그 죄의 정범(正犯)으로 처벌한다.
② 범죄를 목적으로 한 단체의 조직자, 가입자 및 지도의 임무에 있는 자는 전항(前項)과 같다.
③ 전항(前項)을 적용할 죄는 각 본조(本條)에 정한다.

2 의제공범규정은 형법안에 대한 국회 심의과정에서 법사위수정안으로 삭제되었다.

를 사랑한다는 것은 형법면에서 볼 때 객관주의客觀主義가 보장되어야 한다는 것을 의미하여야 할 것이다. 그러나 한편 민주주의가 발달되어서 윤리관념이 고조高調되면 그 고조 정도에 정비례하여서 내심인 동기 자체가 행위의 가치판단에 있어서 중요한 지위를 차지하게 되는 것이다. 다시 말하면 행위 자체의 가치판단은 그 의사意思, 즉 동기에 관련하여서만이 할 수가 있음은 당연한 일이나, 윤리관념이 고조高調할 시는 그 가치판단으로 하여금 그 의사, 즉 동기 여하에 의존함이 특히 다대多大하다는 것이며, 그런 이상 국가·사회에 대한 악성惡性, 즉 위험성의 여하는 본래의 침해의 결과라는 유형적인 객관성으로부터 단순한 위험상태라는 무형적인 주관성에로 그 방향을 신장伸張치 않을 수 없을 것이다. 그리하여 관념상 자유는 객관성을 요구하고 윤리의 고조는 주관성적인 경향으로 흘러진다는 점에서 이는 모순되는 양면을 가진다.

그렇다면 민주주의에 있어서의 형법면은 객관주의客觀主義가 타당하느냐 주관주의主觀主義가 타당하느냐의 문제가 우리들에게 내려지지 않을 수 없는 바이다. 그러나 이에 있어서도 민주주의의 반성기에 있어서 자유로부터 평등에의 중점重點의 변천이 초래되었다는 사실을 상기하여야 할 것이다. 그렇다면 진실한 자유를 얻기 위하여서는 국가·사회라는 전면적인 면에 있어서의 협력의무가 절실히 요청되어야 하지 않을까? 다시 근본적으로 고찰하면 민주주의라는 것은 위에 말한 바와 같이 윤리관념이 고조高調되어지지 않는 한 도저히 실현될 수가 없는 바이며, 한편 윤리관념의 고조는 이지성의 발달을 운위한다는 점에서 볼 때 민주주의에 있어서의 악성惡性

즉 반윤리反倫理의 개념이라는 것은 그 윤리관, 다시 말하면 이지理智의 발달경향에 정비례하여 점차 미세화微細化하여진다는 것이다. 그리하여 반윤리개념은 점차 그 심도深度를 거듭한다. 위에 말한바 이지성이라는 것이 사물에 관한 인식과 분별성을 가지고 있다는 것은 바로 이러한 결과면을 의미한다고 할 것이다.

그렇다면 형법이라는 것이 반윤리에 대한 제재制裁인 이상 따라서 형법에 있어서 규율대상의 범위라는 것도 윤리의 고조경향高調傾向과 더불어 증가되지 않을 수 없는 바이므로 침해결과의 발생 여부를 구별할 필요도 없이 일정한 위험성이 있는 한 이는 윤리위반으로서 단정됨에 주저되어서는 안 될 것이다. 이러한[如斯한] 경향은 스스로 형법에 있어서의 주관주의적 경향으로 인도하는 것이 아닐까?

과연 신형법은 주관주의적인 색채를 다분히 도입하였던 것이다.

① 미수죄의 신설이 굉장히 많아졌다는 사실(즉 일수溢水미수 182조, 음료수사용방해등미수 196조, 유가증권위조등미수 223조, 상해미수 257조 3항, 체포감금미수 280조, 협박미수 286조, 횡령미수 359조, 손괴미수 371조)이거나,

② 또는 예비·음모를 새로이 범죄시하였다는 사실(즉 일수예비음모 183조, 기차기선등교통방해예비음모 191조, 음료수사용방해예비음모 197조, 외국화폐위조등예비음모 213조, 유가증권위조등예비음모 224조, 국외이송약취등예비음모 290조, 강도음모 224조) 또는 예비·음모를 현저히 중벌화시켰다는 사실(방화예비음모 175조, 살인예비음모 255조)이거나,

③ 혹은 상습범을 엄청나게 새로이 규정하였다는 사실(즉 아편등의 위조등상습 203조, 상해·폭행등상습 264조, 체포감금상습 279조, 협박상습 285조, 영리목적의 약취유인매매등상습 288조, 약취유인매매된 자의 수수收受 또는 은닉의 상습 293조, 사기등상습 351조, 장물수수등상습 363조)이거나 또는 상습범을 종전보다 엄벌하였다는 사실(즉 상습도박 246조 2항, 상습절도 332조, 상습강도 341조),

④ 또는 형의 선고유예제도(59조 내지 61조)를 신설하였다는 사실,

⑤ 형의 종류에 자격상실·자격정지형 등을 새로이 규정하였다는 사실(41조),

⑥ 형의 집행유예의 요건을 광범위로 하였다는 사실(62조) 등은 이러한 주관주의적인 경향을 표현하는 것으로서 주목할 점이다.

(3) 이러한 주관주의적인 경향과 관련하여 흥미를 던지는 것은 도의道義에 관한 문제이다. 도의라는 것은 물론 윤리적 관념이기 때문에 도의 즉 윤리에 귀착될 것이나 여기에서는 용어의 신선미상新鮮味上 일응 도의道義라는 용어로써 전망하기로 한다. 문화인은 어디까지나 도의를 존중한다. 그런데 그것은 국가·사회로부터든가 또는 다른 개인으로부터라도 도의에 반하는 강제를 당하지 않는다는 것을 의미함과 동시에 또한 국가든지 개인이든지 간에 타他에 대하여 도의에 반하는 행위를 강제할 수가 없다는 이중의 표리관계를 표명하는 것이며, 이러한 도의의 앙양은 민주주의의 발달과 정비례하여 전시前示 주관주의적 경향과 아울러 점차 미세화한다는 것이다.

신형법이 제12조[1]에서 적법행위의 기대가능성에 관한 규

정을 하였다는 사실은 아무리 외형상 범죄행위가 있다고 할지라도 그것이 도의상 논란할 수가 없을 때에는 범죄행위가 되지 않는다는 면에서 획기적인 규정이라 할 것이다. 즉 우리는 일반인에게 적법행위를 할 것을 기대할 수가 있음에도 불구하고 위법행위를 감행하였을 때에 비로소 그 행위자에게 이를 문책問責할 것이며, 그러한 적법한 행위를 기대할 수가 없는 경우에 동同 행위를 하였다고 하여 이를 비난할 수는 없다는 것이다. 그런 의미에 있어서 법이라 할지라도 개인에게 불능不能·부당不當을 요구할 수는 없는 일이다. 현대 국가에 있어서의 개인에 대한 강제한계는 실로 이 일선一線에서 저지되어야 할 것이다.

그러나 신형법의 이 규정은 폭력이나 협박에 의한 강요행위로 인한 것에 한정되었다는 점에서 어디까지나 기대가능성에 있어서의 일부면一部面을 표명함에 불과한 것이요, 외부면으로 기인하지 않는 인정人情 등과 같은 심리적 면으로 인한 기대가능성의 문제는 아직 동同 조문에서 해결되지 않은 채 종래의 학설에 남겨두어져 있는 것이다. 그러한 점에 있어서 본 규정은 아직 기대가능성에 관한 전면적인 규정으로 볼 수는 없을 것이다. 여하튼 그 일부면一部面일지라도 명문화되었다는 것은 획기적이 아닐 수 없다.

다음 이와 반대로 도의를 지키지 않으면 안 된다는 면에서 가장 미세화微細化한 신형법의 새로운 규정을 엿보기로 한다.

1 형법 제12조 (강요된 행위) 저항할 수 없는 폭력이나 자기 또는 친족의 생명, 신체에 대한 위해(危害)를 방어할 방법이 없는 협박에 의하여 강요된 행위는 벌하지 아니한다.

본 고찰은 위에 말한바 윤리의 임의성으로부터 강제성에로의 전화경향轉化傾向이라든가, 말을 바꾸어 하면 사회규범의 법규범화 경향과 더불어 생각할 때 가장 흥미 있는 추이과정推移過程이라 할 것이다. 나아가서 이는 민사民事의 형사화刑事化 과정으로서 사법이념私法理念의 공법이념화적公法理念化的 경향을 시현示現한다고도 볼 수가 있는 것이다.

그 표현의 하나로서 우리는 신형법이 신설한 '권리행사를 방해하는 죄'라는 장목章目을 볼 수 있을 것이다. 아무리 자기 물건이라고 할지라도 일단 타인의 수중에 들어 있다든가 또는 권리의 목적이 되어 있을 때에는 타인의 권리행사를 방해하여서는 안 된다든가 또는 아무리 자기 재산일지라도 강제집행을 면할 목적으로 그 재산을 은닉하는 등 그 채권자를 해하여서는 안 된다는 것은 채권관계에 있어서의 가장 첨예화한 신의성실성信義誠實性의 요청이다. 이제 신형법은 이러한 채권관계의 최전선最前線에까지 진출하여 형벌이라는 무기를 배경으로 신의성실信義誠實의 대원칙을 강제한다. 그리하여 형법 자체는 민사소송법이나 강제집행법을 뒤로 돌린 채 민법의 제1차적인 후견이 되려 한다.

그런데 본죄는 이와 정반대적인 목적에서 신설된 자구행위自救行爲(23조)와 미묘한 대립을 이루고 있는 것이다. 자기의 권리는 자기 스스로도 구제할 수가 있어야 할 것이라는 것과 아무리 자기의 물건이라 할지라도 타인의 권리를 방해하여서는 안 된다는 것과는 일견 표면적인 모순이 아닐 수 없을 것이다. 그런데 이러한 모순점을 조절하여 그 한계를 획정劃定함에 있어서도 역시 채권법이 지배하는 신의성실의 원칙이 이에 발동되지 않을 수 없을 것이며, 그러한 의미에서 신의성실의 원칙은 민법의 총아寵兒일 뿐만 아니라 형법에 있어서의 새로운 총아적인 지위로 등장케 되었다.

(4) 다음 도의면道義面으로부터 신설된 특이한 규정으로서 우리는 그 몇 가지를 들 수가 있을 것이다. 위에서 다른 각도에서 일별한 바 있는, 즉 미성년자에 대한 간음죄(302조), 업무상 위력에 의한 간음죄(303조), 혼인빙자등에 의한 간음죄(304조) 또는 타인의 궁박을 이용한 부당이득죄(349조) 등은 도의를 고조高調하는 면에서 주목할 만한 규정이라 할 것이며, 다음 도의 중 특히 인정人情에 넘치는 규정으로서 우리는 자기의 보호 또는 감독을 받는 16세 미만의 자를 생명 또는 신체에 위험한 업무에 사용할 영업자營業者 또는 종업자從業者에게 인도引渡한 자나 또는 그 인도를 받은 자를 처벌한다든가(아동혹사죄), 자기의 보호 또는 감독을 받는 사람을 학대한 자를 처벌하는(학대죄) 신규정을 들지 않을 수 없는 바이다.

이에 관련하여 이러한[如斯한] 일반적인 도의와 가족적 도의와의 관계이다. 종래 범인장닉犯人藏匿·증거인멸죄에 있어서 그 친족이 본인을 위하여 죄를 범한 때에는 벌하지 아니한다 하여 그 범위를 친족만에 한정하였던 것이다(구형법 105조). 그러나 신형법은 친족 외에 호주戶主 또는 동거의 가족까지 첨가시켰다(151조 2항, 155조 4항)는 점에서 현대윤리가 국민의 국가에 대한 공민적公民的 도의를 강조하는 중에 있어서도 결코 인정적人情的인, 가족적인 도의를 잊지 않았다는 것을 알 수 있다.

(5) 요컨대 신형법은 가장 발달된 윤리관의 토대 위에 서

있는 것이다. 다시 말하면 신형법은 국민의 한 사람 한 사람이 모두 고도의 윤리인이라는 전제 위에서 이에 대한 규율을 하였던 것이다. 그런데 다만 한 가지 이러한 전제로부터의 역행현상으로서 우리는 간통죄姦通罪라는 것을 들어야 하지 않을까를 의문시하는 바이다. 물론 윤리가 발달되었다 하여 간통행위를 허용하여야 한다는 것은 아니다. 간통행위는 어디까지나 좋지 못한 행위로서 비난을 면치 못할 것이다. 그러므로 부부는 각각 부부 간의 윤리를 엄수하여야 할 것이다.

그러나 이때까지의 부부 간의 애정을 간통이라는 사실로 인하여 영어세계囹圄世界에까지 던져버려야 할 것인가가 신중히 검토되어야 할 것이다. 간통한 상대방과 도저히 동거를 계속할 수가 없을 때에는 민사상의 제재를 가하면 족할 것이며, 이에 이를 고소하여 영어인囹圄人으로 만들어 던진다는 것은 그 고소 자체가 종래의 부부 간의 애정에 비추어 과연 윤리적이라고 할 수 있을까가 의문시된다는 것이다. 작일昨日의 부부간의 애정이 금일今日에 있어서의 불구대천不俱戴天의 적敵으로 화하여도 역시 윤리적이라고 할 수가 있을까. 이러한[如斯한] 관점에 설 때 간통죄 자체는 이지성理智性이 발달되지 못한 소박적素朴的인 감정성感情性의 소치가 아닐까. 그렇다면 간통죄를 규정하게 된 윤리적인 지반은 그 나머지[餘] 신형법규정의 윤리적 지반과는 많은 차이가 있다고 보아야 하지 않을까.

우리는 여기에서 그러면 왜 동일한 법전에서 간통죄에 한하여 윤리적 지반을 달리한 규정을 하였는가를 구명究明하여야 할 것이다. 기본법 중에서도 국민에게 제일 중대한 이해관계를 가진 형법인지라 가장 이상적이고 문화적인 것을 만들어 보자는 것이 입법가立法家 제위諸位는 고사하고 전 국민의 소원이었던 것이다. 그렇기 때문에 우리의 현실적인 문화 정도를 고려에 넣지 않고 본래의 이상적理想的인 문화를 기준으로 모든 조문을 만들었던 것이다.

그러나 인간은 그 기호성嗜好性이 가장 첨예화되는 부분에 직면할 때 특히 중대한 관심을 가지지 않을 수 없는 것이며, 이러한 관심은 자연 현실적이 아닐 수 없는 것이다. 과연 간통죄 조문에 이르러서는 지금까지 쳐다보고만 하던 이상적인 문화개념을 염두에 둘 사이도 없이 자기 또는 근린近隣에 있어서의 현실을 내려다보았던 것이다. 그리하여 간통죄 자체는 신형법의 윤리적 지반으로부터는 멀리 떨어지고 말았던 것이다. 그런데 신형법의 간통죄를 강간 등 정조貞操에 관한 죄와 구별하여 풍속風俗을 해하는 죄 중에 규정하였다는 사실은 간통죄의 본질을 풍속을 해하는 죄로 본 까닭이라고 이해할 것이다. 이러한 견지에서 볼 때에는 간통을 범죄시한다는 것도 이유 있는 일이라 할 것이다.

그런데 간통을 이렇게 풍속을 해하는 죄라고 보아 이를 범죄시하는 이상 동죄同罪의 처벌을 어떠한 개인의 의사에 견련牽聯시킬 수는 없는 것이다. 왜 그런가 하면 범죄의 처벌을 어떠한 개인의 의사에 견련시킨다는 것은 명백히 그 범죄행위가 개인의 권리를 침해하는 경우에 한정되는 문제이기 때문이다. 그런데도 불구하고 형법은 간통죄로 하여금 친고죄親告罪로 하여 그 배우자의 고소가 있어야 이를 논하게 하였은즉 이는 간통죄의 본질로 하여금 혼인이나 가정질서를 해하는 죄(물론 필자의 전시前示 비판은 이 견지에 입각한 것임)라고도 하지 않을 수 없는 안타까운 입장에서 추출한 자기모순이 아닐 수 없는 바이다.

다음 현실적인 윤리를 기반으로 하였다고 할 간통죄규정에 대비하여 현실에서 소급된 봉건적인 윤리에의 역행현상으로서 우리는 존속친尊屬親에 대한 범죄규정을 문제시하지 않을 수 없는 바이다. 원래 윤리, 즉 도의가 발달되면 사람을 대함에 있어서 자기라는 것을 특히 구별하여 차별을 두지는 않을 것이다. 자기 아버지를 존중하듯이 남의 아버지에 대하여서도 마찬가지의 존중을 하여야 할 것이다. 그렇다면 자기 아버지라 하여 남의 아버지보다도 특히 소중히 여겨야 된다든가 또는 남의 아버지라고 하여 자기 아버지보다도 소홀히 여겨도 좋다는 이치는 그다지 찬성할 수는 없는 일이다.

그러나 위급危急은 본능本能을 발휘시킨다는 말과 같이 인간이라는 것은 자기의 본성을 전연 감추어 버릴 수는 없는 것이 상례常例인 모양이다. 과연 신형법은 일반의 예와 달리하여 특히 존속친尊屬親에 대한 범죄를 많이 신설하여 이를 일반보다도 엄벌하였을 뿐만 아니라 종래의 존속친에 대한 죄에 있어서도 그 형을 가중함으로써 이때까지 간직하여 왔던 봉건적인 본성을 자기 모르게도 노정露呈시키고 말았던 것이다. 즉 자기 아버지에 대하여 폭행을 하면 5년 이하의 징역에 처하나 남의 아버지에 대하여 폭행을 하면 2년 이하의 징역에 처한다고 하는 것은 대단한 차별이 아닐 수 없는 것이다. 물론 자기의 존속친에 대한 감정이 남의 존속친에 대한 감정과 동일할 수는 없을 것이다. 그러나 그렇다 하여 신형법과 같이 이러한 죄를 그렇게 많이 신설하거나 또는 엄청나게 중벌重罰할 필요까지 있을 것인가가 간통죄에 대한 전시前示 비평 취지에 비추어 재검토되어야 할 것이다. 본법 입법자가 우리 민족 고유의 미풍양속의 유지·향상에 유의한 점을 이해할 수는 있으나 이러한 유의의 지나침은 도리어 봉건적인 윤리에의 역행을 하는 것이 아닐까.

결 언

나는 이상으로써 그 검토를 미진未盡한 채 본고를 끝마치려 한다. 요컨대 형법은 가장 윤리적인 법인 만큼 동법同法이 포지抱持하고 있는 윤리관이야 말로 현대윤리관의 대표적인 것이 아닐 수 없다. 이제 우리들은 민주주의라는 세계관을 달성키 위하여 우선 윤리관념을 앙양치 않을 수 없을 것이며, 이로써 이 뒤떨어진 우리 현실적인 윤리관으로 하여금 현대윤리관이라는 우리들의 목표봉目標峰에 도달시켜야 할 것이다. 이 윤리와 법의 진화경향을 고찰하면서 신형법을 검토하게 된 동기도 실로 이러한 노력에의 하나의 도움이 되려 함에 있는 것이다. (끝)

(필자·서울고등법원 판사)

신형법의 '불능범'의 개념[1]

- 준불능범의 개념을 중심으로 -

신형법新刑法[2]은 새로운 규정이 많기 때문에 해석상 여러 가지 의문이 많다. 그 의문의 하나하나는 조만간 해결되어야 할 문제이므로 이에 의문의 하나에 대하여 문제를 제기하는 바이다. 여기에서는 신형법에 있어 가장 논의되어야 할 불능범不能犯에 관하여 필자의 견해를 다소 기록하여 보려는 것이다. 물론 불능범에 관하여 필자 자신이 별로 연구를 한 바는 아니다. 고시학회考試學會[3]로부터의 수차에 긍亘한[4] 요청도 있었고 하여 이에 미숙하나마 붓을 들게 되었다는 것을 우선 양해받아야 하겠다.

불능범不能犯은 범죄가 아니다. 따라서 불능범은 형벌을 과할 수가 없는 것이다. 그런데도 불구하고 신형법은 제27조에 불능범不能犯이라는 조목條目[5] 아래 "실행의 수단 또는 대상

1 『고시(考試)』 제3권 제4호, (1954. 11.), 12~16면.
2 1953년 9월 18일 공포되어 같은 해 10월 3일부터 시행된 대한민국의 형법. 그 전까지는 일본 형법이 의용(依用)되었음.
3 월간 수험지 『고시(考試)』를 발간한 출판사.
4 긍(亘)하다 : 걸치다.
5 조문의 제목.

의 착오로 인하여 결과의 발생이 불가능하더라도 위험성이 있는 때에는 처벌한다. 단 형을 감경 또는 면제할 수 있다." 고 규정하여서 표면상 불능범도 범죄로 만들어버렸다는 점 및[及] 불능범은 형을 감경 또는 면제할 수 있다고 규정하였음에 반하여 이와 밀접한 관계에 있는 미수범未遂犯에 관하여서는 그 형을 감경할 수가 있다(25조 2항)[1]고 하여서 불능범과 미수범과는 그 개념도 다르지만 처벌도 달리하기로 하였다는 점, 과연 제27조에 규정한 바를 불능범이라고 보지 아니하면 안 된다고 할진대 실행의 수단 또는 대상의 착오로 인하여 결과의 발생이 불가능하며 또 이 위험성危險性도 없을 때에는 무엇이라고 보아야 할 것인가, 이상 3점이 신형법에 규정한바 불능범을 논함에 있어서 문제의 초점이 되지 아니할 수가 없는 것이다.

본 문제를 해결하기 위하여서는 형법 27조가 규정한 범죄개념이 무엇인가를 해명하여야 할 것이다. 불능범不能犯이나 미수범未遂犯은 양자 모두 범죄의 실행에 착수하였으나 실현되지 못하였다는 점에 있어서는 동일하나 그 범죄행위의 양과 질에 있어서 상이相異하다. 즉 범죄행위의 양과 질에 따라서 미수범도 되고 혹은 불능범도 된다. 그러므로 불능범이라는 개념은 미수범과 관련하여 논의되어야 할 문제이다. 종래 불능범으로 하여금 광의의 미수범의 일종이라는 견지에서 불능범은 불가벌적 미수라고 보아서 가벌성可罰性의 유무에 의

1 형법 제25조 (미수범) ① 범죄의 실행에 착수하여 행위를 종료하지 못하였거나 결과가 발생하지 아니한 때에는 미수범으로 처벌한다.
② 미수범의 형은 기수범보다 감경할 수 있다.

하여 미수범과 불능범을 구별하려는 학설도 있었다. 그러나 미수가 미수범으로서 가벌可罰인 것이냐는 형법 제29조[1]에 의하여 각본조各本條[2]에 있어서 미수범을 처벌한다고 규정한 경우만에 한하는 것이므로 미수라 하여 모든 것이 가벌적인 것은 아니다. 즉 미수 중에는 불가벌적인 것도 많다는 것이다. 그런 의미에 있어서 불능범으로 하여금 불가벌적인 미수라고 할 수는 없는 것이다. 요컨대 불가벌적인 미수와 불능범이 동일할 수는 없다. 그러므로 미수 자체는 가벌적인 것과 불가벌적인 것으로 나눌 수가 있으나 불능범은 언제나 불가벌적인 것이다. 그런 만큼 미수범과 불능범과의 구별은 가벌성의 유무[3]에 의하여 결정할 것이 아니라 그 자체의 성질면에서 구별되어야 할 문제인 것이다.

그러면 먼저 미수범未遂犯은 무엇인가를 검토하기로 한다. 형법 제25조는 미수범을 규정하여 "범죄의 실행에 착수하여 행위를 종료하지 못하였거나 결과가 발생하지 아니한 때 운운"이라고 하였다. 그런데 이에 행위를 종료하지 못하였다던가 또는 결과가 발생하지 아니한 때라 함은 보통 전자는 형식범形式犯에 있어서 후자는 실질범實質犯에 있어서의 미수상태를 의미할 것인바 결국 이는 범죄를 완성함에 이르지 못한 경우를 지칭하는 것이라 할 것이다. 그런데 범죄를 완성함에 이르지 못한 경우라 함은 범죄구성요건의 내용을 실현치 못

1 형법 제29조 (미수범의 처벌) 미수범을 처벌할 죄는 각본조(各本條)에 정한다.

2 개별범죄를 규정해 놓은 각각의 조문.

3 원문에는 '유능(有能)'으로 되어 있으나 '유무(有無)'의 오식으로 생각됨.

한 경우인바 이는 범죄구성요건의 내용을 완전히 실현할 가능성 즉 위험성危險性이 있음을 전제로 하는 것이다. 다시 말하면 미수未遂라 함은 범죄구성요건의 내용을 완전히 실현할 가능성 즉 위험성이 있음에도 불구하고 이것을 실현하지 못하는 경우를 말한다. 그러므로 어떠한 범죄행위가 범죄구성요건을 완전히 실현할 가능성 즉 위험성이 없을 때에는 도대체가 미수라는 문제가 생길[生起할] 수가 없다는 것이다. 이것이 현재의 통설이다. 이러한[如斯한] 견지에 설 때 미수범과 불능범과는 범죄행위 그 자체의 성질상 범죄구성요건의 내용을 실현할 가능성 즉 위험성의 유무에 의하여 구별되어야 할 것이다. 따라서 양자의 구별은 위[右] 위험성의 개념을 어떻게[如何히] 결정할 것인가에 의하여 해결될 것이며 그 결정점決定點은 실정법상의 문제로서 논의되어야 할 것이다. 과연 어떠한 행위가 범죄구성요건의 내용을 실현할 가능성 즉 위험성조차도 없을 때 우리들은 이러한[如斯한] 행위에 대하여 형벌제도상 이[此]를 가벌적 행위로서 논의의 문제화시킬 필요는 없을 것이다. 그러므로 불능범에 대한 논의는 어디까지나 불능범으로 하여금 형벌문제로부터 제외시키기 위한 그것에 불과할 것이다.

이상과 같은 견지에 설 때 불능범이라는 것은 전술한바 가능성 즉 위험성危險性이 없는 행위라야 함이 명백할 것이다. 그런데도 불구하고 형법 제27조는 전시前示한 바와 같이[如히] 불능범이라는 조목條目하에 "……위험성이 있는 때에는 처벌한다"고 하여서 조문의 형식상 '……위험성이 있는 때'를 불능범이라고 규정한 감이 있다. 그렇다면 과연 동同 조문은 어떠한[如何한][1] 취지일까가 전술前述한바 문제인 것이다.

그런데 동同 문제를 해명하기 위하여서는 동 조문을 자세히 검토하지 않으면 안 될 것이다. 그렇다면 동 조문에 있어서 '……결과발생의 불가능성'이라는 개념과 '위험성'이라는 개념과를 어떻게[如何히] 해석할 것인가 논의되어야 할 것이다. 물론 상기上記한바 불가능이라는 것과 위험성이라는 것은 학설상으로 볼 때 여러 가지의 의미로 볼 수가 있을 것이다. 즉 불가능不可能이라는 것을 불능범에 있어서의 사실적 불능설事實的 不能說에서 볼 때 절대적 불능絕對的 不能과 상대적 불능相對的 不能의 어느 면으로라도 이해할 수가 있을 것이요 또 위험危險이라는 것도 구체적具體的 또는 추상적抽象的으로도 볼 수가 있을 것이다. 이에 대하여서는 여러 가지 의문도 없을 것은 아니나 일반적으로 볼 때 조문 자체에 "결과의 발생이 불가능하더라도 위험성이 있는 때"라고 한 것은 결과발생이 불가능한 경우라도 위험성은 있을 수 있다는 것을 의미할 것이요 따라서 불가능의 개념보다도 위험성의 개념이 보다 더 광범위하다는 것을 의미할 것이다. 그렇다고 보면 동 조문에서는 '불가능'이라는 문구보다도 '위험성'이라는 문구가 표준이 되어야 할 것이다. 즉 위험성 유무가 문제이며 불가능 여부는 문제가 안 된다는 것이다. 그런데 결과발생의 위험성에 따라서 전술前述한바 범죄구성요건의 내용이 실현될[2] 위험성이 있다는 것은 어디까지나 미수범의 범죄유형에 속하는 것인즉 이에 더하매 범죄유형으로서는 종래 기수범, 미수

[1] 원문에는 '如斯한'으로 되어 있으나 '如何한'의 오식으로 생각됨.
[2] 원문에는 '實現할'로 되어 있으나 '實現될'의 오식으로 보임.

범 및[及] 불능범 이외에 새로운 범죄유형이 없다는 점 등을 고찰할 때 동 조문은 비록 불능범이라는 조목 아래 이[此]를 규정하였다고 할지라도 이는 불능범이 아니라 미수범의 유형에 속하는 범죄를 규정한 것이라고 해석할 것이다. 그렇다면 동同 제27조에 소정所定한바 미수범 유형은 형법 제25조에 규정한 미수범과는 어떻게[如何히] 구별되어야 할 것인가가 문제화되지 아니하면 안 될 것이다.

이에 있어서는 다시 형법 제27조의 재분석을 시도하여야 할 것이다. 상술上述한 바와 같이[如히] 불능범과 미수범과의 구별을 통설과 같이 범죄실현 위험성의 유무에 의하여 결정한다고 할진대 동 조문 중 '결과발생이 불가능하다'는 문구는 하등의 필요가 없을 것이다. 그런데도 불구하고 왜 이러한[如斯한] 문구文句를 이에 사용하였을까? 필자는 이에 대한 입법취지의 여하에 불구하고 객관적으로 나타난 타他 법문法文과의 관련하에서 볼 때 다음과 같이 해석하고자 한다. 즉 미수범은 범죄실현의 위험성이 있으면 족한 만큼 그 범위가 넓으므로 인하여 그 범위 내에 모든 것을 똑같은 형벌의 범주로써 규율하는 것은 적당하지 아니하다는 견지에서 우선 미수범을 그 위험성의 농도濃度에 의하여 두 가지의 범주로 나누되 그 분류의 농도는 결과발생의 불가능이라는 개념으로써 이를 구별할 것이라고 보려 한다. 다시 말하면 미수범에 있어서 결과발생이 가능한 것은 형법 제25조의 규율대상으로 하여서 그 형을 기수범보다 감경할 수가 있음에 불과하게 하였으나 결과발생이 불가능하더라도 위험성이 있는 것만은 동 제27조의 규율대상으로 하여서 그 형을 감경 또는 면제할 수 있게 하였다는 것이다. 동 제27조가 동 법문에서 특히 '결과발생의 불가능'이라는 개념을 사용한 것은 실로 이러한[如斯한] 면에서 이해하여야 할 것이다.

그렇다면 다음에 이러한[如斯한] 동 제27조 소정의 범죄개념을 무엇이라고 보아야 할 것인가? 전술한 바와 같이[如히] 동조 소정의 범죄개념은 광의의 미수범의 범주에 속하는 것이다. 그러나 불능범이라는 것은 그 자체가 객관적인 사유思惟 위에서 소생所生되는 것이며 또 실제에 있어서 이해하여온 종래의 타성惰性으로 볼 때에는 결과발생이 불가능한 경우에 그것만으로서 위험성의 유무는 고려할 여지도 없이 이것을 불능범적인 범죄유형으로 보려는 경향이 있었던 것이다. 이러한[如斯한] 면에서 볼 때 동 제27조 소정所定 범죄개념은 미수범의 개념보다도 불능범의 개념에 일보 전진한 것이라고 볼 수도 있을 것이다. 그러한 의미에 있어서 필자는 동 범죄로 하여금 준불능범準不能犯이라고 함이 가장 적당하지 아니할까[라]고 생각하는 바이며 나아가서 본질적이 아니기는 하나 동조同條로 말미암아 종래의 불능범, 미수범의 범죄개념 외에 준불능범이라는 새로운 범죄개념이 생겼다고 보고 싶다. 물론 이러한 고려는 범죄실현[1]의 위험성이 없는 경우만이 불능범이면 그렇기 때문에 동 제27조는 실질에 있어서 불능범을 규정한 것이 아니라 전술한 바와 [같이][2] 동조 규정의 반면해석反面解釋으로서 불능범 개념을 시사한데 불과하다는 전제 위에 서 있는 것이다.

1 원문에는 '犯罪實질'로 되어 있으나 '犯罪實現'의 오식으로 생각됨.
2 [ ] 부분은 편저자가 임의로 보충함.

다음 미수범과 상기上記한바 준불능범과의 구분점은 어디에 두느냐가 문제시되지 아니하면 안 될 것이다. 이것은 불가능不可能이라는 개념을 어떻게[如何히] 파악할 것인가에 있다. 그런데 가능[1], 불가능이라는 문제는 미묘한 문제이나 종래의 학설에 있어서의 절대적 불능絶對的 不能과 상대적 불능相對的 不能의 문제를 이에 원용援用함이 어떨는지? 즉 이에 불능이라는 것은 절대적 불능을 의미한다고 보아서 소위 상대적 불능相對的 不能인 경우는 형법 제25조의 미수범에 해당한다고 할 것이오 동 제27조는 사실상 절대적 불능絶對的 不能이나 위험성이 있는 경우를 지칭한다고 함이 타당하지 않을까? 그러므로 예컨대 사람을 살해할 의사로써 발포하였으나 우연히 방탄복을 착용하고 있었기 때문에 살해하지 못하였다든가 또는 상대방이 재실在室중으로 믿고 거실에 향하여 발사하였으나 우연히 부재不在하였기 때문에 살해하지 못한 경우 혹은 치사량에 부족한 독물毒物을 주었기 때문에 살해치 못한 경우는 미수이며 사자死者를 산 사람으로 믿고 발포하였다든가 또는 독물을 제공함에 있어 잘못하여 사탕을 주었다든가 한 경우에 그것이 위험성이 있다고 인정될 때에는 이에 준불능범準不能犯이라고 보자는 것이다. 이렇게 본다면 이에 위험성危險性이라는 것은 주관주의적 면으로 진전치 않을 수 없는 것이며 결국 미신범迷信犯과 같은 것만이 불능범이 되어야 할 것이다. 그러나 전술前述한바 신형법이 광범위한 미수범 중에서 불능범에 가까운 것을 보통 미수범과 구별하여서 그 형을 면제할 수도 있게 하여 써, 형벌의 일률성을 완화함에 노력하

[1] 원문에는 '不能'으로 되어 있으나 '可能'의 오식으로 생각됨.

였다는 점 및[及] 범인의 악성惡性은 그 자체만으로서도 능히 형벌권의 대상이 되어야 할 것이라는 주관주의 사상을 그 기조基調로 한 신형법하에서는 이상 필자의 견해가 타당하지 아니할까? 물론 불능不能이라는 문제와 위험성危險性이라는 문제는 간단한 문제도 아닌 만큼 그 점에 깊이 들어가기 전에 본 문제를 해명할 도리는 없을 것이다. 다만 본고本稿의 목적은 동 제27조의 준불능범準不能犯이라는 새로운 범죄개념을 명백히 하려 함에 있는 만큼 이로써 붓을 놓으려 하는 바이다. (끝)

(필자 · 서울고등법원 판사)

동정同情[1]

"검사와 변호사는 대석對席한다. 피고인은 판사의 전면前面에 좌석座席한다."[2] 이것은 신형사소송법新刑事訴訟法[3]의 규정이다. 나는 이 규정을 보고 또는 생각할 때마다 좋든 말든 간에 기이한 흥미를 느낀다. 그것은 왜 하필 기본법인 형사소송법刑事訴訟法에 이러한 좌석座席에 관한 규정까지를 하게 되었는가에 있는 것이다.[4] 물론 나는 여기에서 본 조문의 해석을 시도하려는 것은 아니다. 그리하여 자기 모르게 느껴지는 이 흥미를 나는 몇 번이나 해명하려고 하였다.

1 『법정(法政)』, 제9권 제4 · 5 합병호, (1954. 5.), 4면.

2 1954년 제정 형사소송법 제275조 (공판정의 심리) ① 공판기일(公判期日)에는 공판정(公判廷)에서 심리(審理)한다.
② 공판정은 판사와 서기관 또는 서기가 열석(列席)하고 검사가 출석(出席)하여 개정(開廷)한다.
③ 검사의 좌석은 변호인의 좌석과 대등하며 피고인은 재판장의 정전(正前)에 좌석(座席)한다.

3 1954년 9월 23일에 공포되어 그 20일 후부터 시행되었음.

4 1954년 형사소송법이 제정 · 시행되기 전의 의용형사소송법(依用刑事訴訟法)은 공판정의 좌석에 대해 다음과 같이 규정하고 있었다.
의용형사소송법 제329조 ① 공판기일(公判期日)에 있어서의 취조(取調)는 공판정(公判廷)에서 이를 하여야 한다.
② 공판정은 판사, 검사 및 재판소서기가 열석(列席)하여 개정한다.

내가 이것을 해명하려 할 때 우선 머리에 스쳐오르는 것이 두 개의 양극면兩極面의 존재이다. 한편[1]은 자기 분分만이 아니라 남의 분分까지도 넘겨다보려 한다. 하물며 자기 입장에 불리할 해석이나 시행施行을 감수하려 하지 않을 것은 지극히 당연한 일이다. 또 다른 한편[2]은 팔을 움츠리고 가만히 앉아 있다. 남의 분分은 고사하고 자기 분分조차도 조심조심히 손을 내민다. 왼편을 돌아다보고 또 오른편을 돌아다본다. 나는 이러한 두 개의 개성個性을 눈앞에 하는 것이다.

그런데 인간의 심리상태는 흔히 겸허하고 약한 자에게 궁극적인 동정同情을 하는 법이다. 이 너무도 판이하고 양극적兩極的인 둘의 개성을 쳐다보고 동정한다. "야, 민주주의에 있어서는 관료주의적인 냄새는 일절 금물이다. 아무리 영미법적英美法的인 심리방법審理方法이 아니라 할지라도 판단을 받는 당사자當事者의 일방이 심판자審判者와 좌석座席을 나란히 하는 것은 관료官僚 냄새가 나는 것이 아닐까. 그것을 내 자신이 시정是正하기가 어색하다면 내가 시정방법을 취하여줌세."[3] 나의 눈과 귀에서는 지금 이러한 동정자同情者[4]의 얼굴과 부르짖음이 보이고 또 들려온다.

그리고 한편 내심 그 호의에 어리둥절하면서도 인사 한마디 할 용기조차 없이 쪼그리고 앉은 하나의 존재가 눈에 비쳐온다. 동정을 받는 것도 좋기는 할지 모른다. 그러나 남에게서 동정을 받게된다는 자체가 이미 약자적弱者的 지위에 있

1 검사를 가리킴.
2 변호사를 가리킴.
3 원문에는 '취하여주세'라고 되어 있으나 '취하여줌세'의 오식으로 생각됨.
4 입법자를 가리킴.

었다는 것을 표명하는 것이 아닐까. 더구나 대법원규칙[1]에 2, 3행行을 생략시켜주는 것에 불과한 동정을—. 이에 대한 해명은 이 정도로서 끝마치는 것이 좋을 듯하다. 끝으로 자기의 책무는 자기 자신이 수행하여야 하지 않을까. 좌면우고左眄右顧[2]는 건설기建設期에 있어서의 금물禁物이 아닐까. 나아가서 남으로부터 동정을 받게 되는 환경에서 벗어나야 하지 않을까. (끝)

(필자 · 서울고등법원 판사)

[1] 공판정에서의 좌석에 관한 대법원규칙을 가리킴. 2008년 현재는 「법정 좌석에 관한 규칙」이 제정되어 있음.

[2] 왼쪽으로 곁눈질하고 오른쪽으로 돌아봄.

4·19 1주년을 맞는 소회所懷[1]

4·19 1주년을 맞았으나 별다른 생기生氣로운 감동은 하나도 없고 한마디로 표현하여 '공허감'이라는 것으로써 그칠 따름이다. 고귀한 젊은이의 그 거룩한 '피'가 우리 민족을 위하여 얼마나 새로운 역사의 터전을 마련하여 준 것인가는 이제 새삼스럽게 논할 필요조차 없다. 이러한 고귀한 '피'의 대가로써 오인吾人[2]의 머리에 박혀진 크나큰 약동躍動된 희망감希望感이 자기 모르게도 하나의 공허감空虛感으로 화하였다는 사실에 대하여 나는 스스로 실망을 감출 수가 없다. 과연 그 실망이 나의 편견적偏見的인 견해에서 나온 것이라면 얼마나 좋을 것인가 하고 나는 생각한다. 그러나 세인世人의 다대수多大數가 실망하고 있다는 사실은 아마 엄연嚴然한 현실이라고 하지 않을 수 없다는 것이 가장 유감이다.

이제 여기에서 지난 1년 동안의 모든 사태에 관한 것을 회고하려 하지는 않으나 다만 몇 가지 생각나는 바를 적어보기

[1] 조선일보 1961년 4월 23일자 1면 시론(時論).
[2] 나. 우리.

로 한다. 도대체 4 · 19 사태를 혁명革命이라고 본다면 그 뒤에 이은 모든 사태는 역시 혁명격革命格이어야 할 것이 아니냐에 관한 문제이다. 그러나 그 이론은 여하튼 그 현실이 과연 어떻게 나타났는가가 문제이다. 7 · 29 선거의 결과가 이李정권하에서 강력히 투쟁하여 오던 야당을 대거 선출하였다는 점에서 볼 때 어떠한 반향反響이 일어났다는 것도 특필特筆할 점이라고 보아야 할 것이다.

그러나 이것이 곧 4 · 19 혁명에 뒤따르는 혁명격革命格이라고 할 수 있을 것인가는 7 · 29 선거 후 얼마 안 되어서부터 가진 의문이다. 선출된 다대수 의원의 소속당인 민주당民主黨은 완전히 분열되어서 두 개로 나누어졌다. 물론 건전한 야당의 존재가치는 그 분열로 인한 결함을 커버할 수 있을는지는 모르나 분열이라는 어구 자체가 섭섭치 않을 수가 없다. 데모로 일어난 제2 공화국이기에 데모에 대한 반응이 너무나 강렬하지 않은가가 걱정된다. 원래 데모라든가 또는 여론이라는 것은 그 진리파악에 조심하여야 할 것임은 새삼스러운 일이 아니다. 종종 그것이 집권당의 방편적인 도구화로서 이용되는 예가 많았음을 상기치 않을 수가 없다.

나는 현 국회가 가끔 데모작용에 의하여 입법을 한 것 같은 느낌을 가지게 됨을 유감으로 생각한다. 현 국회가 이러한 갑작스러운 동기에서 입법을 시작하면서도 그 입법기간이 장기화한다는 것도 이해하기가 곤란하다. 혁명 자체에 관한 입법의 중요한 부분이 혁명 1주년을 맞아서 겨우 완성된다는 것은 그것이 과연 혁명의 소산이라고 볼 수가 있을 것인가를 의문시하게 한다. 예를 들어 삼권분립 중 사법부문司法部門의 경우를 보더라도 사법부의 혁신이 과연 필요하다면 하고何故로[1] 1주년을 맞이한 현재에 이르러 겨우 법원조직법法源組織法의 개정을 보게 되었는가가 문제이다. 물론 사법부문에는 혁명이 필요없다고 보면 그만이지만.

한편 행정부문에 있어서도 이렇다고 할 새로운 시책이 있는지를 나는 잘 모르고 있다. 그러한 상태인데도 불구하고 행정부에서는 최근 소위 중석사건重石事件[2]으로서의 논란을 거듭당하고 있다. 그 상세한 진부眞否 여부는 잘 알 도리가 없으나 이李 정권하에서부터의 허다한 예로 미루어 국민 대중이 동同 사건을 심상치 않게 생각하고 있다는 것도 사실이며 이러한 면에서 집권한 지 얼마 안 된 정권으로서의 동同 처사에 대하여 각별한 주의를 하고 있다는 것도 현 사회실태인 것 같다.

뿐만 아니라 소위 국가보안법國家保安法 개정문제 등에 이르러서는 아연啞然할 수밖에 없다. 동법同法을 개정하지 않고서는 공산주의를 막을 도리가 없다는 것은 나로서는 이해할 수가 없다. 2·4 파동[3]시와 현재와는 어떠한 근본적인 사회정세의 차이가 있는지는 알 수가 없다. 이李 정권하의 그것을 그렇게까지 항쟁하던 민주당이 일단 집권하고 나니 자기 자

1 무엇 때문에.

2 중석불 사건 : 텅스텐 수출대금 470만 달러를 이승만 정권이 정치권과 결탁한 기업에 특혜 배정해 주고 정치자금을 받은 사건이다. 4·19 혁명으로 집권한 장면 정권은 「부정부패 처리 특별법」을 추진하였으나 성공하지 못하고 오히려 재계에 정치자금을 요구하는 상황에 이르렀다.

3 1958년 12월 24일 국가보안법 개정을 반대하여 농성하던 야당 국회의원들을 무술경위를 동원하여 끌어낸 후 자유당이 단독으로 신국가보안법을 통과시킨 사건.

신도 똑같은 궤도를 택하게 되었다는 것은 아무리 하여도 납득이 안 간다. 4·19 1주년을 전후한 폭동설도 무사히 지나고 보니 안심이기는 하나 이렇게 되고 보니 정부가 신경과민이었는지의 여부가 보안법 개정논의와 관련하여 심히 궁금하여질 따름이다.

이렇게 바라다보면 너무나 지나친 의문일지 모르나 과연 4·19 사태를 하나의 혁명이라고 볼 수가 있을 것인가가 의문시된다. 그것은 혁명이라면 혁명 후의 제반諸般 작용이 혁명적이어야 할 것이어늘 지나간 1년의 모든 것이 그렇게 볼 수가 있을 것인가가 문제이기 때문이다. 4·19 혁명이 아무리 그 주체와 정권장악자가 다르다고 할지라도 그 원인결과와의 관련성이 그다지도 동떨어져서야 될 수 없는 일이다. 원래 혁명이라면 우선 정신무장이 달라져야 할 것이나 4·19 이후의 우리 사회 일반인의 정신에는 별다른 변동이 생기지 않은 것 같다.

이러한 면에서 볼 때 나는 학생들의 신생활운동新生活運動을 높이 평가하고 싶다. 이러한 운동으로 시초始初하여 왜 이것이 일대 국민운동으로 전개되지 않았는가를 오히려 이상히 생각하게 된다. 이렇게 혁명의 주체인 학생들과 같은 젊은 세대와 기성세대와는 생각하는 방향이 너무나 다르다. 이러한 정신적인 간격이 아마도 혁명의 결과로 하여금 용두사미龍頭蛇尾로 이끌어가는 기본적인 원인인 것 같이 생각됨을 어떻게도[如何히도] 할 수가 없다. 4·19 후 일반관청의 집무태도가 전보다 나아졌다는 말을 들을 수 없다는 것보다도 오히려 나빠졌다는 말을 듣는 것이 슬프다.

가부간可否間[1] 우리는 현실을 잘 파악함과 동시에 지나간 1년을 회고하고 어떻게 현 시국을 타개하여 나아갈 것인가를 정신 차려 생각하여야 할 것이다. 위정자爲政者의 분발과 국민의 협력이 주효奏效되기를 바랄 따름이다. (끝)

(필자 · 변호사)

[1] 아무러하든지.

부 록

김이조, 유병진 약전略傳

장후영, 현실주의법학에 대하여

장후영, 법률가의 에스프리

1952. 9. 23. 4285행상3 대법원판결

유병진 약전略傳[1]

김이조金利祚

[약 력]
1914. 4. 12. 함남 함주 출생
1943. 일본 명치대 법과 졸업[2]
1946. 사법요원양성소 입소시험 합격
1949. 서울지법판사
1951. 서울고법판사
1956. 서울지법부장판사
1959. 변호사개업
1966. 별세

1. 유병진柳秉震 판사와 나(필자)의 만남은 1957년 11월 15일 나의 대구에서의 결혼식에서 비롯된다. 유 변호사는 당시 서울지방법원의 부장판사였다. 그는 나의 장인 어른과 잘 아는 사이여서 대구까지 나의 결혼 축하를 위해 온 것이었다. 내가 춘천판사로 있을 때 서울로 오면 우리 부부가 그 집에서 잤으며 서울 판사 때는 가족 모두 같이 나들이도 다녔고, 그의 온후한 성격이 형님 같이 대할 수 있어 더욱 가깝게 지낸 사이였다. 특히 내가 아무런 학력이 없어 장래를 위해 대학에 편입(그때는 고시합격자가 얼마 안 되어 고시합격자의 편입을 환영할 때)하라는 권유도 해 주셨다. 그러나 나는 나의 고집으로 끝내 학력 국졸(초등

[1] 김이조, 『한국법조인 비전』, (1999), 120~131면.
[2] 원문에는 '1933'으로 되어 있으나 '1943'의 오기임.

교)로서 일관했다.

유 재판장(배석 이병용, 배기호 판사)은 1958년 4월 3일 서울 문리대 교지 필화사건에서 피고인 유근일柳根一(현 조선일보 논설위원)에게 무죄를 선고한 데 이어, 1958년 7월 2일 세칭 진보당 사건에 대한 판결에서 조봉암, 양이섭 2명에게 국가보안법 위반죄를 적용하고 징역 5년을, 여타 17명의 피고인에게는 무죄를 선고했다. 3일 후 정체불명의 청년 150명이 "친공판사 유병진을 타도하라"는 구호를 외치며 법원에 난입했으나, 조용순 대법원장은 사법권의 침해라고 언명하였고 대한변호사협회장도 사법권의 독립을 보장하도록 정부에 촉구하는 성명을 발표하는 등 파문을 일으키는 사건이 발생했던 것이다. 결국 이 사건 처리가 그를 자유당 정권하 1958년 12월 10일 법관 연임을 거부당한 것을 사법사상에 기록하게 되었다.

이영진 등 편저 『법에 사는 사람들』에 의하면 유병진 판사는 사법권 독립을 실천한 용기를 보여 준 강직한 법관으로 그의 생명은 법조계와 같이 영원할 것임을 밝히고 있다.

최종고 저 『한국의 법률가상』 및 『위대한 법사상가들』의 저술에서도 유 판사는 위 사건 외에도 피난민 절도사건, 6·25 부역자 재판 등에서 소신 있는 판결을 한 법철학적인 학자였다고 평가하고 있음을 볼 수 있다.

유 판사는 홍익대에서 형사법을 강의하면서 1954년에 『한국형법총론』을, 1956년에 『한국형법각론』을, 1957년에 『형사소송법개요』를 펴내 학계에 기여한 바 있다. 위 책 발간시만 하여도 한국어로 된 저서가 드물어 한때 고시 수험생의 기본서로서 쓰여진 때도 있었다.

최종고 씨는 그의 저서에서 유 판사가 위 형사법 저서 외에도 법철학, 행정법, 형사법 등에 관한 다수의 논문 등을 발표했는데 그 전부를 수집 못했음을 아쉬워하고 있다. 유 판사의 법학자적인 면을 높이 평가해야 한다는 지적이다.

유 판사는 6·25 당시 부역자 처리법에 따른 형사재판에서 인간의 삶과 법 사이에서 정의를 추구하는 법철학적인 『재판관의 고민』을 고백한 저술도 남겼다. 최종고 씨는 결론적으로 그의 위 저술에서 유 판사를 시대에 앞서 간 형사법학자였으며 사법권의 독립을 지킨 법철학자로서 후세에 귀감이 될 것이라고 했다.

유 판사는 법관 연임이 거부된 후 약 8년간의 변호사 개업을 하다가 애석하게도 52세로 일찍 돌아가셨다. 나는 경애하는 형님과 헤어진 기분이었다.

2. 유근일柳根一 학생 국가보안법사건

1958. 4. 3. 서울지방법원 형사3부(재판장 유병진柳秉震 판사)는 국가보안법위반죄로 기소된 유근일柳根一 피고인에 대하여 무죄를 선고하였다. 유근일 피고인은 서울대학교 문리과대학 정치학과 학생으로 1957. 12. 9.자 교내 신문에 "모색—무산대중을 위한 체제로의 지향"이라는 글을 썼다. 그 내용은 한국의 무산대중을 위하여는 의회주의에 의한 한국적인 사회민주주의 체제를 수립하여야 하고 이를 위하여는 무산대중이 단결하여야 한다는 것이었다. 검찰은 그 글에 실린 "무산대중은 단결하라"는 내용이 공산주의의 극단적 표현에 해당하고 동인이 가입 활동하였던 서울대학교 문리대생들의 서클 모임이었던 신진회가 국가변란을 목적으로 한 불법단체에 해당한다고 단정하여 국가보안법위반죄로 기소하였던 것이다.

재판부는 판결이유에서 신진회는 정치학도들이 사회민주주의의 이론을 연구하기 위하여 만든 모임으로 사회민주주의는 경제면에 있어서 민주주의를 특히 강조한 것에 불과한데 동 모임이 의회주의의 실현을 주장한 점에 비추어 볼 때 이를 불법결사라고 볼 수 없다고 밝혔다. 또 교내 신문에 실린 글도 그 문구가 다소 과격하기는 하나 국가를 변란케 하였다고 볼 수 없다고 판시하였다.

또 검찰은 대한민국이 지향하는 평화적 국토통일 방법은 북진통일과 북한괴뢰집단을 해체하고 유엔 감시하에 북한지역에서만의 자유선거 실시에 의한 실지회복의 두 가지 방법이 있고, 그 밖에 협상에 의한 평화통일이나 제헌국회 소집에 의한 평화통일 등의 방안은 모두 대한민국이 '한국의 유일한 합법적 중앙정부'임을 부인하는 불법적 방법이라고 전제한 다음, 피고인 등이 소위 협상론, 제헌의회 소집론, 유엔 감시하의 선거 방안 등을 논의한 것은 국가보안법에 위배된다고 주장하였다.

이에 대해 재판부는 피고인 등이 북한괴뢰집단의 소위 평화공세에 야합하였다고 인정할 만한 증거가 없는 이상 피고인들의 행위는 정치연구의 목적 범위 내에 속한다고 판시하여 검찰의 주장을 배척하였다. 이와 같이 평화통일론에 대한 검찰과 재판부의 대립되는 입장은 3개월 뒤에 열린 진보당 사건 선고공판에서 다시 한번 극명하게 표출되었다.

유근일 씨는 현재 조선일보 논설위원이다.

3. 진보당 사건

(1) 진보당 사건의 1심 판결

가. 판결의 유죄 부분

조용순趙容淳 대법원장의 취임식으로부터 약 10일 후인 1958. 7. 2. 서울지방법원의 유병진柳秉震(재판장), 이병용李炳勇, 배기호裵基鎬 판사는 조봉암 외 22명의 피고인들에 대한 간첩, 국가보안법위반 등의 사건에서 조봉암曺奉岩 피고인을 징역 5년에 처한다고 판결하였다(4291형공524, 752, 772, 907, 980, 1440, 2186, 2235).

조봉암 피고인은 진보당 중앙당 위원장으로서 약 3년 전인 1955년 9월에 신익희申翼熙, 윤보선尹潽善, 장면張勉 등의 보수인사들을 중심으로 민주당 발당대회가 열림과 때를 같이하여 박기출朴己出, 김달호金達鎬, 윤길중尹吉重 등과 함께 비보수 세력을 규합하여 혁신정당의 결성을 추진하였다. 근로자와 농민을 조직의 발판으로 삼고 지식층과 손을 잡아 궁핍과 공포로부터 국민을 해방한다는 것이었다. 조봉암 피고인은 또한 1956. 5. 15.의 대통령선거에서 민주당의 신익희 후보가 급서하고 자유당의 이승만 후보가 약 500만 표를 얻었을 당시 진보당의 후보로서 약 210만 표를 얻은 바 있었다. 조봉암 피고인에 대하여는 1957년 10월 『중앙정치』라는 잡지에 게재된 평화통일론에 관한 논문이 문제되었고 1958년 2월에는 양이섭(梁利涉, 일명 양명산) 피고인으로부터 북한의 공작금 4만 달러를 받아 사용하였다는 수사결과가 발표되었다. 같은 해 2월 25일에는 정부의 공보실장이 진보당의 등록을 취소하였다. 진보당이 대한민국의 국법과 국제연합의 결의에 반하는 통일방안을 주장하고, 간부들이 북한에서 밀파된 간첩 등과 항상 접선하였다는 이유였다. 등록을 취소하는 법적 근거는 1946. 2. 23. 군정법령 제55호로 공포된 「정당에 관한 규칙」이라고 하였다.

앞서와 같이 조봉암 피고인에 대하여 징역 5년을 선고한 판결에서는 조봉암 피고인이 1956년부터 1957년까지 양이섭 피고인으로부터 북한과 합작하여 평화통일론을 주장하고 미군철수 운동이나 반미민족연합을 구성하라는 제의를 받거나 북한의 공작금을 수수하여 사용함으로써 북한 괴뢰집단의 제의로 대한민국 변란의 실행을 협의하였다는 범죄사실이 인정되었다.

나. 판결의 무죄 부분

이 판결은 조봉암 피고인에 대한 일부 공소사실에 관하여 무죄를 선고하였다. 간첩과 국가보안법위반 등에 관한 것이었고, 박기출, 김달호, 윤길중 피고인 등에 대하여도 무죄를 선고하였다.

무죄 이유로서는, 진보당이 경제정책에 있어서 사회적 민주주의를 지향하였다고 볼 수 있으나 순전한 사회주의를 지향하였다고 인정할 만한 증거가 없고, 사회적 민주주의가 필연적으로 민주공화체나 주권재민을 부인하고 국가기관에 대한 강압수단을 수반한다고 볼 수는 없다고 하였다. 또한 추상적인 평화통일 주장이 국헌에 위배되는 경우는 북한 괴뢰집단이 대한민국을 변란하기 위하여 책정한 평화통일 방안에 야합하여 주장하는 경우이고, 구체적인 평화통일 방안을 주장하는 것이 국헌에 위배되는 여부는 그 방안의 실현이 헌법이나 법률의 절차를 취하여 실행할 수 있느냐의 여부에 의하여 결정할 문제라고 볼 것인데, 진보당이 구체적인 통일방안을 결정하였다고 인정할 만한 증거가 없다고 하였다. 나아가 진보당이 주장하는 평화통일의 내용은 민주세력이 결정적 승리를 얻을 수 있는 평화통일로서, 조국의 평화적 통일을 파괴한 책임이 6·25의 죄책을 범한 북한 공산집단에게 있다고 단정하고 그들의 반성과 책임규명이 평화통일의 선행조건이 아닐 수 없다는 것으로서 북한의 주장과는 다르게 보인다고 무죄이유를 밝혔다.

(2) 시위대의 법원 난입

가. 시 위

이러한 판결이 선고되자 3일 후인 1958. 7. 5. 200여 명의 시위대가 법원청사로 몰려와 "유근일柳根一 사건 무죄, 용중龍中교감 사건 무죄, 조봉암을 간첩 아니라고 판결한 친공판사 유병진柳秉震을 규탄한다. 공산자금을 받은 조봉암 일파에게 간첩죄를 적용하라"는 등의 구호를 외쳤다. 시위대는 오전 11시경부터 덕수궁 앞에 모여 있다가 확성기를 붙인 차량을 앞세우면서 법원청사에 이르렀고, 일부는 청사 현관으로 난입하였다. 차량에는 "진보당 사건 판결을 규탄한다"는 플래카드와 '대한반공청년회'라는 표지가 달려 있었다. 시위대는 출동한 경찰에 의하여 청사 밖으로 밀려났으나 계속하여 구호를 외쳤고, 대법원장과의 면담을 요구하다가 변옥주卞沃柱 서울고등법원장에게 담당 재판부의 유병진 부장판사와 배석판사들의 축출을 요구하는 등 행패를 부렸다. 유병진柳秉震, 이병용李炳勇, 배기호裵基鎬 판사는 급히 피신하였고, 이병용 판사는 10여 년 후에 당시의 상황에 관하여 회고하면서 행정부의 힘이 판사들에게 미친 본보기였다고 하였다.

나. 시위의 파문

다음날인 1958. 7. 6. 시위대 가운데 5명이 긴급구속되었고 조용순趙容淳 대법원장은 이 같은 시위는 사법권을 침해하는 행위라고 하면서 최고법원의 판결이 있기도 전에 시위가 일어난 것에 대하여 유감의 뜻을 표시하였다.

이러한 시위에 관하여는 법원에서 시위를 벌인 자칭 반공청년들의 반공이념을 의심하지 않을 수 없다는 견해도 있었다. 반공청년들은 법원의 독립이 엄존한 민주주의가 좋아서 대한민국으로 돌아온 것이 아닌가라고 물으면서, 법관을 모욕하고 사법부를 위협하는 것은 공산주의 국가에서만 있을 수 있는 일이라고 하는 견해였다. 대한변호사협회는 1958. 7. 8. 건의서를 발표하였다. 이 같은 시위는 판결에 대하여 법리적으로 비판 논란할 수 있는 범위를 일탈하여 다중의 위력으로써 법관을 협박하여 사안에 대한 자유판단을 해하고, 나아가 사법권 독립을 유린할 의도로 감행된 것이 명백하다는 것이었다. 이 건의서에서는 또한 행위자를 엄중히 처벌하라고 하면서 이 같은 시위는 결코 일시적 흥분과 군중심리에서 나온 것이 아니라 배후에 조종자가 있는 것으로 사료되므로 배후관계의 추궁을 요망한다고 하였다.

한편으로 앞서와 같이 구속된 시위대원 가운데 3명은 무혐의로 석방되었고, 나머지 2명에 대하여 즉결심판이 청구되었다. 1958. 7. 8. 서울지방법원의 장대영張大永 판사는 즉결심판이 부적당하다고 인정하여 검찰청에 송치할 것을 명령하였고, 송치명령이 내려진 김성록金成祿 피의자에 대하여는 검찰이 구속영장을 신청하여 구속이 이루어졌다. 김성록 피의자는 반공청년중앙본부 총무부장이었고, 구속적부심사를 청구하였으나 1958. 7. 11.

서울지방법원의 윤학로(尹學老, 재판장), 윤홍만尹紅萬, 김두현金斗鉉 판사가 청구를 기각하였다(4291형신146).

같은 날 김찬영金瓚泳 전 대법관은 시위행위에 대하여 엄중한 처벌이 요망된다는 견해를 밝혔고, 한편으로는 '용공판사규탄 대책위원회'가 구성되어 유병진 판사를 연임시키지 말 것을 정부에 건의하고 구속된 시위대원의 석방에 노력하자는 움직임이 있었다.

(3) 제1심 판결의 파기와 사형 선고

시위대가 법원에 난입하고 20여일 후인 1958. 7. 29. 사법감독관회의가 열렸고, 조용순趙容淳 대법원장은 3권분립의 원칙에 관하여 훈시하였다. 3권분립의 원칙은 국가이념과 목적을 위해서만 존재가치가 있는 것이고, 3권을 균형 있게 육성 행사함으로써 국가목적하에 3권이 귀일 통합되도록 힘써야 한다는 것이었다. 조용순 대법원장은 또한 법관이라 하여 국가목적 달성에 관한 숭고한 정신을 망각하고 편벽되고 주관적인 견해만을 고집하여 국가의 이익과 국민의 복리를 도외시하는 처사를 한다면 권력분산으로써 달성을 기도한 국가이념과 목적에 배치됨이 이보다 더 심함이 없을 것이므로, 단연 이를 삼제芟除[1]하고 국가목적하에 3권이 귀일 통합되도록 힘써야 한다고 훈시하였다.

앞서와 같이 시위가 일어난 제1심 판결에 대하여는 검사가 항소하였고, 1958. 10. 25. 서울고등법원의 김용진(金容晋, 재판장), 최보현崔普鉉, 조규대趙圭大 판사가 조봉암 피고인에 대하여 사형을 선고하였다(4291형공958). 조봉암 피고인이 북한 괴뢰집단에 부수하여 국가를 변란할 목적으로 평화통일의 실현 등을 강

[1] 베어 버림. 무질러 없앰.

령정책으로 하는 진보당을 조직하고 그 수괴인 중앙당 위원장에 취임하였다는 공소사실에 관하여 제1심 판결과는 다르게 유죄로 인정한 판결이었다. 1심에서 무죄였던 김달호金達鎬, 윤길중尹吉重은 징역 3년이 각 선고됐다.

한편으로 1958년 12월 국회에서는 조병옥趙炳玉 민주당 대표최고위원이 국시는 민주·반공 통일로서 평화통일은 국시 위반이 될 수 없다고 주장하였고, 자유당에서는 남북선거를 실시하고 통일국회를 구성하여 헌법을 제정한다는 것은 국시 위반이라고 주장하여 정국이 긴장되기도 하였다. 또한 12월 24일에는 무술경위들이 의사당에서 농성중인 야당 국회의원들을 끌어낸 채 자유당 의원들이 국가보안법 개정안을 의결하여 이른바 2·4 보안법 파동이 일어났다. 이와 같이 개정된 국가보안법에는 보석이나 구속적부심 결정에 대한 검사의 항고, 구속기간의 연장, 증거능력의 예외 등 여러 가지 특례가 신설되었고, 야당측은 1959년에 들어 '국가보안법 개악 반대 전국국민대회'의 집회허가를 신청하는 등 대립국면이 조성되었다.

진보당 사건에 관한 제2심 판결에 대하여는 피고인들과 검사가 상고하였고, 1959. 2. 27. 김세완(金世玩, 재판장), 김갑수金甲洙, 허진許瑨, 백한성白漢成, 변옥주卞沃柱 대법관이 판결을 선고하였다(4291형상559). 조봉암 피고인에 대하여 다시 사형을 선고하고, 제2심 법원에서 유죄판결을 선고받았던 일부 피고인들에 대하여 무죄를 선고한 것이었다. 이 대법원 판결에서는, 진보당의 강령정책이 헌법에 위배된다고 볼 수 없고 평화통일에 관한 주장 역시 언론자유의 한계를 일탈하지 않는 한 위법이라고 할 수 없으므로 평화통일론이 논죄의 대상이 되는 경우는 북한 괴뢰집단이나 이에 부수하는 결사, 집단을 위하거나 이와 상통하여 주장하는 경우에 한정된다고 하였다. 그런데 조봉암 피고인은 북한 괴뢰집단과 상통하여 평화통일의 구호 아래 대한민국을 전복케 할 목적으로 진보당을 구성하였음이 인정되므로 유죄이고, 일부 피고인들은 이러한 사정을 인식하고 진보당 조직에 참가하였다고 인정할 만한 증거가 없으므로 무죄라고 판시한 것이었다. 1959. 7. 31. 조봉암 피고인의 사형이 집행되었다.

(4) 담당판사와 피고인의 운명

이 사건을 담당했던 유병진 판사는 자유당 정권하 1958. 12. 10. 연임거부로 법관을 물러나고 변호사 생활을 약 8년간 하다가 52세로 일찍 돌아갔다.

배석 배기호 판사도 판사 재임중 사망하였고 이병용 판사는 그 후 서울지방변호사회장 및 대한변호사협회장을 거쳐 국회의원도 역임하고 현재 변호사로서만 활약하고 있다.

한편 피고인이었던 윤길중, 김달호 씨는 이 진보당 사건에서 간혀 무죄판결을 받고 석방되었으나 5·16 혁명 직후 혁신계라 하여 혁명재판소에서 「특수범죄 처벌에 관한 특별법」 위반혐의로 징역 15년 형을 선고받고 복역중 1968년 특사로 석방되어 법조인으로서는 최장기 8년의 옥고를 치르고 1975. 7. 10. 변호사 재등록신청을 법무부에 접수함으로써 1961년 등록이 취소된 지 14년만에 다시 변호사 개업을 하게 되었다. 윤길중 변호사는 5, 6공 시절에 국회의원, 국회부의장도 역임한 바 있다.

4. 유병진의 저서 및 논문

유병진은 판사이면서도 이론에도 밝았다. 홍익대학에 강사로 나가면서 1950년대에는 형사법에 관한 교과서를 내었고, 여러 잡지에 많은 논문을 발표하였다.

현재는 발견할 수 없는 논문도 있으나, 여기서는 연대순으로 그의 글을 검토해 본다.

(1) 저 서

1952년 『재판관의 고민』을 출판한 이래 출판사를 세 번이나 바꾸어 책을 내었다.

1954년에 『한국형법총론』을 서울 고시학회考試學會에서 출판하고, 2년이 지난 1956년에 『한국형법각론』을 내놓았다. 그리하여 학문의 불모지인 우리나라에 형법학의 발전에 가교적 역할을 담당하였다.

그는 형사소송법에 관한 책도 저술하였는데, 1958년에 『형사소송법개요』를 내었다. 이 책의 서문에서 그는 "다만 본서가 초학자初學者에게 초보적인 형사소송법의 개요를 소개함에 그 목적이 있다는 점에서 과도기적인 역할로서의 집필을 시도하였을 따름이다."라고 겸손하게 밝히고 있다.

그는 『재판관의 고민』을 써서 법과 현실과의 간격을 좁히는 데 기여했고, 세 권의 형사법 저서를 내어서 일본법학의 지배에서 벗어나 진정한 한국법학을 건설하려 했다고 평가할 수 있다.

(2) 논 문

유병진은 법철학, 형사법학, 행정법 등에 관한 논문을 다수 발표하였다.

1951년 『법정法政』 9월호에 "비상조치령에 있어서의 몇 가지의 과제"를 발표하여 부역범附逆犯의 처벌에 대한 전면적인 검토를 주장한다.

1952년 『법정法政』 신춘호에서는 "법과 현실 - 법률실무가가 지니는 근본과제根本課題"라는 논문에서 법과 현실의 모순을 극복하려 자유법 사상을 전개하고, 동년 6월호에서는 "정의와 법 강제의 한계"라는 논문에서 장후영張厚永 선생의 현실주의법학을 체계적으로 비판하고, 그 위에서 유병진 나름의 독자적인 현실주의법학을 역동적으로 전개한다.

그는 1952년 『법정法政』 7월호의 "행정소송사항行政訴訟事項에 대한 하나의 고찰"에서 그 당시 새로 채택했던 행정소송이라는 행정구제제도를 환영하면서, 개괄주의槪括主義를 채용한 새로운 행정소송하에서 행정소송사항을 고찰한다. 다음 해인 1953년에는 『고시考試』 2월호에 "징계처분에 대한 행정판례와 그 비평론을 보고"라는 논문을 발표했다고 한다.

그리고 그는 1952년 『고시考試』 9월호에 "파동波動에서 본 심판의 독립성 - 사법권의 권위를 위하여"를 발표했고, 1957년에는 『신태양新太陽』 7월호에 "재판관의 고민, 부역범 처벌에 관하여"를 발표했다.

1994년 "법의 날" 무렵 KBS 텔레비전에서 유병진의 생애를 "다큐멘터리 극장"으로 방영하였다.[1]

[1] 1994년 1월 30일에 방영된 "다큐멘터리 극장 인물발굴(2) 유병진 판사" 편을 가리킨다. 이 프로그램에는 6·25 당시의 기록영화와 유병진 판사와 관련이 있던 인사들의 육성 증언이 담겨 있다.

현실주의법학에 대하여[1]

장후영張厚永[2]

1. 법의 기본이념

8·15 해방 이후 나는 현실주의법학現實主義法學이란 주장을 여러 곳에서 기회 있을 때마다 글로써 말로써 강조해 온 바이다. 즉 법은 우리의 생활현실을 규율하는 것을 목적으로 하는 것이므로 법은 항시 그때그때의 생활현실에 적응되도록 운용되어야 할 것이라는 주장을 해 온 것이다. 법은 한번 제정되면 그대로 고정되고 마는 것이지만 우리의 생활현실은 나날이 변천해 가는 것이므로 고정된 법과 끊임없이 변천해 가는 생활현실 사이에 넓어져가는 간격, 즉 법과 생활현실과의 유리遊離 —이 유리遊離는 있을 수 있는 것이며 오히려 당연한 것이며 결국은 불가피한 것이기도 하나— 이 유리를 법의 가치적인 해석과 현실적인 운

1 『법정(法政)』, 제6권 제12호, (1951. 12.), 3~5면. 원래의 제목은 "현실주의법학에 대하야"로 되어 있음.

2 장후영(張厚永) (1910~1985). 경성제국대학 법문학부에 재학중인 1931년 21세로 일본 고등문관시험 사법과에 합격하여 수재로 불리었다. 1932년에 위 대학을 마치고 1933년 일본 교토제국대학 대학원(법학부)을 수료하고 사법관시보를 거쳐 1939년 광주지법판사를 잠깐 지내고 다시 일본에 건너가 1939년 도쿄제국대학 법학부 대학원을 수료하고 일본 동경에서 변호사를 개업했다. 8·15 해방 후 1945년 미군정청 법제부장을 지냈고, 1946년 법정사(法政社) 사장으로서 당시 유일한 법조전문지인 『법정(法政)』과 『법률신문(法律新聞)』의 발간에 정성을 기울여 법조문화 창달에 앞장 섰다. 김이조, 법조약전, 449면 이하, 58. 장후영 편 참조.

용으로써 완화 내지 말소시켜야 한다는 것이 곧 나의 현실주의법학現實主義法學의 주장인 것이다.

그런데 나의 현실주의법학의 주장은 학문적으로 진지한 것임에도 불구하고 내가 가장 신뢰하고 있던 젊고 유능한 법률학도들까지도 내 자신이 변호사라는 점에 비추어 직업적 입장에서의 주장으로서 간단히 취급取扱[1]해 버리고 깊은 검토를 조금도 시도해보지 않았다는 고백을 듣고 나는 깜짝 놀랐다.

나는 수일 전에 우연한 기회에서 내가 가장 접촉이 많은 젊고 유능한 법률학도 두 사람과 더불어 나의 현실주의법학을 논의하고 있을 즈음에 이상과 같은 고백을 들었던 것이다. 그런데 나는 지금 피난 중이라 일일이 전거典據를 제시하는 수고를 생략하고 싶으나 법률학도로서 나보다도 더 젊은 세대의 사람들이 그 법률학적 사고방식에 있어서 대다수[2]가 '신칸트파'[3]에 속해 있다는 것을 깨닫게 된 것은 새삼스러운 또 하나의 발견이라고 아니할 수 없다.

나는 위에서 말한바 논의중에서 이상 두 개의 발견을 하였을 때 나는 이 글을 쓸 것을 스스로 내 마음에 약속하였던 것이다.

그런데 이 글을 쓰는 데 있어서 논리전개의 편의상 나는 현실주의법학의 주장을 해명하기 전에 우선 법의 기본이념을 논의하는 것이 타당할 성싶다.

나는 위에서 나보다도 더 젊은 세대의 법률학도의 법률학적

1 원문에는 '취소(取消)'로 되어 있으나 '취급(取扱)'의 오식으로 보임.

2 원문에는 '다대수(多大數)'라는 표현이 계속 사용되고 있으나 현재의 언어관용례를 고려하여 전부 '대다수'로 고쳐 적었음.

3 신칸트학파 : 19세기 말부터 20세기 초 제1차 세계대전 전의 시기에 걸쳐서 독일을 중심으로 유럽 전역에 큰 영향을 끼친 사상운동. 자연과학을 비롯한 인간의 인식을 대상으로 하는 인식비판의 형태를 취하며 인간의 선험적 주관(先驗的 主觀)에 의한 대상의 능동적 구성에 주목하는 방식을 특징으로 함.

사고방식이 결국 '신칸트파'에 속하고 있다고 단정한 바 있다. 그러나 나는 그들의 주장을 듣고 그렇게 판단하지 않을 수 없었던 것이다. 왜냐하면 그들은 법의 기본이념을 논하는 데 있어서 그들 자신이 분명히 설명할 수조차 없으면서도 좌우간 '영구불변의 그 무엇'을 한없이 추구하는 것이었다. '영구불변의 그 무엇'의 내용이 진정으로 무엇인지 자기 자신도 파악하지 못한 채 자꾸만 그것을 추구하는 것이었다.

일반적으로 말하자면 법의 기본이념은 '정의正義' 또는 '정正'이라고 부를 것이다. 그러면 그들의 주장에 의할 것 같으면 '정의'의 내용 속에는 적어도 '영구불변의 그 무엇'이 들어 있다는 것이다. 그렇다면 그 소위 '영구불변의 그 무엇'의 내용은 진실로 무엇인가 질문하면 그것을 해명할 도리는 없는 것 같았다.

그때 우리 논의중에서 예로서 그리 적당한 것인지는 알 수 없지만 하여튼 근자의 수뢰죄收賂罪[1]의 성행盛行이 시비의 중심이었었다. 현재 관리官吏들의 생활현실이 극도로 불량한 까닭에 수뢰죄가 성행하는 바이나 그것이 성행하면 그럴수록 더욱더 엄벌하여야 한다는 것이 그들의 주장이었다. 왜냐하면 법의 기본이념인 '정의正義'는 관리의 청렴을 엄격히 요구하고 있음에도 불구하고 관리가 그의 생활현실이 극도로 불량하다고 해서 관리의 청렴을 더럽히고 수뢰죄를 범하는 자에 대하여 법은 도저히 관용을 베풀 도리는 전연 없고 역시 엄벌을 가하는 수밖에 없다는 주장이다. 그러면서도 현재 모든 관리는 특별히 유산遺産 같은 것으로써 생활력에 여유 있는 자를 제외하고서는 모조리 그 자신의 생활을 위해 수뢰收賂를 희원希願[2]할 것이 틀림없는 심정

[1] 원문에는 '수회(收賄)' 및 '회물(賄物)'이라는 표현이 계속 사용되고 있으나 현재의 언어관용례를 고려하여 전부 '수뢰(收賂)' 및 '뇌물(賂物)'로 고쳐 적었음.

[2] 희원(希願) : 희망.

일 것이라고 긍정하는 것이었다. 그리고 말을 이어 가령 우리나라 관리가 총수 100명이 있다 하고 그 중 90여명이 수뢰를 할 수밖에 없는 생활현실에 당면해 있고 또한 현실적으로 뇌물賂物을 수수收受하고 있다고 하더라도 역시 이 현상은 '정의'에 배반되는 것이므로 엄벌을 받아야 한다는 것이다.

나의 생각 같아서는 '정의'는 영구불변한 것도 결코 아니며 또한 '정의'가 그렇게 생활현실과 유리된 존재이어서는 안 된다는 것을 나는 오늘날까지 변함없이 역설해 오는 바이다.

법은 그 자신을 위하여 존재하는 것이 결코 아니다. 법은 우리의 생활현실을 규율하는 것을 목적으로 하는 것이다. 그렇다면 그 사회의 90% 이상의 인민의 생활현실을 무시하는 법이 존재해서 좋다는 논리는 어디서고 간에 나올 수 없는 것이다. 그렇게 생활현실에 유리遊離된 법이 있어서는 안 될 것이다. 그것은 틀림없이 악법惡法이 아닐 수 없는 것이다.

아무리 90%의 관리가 수뢰收賂할 수밖에 없고 또한 수뢰를 감행하는 것이 우리의 생활현실이라 하더라도 그것은 '정의'에 비추어 볼 때 뚜렷한 배반이니까 엄벌의 대상이 안 될 수 없다는 주장이다. 만약 그렇다면 도대체 '정의'란 누가 만들어 낸 것이며 '정의'의 내용은 진실로 무엇인가 묻고 싶다. '정의'란 것이 우리가 정당히 이해하는 바와 같이 사회생활을 규율하는 사회규범의 지표指標의 하나로서 존재한다고 할 것 같으면[1] '정의'는 모름지기 90%의 편에 같이 있어야 마땅할 것이지 10%의 편에 가담한다는 것은 괴상한 일일 것이다. 그런데 논자論者는 나머지 10%의 관리의 편이 정당하니까 '정의'는 90%의 관리의 편에 있지 않고 다른 10%의 관리의 편에 같이 있다는 것이다. 그렇다면

[1] 원문에 '……달 것 같으면'으로 되어 있는 표현은 전부 '……다고 할 것 같으면'으로 풀어서 적었음.

민주주의 사회생활체제에 있어서 90%의 관리는 제쳐놓고 누가 10%의 관리가 정당하다고 판단한다는 말인가. 이러한[如斯한] 판단은 논자의 주장에 의할 것 같으면 그 소위 '영구불변의 그 무엇'이거나 하느님 이외에는 다른 사람은 도저히 없을 것이다. 내 생각 같아서는 이러한[如斯한] 논단論斷은 '낡은 정의감의 향수鄕愁'에 불과한 것이다. 민주주의 사회생활체제에 있어서 90%의 예스가 10%의 노 때문에 부정된다는 것은 괴상한 현상이 아닐 수 없는 바이다. 90%의 예스는 결국 그 사회 전체의 예스를 결정하는 것이라야 할 것이다.

나는 위에서 말한바 논의 당시에 서장西藏[1]의 일부다처제一夫多妻制를 예로서 인용하였던 것이다. 내가 듣기에는 서장西藏에서는 아직도 일부다처제라고 한다.[2] 만약 진정으로 그 사회가 일부다처제의 생활양식을 유지하고 있다고 할 것 같으면 그 사회에서는 한 사나이가 여러 아내를 거느리고 있다는 것은 응당한 정正이며 선善일 것이다. 그것을 누가 부정不正이며 불선不善이라고 판단할 것이란 말인가. 그 나라의 하느님 역시 그것을 정正이며 선善이라고 판단할 것이 분명한 것이다. 왜냐하면 법正이나 도덕善이란 것이 그 사회의 생활현실을 규율하기 위한 한낱 사회규범에 불과한 것이기 때문이다.

법은 사회규범인 것만은 틀림없는 바이다. 그러면 법은 우리네의 사회생활과 같이 있는 것이지 결코 우리네의 사회생활보다 훨씬 높은 데 있는 것이 아니다. 그런 까닭에 법은 우리네 생활현실의 변천과 더불어 변천하는 것이라야 할 것이지 우리네의 생활현실과 무관하게 높이 있어도 안 될 것이며 또한 뒤떨어져

1 서장(西藏) : 티베트(Tibet)의 한자 이름.

2 정확하게 말한다면 일처다부제(一妻多夫制)이다. 일부 산악부족의 경우에 형제가 아내를 공유하는 경우가 있다.

있어도 안 될 것이다. 그런데 법이 우리네의 90%와 더불어 있지 않고 나머지 10%와 같이 있다고 주장하는 것은 어떠한 논리적 근거에서 귀결되는 것인지 나는 진실로 이해하기 곤란한 바이다. 그럼에도 불구하고 '낡은 정의감의 향수'에 사로잡혀서 뇌물을 받지 않는 10%의 관리 편에 '정의'가 있다고 주장하는 젊고 유능한 법률학도의 법률학적 사고방식은 '정의'의 표상表象으로서 '영구불변의 그 무엇'을 내세우지 않을 수 없을 것이며 따라서 어렴풋이나마 그들의 사고경향은 '신칸트파'적이라고도 논단論斷하지 않을 수 없었던 것이다.

2. 법의 해석과 운용

논자論者는 나에게 힐문詰問한다. 소위 민주주의 사회생활체제에 있어서 많은 것은 반드시 옳(正)은 것이며 착한(善) 것이란 말인가 하고 육박肉迫한다. 나는 우선 그렇다고 긍정하지 않을 수 없었다. 진실로 그렇다면 나머지 10%의 관리까지도 뇌물을 받게 하는 불상사를 야기하게 될 것이 아닌가 하고 또 한번 힐문을 거듭한다. 나는 그것이 불상사이고 아니고 간에 그것이 그 당시 그 사회에 있어서 필연적으로 전개될 수밖에 없는 생활현실이라고 할 것 같으면 그것은 법 내지 법률가의 힘으로써는 도저히 어찌할 수 없는 것에 속하는 것일 것이라고 대답하였다. [논자는][1] 만약 그렇다고 할 것 같으면 법률가는 사회생활의 타락 · 부패를 방관 내지 조장하는 것으로서 결국은 국가와 사회를 포기하는 이단자에 불과한 것이라고 갈파하는 것이었다. 그

[1] [ ] 부분은 편저자가 임의로 추가함.

러나 나는 법 내지 법률가가 타락 · 부패(?)해 가는 생활현실을 딱 가로막아 낼 만한 만능의 힘이 있다고는 생각하지 않는다고 대답할 수밖에 없었던 것이다.

문제는 여러 갈래로 제기되어 있는 모양인데 여기서 우리는 문제를 정리해 나가면서 어떠한 해답을 얻지 않아서는 안 될 것이다.

법의 기본이념이 '정의正義'라는 것은 틀림없이 법률학상의 '정론正論'인 것이다. 그러나 '정의'라는 것은 한낱 사회규범에 불과한 법의 기본이념인 까닭에 그것은 항시 대다수의 우리네의 생활현실과 더불어 있어야 할 것이지 결코 대다수의 우리네의 생활현실보다 훨씬 높은 곳에 대단히 고상하게 있어서는 안 될 것이다. 왜냐하면 우리네들은 다 각기 하느님이 아니고 사람이며 그리고 사람사람의 생활을 규율해 주기 위하여 존재해 있는 법일진대 법 내지 정의는 사람사람의 생활현실과 더불어 있지 않고서는 그의 존재이유를 상실하지 않을 수 없는 것인 까닭이다. 법 · 법의 해석 · 법의 운용이 사람사람의 생활현실을 좌우할 수 있다고 생각하는 것은 본말本末을 전도顚倒한 논論일 것이다. 법 내지 법률가는 그렇게 위대한 힘을 가지고 있는 것은 결코 아니다. 그와 반대로 사람사람의 생활현실이 변천해 감에 따라서 법은 거기 적응되게끔 제정되어야 하며, 해석되어야 하며, 운용되어야 하는 것이다.

논자는 나머지 10%의 관리를 위하여 대다수인 90%의 관리를 엄벌하자는 주장이다. 그리고 90%의 관리의 생활현실을 간단히 제쳐놓고 나머지 10%의 관리의 생활현실을 지극히 존중하는 성싶다. 그렇다면 논자는 법이 한낱 사회생활을 규율하는 것을 목적으로 하는 사회규범에 불과한 것이라는 전제조차 부정하기 전에 그러한 주장을 역설한다는 것은 논리상 모순이 아닐 수 없는 것이다. 나는 민주주의 사회생활체제에 있어서 대다수의 예스가 어떠한 경우에 특수한 소수의 노 때문에 부정되어야 하는가를 알 도리가 없는 까닭이다. 왜냐하면 법 내지 법률학이 결코 가치적인 학문의 분야에 속하는 것이 아니라고 생각하는 까닭에 소수의 노가 옳(正)고 대다수의 예스가 그른(不正) 경우라는 것은 있을 수 없는 것이다. 법은 결국 자인(Sein)[1]인 것이지 졸렌(Sollen)[2]은 아니다. 법률학은 가치價値를 추구하는 학문이 아니다. 현실을 규율하기 위한 학문인 것이다. 그러나 그렇다고 해서 법 내지 법률학은 오로지 현실을 긍정하는 데서 그치고 마는 것인가 하는 점에 대해서는 좀더 상세한 설명이 필요할 성싶다.

논자는 90%의 부정不正을 긍정함으로써 나머지 10%까지 타락·부패해 가는 결과를 초래하는 것이 아니냐 하고 개탄하는 것이었다. 그런데 나의 생각으로서는 90%의 관리가 뇌물을 받는 것을 보통 하는 일로서 하고 있다고 할 것 같으면 나머지 10%의 관리가 따라서 뇌물을 받게 되는 일 같은 것은 그것이 관리도官吏道의 더 한층의 타락·부패는 될지언정 그것은 법이나 법률가의 힘으로써 막아낼 도리는 없다는 것이다. 그러나 물론 나 역시 만약 관리도가 더 한층의 타락·부패의 길을 걸으려 한다고 할 것 같으면 법 내지 법률가는 그것을 막으려고 노력하여야 한다고 생각하고 있는 것이다.

나는 위에서 법은 자인(Sein)이지 졸렌(Sollen)이 아니라고 말했으며 또 법 내지 법률학은 가치를 추구하는 학문의 분야에 속하는 것도 아니라고 말한 바 있다. 그러나 그렇다고 해서 법 내지 법률학은 자연과학과 같이 전연 가치價値와는 무관계한 것이라고도 생각하지 않는 바이다. 내가 생각하고 있는 바는 법 자체

1 독일어 철학용어. 존재(存在).
2 독일어 철학용어. 당위(當爲).

는 자인(Sein)이지만 법은 가치에의 지향志向을 바라보고 해석·운용되어야 한다는 것이다. 그런 까닭에 나머지 10%의 관리가 더 한층의 타락·부패의 길을 걸으려고 한다고 할 것 같으면 그것은 가치적인 견지에서 볼 때 우리가 원치 않는 일인 것만은 틀림없는 사실인 것이다. 그러므로 그것을 될 수 있는 데까지 막으려고 노력하는 것은 당연한 이치인 것이다. 그러나 그렇다고 해서 90% 내지 100%의 관리가 현재 실천하고 있는 관리도官吏道에 대하여 한낱 사회규범에 불과한 법의 견지에서 이것을 불법不法이라고 단정하며 그것을 엄벌하여야 한다는 결론은 비현실적인 동시에 법의 사회규범적 성격에 배치背馳된다는 것이다. 예를 관리도官吏道에 국한할 것이 아니라 좀더 보편화시켜서 인민 전체의 90% 내지 100%가 현재 실천하고 있는 생활현실에 대하여 법은 이것을 부정不正·불법不法이라고 단정하며 그것을 엄벌할 수 있겠는가? 또한 그러한 법의 무모한 처리를 우리는 타당하다고 생각할 수 있겠는가?

3. 현실주의법학의 성격

나도 진리를 추구하는 학도의 한 사람으로서 '영구불변한 그 무엇'을 동경하는 점에 있어서 결코 다른 사람에 뒤떨어지고 싶지는 않다. '영구불변한 그 무엇'을 구유具有[1]할 수 있는 학문이야말로 그 얼마나 든든한 것일 것이랴. 그러나 그렇다고 해서 자기가 하고 있는 학문이 어떠한 성격의 것이고 간에 덮어놓고 '영

[1] 갖추어 있음.

구불변의 그 무엇'을 구유한 것이라고 단정하는 것은 조계早計[1]가 아닐 수 없는 것이다. 우리는 그러한 단정을 내리기 전에 우선 우리가 대상으로 하고 있는 법法 내지 법률학法律學의 성격을 정당히 규정하지 않으면 안 될 것이다.

그런데 법은 우리가 다 아는 바와 같이 한낱 사회규범으로서 나날이 변천하는 사람사람의 생활현실을 규율하기 위하여 존재하는 것이라고 할 것 같으면 법 역시 그 생활현실에 적응하도록 나날이 변천하지 않을 수 없을 것이며 따라서 '영구불변한 그 무엇'을 구유할 도리가 없을 것도 분명한 이치이다. 그러므로 '영구불변한 그 무엇'을 구비치 못한 우리들의 법 내지 법률학이 학문으로서 그다지 귀중한 것이 못될는지 모르나 그러나 우리는 어디까지든지 솔직하고 정당하게 법 내지 법률학의 본질적 성격을 파악하지 않아서는 안 될 것이다.

그런 까닭에 법 내지 법률학은 항시 그의 대상인 사람사람의 생활현실을 토대로 하여야 할 것이며 그 생활현실을 존중하여야 할 것이며 법이 그 자체의 존재나 권위를 위하여 사람사람의 생활현실 자체를 희생시킨다는 것은 완전히 본말전도本末顚倒인 것에 틀림없는 것이다. 그러므로 법의 해석·운용은 모름지기 사람사람의 생활현실에 즉則해서 거기에 적응되도록 시행되어야 할 것이다.

여기서 한 가지 부언附言하지 않을 수 없는 주장이 있다. 그것은 켈젠(Kelsen)[2]의 법 내지 법률학의 순수성純粹性을 강조하는 주장인 것이다. 즉 법률학의 임무는 사람사람의 생활현실 속에서 법률적 소재素材만을 추출하여 가지고 거기에다가 법률적 가치평가價値評價만을 내리는 것만이 필요한 것인 동시에 충분한

[1] 아직 적당한 시기에 이르지 못한 계획.
[2] Hans Kelsen (1881~1973). 오스트리아 출신의 법철학자·법사상가.

것이라는 주장인 것이다. 그러나 우리 현실주의법학現實主義法學의 입장에서 볼 때에 도저히 찬의贊意를 표할 수 없는 주장인 것이다. 왜냐하면 사람사람의 생활현실 속에서는 모든 생활현상이 혼성混成된 채로 현현顯現[1]하는 것이 사실임에도 불구하고 법률적 소재만을 추출·분리하여 법률적 고찰의 대상으로 한다는 것은 사실에 부합치 않은 것으로서 우리는 법률적 소재를 진정으로 정확하게 고찰하자고 할 것 같으면 그것이 혼성된 채로 현현하는 생활현실 자체를 종합적으로 파악하지 않아서는 안 될 것이다. 그러므로 우리 현실주의법학現實主義法學의 입장에서는 사회학적 고찰방법을 채용하는 것이다.

원래로 말하자고 할 것 같으면 내가 8·15 해방 후 오늘날까지 주장해온바 현실주의법학現實主義法學의 입장을 훨씬 더 자세하게 논술할 기회를 얻을 작정이나 그러나 근일近日 내가 가장 신뢰하고 있던 법률학도의 뜻하지 않은 고루固陋한 주장을 듣자 황급히 이 글을 초草하여 우선 현실주의법학現實主義法學에 대한 구상의 일단一端을 소개하려 하는 바이다.

(필자는 본사 사장)

[1] 현현(顯現) : 명백하게 드러냄.

법률가의 에스프리[1]

장후영張厚永

나는 『법정法政』 전월호前月號에 "현실주의법학現實主義法學에 대하여"라는 소논문을 공표한 일이 있었다. 그런데 그 글이 법률가 제공諸公에게 여러 가지 각도로 많은 파문을 던진 데 있어서 나는 뜻하지 않은바 큰 충격을 받았다. 그 글의 내용이 하필 관리官吏의 수뢰죄收賂罪[2]를 예시하였기 때문에 더구나 문제를 일으킨 성싶다.

그 글 속에서 나는 현재 관리의 90%가 뇌물을 받음으로써 생활을 유지할 수밖에 없고 또 그런 것이 진정으로 우리의 생활현실이라고 할 것 같으면 이 90% 관리官吏의 생활유지를 위한 뇌물수수賂物收受는 법세계法世界에 있어서 위법성違法性을 조각阻却[3]하는 것이므로 수뢰죄로서 처벌할 가벌성可罰性을 상실한 것이라고 논단論斷하였던 것이다. 그리고 뇌물을 수수收受하지 않고도 능히 생활을 유지할 수 있는 나머지 10%의 유복한 관리의

1 『법정(法政)』, 제7권 제1 · 2호, (1952. 2.), 20~21면. 원제목은 "법률가의 '에스푸리'"로 되어 있음. 에스프리 : 불어 esprit. 정신, 기백.

2 원문에는 '수회(收賄)'라는 표현이 사용되고 있으나 관용어에 따라 '수뢰(收賂)'로 전부 고쳐 적었음.

3 원문에는 '소각(消却)'으로 되어 있으나 현재 통용되는 전문용어인 '조각(阻却)'으로 고쳐 적었음. 이하 같음. 조각(阻却) : 깎아 냄.

청렴(!)한 생활태도가 수뢰죄를 판정하는 기준이 되어서는 안 되겠다는 것이다. 왜냐하면 10%의 유복한 관리는 90%의 빈궁貧窮[1]한 관리에 비해 볼 때 소수의 특수층에 속하는 것이므로 사회규범으로서 사회생활을 규율하는 것을 목적으로 하는 법法—정의正義는 일반 대다수[2]인 빈궁한 90% 관리 편에 있어야 할 것이지 소수의 특수하게 유복한 10% 관리 편에 있어서는 안 될 것이기 때문이라고 논단한 것이다.

이 주장은 결국 변동기變動期에 있어서의 법적 사고방식은 나날이 변천해 가는 생활현실을 그대로 솔직하게 인식하며 법을 그 인식된바 생활현실에 적응適應하도록 해석·운용하자는 것이다. 이 주장이 곧 내가 해방 후 끊임없이 말로써 붓으로써 강조해오는바 현실주의법학現實主義法學의 이론인 것이다.

그런데 우연한 기회로서 관리의 수뢰죄에 관해서 이 이론을 전개해 본 일이 있었는바 그것을 글로써 표현해 본 것이 전월호前月號 『법정法政』의 「현실주의법학에 대하여」라는 소논문이 되었던 것이다.

그 글이 『법정法政』에 공표되자 의외에도 선배에게는 많은 꾸지람을 듣고 젊고 유능한 법률가에게는 가지가지의 항의를 받았다.

그 항의 중에서 지금 내 뇌리에 가장 뚜렷하게 남아 있고 그런 항의는 있음직하다고 생각키우는 것이 하나 있다. 그것은 90% 관리가 생활을 유지하기 위하여 뇌물을 수수하는 것이 보편화된 생활현실이라고 인정되어서 그의 위법성違法性을 조각阻却하는 동시에 가벌성可罰性을 상실하게[3] 하는 것이며 따라서

1 원문에는 '탐궁(貪窮)'으로 되어 있으나 '빈궁(貧窮)'의 오식으로 보임. 이하 같음.

2 원문에는 '다대수(多大數)'로 되어 있으나 '대다수'로 고쳐 적었음. 이하 같음.

법의 기본이념인 정의에 비추어 옳은 것(正)이라고 할 것 같으면 왜 한걸음 더 나아가서 나머지 10% 관리에게 대해서 그들도 뇌물을 받음으로써 법의 세계에 있어서 옳은 것(正)을 실천하라고 논단하지 못하였는가, 그것이 결국 그렇게까지 주장할 만큼 강력하게 옳은 것(正)은 못 되었던가 하고 힐문詰問한다.

그런데 이 항의는 젊은 법률가로서 일응一應 제기하기에 적합한 문제이기는 하다. 그러나 이 견해는 법의 사회생활에 대한 역할을 지나치게 너무 높이 평가한 데서 일어난 과분한 논의인 것이다. 왜냐하면 법은 옐리네크(Jellinek)[1]가 일찍이 말한 바와 같이 항상 우리네의 일반 생활현실 이하의 행위를 가치평가의 대상으로 하는 것이다. 그 수준 이상의 행위는 도덕 기타 세계에서 표창과 찬양을 받을 성스러운 행위일는지는 모르겠으나 그것은 벌써 법세계法世界에서 취급할바 대상은 아닌 것이다. 일반수준 이하의 행위는 우리네 사회생활에 현실적으로 유해한 것이기 때문에 법은 강제력强制力을 행사해서까지 그 행위를 배척·제거하는 것이다. 그런 까닭에 법의 세계에 있어서는 일반수준의 행위라고 할 것 같으면 옳은 것(正)으로서 가치평가를 받을 것이다. 그러나 그 행위를 도덕의 세계에서 관찰해 볼진대 그것은 사회생활을 영위하는 데 있어서의 최소한의 좋은 것(善)일 것이다. 도덕의 세계에 있어서는 끝없이 좋은 것(善)만을 추구할 것이다. 왜냐하면 도덕의 세계는 가치價値의 세계인 까닭이다.

그러나 법의 세계는 가치의 세계가 결코 아니고 현실의 세계인 것이다. 도덕의 세계에 있어서는 높고 더욱 높은 선善을 추구하는 것이 그의 사명이지마는 법의 세계에 있어서는 일반 사회생활을 영위할 수 있는 정도의 선善, 다시 말하면 일반 사회생활

3 원문에는 '상실하는'으로 되어 있으나 '상실하게 하는'의 오기로 생각됨.
1 Georg Jellinek (1851~1911). 독일의 법철학자·정치철학자.

을 영위하는 데 있어서 없어서는 안 될 정도의 선善을 강요하는 것이다. 그러므로 법의 세계에 있어서 옳다고 인정되는 것이 도덕의 세계에 있어서 가장 좋다는 것을 의미하는 것으로 생각한다면 그것은 굉장한 착각인 것이다. 그와 반대로 일반적으로는 법의 세계에서 옳다고 인정받는 것은 도덕의 세계에서 볼 때 '선善의 최소한最小限'인 경우인 것이다.

돌이켜 모두冒頭[1]에서 논의된바 관리官吏가 뇌물賂物을 수수收受한 문제에 관해서 논리를 진전시켜 보건대 관리의 소수少數가 뇌물을 수수했을 시절에 있어서의 그 행위는 관리 일반의 수준 이하의 행위이므로 물론 법이 취급할바 대상일 것이며 따라서 수뢰죄를 구성할 것이 분명하다. 왜냐하면 법法—정의正義는 대다수의 뇌물을 받지 않는 관리 일반의 생활현실과 같이 있기 까닭이다. 그런데 생활현실의 변천에 따라 대다수 내지 관리 일반의 생활현실이 뇌물을 받지 않고서는 도저히 생활을 유지할 수 없게 되어 호불호好不好 간에 하여간 뇌물을 받음으로써 생활을 겨우 유지해 가는 실정이라고 할 것 같으면 이번에는 법法—정의正義는 이 뇌물을 받는 대다수 내지 관리 일반의 생활현실과 같이 있지 않으면 안 될 것이다. 왜냐하면 이번에는 뇌물을 받아서 겨우 생활을 유지해 가는 것이 관리 일반수준의 행위인 까닭이다. 대다수의 관리가 뇌물을 받지 않는데도 불구하고 소수의 관리가 뇌물을 받음으로써 관리의 청렴을 더럽힌다고 할 것 같으면 그것은 관리 일반수준 이하의 행위로서 인정될 것이지마는 대다수 내지 관리 일반의 생활현실이 불량해서 뇌물을 받지 않고서는 도저히 생활을 유지할 수 없는 까닭에 뇌물을 받음으로써 겨우 그의 생활을 유지해 간다고 할 것 같으면 오히려

[1] 모두(冒頭) : 말이나 문장의 첫 대문.

이 현상이야말로 법이 강요하는바 관리 일반수준의 행위일 것이며 법이 옳다고 인정하는바 '최소한最小限의 선善'일 것이다.

소수의 뇌물을 받지 않는 관리의 청렴(!)은 도덕적으로 높이 평가될는지는 모르겠으나 법의 세계에 있어서 그 소수 관리의 특수한 덕망德望을 관리 일반에게 강요해서는 안 될 것이다. 왜냐하면 법의 세계에 있어서는 누구에게 대해서든지 보통·일반의 행위를 강요할 수는 있을지언정 소수·특수한 덕망(善)을 추구해서는 안 될 것이기 때문이다. 다시 한번 말하거니와 법의 세계에 있어서는 가치價値를 추구하는 것이 아니라 현실現實을 규율하는 것이 그의 사명인 것이다.

그러면 다시 젊고 유능한 법률가의 항의에 돌아가서 사고思考를 거듭해 보건대 다수·일반의 관리가 뇌물을 받음으로써 겨우 생활을 유지해가는 것이 일반적인 생활현실이라고 인정되어서 법法—정의正義는 그 행위의 위법違法의 조각阻却을 인정하고 가벌성可罰性의 상실을 단정한다고 해서 과연 내 주장은 필연적으로 나머지 10%의 관리에게 뇌물을 받으라고 선언해야만 할 것일까. 뇌물을 받지 않고도 능히 생활을 유지해갈 수 있는 소수의 특히 유복한 관리의 청렴과 덕망은 가치를 추구하는 도덕의 세계에서는 높이 평가되며 많은 찬양을 받을 것이리라. [그러나][1] 그 보통 이상으로 높은 선善을 법이 강요하는바 '최소한最小限의 선善'까지 끌어잡아 내리지 않으면 안 될 이유가 어디 있을까? 지선至善은 지선至善으로서 극히 좋은 일이다. 그러나 그것은 나의 논술論述과는 아무 상관이 없는 것이다. 나는 지금 법률法律을 논하고 있는 것이다. 법이 강요하는바 일반수준의 행위—최소한最小限의 선善을 논하고 있는 것이다. 내가 대다수의 수뢰관

[1] [ ] 부분은 편저자가 임의로 보충함.

리를 처벌해서는 안 된다는 주장을 한다고 해서, 다시 말하면 그 일반화한 수뢰행위를 법률적으로 옳다고 판단하지 않으면 그것은 결국 비현실적인 법률운용이라고 주장한다고 해서 그것이 곧 내가 그들의 행위를 도덕적으로 높이 평가한다는 말은 결코 아닌 것이다.

내가 진심으로 여기서 말하고 싶은 바는 법의 세계와 도덕의 세계는 별다른 두 개의 세계라는 것이다. 법이 강요하는 것은 일반적인 행위인 것이고 도덕이 추구하는 것은 끝없이 높은 가치(善)인 것이다. 보통 일반수준 이상의 것을 추구하는 것은 법세계法世界 이상 내지 이하의 것이다. 그것은 혹은 도덕의 세계의 것이거나 혹은 종교의 세계의 것이거나 철학 기타 세계의 것일지언정 법의 세계의 것은 아닐 것이다. 세상에는 법의 세계와 도덕의 세계를 혼동하는 경우가 많이 있다. 그러나 그것은 엄격히 구별하여야만 할 문제인 것이다.

그런데 나는 선배 제위諸位께서 나의 주장이 난폭하기 짝이 없는 논설이라고 꾸중하는 말씀을 직접·간접으로 수차 듣고 있는데 아직껏 그의 이론적 근거를 들어본 일이 없다. 하기는 관리가 뇌물을 받는데 죄가 되지 않는다는 주장이 내가 말하는바 '낡은 정의감에의 향수鄕愁'에서 깊은 비판 없이 일응 배척하고 싶은 것이기도 한 것인 것만은 사실이다. 그러나 민주주의 사회생활체제에 있어서 10%의 노가 90%의 예스를 부정할 수 없는 것만은 진리인 것이 아닌가. 이 진리를 인정하는 이상 나의 주장을 인정 안할 도리는 또한 없을 것이다.

그런데 나의 주장을 전적으로 지지하는 젊고 유능한 법률가의 또 하나의 이론구성이 있는데 실로 흥미 깊은 바가 있다. 그에 의하면 대다수의 관리의 생활현실이 불량해서 뇌물을 받음으로써 겨우 생활을 유지해 나가는 현실이라고 할 것 같으면 그 경우의 '물物'은 수뢰죄[1]의 이른바 뇌물이 아니므로 수뢰죄의 구성요건이 되지 않고 따라서 수뢰죄의 구성요건을 충족시키지 않음으로써 범죄를 구성치 않는다는 이론이다.

그러나 나는 이 이론구성에는 의문이 있다. 왜냐하면 관리가 직무에 관해서 수수收受하는 '물物'은 뇌물賂物인 바에는 틀림없는 것이다. 만약 그럼에도 불구하고 그것을 뇌물이 아니라고 단정한다고 할 것 같으면 그것은 법규정조法規正條[2]를 정면으로 무시하는 것이다. 이러한[如斯한] 이론의 전개는 법의 운용에 있어서 극히 중대한 결과를 초래할 우려가 있는 것이다. 나는 더구나 우리나라에 있어서 법을 운용하는 입장에 있는 사람들이 법규정조法規正條를 무시하는 경향이 있어서는 결단코 안 된다고 생각하는 사람 중의 하나이다. 왜냐하면 첫째로 법을 운용하는 사람은 결코 법을 만드는 사명을 가진 것이 아닌 것이다. 그들은 어디까지나 만들어진 법을 운용하는 데 충실하여야 할 것이다. 둘째 우리네 사법관司法官들은 일반적으로는 아직 많이 미숙한 단계에 있는 것만도 사실이다. 그런데도 불구하고 법규정조法規正條를 무시하고 새로운 법의 자유탐구를 시도한다는 [것은][3] 무모하기 짝이 없는 노릇인 것이다. 관리가 직무에 관해서 '물物'을 수수收受한다고 할 것 같으면 그것은 틀림없이 뇌물賂物인 것만은 분명하다. 만약 법을 해석·운용하는 사람들에게 이것까지 부정할 수 있는 권한을 부여한다고 할 것 같으면 모든 법규정조法規正條는 전연 무의미한 것이 되고 말 것이다. 진실로 그럴진대 입법기관은 전연 무용의 장물長物[4]이 될 것이며 급기야에는 삼권분립제도는 여기부터 와해되고 말 것이다. 역시 우리는 그

1 당시의 의용형법 제197조. 의용형법의 관련조문은, 후술 475면 이하 참조.
2 법에 정식으로 규정되어 있는 조문.
3 [ ] 부분은 편저자가 임의로 보충함.
4 장물(長物) : 불필요한 물건.

런 경우에 일응一應 형식적 구성요건構成要件의 충족을 인정하면서 현실적인 입장에서 위법성違法性의 조각阻却—가벌성可罰性의 상실을 주장하는 것이 가장 타당하리라고 사료되는 바이다.

이상 논술하는 데 관련해서 도박죄賭博罪의 규정은 상당히 흥미를 끄는 바가 있다. 재물을 걸고 도박을 하면 도박죄로서 처벌을 받을 것은 물론이지마는 일시적一時的인 오락娛樂으로서 재물을 걸고 도박을 한다고 할 것 같으면 범죄로서 처벌을 받지 않도록 규정되어 있다.

그것은 왜냐? 형식상 현현顯現[1]된바 현상형태現象形態로서는 조금도 다른 점이 없건마는 하나는 도박죄로서 처벌을 당하는데도 불구하고 다른 하나는 어떤 까닭으로 범죄로서 처벌을 받지 않는 것일까? 이것 역시 위법성조각違法性阻却의 문제인 것이다. 재물을 걸고 일시적인 오락으로서 하는 것은 사회 일반생활에 있어서 흔히 있을 수 있는 것이며 또한 실재로 흔히 있는 것이며 따라서 일반수준의 행위로서 위법성을 조각하는 것이다. 그런 까닭에 이와 같은[如此한] 행위는 가벌성可罰性을 상실하게 되므로 법의 세계에 있어서는 옳다고 인정하고 벌을 가하지 않는 것이다. 그렇다고 해서 도덕의 세계에서 일시적 오락인 도박을 가치 높이 평가하는 것은 결코 아닌 것이다. 단지 법의 세계에 있어서 벌을 받지 않을 정도의 '최소한最小限의 선善'에 불과한 것이다. 다시 말하면 법이 강요하는바 보통 일반수준의 행위인 것에 불과한 것이다. 법의 세계에 있어서는 그런 정도의 행위로서 벌써 옳은 것인 것이다. 법은 항상 일반 내지 대다수의 보편화된 행위를 강요하는 것이고 또한 그런 정도의 행위를 강요하는 데서 그치는 것이지 결코 가치적으로 높은 평가를 받을 특

[1] 현현(顯現) : 명백하게 드러냄.

수 · 기특한 도덕군자의 선행을 추구하는 것은 아니다.

그러므로 일반 내지 대다수의 관리가 직무에 관해서 뇌물을 받음으로써 비로소 그의 생활을 유지해 나가는 것이 우리 생활 현실이라고 할 것 같으면 법은 모름지기 이 보편화된, 따라서 일반수준의 행위를 옳다고 인정 안할 수 없을 것이다. 그렇게 함으로써 비로소 법이 현실적으로 타당하게 해석 · 운용되는 것일 것이다. 이것을 솔직히 인정하고 싶지 않을 심정心情—그것을 나는 잘 알 수는 있으나 그것은 어디까지나 '낡은 정의감에의 향수' 이외에 아무것도 아닐 것이다.

그런데 나는 이 글의 제목을 왜 "법률가의 에스프리"라고 붙였을까. 그것은 간단하지만 괴이한 현상이라고 내가 느낀 바가 있기 때문이다. 대체 관리는 여러 가지 관리가 있겠는데 '관리도官吏道의 청렴'에 관한 논설에 있어서 사색하고 비판하고 항의하고 진지한 검토를 거듭하는 관리는 내가 부딪친 한도에 있어서는 오로지 법률가인 관리밖에 없었던 까닭에 나는 진심으로 법률가인 관리의 '에스프리'를 높이 평가하는 바이다. 나는 전부터 사법관司法官의 부패는 그 나라 정부의 마지막 부패인 것이라고 들어왔는데 그것이 진담인 듯 싶다.

그런데 우리나라에 있어서 아직도 법률가인 관리의 '에스프리' 만은 충분히 건전한 '에스프리'를 언제까지나 잃지 말아주기를 하느님에게 빌고 싶다. 내 편견片見인지는 모르겠으나 현단계에 있어서의 우리나라는 이 법률가인 관리의 '에스프리'가 겨우 끌고 나가는 것만 같다. 좌우간 이 법률가의 '에스프리'가 지극히 귀중한 것만은 틀림없이 분명한 성싶다.

(필자는 본사 사장)

1952. 9. 23. 4285행상3 대법원판결[1]

【판결요지】

행정소송법상 행정소송으로서 취소와 변경을 청구할 수 있는 행정청의 처분은 이미 그 효력을 발생함으로써 개인의 권리를 침해하는 처분에 한하는 것임이 구 행정소송법 제1조에 의하여 명백하므로 감찰위원회의 징계의결은 그 의결만으로서는 그 내용에 관한 효력을 발생하지 못하고 각 그 임명자가 그 의결을 실시함으로써 비로소 그 효력을 발생하는 것으로서 행정소송의 대상이 되지 아니한다.

【전 문】

단기 4285년 행상 제3호

판결

대구시 남산동 29번지

원고(피상고인) 박충근

위[右] 소송대리인 변호사 강석복

피고(상고인) 감찰위원회

위[右] 대표자 위원장 노진설

위[右] 소송대리인 변호사 최병석

위[右] 당사자 간 행정처분취소청구사건에 관하여 단기 4285년 2월 25일 서울고등법원에서 언도한 판결에 대하여 피고로부

[1] 편저자가 원판결문을 입수하여 정리한 것이다. 독자의 이해를 돕기 위하여 현재의 맞춤법에 따르고 문단 나누기를 하였다.

터 적법한 상고가 있으므로 아래와[左와] 같이[如히] 판결한다.

【주 문】

원판결을 파훼破毁[1]한다.

원고의 청구를 기각棄却한다.

소송비용은 전부(1, 2심) 원고의 부담으로 한다.

【이 유】

피고 대리인의 상고이유 제1점은,

상고인의 원심原審에서 주장사실은 우리나라는 현재 전시戰時이므로 지프차는 일종의 병기兵器로 취급하여 외국정부로부터 정당히 불하 또는[又는] 양도받았거나 외국인과의 정당한 매매계약에 의하여 취득한 사실을 입증하지 못한 지프차 및[及] 그 부속품은 유기노획물遺棄鹵獲物로 간주하여 계엄사령관포고 및[及] 그 통첩에 의하여 계엄민사부戒嚴民事部에 보고를 요하며 누구를[何人을] 막론하고 소지所持 또는[又는] 사용을 불허할 뿐 아니라 이러한 종류[此種] 차량을 은닉 또는[又는] 사유화私有化를 기도한 자는 관민官民을 막론하고 그[該] 차량을 압수함은 물론 관계자를 엄벌에 처하게 되어 있으며,

피상고인(원고)은 감찰위원회에서 본건 비행非行사실을 조사할 시時에는 당해 지프차는 소외訴外 김용학이 장소 미상未詳에서 습득한 것을 무상양수無償讓受하였다고 진술하였는데(을제2호증),[2] 본소本訴 청구에 있어서는 자동차 부속품상附屬品商인 소외訴外 이강한으로부터 본건本件 지프차 엔진 기타 부속품을 구

[1] 깨뜨리어 헐어버림.

[2] '갑호증(甲號證)' : 원고가 제출하는 증거. '을호증(乙號證)' : 피고가 제출하는 증거. 각각 제○○호라는 번호를 붙여서 사용함. 그리하여 '갑제○○호', '을제○○호'로 표기됨.

입 조립한 것으로서 피상고인(원고) 개인 소유라고 주장을 변경하였으나 설사 고물상 이강한으로부터 본건 지프차 엔진 부속품을 매수하여 조립하였다 할지라도 이강한이 전기前記와 같은[如한] 외국 또는[又는] 외국인으로부터 불하 또는[又는] 매매계약에 의하여 정당하게 소유권을 취득한 증빙證憑이 없는 이상 유기품遺棄品 또는[又는] 도난품이라 아니할 수 없다고 주장하였으며,

또 당사자 간 성립에 다툼이 없는 사문서私文書인 을제6호증(계엄사령관의 통첩의 1의2 및 1의4) 및[及] 을제8호증(군용차량 전용轉用조치요령)의 5의2 및 3 및 7의3에 의하면 6·25 사변 발생 전에 차량 검사증을 소지하지 않고 정당한 불하증빙拂下證憑 없는 GMC,[1] 스리쿼터,[2] 지프차 등은 일절 유기차량遺棄車輛으로 취급할 것이며 이러한 종류[斯種] 기관機關을 장치裝置하여 사변 발생 후에 조립하였거나 매매 기타 방법으로 원소유자原所有者 변경 등으로 출처 불분명된 분分은 노획유기차량鹵獲遺棄車輛으로 취급하게 되어 있으며,

증인 이강한의 증언에 "증인은 원고에게 부속품 없는 지프차 엔진을 금 700,000원에 매도한 사실이 있습니다. 위[右] 엔진 출처는 9·28 후에 입경入京하였을 때 원정元町 소재 고물상 김모金某로부터 230,000원에 매수한 것인바 동인同人은 고철古鐵 불하시 성명불상자姓名不詳者로부터 매수한 것이라고 하였습니다. 증인은 원고의 부탁에 의하여 지프차를 조성造成한바 전술前述 김덕수의 말에 의하면 차체車體만은 450,000원에 육군본부 음악대 대구 정훈국政訓局 운전수 성명불상자로부터 매입한바 출처는 부지不知이고……" 증언에 의하여 본건 지프차의 엔진 및[及] 차체를 외국 또는[又는] 외국인으로부터 정당히 불하 또는[又는]

1 미군용 3톤 트럭.

2 미군용 4분의 3톤 소형 트럭.

매매하여 취득한 것이 아니고 출처 불분명한 물품을 입수하여 6·25 사변 발생 후에 조립組立한 것이므로 전시前示 을호증乙號證에 의하여 유기차량으로 취급하여야 할 것이며,

또 증인 이대근(치안국 차량계장)의 공술供述 요지에 6·25 사변 후 경찰의 배차配車 부족으로 노획차鹵獲車를 자비自費로 수선하여 치안국 차량계에 비치된 사유차량대장私有車輛臺帳에 등록 이용케 하였는데 등록시에는 노획차는 계엄사령부에 등록이 있으면 경찰에서는 그에 의하여 등록하였고, 단기 4284년 5월 4일 계엄사령관 통첩(을6호증) 이전以前에는 국방부 제1국에 등록하면 되는 줄 알고 국방부 제1국에 등록이 있으면 경찰에서는 그에 의하여 등록하여 주게 되어 본건 지프차도 국방부 제1국에 등록하였으므로 등록하여 준 것이고, 단기 4284년 7월 29일 경찰차량 일제一齊 정비등록검사에 의하여 치안국 차량계에 사유차私有車로 등록된 차량 전부를 경찰 국유재산으로 몰수하고 사유차량대장私有車輛臺帳을 폐기하였는데 본건 지프차는 위[右] 검사 전에 등록을 취소하고 타他에 처분한 관계로 몰수 안 되었다는 요지의 증언에 의하여 본건 지프차는 노획차이므로 국방부 제1국에 등록(노획차가 아니면 도道 내무국 차량계에서 운행허가를 수受하여야 하며 국방부 제1국에 등록할 필요가 없음)하였고 국방부 제1국에 등록이 있고 경찰 관용차官用車가 아니므로 일반 자동차 사무를 취급하지 아니하는 내무부 치안국 차량계에서 경찰 국유차國有車와 구별하기 위하여 사유차량私有車輛으로 등록한 사실을 인정함에 충분할 뿐 아니라

증인 이대근의 공술供述에 의하여 갑제3호증의 1, 2는 원래 경찰 관용차官用車는 아니나 경찰관으로서 노획차를 자비로 수리하여 국방부 제1국 또는[又는] 계엄민사부에 노획차로 등록하고 공무公務에 이용하면 치안국 차량계에서는 사유차량대장私有車

輛臺帳(갑제3호증)에 등록하고 휘발유를 배급하였던바 단기 4284년 7년 29일 경찰차량 일제一齊 정비등록검사시에 사유차량대장에 등록된 차량 전부를 폐기하였으므로 갑제2호증의 2 동同 제3호증의 1, 2는 노획차를 등록한 차량대장임에도 불구하고

원심판결은 그[其] 이유에 "성립에 다툼이 없는 갑제1호증(사실조사에 관한 건), 동 제2호증 2(차량등록신청서), 동 제3호증의 1(사유차량대장), 동 호증의 2(동 대장내용) 기재내용 및 증인 이강한, 동 김용학의 증언을 종합 고찰하건대 본건 지프차는 원고의 사재私財로 꾸민 원고의 개인 소유임을 능히 인정할 수 있다. 그러면 이여爾餘[1]의 쟁점에 관한 판단은 할 것도 없이 원고의 본건 청구는 이유 있고 정당하다고 인정되므로 이를[此를] 인정한다"고 판정하였음은 심리부진審理不盡, 이유불비理由不備의 판결이 아니면 비상사태하에 있어서 계엄사령관의 명령 및[及] 지프차에 관한 법령의 적용을 잘못한 위법이 있으므로 파훼破毁를 면치 못할 것이라는 데 있고,

동 제2점은,

당사자가 제출한 증거의 성립을 타방他方이 인정한 경우에 재판소가 이를 배척排斥코저 하면 그 배척하는 적절한 이유를 설명하여야 하며 하등의 이유를 설명함이 없이 만연漫然[2] 이를 인정할 수 없다 또는 조신措信[3]할 수 없다는 단순한 언사言辭로써 배척함은 이유불비의 판결로서 파훼破毁를 면치 못할 것이다(일본대심원판결, 판례총람[4] 민소 속 1010 페이지).

본건에 있어서 원심에서 피고의 답변요지는 원고는 내무부 치

1 그 나머지.
2 일정한 목표가 없이 되는 대로 하는 모양.
3 그대로 믿음.
4 원문에는 '判法總覽'으로 되어 있으나 '判例總覽'의 오식으로 생각됨.

안국 보안과 소방계장 재근중在勤中 단기 4283년 10월 중 서울 등지等地에서 유기遺棄된 지프차 1대를 습득 수리하여 단기 4284년 4월 18일 치안국에 공용차公用車와 같이 등록하여 공용公用에 사용하여 오다가 동년 4월 23일 소외訴外 임학순에게 매도賣渡 착복着服하였다고 진술하고

그[其] 증거로서 제출한 을제2호증은 공무원 징계기관인 감찰위원회監察委員會에서 감찰관 2인, 조사관 1인, 주사 1인, 합 4인이 연석하여 내무부 치안국장실에서 피상고인의 비행사실을 조사할 시에 피상고인이 진술한 그대로 녹취하여 진술자에게 읽어 들리니 진술자는 다시 열람을 청구하여 이를 숙독熟讀 후 무위無違한 지旨를 진술하고 자필로 서명날인하고 간인間印과 정정개소訂正個所까지 본인의 날인이 있으며 동호증同號證에는 단기 4283년 10월 서울 수복 후에 당시 중부소방서원 김용학이 장소 미상에서 습득한 본건 지프차 엔진번호 631379호를 피상고인에게 무상양도無償讓渡한 것이라고 기재되어 있어 상고인의 답변사실을 시인是認함에 충분하므로

원심原審에서 당사자 간 성립에 다툼이 없는 을제2호증을 배척함에는 배척이유를 설명하여야 함에도 불구하고 하등 그 이유를 설명하지 아니하고 만연漫然 "본원本院이 조신措信하지 않은 을제2호증(박충근의 진술서) 및 증인 선우염의 증언을 제외하고는 위[右] 사실을 인정할 만한 자료는 없다"고 판시하였음은 이유불비의 위법이 있다(일본 소화 2년 법률평론 17권 민소 175 페이지 판결총람 민소 속 1173 페이지)라는 데 있고,

동 제3점은,

원심에서 확정된 사실에 의하면 원고(피상고인)는 본건 지프차는 단기 4284년 3월 중순경 원고의 사재私財로써 자동차 부속품

상 이강한으로부터 지프차 엔진 기타 부속품[을][1] 매입買入 조성造成한 것이라고 주장하고(소장訴狀),

상고인은 현재 우리나라에서 운행중인 지프차는 미국 정부로부터 정당히 불하 또는[又는] 양도받았거나 외국인과의 정당한 매매계약에 의하여 매수한 사실이 입증되지 못한 차량 및[及] 동 부속품[은] 을제8호증 '군용차량 전용轉用조치요령' 및[及] 을제6호증 단기 4284년 5월 4일 계엄사령관으로부터 치안국장 앞[宛] '자동차 행정사무에 대한 질의에 관한 건'의 통첩에 의하여 압수할 것이므로 설사 원고(피상고인) 주장과 같이[如히] 본건 지프차 엔진 및[及] 부속품을 소외訴外 이강한으로부터 구입하였다 할지라도 이강한이 그 소지所持하고 있던 엔진 및[及] 그[其] 부속품이 정당[하게] 입수한 입증立證이 없는[無한] 본건에 있어서는 일응一應 유기품 또는[又는] 도난품으로 추정할 수 있으며 경찰관으로서 이를 취득하였음은 장물고매臟物故買[2]를 감행하였다고 아니할 수 없다라고 가항변假抗辯을 하였고

그 증거로서 제출한 을제8호증 '군용차량 전용조치요령' 및[及] 을제6호증 '계엄사령관의 치안국장 앞[宛] 통첩'에 의하면 대한민국 육해공군 이외에 기관 또는 개인이 소유 또는 점유하고 있는 지프차(1/4톤 차) 및 동 부속품은 대한민국 육해공군의 점유를 이탈된 것이라는 추정하에서 전부 이를 압수하되 미국정부로부터 정당히 불하 또는 양도받았거나 또는 외국인과의 정당한 매매계약에 의하여 매수된 사실이 입증되지 못한 차량 및 동 부속품 및[及] 6·25 사변 발생 후에 조립 또는[又는] 매매 기타 방법으로 원原소유자 변경 등으로 출처 불분명된 차량은 노획유기차량鹵獲遺棄車輛으로 취급하라는 규정이 있으므로 자

1 [ ] 부분은 편저자가 임의로 보충함. 이하 같음.

2 장물인 줄 알면서 사들임.

비自費로 차체, 엔진 기타 부속품을 매수 조립하였다 할지라도 전前소유자가 정당히 불하 또는[又는] 매매계약으로 취득한 적확的確한 사실을 입증하지 못하면 유기차량遺棄車輛으로 간주[할] 것이며,

또 증인 이대근(치안국 차량계장)의 증언에 의하면 갑제2호증의 2 및[及] 갑제3호증의 1, 2는 경찰관이 노획한 유기차량은 자비自費로 수리하여 이용할 시에는 경찰 국유차량國有車輛과 구분하기 위하여 경찰 사유차량대장私有車輛臺帳에 등록케 한 것이므로 동 갑호증甲號證은 노획유기차량을 등록한 대장임에도 불구하고

원심판결은 그[其] 이유에 있어서 본건 지프차의 엔진 및[及] 차체 기타 부속품을 정당하게 취득한 입증 유무에 대하여는 하등 언급함이 없이 만연漫然 "본건 지프차는 원고의 사재私財로 꾸민 원고의 개인소유個人所有 차임을 능히 인정할 수 있다"라고 판시하였음은 당사자 간의 쟁점 및[及] 상고인의 중요한 가항변假抗辯에 대한 판단을 유탈遺脫하였으며 구두변론의 전취지全趣旨 및[及] 증거의 취지에 위반하여 부당하게 사실을 확정한 위법이 있다라는 데 있고,

동 제4점은,

행정소송법[1] 제1조에 "행정청 또는 그[其] 소속 기관의 위법違法에 대한 그 처분의 취소 또는 변경에 관한 소송 기타 공법상公法上의 권리관계에 관한 소송절차는 본법에 의한다"라고 규정하여 행정소송사항에 개괄주의槪括主義를 취하였으므로 행정청의 처분이면 어떠한[如何한] 사항에 관하여도 행정소송行政訴訟

1 당시 행정소송법의 관련조문은, 473면 이하 참조.

을 할 수 있는 것처럼 생각되나 동시에 제정 공포된 소원법訴願法 제1조에 "행정청의 위법違法 또는 부당不當한 처분으로 인하여 권리權利 또는 이익利益을 침해당한 자는 본법에 의하여 소원訴願을 제기하여 그 취소 또는 변경을 요구할 수 있다"라고 규정하여서 행정청의 부당처분不當處分으로 이익利益을 훼손毁損당한 자는 소원訴願을 제기할 수 있으나 행정소송을 제기할 수 없고 행정청의 위법처분違法處分으로 권리침해權利侵害당한 자에만 한하여 행정소송을 제기할 수 있는 것은 법문상法文上 명백한 사실일 뿐만 아니라

헌법[1] 제81조 제1항에 대법원을 최종심으로 하는 법원法院이 국가의 처분이 '헌법과 법률에 위반되는 여부'를 심사할 수 있다는 취지를 규정하여 법원은 행정소송行政訴訟을 재판할 때에 있어서 당해 행정행위가 헌법과 법률에 위반되는 여부를 심사할 수 있을 뿐이고 행정청의 자유재량행위自由裁量行爲에 관하여서는 심사할 수 없으므로 행정소송은 일반통치관계一般統治關係에 있어서 행정청의 위법처분違法處分으로 권리를 침해당한 자가 그 구제를 이유로써만 제기할 수 있으며 일반 행정기관에 대하여 독립한 지위를 가진 법원의 행정소송에 대한 심사권은 행정법규의 적용에 관하여 위법違法 여부를 심사하는 데 그치고 행정행위의 당當·부당不當에 관하여는 심사할 권한이 없는 것이다.

만일 행정기관과 독립된 법원이 행정청의 자유재량행위까지를 심사하여 그의 적당適當·부적당不適當을 재판할 수 있다면 행정청의 일반 감독기관과 같이 되어 행정기관은 결국에 있어서 법원에 예속되는 결과를 초래할 우려가 있을 것이며, 또 행정행위 중에는 군사, 외교, 공무원의 신분 및[及] 직무에 관한 사항

[1] 당시 헌법의 관련조문은, 후술 462면 이하 참조.

및 자격시험 또는 전형銓衡에 관한 사항 등은 성질상 재판의 목적이 되지 못할 것이 많을 것이므로 행정소송의 대상은 자연 한계가 정하여질 것이다.

그러므로 감찰위원회監察委員會에서 [행한] 공무원에 대한 징계의결에 대하여 행정소송을 제기할 수 있느냐에 관하여는 징계처분은 특별권력관계特別權力關係에서 임명된 공무원이 국가에 대하여 부담한 특별의무 위반을 이유로 국가가 사용주使用主로서의 특별한 권력에 의하여 관기官紀의 유지를 목적으로 특별권력관계의 해소 또는 장래를 계고戒告하는 행정벌行政罰이며 일반통치관계一般統治關係에 있어서 사회공공社會公共이 가지고 있는 권리침해가 아니므로 징계처분에 대하여는 행정소송을 제기할 수 없을 것이다.

정부조직법[1] 제43조에 감찰위원회監察委員會는 공무원의 위법행위違法行爲가 있을 때에 징계의결할 수 있을 뿐만 아니라 공무원의 비행非行이 있을 때에도 징계처분할 수 있으며 징계처분의 원인에 대하여는 국가공무원법[2] 제45조에 막연한 규정을 두어 공무원의 본분에 배치된 소위所爲가 있을 때, 직무상의 의무에 위반하거나 또는 직무를 태만하였을 때, 직무의 내외를 불구하고 공직상의 체면 또는 위신을 손상하였을 때에 징계에 처할 수 있다고 하였을 뿐이고 구체적 사실에 있어서 어느 정도의 직무태만과 체면손상이 징계의 원인이 될 것인가는 공무원의 종류와 직무에 따라 다르고 시기와 환경에도 좌우될 것도 있으며 징계원인에 있어서도 경우에 따라 징계처분하지 아니할 수도 있으므로 징계의 원인이 되는 비행 유무와 징계의 경중은 징계기관에서 구체적 사실과 각개各個 공무원의 사정도 참작하여 자유로이 결정할 문제

1 당시 정부조직법의 관련조문은, 후술 463면 이하 참조.
2 당시 국가공무원법의 관련조문은, 후술 466면 이하 참조.

이므로 감찰위원회의 징계처분 전부가 행정소송의 대상이 되지 못할 것은 행정소송법 제1조의 규정에 의하여 명백한 사실이다.

감찰위원회는 대통령 직속의 공무원 감찰기관이므로 특별권력관계特別權力關係 내에서만 그[其] 존립의 의의를 가지고 있고 일반통치관계一般統治關係에 있어서의 의의기관意義機關인 행정청을 의미하는 행정소송법 제1조의 소위 행정청行政廳에 해당하지 아니하므로 감찰위원회의 징계처분에 대하여는 행정소송을 하지 못할 것이다. 만일 감찰위원회의 징계처분에 대하여도 행정소송을 할 수 있다면 동일인의 공무원에 대한 징계처분에 관하여서도 국가공무원법상의 특별징계위원회와 보통징계위원회는 행정소송법 제1조의 소위 행정청이 아니므로 이 징계위원회에서 행한 징계처분에 대하여도 행정소송을 제기하지 못함에도 불구하고 감찰위원회의 징계처분에 대하여는 행정소송을 할 수 있다면 징계기관이 다름에 따라 피징계자의 취급에 차별이 있게 되어 법률상 불통일의 기이한 현상이라 아니할 수 없다.

공무원은 국가공무원법 제28조의 충성의 의무와 동법同法 제29조의 상명하복의 의무가 있으며 행정수반인 대통령은 각 행정기관 소속 공무원에 대하여 감찰권이 있으므로 직속 감찰기관인 감찰위원회를 두고 공무원에 대한 감찰사무를 대행케 하여 위법행위違法行爲 또는 비행非行이 있을 때에는 감찰권의 발동으로 징계에 처하게 되므로 일반 공무원은 감찰위원회의 징계처분에는 절대 복종하여야 하며 제3자에게 그 당부의 판단을 요구하여 그 판단을 기다려[期待려] 비로소 이에 복종하는 것은 공무원의 복종의무에 위반될 뿐만 아니라

정부조직법 제43조에 "징계가 의결되면 소속 장관에게 이송하여 시행케 한다" 또는 국가공무원법 제45조에 "감찰위원회의 징계의결을 수리하였을 때에는 그 의결에 의한 처분을 하여야 한

다"라고 규정하였음은 공무원은 특별권력관계特別權力關係에 있어서 복종의무를 내용으로 한 감독기관인 감찰위원회의 징계의결에는 절대 복종할 의무가 있고

특별권력관계에 기인하는 사유를 가지고 그 특별권력관계에 복종하지 아니하려는 의도하에 행정소송을 제기하고 그 해결을 제3자의 판단[에서] 구할 수 있다면 상명하복의 원칙을 문란케 하며 강기綱紀의 이완弛緩을 초래하여 공무원의 부패를 촉진시키게 되므로 이들[此等] 폐해를 방지하는 데 귀인歸因한 것이다.

이상 요컨대 특별권력관계特別權力關係 내에서만 그 존립의 의의를 가지고 있고 대통령에 직속直屬한 공무원에 대한 감찰기관인 감찰위원회의 징계의결은 행정소송의 소송물訴訟物이 되지 못하므로 본소本訴는 부적법不適法한 소송으로서 본안本案 심리를 할 필요도 없이 당연 각하却下할 것이다라는 데 있다.

심안審按[1]하니 헌법, 정부조직법, 국가공무원법 및 감찰위원회직제 등에 의하여 우리나라[我邦]의 공무원 및 공무원감찰제를 고찰컨대

(1) 대한민국은 민주주의를 기반으로 한 국가로서 국가주권國家主權이 국민에게 있고 국민은 누구든지 법률에 의하여 국가의 공무公務를 담당할 권리가 있으나 대한민국은 국민 일반의 안녕질서를 유지할 뿐 아니라 국민의 도의를 고양高揚하고 국민의 산업 및 문화를 증진케 함으로써 국민 일반의 공공복지를 촉구하고 이를 영원히 확보할 것을 목적으로 하는 자주적 정치조직체이며 절대적 최고민족단체이므로 이 국가목적을 수행하기 위

[1] 자세히 살펴 조사함.

한 국가사무(국무國務)야말로 가장 숭고하고 신성한 것으로서 어떤 개인의 이익을 위한 사무私務 또는 국민 일부의 이익을 대표하는 단체의 업무와는 도저히 동일시할 수 없는 것이다.

그리고 이 숭고한 국가의 목적을 달성하기 위하여서는 국가의 모든 사무가 법령에 따라 국가목적을 위하여 공정히 수행됨으로써 국민이 국가를 절대로 신뢰하고 국가의 위신이 확립되어야 하며 이를 위하여서는 국가사무를 관장 또는 보조하는 공무원들이 공무원은 국민의 공복公僕이라는 의식에 철저하여 오직 일신一身을 국민 전체에 봉사하는 각오로써 전력을 그 직무에 다하고 성실히 법령을 준수하여 공정 친절히 그 직무를 수행할 뿐 아니라 그 직무 외에 있어서도 항상 지신持身[1] 염결廉潔[2] 정직正直하여 국민생활의 표적標的이 되어야 하므로 공무원은 그 성질상 그 직무를 수행하는 데 필요한 학술 경험보다 국민에 대한 국가의 위신과 신망을 유지 증진하는 데 필요한 인격적 요소가 절대로 요청되며 또 공무원 대 국가 간의 공법적 관계가 계약에 기인한 것이라 할지라도 그 전인격全人格으로써 국가에 공헌 또는 국민봉사자인 공무원의 신분을 취득하는 점에 있어 도저히 일정한 노무勞務의 제공과 특정한 사무처리에 시종始終하는 사법상私法上 고용관계와는 동일시할 수 없는 것이다.

(2) 국무國務 중 행정사무에 관하여서는 정부조직법이 명시한 바와 같이 그것이 통일적이며 체계적으로 조직된 책임제로서 행정사무를 관장하는 행정기관이 대통령 통할統轄하에 각부各部로 분할되어 각부의 주관사항이 각부 장관長官의 책임으로써 수행되는 동시에 그 각부가 국무원國務院에 통합되고 대통령大統領에게

1 몸의 처신. 몸가짐.
2 청렴하고 결백함.

귀일歸一됨으로써 전체적으로 유기적 기능성을 발휘하게 되어 있으므로 국가행정은 행정권의 수반인 대통령의 최고책임하에서 각부 장관이 각 그 책임의 일부를 분담하여 이를 수행하는 것이다.

그리고 사실상 행정사무를 집행하는 데 있어서는 사무의 번잡성에 의하여 국무원國務院 및 각부各部에 국, 과 등 보조기관補助機關과 이를 충전充塡하는 보조공무원補助公務員이 필요하므로 각 그 직제職制에 따라 국, 과 등을 설치하고 각 그 보조공무원을 채용하게 되는바 행정사무가 상술上述한 바와 같이 책임제責任制인 관계상 각 보조공무원은 각 그 책임자의 지휘감독하에서 법령에 따라 각 그 소임사무所任事務를 집행하여야 할 것은 물론이나 사무의 유기적 통일성을 발휘하기 위하여서는 직무상 규율에 의한 복종이 요청되는 바로 보조공무원은 그 책임자의 직무상 의견에 복종할 의무가 있고 그 행정결과行政結果에 대하여서는 오직 행정책임자가 국민에 대하여 그 책임을 지고(헌법 제27조에 공무원은 국민의 수임자受任者이며 국민에 대하여 그 책임을 진다고 [하고] 있음은 행정관계에 있어서는 다만 행정책임자를 말하는 것이라고 보는 것이 타당할 것이다) 보조공무원은 그 지휘감독자인 최고책임자 또는 각부 책임자에 대하여 보조적 책임을 부하負荷[1]하는 데 불과하다 할 것이다.

이와 같이 각부 장관 및 국무총리 기타 행정기관의 책임자는 최고책임자인 대통령에 대하여, 각 보조공무원은 각 그 기관책임자에 대하여 또 이를 통하여 대통령에게 보조적 책임이 있고, 또 보조자와 피보조자 간에는 인적 신임이 필요하므로 최고책임자 또는 각 기관책임자로 하여금 각 그 행정상 책임을 완수케 하기 위하여서는 그 책임범위 내의 행정사무를 수행키 위한 보조공무원의 임면任免에 관한 어느 정도의 자유재량권自由裁量權

[1] 짐을 짐.

을 부여하여야 할 것이다. 이로써 현 제도는 별정직 공무원의 대부분 및 일반공무원 중 1급 공무원의 임면任免을 대통령의 자유에 일임하고, 2급, 3급 공무원은 일정한 조건하에 대통령이 임명任命하고, 4급 이하 공무원은 각부 장관이 그 책임에서 임명채용任命採用하는 취의趣意[1]를 이해할 수 있는 것이다.

그러면 국가공무원법으로써 2급 이하 공무원에 대한 신분을 보장한 이유 여하如何. 이는 2급 이하 공무원은 대개 행정부의 국, 과장 이하의 보조공무원으로서 그에게는 직무집행상 일정한 자격(학술 경험 등)이 필요할 뿐 아니라 국가행정이 복잡다기複雜多岐한 관계상 대량적으로 수요需要되므로 그 임면에 관한 인사人事의 공정을 기하기 위하여 임용과 징계에 관한 일정한 표준을 정한데 불과한 것이요 이로써 공무원의 국가에 대한 특수관계 및 행정책임제에는 하등 영향을 미칠 바 아니다.

그러므로 공무원에 대한 징계벌懲戒罰이 위법違法에 대한 제재이기는 하나 이것이 일반국민의 기본권에 관한 것이 아니고 공무원公務員이란 국가에 대한 특수관계와 지위로 인한 특별책임을 원인[으로] 하는 것으로 그 절차는 행정적 심사에 그치고 그 이상 문제화되지 아니하는 것이 국가목적에 합치되고 또 국가공무원법에 관한 가장 타당한 해석일 것이다.

왜냐하면 동법同法에 의한 징계의 원인의 대부분이, 특히 동법 제28조 내지 제30조 위반에 관한 사항 등은 대개 소속 장관의 인정認定에 일임할 사항에 관한 것으로 이를 일일이 법정法廷에 제출 쟁송爭訟케 하는 것은 행정책임제에 위반될 뿐 아니라 국가의 행정질서를 문란케 하고 직무상 규율을 파괴할 염려가 없지 아니하며 공무원을 민사상 고용관계 등과 동일시하여 이 징

[1] 취지.

계처분을 행정소송의 대상으로 하려는 것은 극단적인 개인주의의 여폐餘弊[1]로 개인의 이익에만 편중偏重하고 국가적 공익을 경시하여 공무원의 국가에 대한 특수관계의 윤리성을 망각하는 소론所論으로 도저히 용허容許[2]할 수 없는 것이다.

(3) 끝으로 감찰위원회의 징계의결에 관하여 고찰컨대 감찰위원회는 국가공무원에 대한 위법행위違法行爲 또는 비행非行을 감시사찰監視査察하는 대통령의 직속기관으로 그 직무가 공무원의 위법행위 또는 비행에 관한 정보수집, 사실조사, 각 행정장관에 대한 정보제공, 징계처분의 요구와 범죄의 고발이 주요한 것이며 독자적으로 증빙證憑에 의하여 위법 또는 비행의 사실을 인정하고 공무원에 대한 징계의 의결을 할 수 있으나 이 의결은 각 소관所管 장관에 이송하여 시행케 하는 것이고, 공무원법에 의하면 임명권자가 징계위원회로부터 그 징계의결을 수리受理한 때에는 그 소정所定 처분을 실행키로 되어 있으므로 임명권자에게 그 의결을 실행한 법률상 의무 있음이 원칙이라 할 것이나,

이것이 절대적인가의 여부를 고구考究하면 별정직 및 3급 이상 공무원에 대한 징계의결의 처분권자는 대통령인바 대통령은 정부조직법 제2조에 의하여 그 예하隷下 각 기관이 발한 불법不法 또는 부정당不正當한 명령, 처분의 취소 또는 중지를 명할 수 있으므로 감찰위원회의 의결이 불법 또는 부정당한 때에는 취소 또는 중지할 수 있다고 보는 것이 타당한 것이며, 4급 이하의 공무원에 대한 징계의결의 처분권자는 각부 장관인바 이 의결이 엄격한 법률적 소송절차訴訟節次에 의하여 재결裁決되고 법률상 그 효력이 확보된 사법상司法上의 재판裁判과 동일시할 수 없을

[1] 남아 있는 폐해.
[2] 너그러운 마음으로 용납하여 허용함.

뿐 아니라 각부 장관은 다른 기관에서 한 의결에 기계적으로 복종할 의무가 없음이 원칙이고, 또 이 의결이 불법 또는 부당하다고 인정할 때에는 국무총리를 통하여 대통령에게 그 취소 또는 중지를 청할 수 있다고 보는 것이 타당할 것이므로 각부 장관도 그 의결이 적법適法하고 또 정당正當한 한도 내에서만 이를 시행할 의무가 있다 할 것이다(정당한 이유 없이 시행치 않는 경우에는 정치상의 책임문제가 야기될 뿐).

여하간 감찰위원회의 징계의결은 그 의결만으로서는 그 내용에 관한 효력을 발생하지 못하고 각 그 임명자가 그 의결을 실행함으로써 비로소 그 효력을 발생하는 것이며, 행정소송법상 행정소송으로써 취소와 변경을 청구할 수 있는 행정청의 처분은 이미 그 효력을 발생함으로써 개인의 권리를 침해하는 처분에 한한 것임이 동법 제1조에 의하여 명백하므로 감찰위원회의 징계의결의 취소를 청구한 본소本訴 청구는 부당한 것이다.

원판결이 본소本訴 청구를 인용認容한 것은 이 법리를 오인한 것으로 도저히 파훼破毁를 면치 못할 것이며 이 점에 관한 상고 그 이유 있으므로 기타의 상고취의上告趣意에 관한 판단을 생략하고 민사소송법 제408조 및 소송비용에 관한 동법同法 제89조, 제95조를 적용하여 주문主文과 같이 판결한다.

단기 4285년 9월 23일

대법원 특별부

재판장 대법관 김병로金炳魯

대법관 김찬영金瓚泳

대법관 백한성白漢成

대법관 김두일金斗一

대법관 김동현金東鉉

당시의 관련법령 (발췌)

비상사태하의 범죄처벌에 관한 특별조치령
계엄법
국가보안법
부역행위특별처리법
감형령
반민족행위처벌법
대한민국헌법
정부조직법
국가공무원법
행정소송법
의용형법

비상사태하의 범죄처벌에 관한 특별조치령[1]

[제정 1950. 6. 25 대통령긴급명령 제1호]

제1조 본령(本令)은 비상사태(非常事態)에 있어서의 반민족적 또는 비인도적 범죄를 신속히 엄중처단함으로써 목적으로 한다.

제2조 ① 본령에 있어서 비상사태(非常事態)라 함은 단기 4283년 6월 25일 북한괴뢰집단의 침구(侵寇)에 인하여 발생한 사태를 칭한다.

② 전항(前項) 사태는 대한민국정부기관에 의하여 치안이 완전히 회복하였을 때에 종료된다.

제3조 비상사태에 승(乘)하여 좌(左)의 죄를 범한 자는 사형에 처한다.

1. 살인
2. 방화
3. 강간
4. 군사, 교통, 통신, 수도, 전기 · 와사(瓦斯),[2] 관공서 기타 중요시설 및 그에 속한 중요문서 또는 도면(圖面)의 파괴 및 훼손
5. 다량의 군수품 기타 중요 물자의 강취, 갈취, 절취 등 약탈 및 불법처분
6. 형무소, 유치장의 재감자(在監者)를 탈출케 한 행위

제4조 비상사태에 승(乘)하여 좌(左)의 죄를 범한 자는 사형, 무기 또는 10년 이상의 유기징역에 처한다.

1. 타인의 재물을 강취, 갈취 또는 절취한 행위
2. 타인의 건조물을 파괴, 훼손 또는 점거한 행위
3. 관헌(官憲)을 참칭(僭稱)하거나 또는 이적(利敵)의 목적으로 체포, 감금, 상해, 폭행한 행위
4. 관권(官權)을 모용(冒用)[3]하거나 또는 적에게 정보제공 또는 안내한 행위
5. 적에게 무기, 식량, 유류, 연료 기타의 금품을 제공하여 적을 자진방조(自進幇助)한 행위

[1] 이하의 조문 소개에서는 한글로 표기하되 법조문임을 고려하여 당시의 맞춤법에 따름.

[2] 와사(瓦斯) : 가스.

[3] 감히 사용함.

제5조 정보제공, 안내 또는 기타의 방법으로 전(前)2조의 범행에 가공(加功)한 자는 주범(主犯)의 예에 의하여 처단한다.

제6조 제3조 제5호, 제4조 제1호·제2호의 죄를 범한 자로서 비상사태 종료 후 48시간 이내에 원상(原狀)을 회복한 자는 형을 감경 또는 면제할 수 있다.

제7조 타인을 모함할 목적으로 본령(本令)에 규정한 죄에 관하여 허위의 고발 또는 위증을 하거나 직권을 남용하여 범죄사실을 날조(捏造)한 자는 각기 본죄(本罪)의 예에 의하여 처단한다.

제8조 본령(本令)의 죄에 관한 형사절차는 본령에 규정한 이외에는 일반의 예에 의한다.

제9조 본령(本令)에 규정한 죄의 심판은 단심(單審)으로 하고 지방법원 또는 동(同) 지원의 단독판사가 행한다.

제10조 본령(本令)에 규정한 죄에 관하여서는 기소 후 20일 이내에 공판을 열어야 하며 40일 이내에 판결을 언도(言渡)하여야 한다.

제11조 본령(本令)의 규정한 죄에 관한 판결에 있어서는 증거설명을 생략할 수 있다.

제12조 본령(本令)에 의한 사형의 집행은 교수(絞首) 또는 총살로 한다.

제13조 본령(本令)에 규정한 죄에 본령 이외의 형사법에 규정한 죄가 경합될 경우에는 본령의 형사절차에 의한다.

부칙 〈제1호, 1950. 6. 25〉

본령(本令)은 단기 4283년 6월 25일부터 시행한다.

「비상사태하의 범죄처벌에 관한 특별조치령」 중 개정법률

[1951. 1. 30 법률 제175호]

「비상사태하의 범죄처벌에 관한 특별조치령」 중 좌(左)와 여(如)의 개정(改正)한다.

제3조 중 '사형'을 '사형, 무기 또는 4년 이상의 유기징역'으로 개정한다.

제4조 중 '사형, 무기 또는 10년 이상의 유기징역'을 '사형, 무기 또는 2년 이상의 유기징역'으로, 동조(同條) 제5호 중 '기타의 금품을 제공

하여'를 '금품의 제공 기타의 방법으로'로 개정한다.

제9조에 다음 항을 신설한다.

② 본령(本令)에 규정한 죄에 관하여 사형, 무기 또는 10년 이상의 형의 언도(言渡)를 받은 피고인 또는 관할재판소의 검사, 피고인의 법정대리인, 보좌인, 직계존속, 직계비속, 배우자 및[及] 피고인이 속하는 가(家)의 호주는 피고인의 이익을 위하여 지방법원 및 지방법원지원합의부에 재심판(再審判)을 청구할 수 있다.

③ 재심판(再審判)에 관한 수속(手續)[1]은 본령(本令)에 규정한 이외는 형사소송법 중 공소(控訴)[2]에 관한 규정을 준용한다.

제11조 중 '20일'을 '30일'로, '40일'을 '60일'로 개정한다.

비상사태하의 범죄처벌에 관한 특별조치령 (개정문)[3]

[일부개정 1951. 1. 30 법률 제175호]

제1조 본령(本令)은 비상사태(非常事態)에 있어서의 반민족적 또는 비인도적 범죄를 신속히 엄중처단함으로써 목적으로 한다.

제2조 ① 본령에 있어서 비상사태(非常事態)라 함은 단기 4283년 6월 25일 북한괴뢰집단의 침구(侵寇)에 인하여 발생한 사태를 칭한다.

② 전항(前項) 사태는 대한민국정부기관에 의하여 치안이 완전히 회복하였을 때에 종료된다.

제3조 비상사태에 승하여 좌(左)의 죄를 범한 자는 사형, 무기 또는 4년 이상의 유기징역에 처한다. 〈개정 1951. 1. 30〉

1. 살인
2. 방화
3. 강간
4. 군사, 교통, 통신, 수도, 전기 · 와사(瓦斯),[4] 관공서 기타 중요시

[1] 지금의 '절차(節次)'에 해당하는 일본식 법률용어.

[2] 지금의 '항소(抗訴)'에 해당하는 일본식 법률용어. 항소(抗訴) : 제1심판결에 대한 불복방법.

[3] 위의 개정법률의 내용을 반영하여 정리한 것임.

[4] 와사(瓦斯) : 가스.

설 및 그에 속한 중요문서 또는 도면(圖面)의 파괴 및 훼손

5. 다량의 군수품 기타 중요 물자의 강취, 갈취, 절취 등 약탈 및 불법처분

6. 형무소, 유치장의 재감자(在監者)를 탈출케 한 행위

제4조 비상사태에 승(乘)하여 좌(左)의 죄를 범한 자는 사형, 무기 또는 2년 이상의 유기징역에 처한다. 〈개정 1951. 1. 30〉

1. 타인의 재물을 강취, 갈취 또는 절취한 행위
2. 타인의 건조물을 파괴, 훼손 또는 점거한 행위
3. 관헌(官憲)을 참칭(僭稱)하거나 또는 이적(利敵)의 목적으로 체포, 감금, 상해, 폭행한 행위
4. 관권(官權)을 모용(冒用)[1]하거나 또는 적에게 정보제공 또는 안내한 행위
5. 적에게 무기, 식량, 유류, 연료, 금품의 제공 기타의 방법으로 적을 자진방조(自進幇助)한 행위

제5조 정보제공, 안내 또는 기타의 방법으로 전2조의 범행에 가공(加功)한 자는 주범(主犯)의 예에 의하여 처단한다.

제6조 제3조 제5호, 제4조 제1호 · 제2호의 죄를 범한 자로서 비상사태 종료 후 48시간 이내에 원상(原狀)을 회복한 자는 형을 감경 또는 면제할 수 있다.

제7조 타인을 모함할 목적으로 본령(本令)에 규정한 죄에 관하여 허위의 고발 또는 위증을 하거나 직권을 남용하여 범죄사실을 날조(捏造)한 자는 각기 본죄(本罪)의 예에 의하여 처단한다.

제8조 본령(本令)의 죄에 관한 형사절차는 본령에 규정한 이외에는 일반의 예에 의한다.

제9조 ① 본령(本令)에 규정한 죄의 심판은 단심(單審)으로 하고 지방법원 또는 동(同) 지원의 단독판사가 행한다.

② 본령(本令)에 규정한 죄에 관하여 사형, 무기 또는 10년 이상의 형의 언도(言渡)를 받은 피고인 또는 관할재판소의 검사, 피고인의 법정대리인, 보좌인, 직계존속, 직계비속, 배우자 및[及] 피고인이 속하는 가(家)의 호주는 피고인의 이익을 위하여 지방법원 및 지방법

[1] 감히 사용함.

원지원합의부에 재심판(再審判)을 청구할 수 있다. <신설 1951. 1. 30>
③ 재심판(再審判)에 관한 수속(手續)은 본령(本令)에 규정한 이외는 형사소송법 중 공소(控訴)에 관한 규정을 준용한다. <신설 1951. 1. 30>

제10조 본령(本令)에 규정한 죄에 관하여서는 기소(起訴) 후 30일 이내에 공판(公判)을 열어야 하며 60일 이내에 판결을 언도(言渡)하여야 한다. <개정 1951. 1. 30>

제11조 본령(本令)의 규정한 죄에 관한 판결에 있어서는 증거설명을 생략할 수 있다.

제12조 본령(本令)에 의한 사형의 집행은 교수(絞首) 또는 총살로 한다.

제13조 본령(本令)에 규정한 죄에 본령 이외의 형사법에 규정한 죄가 경합될 경우에는 본령의 형사절차에 의한다.

부칙 <제1호, 1950. 6. 25>

본령(本令)은 단기 4283년 6월 25일부터 시행한다.

부칙 <제175호, 1951. 1. 30>

본령(本令)은 공포 당시에 부칙을 정하지 아니한 법률로서 헌법의 규정에 의하여 공포한 날로부터 20일 경과 후 시행됨.

「비상사태하의 범죄처벌에 관한 특별조치령」 폐지와 동법에 기인한 형사사건 임시조치법

[제정 1960. 10. 13 법률 제559호]

제1조 단기 4283년 6월 25일 공포·시행한 대통령령(긴급명령) 제1호 「비상사태하의 범죄처벌에 관한 특별조치령」(이하 특별조치령이라 칭한다)은 폐지한다.

제2조 특별조치령 위반으로 계속(繫屬)중인 형사사건에 관한 수속(手續)은 본법(本法)에 규정한 이외에는 형사소송법의 규정에 의한다.

제3조 특별조치령 위반으로 확정판결을 받은 자 또는 그 법정대리인, 보좌인, 배우자, 직계의 친족이나 그가 속하는 가(家)의 호주는 그 이

익을 위하여 재심판(再審判)을 청구할 수 있다.

제4조 전조(前條)에 의한 재심판(再審判)은 관할고등법원에 청구하여야 한다. 단 검사는 부대공소(附帶控訴)[1]를 할 수 없다.

제5조 특별조치령 위반으로 군법회의의 확정판결을 받은 자도 전(前)2조에 의하여 재심판(再審判)을 청구할 수 있다

제6조 본법(本法)에 의한 재심판(再審判) 청구기간은 본법 시행일로부터 60일 이내로 한다.

부칙 〈제559호, 1960. 10. 13〉

제7조 ① 본법(本法) 시행당시 특별조치령 위반으로 단심계속사건(單審繫屬事件)으로서 법원조직법 제39조 규정에 의하여 합의부(合議部) 해당사건은 30일 이내로 당해 법원 관할합의부에 이부(移付)하여야 한다.

② 본법(本法) 시행 당시 지방법원합의부에 계속(繫屬)중인 재심판사건(再審判事件)은 30일 이내에 관할고등법원에 이송하여야 한다.

제8조 본법(本法)은 공포일로부터 시행한다.

「비상사태하의 범죄처벌에 관한 특별조치령」 폐지와 동법에 기인한 형사사건 임시조치법

[일부개정 1961. 8. 7 법률 제673호]

제1조 단기 4283년 6월 25일 공포·시행한 대통령령(긴급명령) 제1호 「비상사태하의 범죄처벌에 관한 특별조치령」(이하 특별조치령이라 칭한다)은 폐지한다.

제2조 삭제 〈1961. 8. 7〉

제3조 삭제 〈1961. 8. 7〉

[1] 한편의 상대방이 공소(控訴)할 때 이에 대응하여 다른 상대방이 공소(控訴)하는 것. 의용형사소송법에 의할 때 검사의 부대공소가 있으면 법원은 원심판결보다 중한 형을 선고할 수 있었다. 현행 형사소송법에는 부대공소(附帶控訴)의 제도가 없다. 공소(控訴) : 지금의 항소(抗訴)에 해당하는 일본식 법률용어. 항소(抗訴) : 제1심 판결에 대한 불복방법.

제4조 삭제 〈1961. 8. 7〉

제5조 삭제 〈1961. 8. 7〉

제6조 삭제 〈1961. 8. 7〉

부칙 〈제559호, 1960. 10. 13〉

제7조 ① 본법(本法) 시행당시 특별조치령 위반으로 단심계속사건(單審繫屬事件)으로서 법원조직법 제39조 규정에 의하여 합의부(合議部) 해당사건은 30일 이내로 당해 법원 관할합의부에 이부(移付)하여야 한다.

② 본법(本法) 시행 당시 지방법원합의부에 계속(繫屬)중인 재심판사건(再審判事件)은 30일 이내에 관할고등법원에 이송하여야 한다.

제8조 본법(本法)은 공포일로부터 시행한다.

부칙 〈제673호, 1961. 8. 7〉

① 본법(本法)은 공포한 날로부터 시행한다.

② 본법(本法) 시행 당시 「비상사태하의 범죄처벌에 관한 특별조치령」 위반으로 법원 또는 군법회의에서 확정판결을 받은 자 또는 그 법정대리인, 보좌인, 배우자, 직계의 친족이나 그가 속하는 가(家)의 호주가 한 재심판청구(再審判請求) 중 법원에 계속(繫屬)중인 것은 이를 무효로 하고 그 청구는 각하(却下)된 것으로 간주한다.

③ 본법(本法) 시행 전에 법원의 재심판청구(再審判請求)에 관하여 한 판결은 그 효력을 보유하고 이에 대하여는 불복을 할 수 없다.

계 엄 법

[제정 1949. 11. 24 법률 제69호]

제1장 계엄의 선포

제1조 ① 대통령은 전시, 사변 또는 이에 준하는 국가비상사태에 제(際)하여 병력으로써 군사상이나 또는 공공의 안녕질서를 유지할 필요가 있을 때에는 특히 경비에 필요한 지역을 구획하여 본법의 정하

는 바에 의하여 계엄을 선포한다.

② 대통령이 전항(前項)에 의하여 계엄의 선포를 한 때에는 그 선포의 이유, 종류, 시행지역 또는 계엄사령관을 공고하여야 한다.

제2조 계엄은 경비계엄과 비상계엄으로 나눈다.

제3조 경비계엄은 전시, 사변 또는 이에 준하는 비상사태로 인하여 질서가 교란된 지역에 선포한다.

제4조 ① 비상계엄은 전쟁 또는 전쟁에 준할 사변에 있어서 적의 포위공격으로 인하여 사회질서가 극도로 교란된 지역에 선포한다.

제5조 ① 대통령이 비상계엄을 선포 또는 추인하였을 때에는 지체 없이 국회에 통고하여야 한다.

② 전항(前項)의 경우에 있어서 국회가 폐회중일 때에는 대통령은 지체 없이 국회의 집회를 요구하여야 한다.

제6조 제3조와 제4조의 경우에 교통, 통신의 두절로 인하여 대통령의 계엄선포를 기다릴 여유가 없을 때에는 당해 지방을 관할하는 좌(左)의 군사책임자가 임시로 계엄을 선포할 수 있다.

1. 특명(特命)의 사령관(司令官)
2. 군사령관(軍司令官)
3. 사단장(師團長)
4. 병단장(兵團長)
5. 요새사령관(要塞司令官)
6. 위수사령관(衛戍司令官)인 독립단대장(獨立團隊長)
7. 함대사령장관(艦隊司令長官)
8. 함대사령관(艦隊司令官)
9. 통제부사령장관(統制府司令長官)
10. 경비부사령관(警備府司令官)
11. 전(前) 각호의 제관(諸官)과 동등 이상의 권한 있는 군대지휘관(軍隊指揮官)

제7조 ① 전조(前條)의 규정에 의하여 임시로 계엄을 선포한 자는 지체 없이 국방부장관에게 상신(上申)하여 대통령의 추인(追認)을 받아야 한다.

② 전항의 경우에 대통령이 추인하지 아니할 때에는 임시로 계엄을 선포한 자는 즉시 그 해제를 선포하여야 한다.

제8조 전(前) 각조(各條)의 규정에 의하여 선포된 계엄은 그 지역 또는 종류를 변경할 수 있다.

제2장 계엄의 효력

제9조 계엄사령관은 계엄의 시행에 관하여서는 국방부장관의 지휘감독을 받는다. 단 전국을 계엄지역으로 하는 경우에는 대통령의 지휘감독을 받는다.

제10조 경비계엄의 선포와 동시에 계엄사령관은 계엄지역 내의 군사에 관한 행정사무와 사법사무를 관장한다.

제11조 비상계엄의 선포와 동시에 계엄사령관은 계엄지역 내의 모든 행정사무와 사법사무를 관장한다.

제12조 전(前)2조의 경우에 당해 지역 내의 행정기관 또는 사법기관은 지체 없이 계엄사령관의 지휘감독을 받는다.

제13조 비상계엄지역 내에서는 계엄사령관은 군사상 필요할 때에는 체포, 구금, 수색, 거주이전, 언론, 출판, 집회 또는 단체행동에 관하여 특별한 조치를 할 수 있다. 단 계엄사령관은 조치내용을 미리 공고하여야 한다.

제14조 ① 비상계엄지역 내에서는 계엄사령관은 징발법(徵發法)의 정하는 바에 의하여 징용(徵用), 징발(徵發)할 수 있으며 필요에 의하여서는 군수(軍需)에 공(供)할 물품의 조사, 등록과 반출금지를 할 수 있다.

② 작전상 부득이한 경우에는 국민의 재산을 파괴 또는 소화(燒火)할 수 있다.

③ 전항(前項)의 경우에 생(生)한 손해에 대하여는 이를 보상하여야 한다.

제15조 제12조, 제13조 또는 전조(前條) 제1항, 제2항의 규정에 의하여 취한 계엄사령관의 조치에 응하지 아니하거나 이에 배반(背反)하는 언론 또는 행동을 한 자는 3년 이하의 징역에 처한다.

제16조 비상계엄지역 내에 있어서는 전조(前條) 또는 좌기(左記)의 죄를 범한 자는 군법회의에서 이를 재판한다. 단 계엄사령관은 당해 관할법원으로 하여금 이를 재판케 할 수 있다.

1. 내란(內亂)에 관한 죄
2. 외환(外患)에 관한 죄
3. 국교(國交)에 관한 죄
4. 공무집행을 방해한 죄
5. 범인은닉 또는 증빙인멸죄(證憑湮滅罪)
6. 소요죄(騷擾罪)
7. 방화죄(放火罪)
8. 일수(溢水)에 관한 죄
9. 음료수에 관한 죄
10. 통화위조죄
11. 문서위조죄
12. 유가증권위조죄
13. 인장위조죄
14. 위증죄
15. 무고죄
16. 간음죄
17. 살인죄
18. 상해죄
19. 체포 또는 감금죄
20. 협박죄
21. 절도 또는 강도죄
22. 횡령 또는 배임죄
23. 장물죄
24. 훼기(毁棄) 또는 장닉죄(藏匿罪)
25. 군사상 필요에 의하여 제정한 법령에 규정된 죄

제17조 계엄선포중 국회의원은 현행범을 제외한 외에는 체포 또는 구금되지 아니한다.

제18조 비상계엄지역 내에 법원이 없거나 또는 당해 관할법원과의 교통이 차단된 경우에는 모든 형사사건에 대한 재판은 군법회의가 이를 행한다.

제19조 제16조와 제18조에 의하여 군법회의에서 재판을 받은 자가 불복이 있을 때에는 재심(再審)을 요구할 수 있다.

제3장 계엄의 해제

제20조 제3조 또는 제4조에 규정된 사태가 평상사태로 회복된 때에는 대통령은 계엄을 해제한다.

제21조 국회가 계엄의 해제를 요구할 때에는 대통령은 이를 해제하여야 한다.

제22조 계엄이 해제된 날로부터 모든 행정사무 또는 사법사무는 평상사태로 복구한다.

제23조 ① 비상계엄 시행중에 제16조와 제18조의 규정에 의하여 군법회의에 계속(繫屬)중인 재판사건의 관할은 비상계엄 해제와 동시에 일반법원에 속한다.

② 대통령은 필요하다고 인정할 때에는 대통령령의 정하는 바에 의하여 군법회의의 재판권을 1개월 이내에 한하여 이를 연기할 수 있다.

부칙 〈제69호, 1949. 11. 24〉

본법은 공포일로부터 시행한다.

국가보안법

[일부개정 1950. 4. 21 법률 제128호]

제1장 죄

제1조 ① 정부를 참칭(僭稱)하거나 변란(變亂)을 야기할 목적으로 결사(結社) 또는 집단(集團)을 조직한 자 또는 그 결사 또는 집단에 있어서 그 목적수행을 위한 행위를 한 자는 좌(左)에 의하여 처단한다.

1. 수괴간부(首魁幹部)는 사형 또는 무기징역에 처한다.
2. 지도적 임무에 종사한 자는 사형, 무기 또는 10년 이상의 징역에 처한다.
3. 결사 또는 집단에 가입하여 그 목적수행을 위한 행위를 한 자는 3년 이상의 유기징역에 처한다.
4. 정(情)을 알고 결사 또는 집단에 가입한 자는 10년 이하의 징역

에 처한다.

② 전항(前項)의 결사 또는 집단의 지령이나 전항의 목적을 지원할 목적으로서 살인, 방화 또는 건조물, 운수, 통신기관과 기타 중요시설의 파괴를 한 자는 사형, 무기 또는 10년 이상의 징역에 처한다.

제2조 전조(前條)에 규정한 결사를 지원함을 목적으로 하는 결사 또는 집단을 조직한 자 또는 그 결사, 집단에 있어서 그 목적수행을 위한 행위를 한 자는 좌기(左記)에 의하여 처단한다.

1. 수괴간부는 사형, 무기 또는 10년 이상의 징역에 처한다.
2. 지도적 임무에 종사한 자는 무기 또는 5년 이상의 징역에 처한다.
3. 결사 또는 집단에 가입하여 그 목적수행을 위한 행위를 한 자는 3년 이상의 유기징역에 처한다.
4. 정(情)을 알고 결사 또는 집단에 가입한 자는 7년 이하의 징역에 처한다.

제3조 전(前)2조의 결사 또는 집단의 지령이나 전2조의 목적을 지원할 목적으로서 그 목적사항의 실행을 협의, 선동 또는 선전하거나 그 목적수행을 위한 행위를 한 자는 10년 이하의 징역에 처한다.

제4조 전(前)3조의 죄를 범하게 하거나 정(情)을 알고 총포, 탄약, 도검 또는 금품 기타의 재산상 이익을 공급 또는 약속하거나 또는 기타의 방법으로 전3조의 죄를 방조(幇助)한 자는 3년 이상의 유기징역에 처한다.

제5조 제1조 내지 제3조의 미수죄는 처벌한다.

제6조 전(前)5조의 죄를 범한 자가 자수(自首)한 때에는 그 형을 감형 또는 면제할 수 있다.

제7조 타인을 모함할 목적으로 본장(本章)에 규정한 죄에 관하여 허위의 고발 또는 위증을 하거나 직권을 남용하여 범죄사실을 날조한 자는 무기 또는 3년 이상의 유기징역에 처한다.

제8조 본장(本章)의 규정은 누구던지 본법(本法) 시행지(施行地) 외에서 죄를 범한 자에 대하여도 적용한다.

제9조 제1조 제2항의 범죄가 현행(現行)하고 있음에도 불구하고 경찰관, 형무관 또는 소방서원이 그 직무수행을 포기하였을 때에는 1년 이상 10년 이하의 징역에 처한다.

제2장 형사절차

제10조 제1장에 규정한 죄에 관한 형사절차는 본장(本章)에 규정한 외에는 일반의 예에 의한다.

제11조 제1장에 규정한 죄에 관한 사건으로 단기(短期) 4년 이하인 때에는 법원조직법 제29조에 불구하고 1인의 판사가 심판할 수 있다. [전문개정 1950. 4. 21]

제11조의2 제1장에 규정한 죄에 관한 구류갱신(勾留更新)은 각 심급마다 2회를 초과할 수 없다. [본조 신설 1950. 4. 21]

제12조 법원은 적당하다고 인정하는 때에는 피고인에 대하여 형의 선고를 유예하는 동시에 피고인을 보도구금(保導拘禁)에 부(付)할 수 있다. 단 사형 또는 무기로써 처단하여야 할 경우는 제외한다.

제13조 ① 보도구금(保導拘禁)은 형의 집행중에 있는 자에 대하여도 행할 수 있다.

② 전항의 보도구금은 검사의 청구에 의하여 법원의 결정으로써 행한다.

③ 전항에 의하여 보도구금에 부(付)한 자에 대하여는 잔형(殘刑)의 집행을 면제한다.

제13조의2 보도구금(保導拘禁)과 형의 집행이 경합(競合)되는 경우에는 좌(左)의 예에 의한다.

1. 2년 이하의 자유형의 선고를 받은 자에 대하여는 보도구금의 집행을 먼저 하고 그 집행을 종료한 때는 형의 집행을 면제한다. 단 보도구금중에 범한 죄에 의하여 형의 선고를 받은 경우는 제외한다.
2. 2년을 초과하는 자유형의 선고를 받은 자에 대하여는 그 형만을 집행한다.

[본조신설 1950. 4. 21]

제14조 보도구금(保導拘禁)에 부(付)한 자는 보도소(保導所)에 수용한다.

제15조 ① 보도소(保導所)의 수용기간은 2년으로 한다. 단 특히 계속할 필요가 있다고 인정하는 때에는 검사의 청구에 의하여 법원의 결정으로써 갱신(更新)할 수 있다.

② 전항(前項)의 갱신은 2회에 한한다.

제16조 보도구금(保導拘禁)중에 있는 자로써 재범(再犯)의 우려가 없

다고 인정하는 때에는 법무부장관은 석방을 명할 수 있다.

제17조 ① 형의 선고유예를 받은 자가 보도구금의 집행을 완료한 후 2년 이내에 다시 제1장에 규정한 죄를 범하여 금고(禁錮) 이상의 형을 받는 때에는 형의 선고를 할 수 있다. 〈개정 1950. 4. 21〉

② 형의 선고를 받지 않고 전항(前項)의 기간을 경과한 때에는 면소(免訴)의 언도(言渡)가 있은 것으로 간주(看做)한다.

제18조 보도소(保導所)의 설치조직 및 권한과 보도적(保導的) 구금(拘禁)에 관한 사항은 대통령령으로 정한다.

부칙 〈제85호, 1949. 12. 19〉

① 본법 시행기일은 대통령령으로 정한다.

② 삭제 〈1950. 4. 21〉

③ 삭제 〈1950. 4. 21〉

④ 본법 시행 당시 단독판사의 권한에 속하며 변론이 종결되지 않는 사건은 결정으로써 합의부에 이송하여야 한다.

⑤ 제13조의 규정은 법률 제10호 국가보안법에 정한 죄를 범한 자로서 본법 시행 당시 수형(受刑)중에 있는 자에 대하여도 적용한다.

⑥ 법무부장관은 필요에 의하여 일시 형무소(刑務所)를 보도소(保導所)에 대용(代用)할 수 있다.

⑦ 법률 제10호 국가보안법은 폐지한다.

부칙 〈제128호, 1950. 4. 21〉

이 법은 공포 당시에 부칙을 정하지 아니한 법률로서 헌법의 규정에 의하여 공포한 날로부터 20일 경과 후 시행됨.

부역행위특별처리법

[제정 1950. 12. 1 법률 제157호]

제1조 본법(本法)은 역도(逆徒)가 침점(侵占)한 지역에서 그 침점기간(侵占期間) 중 역도에게 협력한 자를 처벌함에 있어 특별한 처리함을 목적으로 한다.

제2조 국가보안법 및 「비상사태하의 범죄처벌에 관한 특별조치령」에 규정한 죄를 범한 자 중 좌(左)의 각호(各號)의 1에 해당한 자는 그 형을 감경 또는 면제한다.

1. 역도(逆徒)의 압력으로 정치적 이용을 당한 행위가 불가피하다고 인정된 자
2. 다수민중(多數民衆)을 구하는 애족적(愛族的) 행위가 현저한 자
3. 군인, 경찰관, 일반공무원, 애국단체원 기타 역도(逆徒)가 수사중에 있는 자 또는 그 가족을 은닉 기타의 방법으로써 역도의 박해를 면케 한 공적이 현저한 자
4. 대통령이 정한 기간 내에 자수한 자

제3조 국가보안법 및 「비상사태하의 범죄처벌에 관한 특별조치령」에 규정한 죄를 범한 자 중 좌(左)의 각호(各號)의 1에 해당한 자는 그 형을 면제한다.

1. 단순히 부화수행(附和隨行)한 자
2. 학교, 공장, 회사 등 직장에서 단순히 그 직무를 수행한 자
3. 역도(逆徒)가 조직한 단체에 단순히 가입함에 그친 자

제4조 본법(本法)에 의하여 처리하는 죄를 범한 자를 특별히 심사하기 위하여 좌(左)의 부역행위특별심사위원회(이하 심사위원회라 칭한다)를 둔다.

1. 부역행위특별심사 중앙위원회(이하 중앙위원회라 칭한다)
2. 부역행위특별심사 서울특별시, 도위원회(이하 서울특별시, 도위원회라 칭한다)
3. 부역행위특별심사 서울특별시의 구, 시, 군위원회(이하 구, 시, 군위원회라 칭한다)

제5조 심사위원회는 좌(左)에 의하여 조직한다.

1. 중앙위원회는 법무부장관을 위원장으로 하고 국회에서 선임한 위원 5인과 대통령이 임명하는 위원 5인으로써 구성한다.
2. 서울특별시, 도, 구, 시, 군위원회는 법무부장관이 지정 또는 위촉하는 각 기관 내의 검사 기타 공무원을 위원장으로 하고 국회가 당해 서울특별시, 도, 구, 시, 군주민 중에서 선임한 위원 5인과 당해 서울특별시장, 도지사가 범죄수사에 관계없는 각 기관 내 서울특별시, 도, 구, 시, 군, 읍, 면공무원 중에서 지정하는 위원 3

인으로써 구성한다.

제6조 ① 심사위원회는 본법에 의하여 처리하는 범죄에 관하여 심사하고 검찰기관에 회부 여하를 결정한다.

② 본법(本法)에 의하여 처리하는 범죄는 반드시 심사위원회의 심사를 경(經)하여야 한다.

제7조 ① 수사기관은 본법(本法)에 의하여 처리하는 범죄에 관하여 혐의자를 구속하였을 때에는 24시간 이내에 소관 심사위원회에 보고하여야 한다.

② 소관 심사위원회에서 불구속심사를 결정하였을 때에는 즉시 석방하여야 한다.

③ 소관 심사위원회는 제1항의 보고를 받은 때부터 24시간 이내에 전항의 결정을 하여야 한다.

④ 수사기관은 피의자를 법령에 의하여 구속할 수 있는 기간만료일의 늦어도 3일 전까지 수사결과를 소관 심사위원회에 보고하여야 한다.

제8조 심사위원회는 수사기관, 본인 또는 이해관계인의 신고에 의하여 심사한다.

제9조 ① 심사위원회에서 심사의 결과 검찰기관에 회부하지 않기로 결정한 때에는 본법(本法)에 의하여 처리하는 부역행위(附逆行爲)에 관하여는 형사상의 소추(訴追)를 받지 아니한다.

② 심사위원회에서 전항(前項)의 결정을 할 때에는 제2조 및 제3조에 열기(列記)한 표준을 참작하여야 한다.

제10조 심사위원회는 위원 3분지 2 이상의 출석과 출석위원 과반수로써 의결한다. 가부동수(可否同數)인 때에는 위원장이 결정권을 가진다.

제11조 중앙위원회는 서울특별시, 도위원회에, 서울특별시, 도위원회는 구, 시, 군위원회에 대하여 본법이 정하는 외에 심사에 관하여 필요한 방침과 사무조치를 지시할 수 있다.

제12조 ① 수사기관은 심사위원회에서 검찰청에 회부하지 않기로 결정한 날부터 3일 내에 상급위원회에 항고(抗告)할 수 있으며 그 항고에 대한 결정에 또 이의가 있을 때에는 3일 이내에 중앙위원회에 재항고(再抗告)할 수 있다.

② 상급위원회의 결정은 하급위원회를 기속한다.

제13조 각 심사위원회의 위원장은 관계기관 공무원 중에서 심사위원회

의 사무보조자를 지정 또는 위촉하여 겸무(兼務)케 한다.

제14조 본법(本法)에 의하여 처리하는 범죄에 대한 공소기간(公訴期間)은 본법 공포일로부터 90일로 한다. 단, 역도(逆徒)의 침점지역(侵占地域) 내에 있는 자 및 도피중에 있는 자에 대하여는 시효(時效)가 진행되지 않는다.

제15조 본법(本法)에 의한 범죄처리에는 전투행위에 직접 관련이 있는 것을 제(除)한 외에 군기관(軍機關)은 이에 관여할 수 없다.

제16조 본법(本法)은 계엄지역(戒嚴地域) 내에서도 적용이 배제되지 아니한다.

부칙 〈제157호, 1950. 12. 1〉

본법은 공포한 날로부터 시행한다.

부역행위특별처리법 (개정법)

[일부개정 1951. 1. 18 법률 제174호]

제1조 본법(本法)은 역도(逆徒)가 침점(侵占)한 지역에서 그 침점기간(侵占期間) 중 역도에게 협력한 자를 처벌함에 있어 특별한 처리함을 목적으로 한다.

제2조 국가보안법 및 「비상사태하의 범죄처벌에 관한 특별조치령」에 규정한 죄를 범한 자 중 좌(左)의 각호(各號)의 1에 해당한 자는 그 형을 감경 또는 면제한다.

1. 역도(逆徒)의 압력으로 정치적 이용을 당한 행위가 불가피하다고 인정된 자
2. 다수민중(多數民衆)을 구하는 애족적(愛族的) 행위가 현저한 자
3. 군인, 경찰관, 일반공무원, 애국단체원 기타 역도(逆徒)가 수사중에 있는 자 또는 그 가족을 은닉 기타의 방법으로써 역도의 박해를 면케 한 공적이 현저한 자
4. 대통령이 정한 기간 내에 자수한 자

제3조 국가보안법 및 「비상사태하의 범죄처벌에 관한 특별조치령」에 규정한 죄를 범한 자 중 좌(左)의 각호(各號)의 1에 해당한 자는 그

형을 면제한다.

1. 단순히 부화수행(附和隨行)한 자
2. 학교, 공장, 회사 등 직장에서 단순히 그 직무를 수행한 자
3. 역도(逆徒)가 조직한 단체에 단순히 가입함에 그친 자

제4조 삭제 <1951. 1. 18>

제5조 삭제 <1951. 1. 18>

제6조 삭제 <1951. 1. 18>

제7조 삭제 <1951. 1. 18>

제8조 삭제 <1951. 1. 18>

제9조 삭제 <1951. 1. 18>

제10조 삭제 <1951. 1. 18>

제11조 삭제 <1951. 1. 18>

제12조 삭제 <1951. 1. 18>

제13조 삭제 <1951. 1. 18>

제14조 본법에 의하여 처리하는 범죄에 대한 공소기간(公訴期間)은 범죄지의 수복일(收復日)로부터 90일로 한다. 단, 역도(逆徒)의 침점지역(侵占地域) 내에 있는 자 및 도피중에 있는 자에 대하여는 시효(時效)가 진행되지 않는다. <개정 1951. 1. 18>

제15조 본법(本法)에 의한 범죄처리에는 전투행위에 직접 관련이 있는 것을 제(除)한 외에 군기관(軍機關)은 이에 관여할 수 없다.

제16조 본법(本法)은 계엄지역(戒嚴地域) 내에서도 적용이 배제되지 아니한다.

부칙 <제157호, 1950. 12. 1>

본법은 공포한 날로부터 시행한다.

부칙 <제174호, 1951. 1. 18>

본법은 공포한 날로부터 시행한다.

부역행위특별처리법 (폐지)

[폐지 1952. 4. 3 법률 제236호]

부역행위특별처리법은 이를 폐지한다.

부칙 〈제236호, 1952. 4. 3〉

본법은 공포한 날로부터 시행한다.

감 형 령

[폐지제정 1950. 12. 28 대통령령 제426호]

제1조 단기 4283년 6월 25일 이후「비상사태하의 범죄처벌에 관한 특별조치령」위반죄로 형의 언도(言渡)를 받은 자로서 형의 집행중, 집행전, 집행정지중에 있는 자에 대하여는 본령(本令)에 의하여 그 형을 감경한다. 단, 그 형의 집행을 면하기 위하여 도피한 자는 예외로 한다.

제2조 무기징역은 15년의 유기징역으로 한다.

제3조 징역 10년을 초과한 자는 언도형기(言渡刑期)의 2분지 1을 감(減)한다.

부칙 〈제426호, 1950. 12. 28〉

본령(本令)은 공포일로부터 시행한다.

반민족행위처벌법 (발췌)

[1948. 9. 22 법률 제3호]

제4조 좌(左)의 각호의 1에 해당하는 자는 10년 이하의 징역에 처하거나 15년 이하의 공민권(公民權)을 정지하고 그 재산의 전부 혹은 일부를 몰수할 수 있다.

1. 습작(襲爵)한 자
2. 중추원부의장, 고문 또는 참의(參議)되었던 자

3. 칙임관(勅任官) 이상의 관리되었던 자
4. 밀정행위로 독립운동을 방해한 자
5. 독립을 방해할 목적으로 단체를 조직했거나 그 단체의 수뇌간부로 활동하였던 자
6. 군, 경찰의 관리로서 악질적인 행위로 민족에게 해를 가한 자
7. 비행기, 병기 또는 탄약 등 군수공업을 책임경영한 자
8. 도(道), 부(府)의 자문 또는 결의기관의 의원이 되었던 자로서 일정(日政)에 아부하여 그 반민족적 죄적이 현저한 자
9. 관공리되었던 자로서 그 직위를 악용하여 민족에게 해를 가한 악질적 죄적이 현저한 자
10. 일본국책을 추진시킬 목적으로 설립된 각 단체본부의 수뇌간부로서 악질적인 지도적 행동을 한 자
11. 종교, 사회, 문화, 경제 기타 각 부문에 있어서 민족적인 정신과 신념을 배반하고 일본 침략주의와 그 시책을 수행하는 데 협력하기 위하여 악질적인 반민족적 언론, 저작과 기타 방법으로써 지도한 자
12. 개인으로서 악질적인 행위로 일제에 아부하여 민족에게 해를 가한 자

제5조 일본 치하에 고등관 3등급 이상, 훈(勳) 5등 이상을 받은 관공리 또는 헌병, 헌병보, 고등경찰의 직에 있던 자는 본법의 공소시효 경과 전에는 공무원에 임명될 수 없다. 단, 기술관은 제외한다.

대한민국헌법 (발췌)

[일부개정 1952. 7. 7 헌법 제2호]

제4조 대한민국의 영토는 한반도와 그 부속도서로 한다.

제22조 모든 국민은 법률의 정한 법관에 의하여 법률에 의한 재판을 받을 권리가 있다.

제26조 모든 국민은 법률의 정하는 바에 의하여 공무를 담임할 권리가 있다.

제27조 ① 공무원은 주권을 가진 국민의 수임자(受任者)이며 언제든지

국민에 대하여 책임을 진다. 국민은 불법행위를 한 공무원의 파면을 청원할 권리가 있다.

② 공무원의 직무상 불법행위로 인하여 손해를 받은 자는 국가 또는 공공단체에 대하여 배상을 청구할 수 있다. 단, 공무원 자신의 민사상이나 형사상의 책임이 면제되는 것은 아니다.

제77조 법관은 헌법과 법률에 의하여 독립하여 심판한다.

제80조 법관은 탄핵, 형벌 또는 징계처분에 의하지 아니하고는 파면, 정직(停職) 또는 감봉되지 아니한다.

제81조 ① 대법원은 법률의 정하는 바에 의하여 명령규칙과 처분이 헌법과 법률에 위반되는 여부를 최종적으로 심사할 권한이 있다.

② 법률이 헌법에 위반되는 여부가 재판의 전제가 되는 때에는 법원은 헌법위원회에 제청하여 그 결정에 의하여 재판한다.

③ 헌법위원회는 부통령을 위원장으로 하고 대법관 5인, 민의원의원 3인과 참의원의원 2인의 위원으로 구성한다.

④ 헌법위원회에서 위헌결정을 할 때에는 위원 3분지 2이상의 찬성이 있어야 한다.

⑤ 헌법위원회의 조직과 절차는 법률로써 정한다.

[전문개정 1952. 7. 7]

정부조직법

[일부개정 1949. 3. 25 법률 제22호]

제1장 총 칙

제1조 본법(本法)은 정부의 행정조직의 대강(大綱)을 정하여 통일적이고 체계 있는 국무수행(國務遂行)을 기함을 목적으로 한다.

제2조 대통령은 행정권의 수반(首班)으로서 법령에 의하여 모든 행정기관을 통할(統轄)하고 국무총리 · 행정각부장관 · 지방행정의 장의 명령이나 처분이 위법 혹은 부당하다고 인정할 때에는 그것을 중지 또는 취소할 수 있다.

제3조 ① 행정기관의 종류와 명칭은 원 · 부 · 처 · 청 또는 위원회로 하

고 그 보조기관의 종류와 명칭은 비서실 · 국 · 과로 한다.

② 행정기관의 설치와 조직은 법률로서 정하고 그 보조기관의 설치와 사무범위는 대통령령으로 정한다.

제4조 각 행정기관에는 그 소관 사무를 분장(分掌)하게 하기 위하여 필요한 때에는 법률의 정하는 바에 의하여 지방에 지청(支廳) 또는 분국(分局)을 둘 수 있다.

제5조 각 행정기관에는 법률이 정하는 소관 사무의 범위 내에서 특히 필요한 때에는 대통령령의 정하는 바에 의하여 박물관 · 과학관 · 도서관 · 예술원 · 시험소 · 연구소 등의 문화시설, 공공시설과 심의회, 위원회 등의 자문기관이나 조사기관을 설치할 수 있다.

제6조 본법에 규정하는 바에 의하여 모든 기관과 시설을 설치할 때에는 반드시 예산상의 조치가 병행하여야 한다.

제7조 본법에 규정된 각 기관의 직제 · 공무원의 종류 · 위원과 보수에 관한 규정은 대통령령으로 정한다.

제 2 장 국무원과 국무총리

제8조 국무총리는 국무회의에 부의할 안건을 총괄하고 조정한다.

제9조 국무총리는 대통령의 명을 승(承)하여 행정각부장관을 통리(統理)하며 행정각부장관의 명령이나 처분이 위법 혹은 부당하다고 인정할 때에는 대통령에게 청하여 이것을 중지 또는 취소할 수 있다.

제10조 국무총리는 대통령의 명을 승(承)하여 정부제출의 법률안 · 예산안 기타의 의안(議案)을 국회에 제출하며 일반국무에 관하여 국회에 보고한다.

제11조 국무총리는 소관 행정사무에 관하여 지방행정의 장을 지휘, 감독한다.

제12조 국무총리가 사고로 인하여 직무를 수행할 수 없을 때에는 대통령이 지정하는 국무위원이 임시 그 직무를 대리한다.

제13조 좌(左)에 열거한 자는 국무회의에 열석하여 발언할 수 있다.

1. 본법에서 규정하는 각 처장
2. 법률로써 특히 지정하는 자

제 3 장　행정각부 (생략)

제 4 장　국무총리 소속기관 (생략)

제 5 장　고시위원회 (생략)

제 6 장　감찰위원회

제40조 ① 감찰위원회(監察委員會)는 대통령 소속하에 공무원에 대한 감찰사무를 장리(掌理)한다.

② 전항의 공무원 중에는 국회의원과 법관을 포함하지 아니한다.

제41조 감찰위원회는 대통령이 임명하는 위원장 1인과 위원 8인으로 구성한다.

제42조 감찰위원의 임기는 5년으로 하되 연임할 수 있다.

제43조 ① 감찰위원회는 공무원의 위법행위 또는 비행(非行)이 있을 때에는 사실을 심사한 후 증빙(證憑)에 의하여 위원 과반수로 징계를 의결한다.

② 징계가 의결되면 소관 행정장관에게 이송하여 시행케 한다. 단, 헌법 제46조에 열거된 공무원의 징계는 국회에 통고하여야 한다.

제44조 감찰위원회는 감찰상 필요한 때에는 관계기관에 대하여 필요한 서류의 제출·검열 또는 의견의 진술을 요구할 수 있다.

제45조 감찰위원은 정치에 참여하지 못하며 영리를 목적으로 하는 업무에 종사하지 못한다.

제46조 감찰위원은 탄핵 또는 형벌에 의하지 아니하고는 파면, 정직 또는 감봉되지 아니한다.

제47조 감찰위원회에 관한 상세한 규정은 대통령령으로 정한다.

부칙 〈제1호, 1948. 7. 17〉

제48조 본법은 국회의장이 공포한 날로부터 시행한다.

제49조 본법 시행 당시에 현존하는 행정기관의 인수에 관한 사항은 대통령령으로 정한다.

대한민국 국회의장은 대한민국국회에서 제정된 대한민국정부조직법을 이에 공포한다.

부칙 〈제22호, 1949. 3. 25〉

이 법은 공포 당시에 부칙을 정하지 아니한 법률로서 헌법의 규정에 의하여 공포한 날부터 20일 경과 후 시행됨.

국가공무원법

[일부개정 1950. 3. 3 법률 제103호]

제1장 총 칙

제1조 본법은 국가공무원(이하 '공무원'이라 칭한다)에 적용할 근본기준을 확립하여 인사행정의 공정을 기함과 동시에 공무원으로 하여금 국민전체의 봉사자로서 최대의 능률을 발휘케 함을 목적으로 한다.

제2조 본법의 규정은 본법, 기타 법률에 특별한 규정이 없는 한 별정직 공무원에 적용하지 아니한다.

제3조 ① 공무원은 이를 별정직과 일반직으로 나눈다.

② 좌(左)의 각호의 1에 해당하는 공무원은 별정직으로 한다.

1. 선거에 의하거나 또는 임명에 관하여 국회의 승인을 요하는 공무원
2. 국무위원, 각 처장, 각부 차관
3. 대사, 공사
4. 법관, 교원, 비서, 군인, 군속, 기타 법률로써 별정직으로 지정된 공무원
5. 단순한 노무에 종사하는 공무원

③ 일반직은 별정직을 제외한 모든 공무원을 말한다.

제4조 본법의 공정한 운영을 위하여 국무총리는 행정 각 기관에 대하여 인사에 관한 기록의 보고를 받을 수 있으며 사무감사를 할 수 있다.

제2장 임명과 고시

제5조 ① 공무원의 임명은 고시성적 또는 전형성적에 의하여 이를 행

하여야 한다.

② 독립운동에 공헌이 있는 자로서 덕망이 있는 자를 공무원에 임명할 때에는 특별전형에 의하여 행할 수 있다.

제6조 ① 공무원의 자격은 고시 또는 전형에 의하여 인정한다.

② 고시 또는 전형에 관하여 필요한 사항은 본법에 규정하는 바를 제한 외에는 따로히 대통령령으로 정한다.

제7조 공무원의 임명에 있어 고시합격자가 있을 때에는 전형임명을 할 수 없다. 단 기술계 공무원은 예외로 한다.

제8조 좌(左)의 각호의 1에 해당한 자는 공무원에 임명될 자격이 없다.

1. 금치산자(禁治産者)와 준금치산자
2. 파산자로서 복권되지 아니한 자
3. 금고(禁錮) 이상의 형을 받고 그 집행이 종료되거나 또는 집행을 받지 아니하기로 확정된 후 3년을 경과하지 아니한 자
4. 징계면직의 처분을 받은 때로부터 2년을 경과하지 아니한 자
5. 법률에 의하여 공민권이 정지 또는 박탈된 자

제9조 ① 공무원의 임명은 법률 또는 대통령령의 정하는 바에 의하여 임명권자가 행한다.

② 임명권자는 법률 또는 대통령령의 정하는 바에 의하여 그 임명권을 하급기관에 위임할 수 있다.

제10조 공무원은 봉급에 의하여 1급, 2급, 3급, 4급, 5급 공무원으로 구별하며 대통령은 본법 기타 법률의 범위 내에서 이를 직종별로 구별할 수 있다.

제11조 ① 1급 공무원은 대통령이 직접 임명한다.

② 1급 공무원에 대하여는 본법 제5장, 제6장의 규정을 적용하지 아니한다.

제12조 2급 공무원은 좌(左)의 1에 해당한 자 중에서 소속 장관의 제청으로 국무총리를 경유하여 대통령이 임명한다. 단, 제2호에 해당되는 자는 고시위원회의 전형을 경(經)하여야 한다.

1. 3급 공무원으로서 2년 이상 근무한 자
2. 그 직무에 필요한 특별한 학식, 기술 또는 경험이 있는 자

제13조 3급 공무원은 고시위원회에서 시행하는 고등고시 또는 전형에 합격한 자 중에서 소속 장관의 제청으로 국무총리를 경유하여 대통

령이 임명한다.

제14조 소속 장관이 국무총리를 경유하여 3급 공무원의 전형을 고시위원회에 요구할 때에는 좌(左)의 1에 해당한 자 중에서 행하여야 한다.

1. 전문학교 이상 또는 문교부장관이 인정하는 동등 이상의 학교를 졸업하고 3년 이상 행정기관에 근무한 자
2. 4급 공무원으로서 5년 이상 근무한 자
3. 그 직무에 필요한 특별한 학식, 기술 또는 경험이 있는 자

제15조 ① 4급 공무원은 좌(左)의 1에 해당한 자 중에서 국무총리, 각부 장관, 각 처장, 서울시장, 도지사 기타 임명권자가 임명한다.

1. 고시위원회에서 시행하는 고등고시에 합격한 자
2. 고시위원회에서 시행하는 보통고시에 합격한 자
3. 전문학교 이상 또는 문교부장관이 인정하는 동등 이상의 학교를 졸업한 자
4. 중등학교 이상을 졸업하거나 문교부장관이 동등 이상의 학력을 가진 것으로 인정하는 시험에 합격한 자로서 행정기관에서 2년 이상 근무한 자
5. 5급 공무원으로서 5년 이상 근무한 자
6. 직무에 필요한 특별한 학식, 기술 또는 경험이 있는 자

② 전항 제3호 내지 제6호에 해당된 자는 고시위원회의 전형을 경(經)하여야 한다.

제16조 5급 공무원은 국무총리, 각부 장관, 각 처장, 서울시장, 도지사 기타 임명권자가 각종 고시에 합격된 자 또는 5급 공무원 자격이 있다고 인정되는 자 중에서 임명한다.

제17조 대통령은 행정기관의 공무원의 종류와 정원을 정할 때에는 반드시 본장(本章)에 의한 급별(級別)을 지정하여야 한다.

제18조 고시는 직무수행에 필요한 능력을 검정하는 것을 목적으로 하되 응시에 필요한 자격은 대통령령의 정하는 바에 의한다.

제19조 고시는 동일한 자격을 가진 모든 국민에게 평등하게 공개하여야 하며 고시의 시기와 장소는 국내 응시자가 응시할 수 있도록 하여야 한다.

제20조 고시시행에 관한 사항은 상세히 공고하여야 한다.

제21조 누구든지 고시전형 또는 인사기록에 있어서 부정한 채점, 기재

증명과 진술을 하여서는 아니 된다.

제3장 보수 (생략)

제4장 복 무

제28조 모든 공무원은 전력을 다하여 직무를 수행하며 성실히 법령을 준수하여야 한다.

제29조 공무원은 소속 장관의 직무상의 명령에 복종하여야 한다. 단 의견을 진술할 수 있다.

제30조 공무원은 국민전체의 봉사자로서 친절공정히 집무하여야 한다.

제31조 ① 공무원은 재직 중은 물론 퇴직 후라도 직무상의 비밀을 엄수하여야 한다.

② 법원 기타 법률상 권한을 가진 관청의 증인 또는 감정인이 되어 직무상 비밀에 대하여 신문을 받을 때에는 소속 장관의 허가를 받은 사항에 한하여 진술할 수 있다.

제32조 공무원은 소속 장관의 허가 없이는 명의의 여하를 불문하고 직무에 관하여 직접 또는 간접의 사례 혹은 증여를 받을 수 없다.

제33조 공무원으로서 외국정부로부터 영예 또는 증여를 받을 경우에는 대통령의 허가를 얻어야 한다.

제34조 공무원은 그 직무에 관계 있는 청부업자, 물품조달자, 기타 계약자로부터 증여 또는 향응을 받을 수 없다.

제35조 공무원은 직무상의 관계 여하를 불문하고 소속 공무원으로부터 증여를 받아서는 아니 된다.

제36조 공무원은 영리를 목적으로 하는 업무에 종사하지 못하며 소속 장관의 허가 없이 다른 직무를 겸할 수 없다.

제37조 공무원은 정치운동에 참여하지 못하며 공무 이외의 일을 위한 집단적 행동을 하여서는 아니 된다.

제38조 공무원의 근무조건 기타 복무에 관하여 필요한 사항은 대통령령으로써 정한다.

제5장 신분보장

第39조 공무원은 형의 선고, 징계처분 또는 본법(本法)에 정하는 사유에 의하지 아니하고는 그 의사에 반하여 휴직·정직 또는 면직을 당하지 아니한다.

第40조 공무원이 제8조 각호의 1에 해당하게 될 때에는 당연퇴직된다.

第41조 ① 공무원으로서 좌(左)의 각호의 1에 해당할 때에는 임명권자는 면직시킬 수 있다.

1. 신체, 정신상의 고장으로 직무를 감당치 못할 만한 지장이 있을 때
2. 근무성적이 극히 불량할 때
3. 정부를 파괴함을 목적으로 하는 단체에 가입하거나 또는 이를 방조한 때

② 전항(前項) 제2호 및 제3호의 규정에 의하여 면직시킬 경우에는 제46조의 규정에 의한 징계위원회의 의결을 거쳐야 한다.

第42조 공무원이 좌(左)의 각호의 1에 해당할 때에는 임명권자는 휴직을 명할 수 있다.

1. 신체, 정신상의 고장으로 장기의 휴양을 요할 때
2. 감찰위원회의 징계심사에 회부되었을 때
3. 형사사건으로 기소되었을 때

第43조 ① 전조(前條) 제1호의 규정에 의한 휴직의 기간은 1년으로 하고 그 기간이 만료될 때까지 복직되지 아니할 때에는 당연퇴직으로 한다.

② 전조 제2호 및 제3호의 규정에 의한 휴직의 기간은 사안(事案)의 계속기간으로 한다.

③ 휴직자는 공무원으로서의 신분을 보유하나 직무에 종사하지 못하며 휴직 중에는 봉급의 반액을 받는다.

第44조 좌(左)에 열거하는 공무원의 신분에 관하여서는 본장(本章) 규정 중 제40조를 제한 외에는 이를 적용하지 아니한다.

1. 임시적 공무원
2. 조건부 채용기간 중의 공무원
3. 직제 혹은 정원의 개폐(改廢) 또는 예산의 감소에 의하여 폐직

(廢職) 또는 과원(過員)이 되거나 등급의 감강(減降)과 동일한 결과가 된 공무원

제6장 징 계

제45조 공무원이 좌(左)의 각호의 1에 해당할 경우에는 징계처분으로서 면직, 정직, 감봉 또는 견책의 처분을 할 수 있다. 단, 감찰위원회의 징계의결을 수리하였을 때에는 그 의결에 의한 처분을 하여야 한다.

1. 본법의 규정에 위반하여 공무원의 본분에 배치되는 소위(所爲)가 있을 때
2. 직무상의 의무에 위반하거나 또는 직무를 태만하였을 때
3. 직무의 내외를 불문하고 공무상의 체면 또는 위신을 손상하는 행위가 있을 때

제46조 ① 정직의 기간은 1월 이상 6월 이하로 한다.

② 정직자는 공무원으로서의 신분을 보유하나 그 직무에 종사하지 못하며 정직기간 중 봉급의 3분지 1을 받는다.

③ 감봉은 1월 이상 1년 이하 봉급의 3분지 1 이하로 한다.

제47조 ① 2급 및 3급 공무원의 면직, 정직과 감봉은 특별징계위원회의 의결로써 임명권자가 행한다.

② 전항에 규정된 공무원의 소속 관서의 장은 특별징계위원회에 대하여 사전에 의견을 진술할 수 있으며 특별징계위원회는 의결을 함에 있어서 당해 공무원의 소속 관서의 장의 의견을 들어서 하여야 한다.

③ 4급 및 5급 공무원의 면직, 정직과 감봉은 보통징계위원회의 의결로써 임명권자가 행한다. 견책은 소속 장관이 행한다.

제48조 ① 감찰위원회에서 행하는 공무원의 위법행위 또는 비행에 대한 징계의결의 종류는 면직, 정직과 감봉으로 한다.

② 전항(前項)의 징계의결에 관하여서는 본법(本法)의 규정을 준용한다.

제49조 ① 특별징계위원회는 국무총리를 위원장, 총무처장을 부위원장으로 하고 각 부처 차관 및 차장 중에서 대통령이 임명하는 위원 7인으로써 조직한다.

② 보통징계위원회는 임명권자를 위원장으로 하고 소속 3급 이상의

공무원 중에서 위원장이 임명하는 위원 7인으로써 조직한다.

제50조 ① 각 징계위원회는 위원장 외 5인 이상의 출석이 있어야 하며 출석위원 과반수로써 의결한다.

② 위원장은 표결권을 가지며 가부동수(可否同數)인 경우에는 결정권을 가진다.

③ 위원장과 부위원장이 유고시에는 위원장이 지명한 위원이 위원장의 직무를 행한다.

제51조 징계위원회 기타 징계에 관하여 필요한 사항은 대통령령으로 정한다.

제52조 징계에 부(付)하여야 할 사건이 형사재판에 계속(繫屬)중인 때 또는 감찰위원회에서 징계심사중인 때에는 동일사건에 관하여 징계의 수속(手續)을 진행하지 못한다.

제7장 벌 칙

제53조 제21조의 규정에 위반하였을 때에는 1년 이하의 징역에 처한다.

부칙 〈제44호, 1949. 8. 12〉

제54조 본법(本法)은 공포일로부터 시행한다.

제55조 본법 시행시에 재직하는 공무원은 본법 시행일로부터 1년 이내에 본법의 정하는 바에 의하여 고시 또는 전형에 합격하여야 하며 불합격인 때에는 당연퇴직된다. 다만, 고시위원회의 준비 기타 불가피한 사유가 있을 경우에는 대통령은 일정한 범위를 정하여 그 기간을 6개월 연장할 수 있다.

제56조 본법 중 신분보장에 관한 규정은 전조(前條)의 규정에 의한 절차가 완료된 때부터 이를 적용한다.

제57조 외국 고등문관시험 합격은 고등고시합격으로 인정치 아니한다. 단 외국어와 국사시험을 과하고 그[其] 외의 과목은 면제할 수 있다. [본조 신설 1950. 3. 3]

제58조 대한민국 수립 이전 관력(官歷)은 경력연수에 계산치 아니한다. [본조 신설 1950. 3. 3]

부칙 <제103호, 1950. 3. 3>

본법은 공포일로부터 시행한다.

행정소송법

[제정 1951. 8. 24 법률 제213호]

제1조 행정청 또는 그 소속기관의 위법에 대한 그 처분의 취소 또는 변경에 관한 소송 기타 공법상의 권리관계에 관한 소송절차는 본법(本法)에 의한다.

제2조 ① 전조(前條)의 소송은 그 처분에 대하여 다른 법률의 규정에 의하여 소원(訴願), 심사(審查)의 청구, 이의(異議)의 신립(申立) 기타 행정청에 대한 불복의 신립(이하 소원이라 칭함)을 할 수 있는 경우에는 이에 대한 재결결정(裁決決定) 기타의 처분(이하 재결이라 칭함)을 경(經)한 후가 아니면 이를 제기할 수 없다. 단, 소원의 제기가 있은 날로부터 2월을 경과한 때 또는 소원의 재결을 경(經)함으로 인하여 중대한 손해를 생(生)할 우려가 있는 때 기타 정당한 사유가 있는 경우에는 소원의 재결을 경(經)하지 아니하고 소송을 제기할 수 있다.

② 전항(前項) 단서에 의하여 소송을 제기할 때에는 그 사유를 소명(疏明)하여야 한다.

제3조 전조(前條)의 소송은 타법에 특별한 규정이 없는 한 처분을 행한 행정청을 피고로 하여 제기한다.

제4조 ① 제2조의 소송은 피고의 소재지를 관할하는 고등법원의 전속관할(專屬管轄)로 한다.

② 고등법원의 재판에 대하여 불복이 있는 자는 대법원에 상소(上訴)할 수 있다.

제5조 ① 제2조의 소송은 처분의 사실을 안 날로부터 3월 이내에 제기하여야 한다.

② 전항(前項)의 소송은 처분이 있은 날로부터 1년이 경과하면 제기하지 못한다.

③ 소원(訴願)을 경(經)하는 소송에 있어서는 재결서(裁決書)의 정본 또는 등본을 첨부하여 그 재결의 통지를 받은 날로부터 1월 이내에 제기하여야 한다.

④ 소원(訴願)을 경(經)하지 아니할 사건에 대하여 소원을 제기함으로 인하여 소원재결청(訴願裁決廳)에서 각하(却下)의 결정이 있은 경우에는 그 결정의 통지를 받은 날로부터 1월 이내에 소송을 제기하여야 한다. 단, 제1항의 기간의 이익은 상실하지 아니한다.

⑤ 전(前)4항의 기간은 불변기간(不變期間)으로 한다.

제6조 ① 소송에 있어서 피고의 지정이 그릇되었을 때에는 피고를 경정(更正)할 수 있다. 단, 원고에게 고의 또는 중대한 과실이 있는 때에는 예외로 한다.

② 전항(前項)의 규정에 의하여 피고를 경정(更正)한 때에는 최초에 소송을 제기한 때에 소급하여 제기된 것으로 간주한다.

③ 제1항의 규정에 의하여 피고를 경정(更正)한 때에는 종전의 피고에 대한 소송은 취하(取下)된 것으로 간주한다.

제7조 제3조의 소송에는 그 청구와 관련되는 원상회복, 손해배상 기타의 소송을 병합(倂合)할 수 있다.

제8조 공동소송인이 다수인 경우에는 법원은 대표자의 선정을 명할 수 있다.

제9조 법원은 필요한 경우에 직권으로써 증거조사를 할 수 있고 또 당사자가 주장하지 않는 사실에 관하여도 판단할 수 있다.

제10조 ① 처분의 집행으로 인하여 회복할 수 없는 손해가 생(生)할 우려가 있고 또 긴급한 사유가 있다고 인정한 때에는 법원은 직권 또는 당사자의 신청에 의하여 처분의 집행정지결정을 할 수 있다.

② 전항(前項)의 집행정지가 공공의 복리에 중대한 영향을 미치게 할 우려가 있는 때에는 법원은 직권 또는 당사자의 신청에 의하여 언제든지 정지처분결정을 취소할 수 있다.

제11조 당사자 쌍방의 신청이 있는 때에는 구두변론을 경(經)하지 아니하고 판결할 수 있다.

제12조 ① 원고의 청구가 이유 있는 경우라도 처분을 취소하거나 변경함이 현저히 공공의 복리에 적합하지 아니하다고 인정하는 때에는 법원은 청구를 기각할 수 있다.

② 전항(前項)의 재판에는 피고에게 제해시설(除害施設), 손해배상 기타 적당한 방법을 명할 수 있다.

제13조 확정판결은 당해사건에 관하여 관계행정청과 그 소속기관을 기속한다.

제14조 본법에 특별한 규정이 없는 사항은 법원조직법과 민사소송법의 정하는 바에 의한다.

부칙 〈제213호, 1951. 8. 24〉

① 본법은 본법 시행 전 3월 이내에 제1조의 처분이 있은 사건에 대하여도 적용한다.

② 전항(前項)의 사건에 대한 제5조의 기간은 본법 시행일로부터 진행한다.

의용형법(依用刑法) (발췌)

제2조 (모든 자의 국외범) 본법은 누구든지 국외(國外)에서 좌(左)에 기재한 죄를 범한 자에게 이를 적용한다.

1. (불필요=황실에 대한 죄)
2. 제77조 내지 제79조의 죄 [내란에 관한 죄]
3. 제81조 내지 제89조의 죄 [외환에 관한 죄]
4. 제148조의 죄 및 그 미수죄 [통화위조의 죄]
5. 제154조, 제155조, 제157조 및 제158조의 죄 [공문서위조의 죄]
6. 제162조 및 제163조의 죄 [유가증권위조의 죄]
7. 제164조 내지 제166조의 죄 및 제164조 제2항, 제165조 제2항, 제166조 제2항의 미수죄 [인장위조의 죄]

제3조 (국민의 국외범) ① 본법은 국외(國外)에서 좌(左)에 기재한 죄를 범한 내국인(內國人)에게 이를 적용한다.

1. 제108조, 제109조 제1항의 죄, 제108조, 제109조 제1항의 예에 의하여 처단할 죄 및 이들[此等] 죄의 미수죄 [방화의 죄]
2. 제119조의 죄 [일수(溢水)의 죄]
3. 제159조 내지 제161조의 죄 [사문서위조의 죄]

4. 제167조의 죄 및 동조(同條) 제2항의 미수죄 [사인(私印)위조의 죄]
5. 제176조 내지 제179조, 제181조 및 제184조의 죄 [간음의 죄]
6. 제199조, 제200조의 죄 및 그 미수죄 [살인의 죄]
7. 제204조 및 제205조의 죄 [상해의 죄]
8. 제214조 내지 제216조의 죄 [타낙태(他落胎)의 죄]
9. 제218조의 죄 및 동조(同條)의 죄를 범하여 사람을 사상(死傷)에 이르게 한 자 [유기(遺棄)의 죄]
10. 제220조 및 제211조의 죄 [체포 및 감금의 죄]
11. 제224조 내지 제228조의 죄 [약취 및 유괴의 죄]
12. 제230조의 죄 [명예에 대한 죄]
13. 제235조, 제236조, 제238조 내지 제241조 및 제243조의 죄 [절도 및 강도의 죄]
14. 제246조 내지 제250조의 죄 [사기 및 공갈의 죄]
15. 제253조의 죄 [업무상 횡령의 죄]
16. 제256조 제2항의 죄 [장물운반 등의 죄]

② 국외(國外)에서 대한민국국민에 대하여 전항(前項)의 죄를 범한 외국인에 관하여 또한 같다.

제4조 본법은 국외(國外)에서 좌(左)에 기재한 죄를 범한 대한민국의 공무원에게 이를 적용한다.

1. 제101조의 죄 및 그 미수죄 [간수자등에 의한 도주원조죄]
2. 제156조의 죄 [허위공문서작성죄]
3. 제193조, 제195조 제2항, 제197조 내지 제197조의3의 죄 및 제195조 제2항의 죄를 범하여 사람을 사상(死傷)에 이르게 한 죄 [독직(瀆職)의 죄]

제25조 (집행유예) 좌(左)에 기재한 자가 2년 이하의 징역 또는 금고(禁錮)의 언도(言渡)를 받은 때에는 정상(情狀)에 의하여 재판확정(裁判確定)한 날로부터 1년 이상 5년 이하의 기간 내 그 집행을 유예할 수 있다.

1. 전에 금고(禁錮) 이상의 형에 처단된 사실이 없는 자
2. 전에 금고(禁錮) 이상의 형에 처단된 사실이 있으나 그 집행을 마쳤거나 또는 그 집행의 면제를 얻은 날로부터 7년 이내에 금고

(禁錮) 이상의 형에 처단된 사실이 없는 자

제35조 (정당행위) 법령 또는 정당한 업무로 인하여 한 행위는 이를 벌하지 아니한다.

제36조 (정당방위) ① 급박(急迫), 부정(不正)의 침해에 대하여 자기 또는 타인의 권리를 방위하기 위하여 부득이한 데서 나온 행위는 벌하지 아니한다.

② 방위의 정도를 초과한 행위는 정상(情狀)에 의하여 그 형을 감경 또는 면제할 수 있다.

제37조 (긴급피난) ① 자기 또는 타인의 생명, 신체, 자유 혹은 재산에 대한 현재의 위난(危難)을 피하기 위하여 부득이한 데서 나온 행위는 그 행위로부터 생(生)한 해(害)가 그 피하려 하던 해(害)의 정도를 초과하지 않는 경우에 한하여 이를 벌하지 아니한다. 단 그 정도를 초과한 행위는 정상(情狀)에 의하여 그 형을 감경 또는 면제할 수 있다.

② 전항(前項)의 규정은 업무상 특별한 의무가 있는 자에게는 이를 적용하지 아니한다.

제41조 (책임연령) 14세 미만의 자의 행위는 이를 벌하지 아니한다.

제108조 (현주건조물등 방화) 불을 놓아서 현재 사람의 주거에 사용하거나 또는 사람이 현존(現存)하는 건조물, 기차, 전차, 선박 혹은 광갱(鑛坑)을 소훼(燒燬)한 자는 사형 또는 무기 혹은 5년 이상의 징역에 처한다.

제159조 (사문서위조등) ① 행사할 목적으로 타인의 인장(印章) 혹은 서명(署名)을 사용하여 권리, 의무 또는 사실증명에 관한 문서(文書) 혹은 도화(圖畵)를 위조(僞造)하거나 또는 위조한 타인의 인장 혹은 서명을 사용하여 권리, 의무 또는 사실증명에 관한 문서 혹은 도화를 위조한 자는 3월 이상 5년 이하의 징역에 처한다.

② 타인의 인장을 날인하거나 타인의 서명한 권리, 의무 또는 사실증명에 관한 문서 혹은 도화를 변조(變造)한 자도 또한 같다.

③ 전(前)2항의 외의 권리, 의무 또는 사실증명에 관한 문서 혹은 도화를 위조 또는 변조한 자는 1년 이하의 징역 또는 백 원 이하의 벌금에 처한다.

제161조 전(前)2조에 기재한 문서 또는 도화를 행사(行使)한 자는 그

문서 또는 도화를 위조 혹은 변조하거나 또는 허위의 기재를 한 자와 동일한 형에 처한다.

제177조 (강간) 폭행 또는 협박으로써 13세 이상의 부녀를 간음한 자는 강간의 죄로 하여 2년 이상의 유기징역에 처한다. 13세 미만의 부녀를 간음한 자도 또한 같다.

제185조 (도박) 우연의 수영(輸贏)[1]을 바라고 재물로써 박희(博戱)[2] 또는 도사(賭事)[3]를 한 자는 천 원 이하의 벌금(罰金) 또는 과료(科料)에 처한다. 단, 일시오락(一時娛樂)에 공(供)하는 물건을 도(賭)한 자는 차한(此限)에 부재(不在)한다.[4]

제197조 (수회(收賄), 수탁수회) ① 공무원 또는 중재인(仲裁人)이 그 직무에 관하여 뇌물을 수수(收受), 요구, 약속한 때에는 3년 이하의 징역에 처한다. 청탁을 받은 경우에는 5년 이하의 징역에 처한다.

② 공무원 또는 중재인이 되려는 자가 그 담당할 직무에 관하여 청탁을 받아서 뇌물을 수수(收受), 요구, 약속한 때에는 공무원 또는 중재인이 된 경우에 3년 이하의 징역에 처한다.

제235조 (절도) 타인의 재물을 절취(竊取)한 자는 절도의 죄로 하여 10년 이하의 징역에 처한다.

제236조 (강도) ① 폭행 또는 협박으로써 타인의 재물을 강취한 자는 강도의 죄로 하여 5년 이상의 유기징역에 처한다.

② 전항(前項)의 방법으로써 재산상 불법의 이익을 취득하거나 타인으로 하여금 이를 취득하게 한 자도 또한 같다.

1 이김과 짐. 승패.

2 노름.

3 내기.

4 차한(此限)에 부재(不在)하다 : 이 한도에 있지 않다. 그러하지 아니하다.

찾아보기

[ㄷ]

[ㄹ]

[ㅁ]

[ㅂ]

[ㅅ]

[ㅇ]

[ㅈ]

저자 및 편저자 약력

유 병 진

1914. 4. 12. 함경남도 함주 출생
1943. 일본 명치대 법과 졸업
1946. 사법요원양성소 입소시험 합격
1949. 서울지법판사
1951. 서울고법판사
1956. 서울지법부장판사
1958. 7. 조봉암 사건 제1심 간첩죄 부분 무죄 판결함
1958. 12. 법관 연임 거부당함
1958. 12. 변호사개업
1966. 10. 4. 별세

신 동 운

서울대학교 법과대학 법학과 졸업, 동 대학원 졸업(법학석사)
독일 프라이부르크 대학교 법학박사(Dr. jur.)
미국 워싱턴 주립대학교 로스쿨 방문학자
국가인권위원회 비상임 인권위원
사법개혁위원회 위원, 사법제도개혁추진위원회 실무위원
법무부 형사법개정특별심의위원회 위원
한국형사정책학회 회장, 한국형사법학회 회장
현재, 서울대학교 법과대학 교수

유병진 법률논집

재판관의 고민

2008년 6월 5일 초판 인쇄
2008년 6월 10일 초판1쇄 발행

편저자 신 동 운
발행인 배 효 선
발행처 도서출판 法 文 社
경기도 파주시 교하읍 문발리 526-3 ㊄ 413-756
등 록 1957년 12월 12일 / 제2-76호(윤)
전 화 031-955-6500~6, 팩 스 031-955-6525
e-mail(영업) : bms@bobmunsa.co.kr
(편집) : edit66@bobmunsa.co.kr
홈페이지 http ://www.bobmunsa.co.kr
조 판 광 암 문 화 사

[illegible],000원 ISBN 978-89-18-01566-8